"Geração após geração o homem renasce sob nova forma. Cada geração dá origem a novas aspirações na vida e traz uma nova busca pela plenitude. Cada homem precisa de uma ótima saúde física e mental, maior habilidade na ação, maior capacidade de pensar claramente, maior eficiência na ação, maior eficiência no trabalho, e um relacionamento mais amoroso e gratificante com os outros. Ele precisa de energia e inteligência suficientes para satisfazer os desejos de sua mente e trazer satisfação a sua vida. Vimos que tudo isto pode ser alcançado através da prática regular da Meditação Transcendental".

– *Maharishi*

MAHARISHI MAHESH YOGI, fundador do Movimento Mundial da Meditação Transcendental, estabeleceu centros de meditação em todas as principais cidades do mundo. A *Ciência do Ser e Arte de Viver: Meditação Transcendental* demonstra por que Maharishi é reconhecido como o maior professor de iluminação em nosso tempo.

O GRANDE CLÁSSICO DA FILOSOFIA VÉDICA

CIÊNCIA DO SER E ARTE DE VIVER

MEDITAÇÃO TRANSCENDENTAL®

Sua Santidade Maharishi Mahesh Yogi

Com um Novo Prefácio do Dr. Bevan Morris

2ª reimpressão

GRYPHUS

Rio de Janeiro

Copyright© Maharishi Mahesh Yogi, 1963
Foreword copyright© Maharishi Vedic University, 2001
All rights reserved.
Appendices A through H published with permission of Maharishi Vedic University

Tradução
Maria Antônia Van Acker

Tradução do prefácio
Jayme da França Torres Junior

Revisão
Gilson B. Soares
Ruth-Maria Prager

Editoração eletrônica
Rejane Megale

Capa
www.gabinetedeartes.com.br

Adequado ao novo acordo ortográfico da língua portuguesa

1ª reimpressão – 2017
2ª reimpressão – 2018

CIP-BRASIL. CATALOGAÇÃO-NA-FONTE
SINDICATO NACIONAL DOS EDITORES DE LIVROS, RJ

Y53c

Yogi, Maharishi Mahesh, 1918-2005
   Ciência do ser e arte de viver : meditação transcendental / Maharishi Mahesh Yogi ; tradução Maria Antônia Van Acker. - 3. ed. - Rio de Janeiro : Gryphus, 2017.

   326 p. : il. ; 1623 cm.
   Tradução de: Science of being and the art of living
   Apêndice
   ISBN: 978-85-8311-088-0

   1. Hinduísmo. 2. Filosofia hindu. 3. Meditação. I. Maria Antônia Van Acker. II. Título.

16-38336   CDD: 294.5
                                                                         CDU: 233

GRYPHUS EDITORA
Rua Major Rubens Vaz, 456 – Gávea – 22470-070
Rio de Janeiro – RJ – Tel: +55 21 2533-2508 / 2533-0952
www.gryphus.com.br– e-mail: gryphus@gryphus.com.br

Aos

pés de lótus de

Shri Guru Dev,

Sua Divindade Brahmānanda Saraswatī,

Jagadguru Bhagwān Shankarāchārya

de Jyotir Math, Himalaias,

e com Suas bênçãos,

este livro é apresentado

a todos os

amantes da vida,

desejosos de desfrutar todas as glórias,

terrenas e divinas.

SUMÁRIO

Prefácio 11
Introdução 35

PRIMEIRA PARTE: A CIÊNCIA DO SER 39

O Que é o Ser? 41
Ser, o Componente Essencial da Criação 42
A Onipresença do Ser 43
Ser, o Campo da Vida Eterna 45
Ser, a Base de Todo Viver 45
    (a base de toda atividade e do *karma*)
Ser, o Plano da Lei Cósmica 46
Ser, o Absoluto e o Relativo 48
Ser, a Realidade Eterna e Fundamental 50
Prāṇa e Ser 52
    (sintonia com a força vital cósmica)
Mente e Ser 53
    (desenvolvimento das faculdades mentais)
Karma e Ser 57
    (criação dos sentidos, sistema nervoso e corpo)
Como Contatar o Ser 60
Como Viver o Ser 68
    (autoconsciência e consciência cósmica)
Vantagens da Experiência do Ser 70

SEGUNDA PARTE: A VIDA 73

O Que é a Vida? 75
    (propósito da vida, seu status e significado)
Vida Normal 80
    (consciência cósmica, valores humanos e realização)
Vida Individual e Vida Cósmica 82
    (o Universo reage à ação individual)

TERCEIRA PARTE: A ARTE DE VIVER 87

A Arte de Viver 89
O Pleno Potencial do Homem 91

Como Utilizar Nosso Pleno Potencial... 92
    (para máximo proveito nosso e do Universo)
Como Utilizar Plenamente o Meio Ambiente...................................... 96
Como Utilizar Plenamente a Força Onipotente da Natureza 102
A Arte de Ser... 109
    (harmonia dos valores materiais e espirituais; como viver a vida em liberdade eterna enquanto realizando o máximo no mundo)
A Arte de Pensar.. 141
    (chave para o pensamento claro, poderoso e fértil)
A Arte de Falar... 147
A Arte da Ação... 153
    (chave para a autoconfiança, maior eficiência e sucesso nos empreendimentos)
A Arte do Comportamento.. 179
    (chave para os relacionamentos proveitosos)
A Chave para a Boa Saúde... 184
    (chave para a saúde mental, física e ambiental)
Educação... 204
    (a educação vinda de dentro; desenvolvimento do pleno potencial mental)
Uma Via Direta para a Reabilitação... 213
    (erradicação da delinquência e do crime; um remédio natural contra o mal)
Recreação e Rejuvenescimento Rápido... 214
Certo e Errado.. 215
    (critério e discriminação)
A Vida em Liberdade.. 223
(paz na vida; eliminação do medo, tensão e sofrimento; o problema da Paz Mundial)

QUARTA PARTE: A REALIZAÇÃO 235

A Realização da Vida.. 237
A Realização da Religião... 241
A Realização da Psicologia... 246
A Realização da Filosofia.. 252
Os Caminhos para a Realização de Deus... 254
Geração após Geração... 281
    (um movimento para salvaguardar os valores humanos e a existência divina)

ANEXO A
Realizações de Maharishi:
Uma Visão de 44 Anos Por Todo o Mundo – 1957 a 2001......................... 287

ANEXO B
Maharishi no Mundo Hoje.. 299

Sumário

ANEXO C
Visão Geral da Pesquisa Científica sobre os Programas da *Meditação Transcendental* e
MT-Sidhis de Maharishi, Incluindo o Voo Yôguico 305

ANEXO D
Descoberta do Veda e da Literatura Védica na Base da Fisiologia Humana: Aplicação do Conhecimento Total na saúde: Mantendo uma Fisiologia Saudável Através da Atenção à Saúde Védica: Usando o Conhecimento Total da Lei Natural, o Veda, para Avivar a Inteligência Interior do Corpo e Produzir um Efeito Curador. 317

ANEXO E
Introdução à Bhagavad-Gītā 321

ANEXO F
Plano Mestre de Maharishi para Criar o Céu na Terra: Reconstrução de Todo o Mundo 323

ANEXO G
Livros de Maharishi:
Iluminação para Todas as Pessoas e Todas as Nações 325

ANEXO H
Uma Proposta para a Associação do Parlamento Mundial 331

ANEXO I
Fontes de Informação: Programas e Organizações de Maharishi no Brasil e no Mundo 345

PREFÁCIO

Em 1957, Sua Santidade Maharishi Mahesh Yogi começou a oferecer ao mundo a quintessência da antiga sabedoria Védica dos Himalaias. Naquele ano, ele apresentou a técnica simples, natural e sem esforço da Meditação Transcendental. Esta técnica extraordinária tem sido usada pelos sábios antigos e modernos para experimentar diretamente e utilizar o campo do Ser puro – o campo transcendental da existência na base de tudo no universo.

Na década seguinte, durante dez viagens ao redor do mundo, Maharishi explicou aos povos de mais de cem países que o Ser é um oceano ilimitado de vida, fora do domínio do tempo, espaço e causação, enquanto os diferentes aspectos da criação são as marolas e ondas deste vasto oceano do Ser eterno. A técnica da Meditação Transcendental[SM] de Maharishi permite a qualquer indivíduo contatar este campo do Ser Puro, e começar a utilizar os tesouros ilimitados deste campo – felicidade, criatividade, inteligência e poder organizador infinitos – para máximo sucesso e realização na vida diária.

Mestre de Maharishi – Shri Guru Dev

Maharishi adquiriu esta grande sabedoria do Ser Puro aos pés de seu adorado Mestre, Shri Guru Dev, Sua Divindade Brahmānanda Saraswatī, Jagadguru Bhagwān Shankarāchārya de Jyotir Math, Himalaias – a mais ilustre personificação da Sabedoria Védica na eterna tradição dos Mestres Védicos. Por meio da plenitude da sabedoria Védica de seu grande Mestre, Maharishi foi capaz de, num breve período de tempo, adquirir maestria na Ciência do Ser, e tornar-se não apenas um Ṛishi – um vidente da verdade sobre nosso universo –, mas um Maharishi – um grande Ṛishi – que tem a suprema habilidade de ensinar esta sabedoria aos outros, e elevá-los a experimentar o Ser e desfrutar suas infinitas riquezas.

Maharishi Funda o Movimento de Regeneração Espiritual

Quando Maharishi começou a ensinar esta sabedoria antiga às pessoas da Índia, ele se tornou profundamente inspirado pelas belas e enriquecedoras experiências de bem-aventurança, paz e ilimitação interiores ganhas através do programa da Meditação Transcendental por dezenas de milhares de pessoas de todas as idades, estilos de vida e religião. No final de 1957, estimulado com esta inspiração e com nova esperança pela família mundial, Maharishi inaugurou o Movimento de Regeneração Espiritual para trazer a todas as pessoas o conhecimento supremo dado a ele por seu Mestre, e criar uma regeneração espiritual de toda a vida na Terra. Esta iniciativa para reverter as tendências do tempo na Terra na direção de paz, felicidade e da mais elevada sabedoria espiritual era desesperadamente necessária naquele momento na história mundial, quando o crescimento do medo, de armamento devastador e outras tendências e tecnologias ameaçadoras à vida traziam perigo à própria sobrevivência da raça humana.

Maharishi Apresenta Seu Ensinamento ao Mundo na *Ciência do Ser e Arte de Viver*

Quase que imediatamente após Maharishi começar suas viagens pelo mundo, seus estudantes exortaram-no a colocar este grande ensinamento no papel. Em 1963, ele completou este livro fascinante, *Ciência do Ser e Arte de Viver*, que desenvolve sistematicamente para nossa era científica a sabedoria do Veda e da Literatura Védica ensinada a Maharishi por Guru Dev.

Neste volume, Maharishi apresenta a Ciência do Ser como a investigação sistemática sobre a realidade última do universo. Como outras ciências, ela inicia sua investigação a partir do nível grosseiro e aparente da vida, e mergulha profundamente nos níveis mais sutis da experiência da natureza. A Ciência do Ser, no entanto, finalmente transcende estas regiões sutis, e alcança o campo transcendental do Ser eterno.

A Ciência Moderna Vislumbra o Ser

Na época em que este livro foi escrito, a ciência moderna não havia ainda vislumbrado a existência de um campo universal único na base de todos os fenômenos naturais, apesar da descoberta deste Campo Unificado da Lei Natural ter sido a derradeira busca da pesquisa científica de Einstein algumas décadas antes. Nos anos 1990, no entanto, o Campo Unificado da Lei Natural havia se tornado o maior foco da física teórica, e agora pode-se considerar que a ciência moderna vislumbrou o campo do Ser Puro transcendental. É fascinante observar que as recentes descrições do Campo Unificado da Lei Natural por físicos contemporâneos, como o Dr. John Hagelin, correspondem com grande precisão à descrição do Ser Puro oferecida por

Maharishi em 1963 neste livro, e às narrações contadas pelos Ṛishis Védicos através das eras. Na *Ciência do Ser e Arte de Viver*, Maharishi predisse que a ciência, através de suas contínuas investigações cada vez mais profundas sobre a estrutura da Lei Natural, finalmente alcançaria o campo do Ser, e isto aconteceu agora.

Mas este livro ainda está muito à frente das tradições objetivas do questionamento científico moderno num sentido crucial: para a ciência moderna, a teoria do Campo Unificado da Lei Natural é uma abstração matemática – bela e profunda, mas irrelevante para a vida prática. Para Maharishi e para a tradição Védica, a descoberta do Ser – o Campo Unificado da Lei Natural – é a descoberta mais prática e útil já realizada. Ela é relevante para a vida prática, pois é completamente fácil para qualquer ser humano em qualquer parte do mundo ter acesso ao Ser Puro, e utilizar o potencial ilimitado do Ser para tornar a vida diária mais alegre e bem-sucedida. Isto é alcançado sem esforço através da prática duas vezes ao dia da técnica da Meditação Transcendental de Maharishi.

Maharishi Transforma a Compreensão do Mundo Sobre Meditação

Antes de Maharishi trazer à luz sua técnica da Meditação Transcendental, meditação era considerada como algo extremamente difícil, envolvendo ações de concentração que ninguém poderia jamais realizar. Era considerada como sendo penosamente lenta para produzir resultados, e nada prática – apenas para os reclusos perdidos na busca de coisas fora do mundo, não para o homem comum envolvido em suas responsabilidades diárias.

Maharishi reverteu todas estas compreensões de uma só vez. Ele descobriu de sua própria experiência e das expressões da Literatura Védica que a natureza da vida interior é bem-aventurança, e que isto é verdade para todas as pessoas na Terra. Ser Puro é Bem-Aventurança Pura. É o direito de nascença de *todas as pessoas* descobrir este campo interior de bem-aventurança através do programa da Meditação Transcendental, e desfrutá-lo em meio a toda atividade.

O Programa da *Meditação Transcendental de Maharishi* é Baseado na Tendência Natural da Mente

Maharishi descobriu que esta experiência de bem-aventurança dentro de cada pessoa é fácil de ser alcançada, pois é a tendência natural da mente ir em direção a um campo de maior felicidade. No programa da Meditação Transcendental, a mente consciente é colocada no caminho para experimentar o Ser Transcendental, cuja natureza é consciência de bem-aventurança. Uma vez que se está movendo na direção da bem-aventurança, a mente encontra crescente encantamento a cada passo em sua marcha.

A mente flui sem esforço e espontaneamente a todos os níveis cada vez mais refinados e agradáveis do processo de pensar, até que ela transcende (vai além) até mesmo o aspecto mais refinado do pensamento para experimentar o Ser Puro no estado de Consciência Transcendental. Este é o estado de Consciência Pura, consciência autorreferente, que é consciência de bem-aventurança. Ao experimentar Consciência Transcendental várias vezes durante cada meditação de 20 minutos, a mente retorna avivada com a bem-aventurança, paz e energia do Ser. Os tesouros do Ser se tornam disponíveis na vida diária para uma vida pessoal, profissional e familiar mais bem-sucedida e realizadora.

Maharishi Treina Professores do Programa da *Meditação Transcendental*

Logo que começou a ensinar o programa da Meditação Transcendental em todo o mundo, Maharishi percebeu que para levar esta preciosa sabedoria a todas as pessoas na Terra, ele teria que "multiplicar-se". Assim, em 1961, ele começou a conduzir cursos especiais para treinar professores do programa da Meditação Transcendental. Maharishi treinou milhares de professores desta técnica por todo o mundo. Juntos, estes professores ensinaram a Meditação Transcendental a mais de seis milhões de pessoas em mais de 108 países em todos os seis continentes.

Estes professores especialistas na técnica da Meditação Transcendental foram treinados por Maharishi para oferecer instrução pessoal nesta técnica através de um programa de sete passos, que é ensinado em aulas de uma hora e meia por dia em uma semana. Através destes professores treinados, todos os seres humanos, de qualquer idade, religião, cultura ou raça podem experimentar por si mesmos que meditar é fácil e natural, e não envolve concentração ou esforço. Eles podem descobrir que a técnica da Meditação Transcendental é a mais prática de todas as tecnologias, vital para o sucesso e realização na vida. Eles podem experimentar por si mesmos que Maharishi revolucionou a compreensão e prática da meditação, e forneceu uma nova base para o desenvolvimento da vida de todas as pessoas.

A Arte de Viver – a Ciência do Ser *Aplicada*

A Ciência do Ser, aplicada a nossas vidas através da técnica da Meditação Transcendental, nos oferece a Arte de Viver – pensar, falar, agir e se comportar enquanto estabelecidos no nível do Ser Puro. Ao experimentar o Ser Puro duas vezes ao dia através da técnica da Meditação Transcendental, qualquer pessoa em qualquer país pode elevar-se para desfrutar estados superiores de consciência, nos quais o estado transcendental do Ser eterno é experimentado junto com as experiências sempre-mutáveis da existência relativa. Somente isto, explica Maharishi neste livro, é uma vida verdadeiramente *normal*, livre do estresse e tensão que usualmente ensombrecem o pleno brilho de nosso potencial infinito. Em estados superiores de consciência, a vida humana se torna permeada de paz e alegria, vibra com a inteligência criativa infinita do Ser, e desfruta o apoio da força todo-poderosa da Natureza, o infinito poder organizador da Lei Natural.

A Descoberta de Maharishi dos Sete Estados de Consciência

Maharishi, durante suas muitas viagens ao redor do mundo, gastou milhares de horas explicando as experiências de como desenvolver consciência superior a praticantes da técnica da Meditação Transcendental em todo o mundo. No curso de dez anos, a evolução progressiva das experiências dos meditantes inspirou Maharishi a revelar passo a passo o conhecimento de que há sete estados distintos de consciência humana com sete correspondentes mundos distintos de experiência:

- Vigília – *Jāgrat Chetanā*
- Sonho – *Swapn Chetanā*
- Sono – *Sushupti Chetanā*
- Consciência Transcendental – *Turīya Chetanā*
- Consciência Cósmica – *Turīyātīt Chetanā*
- Consciência de Deus – *Bhagavad Chetanā*
- Consciência de Unidade – *Brāhmi Chetanā*

Consciência Transcendental

Quando ele começou a ensinar o programa da Meditação Transcendental ao mundo em 1957, Maharishi primeiro apresentou a visão de três estados relativos de consciência – vigília, sonho e sono – e um campo absoluto não-mutável de consciência – *Consciência Transcendental*. A Consciência Transcendental, o quarto estado de consciência, é experimentada durante a técnica da Meditação Transcendental quando a mente transcende até mesmo o aspecto mais refinado do pensamento, e se torna completamente silenciosa e repousada, mas plenamente desperta interiormente. Este é o estado de consciência pura, consciência autorreferente – o estado de pleno despertar silencioso interior, onde a consciência só conhece a si mesma, e a mente faz contato direto com o Ser.

Consciência Cósmica

Em torno de 1960, o Ano de Maharishi da Consciência Cósmica, as experiências dos meditantes evoluíram para um ponto quando Maharishi pode revelar a realidade do quinto estado de consciência – *Consciência Cósmica*. Em Consciência Cósmica, o silêncio profundo da Consciência Transcendental nunca é perdido, esteja a pessoa em vigília, sonho ou sono. Perpetuamente estabelecida na plataforma do Ser Transcendental, a vida é vivida em liberdade eterna, e é preenchida com infinita Bem-Aventurança 24 horas por dia.

Consciência de Deus

Em 1963, quando a *Ciência do Ser e Arte de Viver* foi publicada, as experiências dos meditantes permitiram a Maharishi revelar o sexto estado de consciência – *Consciência de Deus*. Com base neste novo belo nível de experiência alvorecendo na família dos meditantes por todo o mundo, Maharishi declarou 1964 seu Ano da Consciência de Deus.

O capítulo deste livro intitulado "Os Caminhos para a Realização de Deus" revela claramente a realidade deste nível supremo do desenvolvimento humano. Maharishi explica que a pessoa que se elevou à Consciência Cósmica tem amor infinito e ilimitado transbordando em todas as direções por todas as coisas. Quando este amor universal cósmico, infinito e ilimitado, se torna concentrado em devoção a Deus, então a vida inteira em sua diversidade múltipla não é nada além de plenitude de amor, bem-aventurança e contentamento – eterno e absoluto. Isto é Consciência de Deus. Ao estar estabelecida no contínuo eterno da Consciência Transcendental, a pessoa em Consciência de Deus transborda em amor e devoção a Deus, e em apreciação ilimitada pela majestade e glória da criação de Deus, dos seus níveis grosseiros até seus níveis de infinita sutileza onde a luz de Deus permanece eternamente brilhando. Tais pessoas, diz Maharishi na *Ciência do Ser*, "veem, no entanto veem a glória de Deus; ouvem, no entanto ouvem a música da Natureza; falam, no entanto falam as palavras do Ser eterno – suas vidas são uma corrente do Ser Cósmico".

Consciência de Unidade

Finalmente, em 1967, o Ano de Maharishi da Consciência de Unidade, ele revelou uma excitante visão do auge do desenvolvimento humano – o sétimo estado de consciência – *Consciência de Unidade*. Agora, Maharishi podia explicar as experiências da Meditação Transcendental em termos de Consciência Transcendental, Consciência Cósmica, Consciência de Deus e Consciência de Unidade. Toda a estrutura dos sete estados de consciência e seus correspondentes mundos de experiência estavam agora revelados ao mundo.

Este nível mais exaltado de consciência humana é belamente descrito em um verso do Ṛk Veda:

Dūre dṛishaṁ gṛihapatim atharyum – (Ṛk Veda, 7.1.1)

A luz de Deus, que foi experimentada dentro da Consciência Transcendental da pessoa, é encontrada brilhando por toda a criação até o mais remoto ponto.

Em Consciência de Unidade, cada partícula da criação, mesmo o mais remoto ponto do universo, é experimentada como uma onda no oceano ilimitado da Consciência Transcendental, que é o próprio Ser da pessoa. Tudo no universo – até mesmo nas extremidades do universo – é percebido como as reverberações do meu próprio Ser, da minha própria consciência ilimitada.

Em Consciência de Unidade, todo o campo de existência, do universo manifesto grosseiro até a infinita sutileza da luz de Deus, é percebido como sendo um mar ilimitado do Ser Cósmico. E o conhecimento supremo alvorece – Eu sou Aquilo – Eu sou aquela totalidade, aquela totalidade que abrange em seu alcance a infinita atividade do universo e o infinito silêncio de sua fonte no Ser. Esta é a experiência de *Ahaṁ Brahmāsmi* – Eu sou a totalidade, Eu sou Brahm.

Uma pessoa em Consciência de Unidade adquire total maestria da Lei Natural, e vive uma vida de todas as possibilidades. Isto é perfeição de vida, vida vivida no nível da Unidade última de toda a vida. A corrente de vida da pessoa é, então, uma grande onda do oceano eterno do Ser Cósmico, uma onda que contém dentro dela o oceano inteiro da vida cósmica.

Quando existem muitas destas pessoas iluminadas na Terra, o mundo desfruta de suprema fortuna, e uma era celestial alvorece. O supremo despertar da iluminação dos iluminados que vivem Consciência de Unidade é a esperança para toda a humanidade. Nunca antes isto foi tão claro como na vida de Sua Santidade Maharishi Mahesh Yogi, cujo inteiro e sublime trabalho é o de tornar a Consciência de Unidade a experiência normal de todas as pessoas.

Pesquisa Científica do Programa da *Meditação Transcendental*

Desde os primeiros dias de suas viagens ao redor do mundo, Maharishi convidou cientistas ocidentais a examinar rigorosamente os efeitos do programa da Meditação Transcendental na fisiologia, psicologia e comportamento do indivíduo, e na sociedade como um todo. Nos anos que se seguiram à publicação da *Ciência do Ser e Arte de Viver*, a pesquisa científica sobre a antiga tecnologia Védica da técnica da Meditação Transcendental começou com firmeza, liderada pelo Dr. Robert Keith Wallace, na Universidade da Califórnia em Los Angeles. Ele descobriu que a técnica da Meditação Transcendental produzia espontaneamente um estilo de funcionamento fisiológico único de alerta em repouso. Assim, do ponto de vista da ciência moderna, a técnica da Meditação Transcendental produz um quarto importante estado de consciência, no qual a fisiologia humana funciona de uma maneira bem distinta da fisiologia da vigília, sono e sonho.

Posteriormente, mais de 600 estudos científicos sobre os efeitos do programa da Meditação Transcendental foram completados em mais de 200 universidades e instituições de pesquisa em 30 países, e muitos artigos têm sido publicados em periódicos científicos por todo o mundo. Estes estudos também foram publicados nos seis volumes da Pesquisa Científica sobre a Meditação Transcendental e o Programa MT-Sidhis de Maharishi: Estudos Reunidos (*Scientific Research on Maharishi's Transcendental Meditation and TM-Sidhi Program: Collected Papers*).

As descobertas das pesquisas sobre a técnica da Meditação Transcendental impressionaram as brilhantes mentes científicas desta era. Elas mostram que esta técnica cria um estilo único de funcionamento cerebral altamente ordenado, produzindo ondas cerebrais altamente coerentes e maior uso das reservas latentes do cérebro. Outras descobertas científicas incluem maior inteligência e criatividade, e melhor desempenho acadêmico; menos estresse e ansiedade; melhor saúde mental e física (reduções de 50% ou mais nos custos com saúde observados em todas as faixas etárias); reabilitação eficaz de prisioneiros; redução no abuso de álcool e drogas; melhor produtividade, satisfação no trabalho e lucratividade nas empresas; e melhoras no desenvolvimento humano e na força moral, geralmente em níveis sem precedentes. Os benefícios da técnica da Meditação Transcendental na saúde foram não apenas verificados independentemente em numerosas universidades e instituições de pesquisa, mas também foram claramente demonstradas em um estudo conduzido sob os auspícios do Instituto Nacional de Saúde Industrial do Ministério do Trabalho do Japão, e por estudos científicos apoiados pelos Institutos Nacionais de Saúde dos Estados Unidos.

Prefácio

O Efeito Maharishi: Criando Coerência na Consciência Mundial

Em 1971, Maharishi fundou a primeira instituição educacional Baseada na Consciência^{SM}, baseada na iluminação – Maharishi International University – que integrou estudo acadêmico rigoroso com o conhecimento e pesquisa no campo da consciência. Em 1974, cientistas da Maharishi International University, em Fairfield, Iowa, EUA, descobriram que mesmo um por cento da população praticando o programa da Meditação Transcendental em uma cidade melhora a qualidade de vida de toda a comunidade. Isto foi mostrado pela redução na taxa de criminalidade, taxa de acidentes e melhoras em outros indicadores de saúde coletiva. Este aumento geral de positividade nas tendências sociais surge da crescente pureza na consciência coletiva de toda a população criada por centenas de pessoas experimentando o silêncio puro e a paz da Consciência Transcendental. Este fenômeno – desenvolver a vida coletiva de toda a sociedade através apenas de uma pequena percentagem da população praticando a técnica da Meditação Transcendental – foi chamado de *Efeito Maharishi* pelos cientistas que o descobriram, e em homenagem a Maharishi que o predisse mais de uma década antes.

A descoberta do Efeito Maharishi pela ciência moderna estabeleceu uma nova fórmula para a criação de uma sociedade ideal, livre de crimes e problemas. Com esta descoberta, Maharishi visualizou através da janela da ciência o alvorecer de toda uma nova era de perfeição para a vida humana – a Era da Iluminação. Em 12 de janeiro de 1975, ele inaugurou o Alvorecer da Era da Iluminação para todo o mundo, e subsequentemente inaugurou o Alvorecer para todos os seis continentes do mundo.

Logo após, Maharishi viu a urgente necessidade do estabelecimento de uma organização global para administrar a Era da Iluminação. Assim, em 12 de janeiro de 1976, inaugurou o Governo Mundial da Era da Iluminação. Uma organização global não-religiosa e não-política, com soberania no domínio da consciência, autoridade no poder invencível da Lei Natural, e atividade em purificar a consciência mundial, com a participação de pessoas de 120 países, e 1.200 Capitais da Era da Iluminação por todo o mundo.

Descoberta de Maharishi do Programa da *Meditação Transcendental-Sidhis*^{SM} e Voo Yôguico

Em 1976, Maharishi fez uma descoberta histórica, que se mostrou crucial para a criação da paz na Terra. Pesquisando nos Yoga Sūtras de Patanjali, ele trouxe à luz o programa Meditação Transcendental-Sidhis, que inclui a técnica do Voo Yôguico.

Esta tecnologia avançada permite que aqueles que praticam a técnica da Meditação Transcendental não apenas experimentem Consciência Transcendental, mas também adquiram o hábito de espontaneamente projetar o pensamento e a ação a partir desta forma mais simples de consciência, consciência pura, o potencial total da inteligência da Natureza. Isto torna o pensamento e a ação mais naturais e, portanto, espontaneamente evolucionários; traz o Apoio de todas as Leis da Natureza para a pessoa, e assim abre o campo de todas as possibilidades para a realização de cada desejo.

O programa da Meditação Transcendental-Sidhis, incluindo o Voo Yôguico, é a revelação de Maharishi do completo conhecimento teórico e prático do Yoga após milhares de anos. Yoga significa união, a união da consciência do indivíduo com o campo do Ser Puro no estado de Consciência Transcendental. Foi necessário uma era científica alvorecer na Terra para o mundo apreciar a importância da filosofia do Yoga, e sua aplicação prática em criar pessoas integradas, nações integradas, e uma família mundial integrada.

Máxima Coerência do Funcionamento Cerebral Durante o Voo Yôguico

A mais poderosa de todas as técnicas de Meditação Transcendental-Sidhis é o *Voo Yôguico*, que *demonstra* a habilidade da pessoa em agir a partir do nível de Consciência Transcendental, e assim avivar o potencial total da Lei Natural em todas as suas expressões – mente, corpo, comportamento e ambiente. Durante o primeiro estágio do Voo Yôguico, o corpo, motivado apenas pelo impulso mental sem esforço da técnica de Sidhis, se eleva no ar numa série de saltos cheios de bem-aventurança. Os antigos textos Védicos, como os Yoga Sūtras de Patanjali, registram que em estágios avançados esta tecnologia leva realmente ao flutuar no ar, ou voar.

A coordenação mente-corpo apresentada pelo Voo Yôguico mostra que a consciência e sua expressão, a fisiologia, estão em perfeito equilíbrio. A pesquisa científica descobriu que ocorre máxima coerência nas ondas cerebrais durante o Voo Yôguico, indicando um funcionamento do cérebro altamente ordenado e holístico.

O Voo Yôguico Reduz o Conflito Ambiental e Aumenta Positividade e Criatividade na Sociedade

Mesmo em seu primeiro estágio – o estágio do salto – a prática do Voo Yôguico cria ondas de bem-aventurança borbulhante na consciência e fisiologia do praticante. Esta experiência intensamente bem-aventurada do Voo Yôguico irradia-se no meio ambiente, criando coerência na atmosfera e espalhando ondas de elevação e paz na população à volta. Este fenômeno é claramente expressado nos Yoga Sūtras:

Tat sannidhau vairatyāgaḥ – (Yoga Sūtra 2.35)

Na vizinhança do fenômeno do Yoga, Voo Yôguico, as tendências conflitantes desaparecem. A influência unificadora neutraliza as qualidades diversificadoras na área.

Maharishi explica que quando os Voadores Yôguicos praticam juntos em grupos, "cada salto se torna um sorriso cósmico para toda a criação". No ano de 2011, mais de 300.000 pessoas em todo o mundo já haviam aprendido o Voo Yôguico, e 50 estudos científicos demonstraram que grupos de Voadores Yôguicos são extremamente eficazes em gerar o Efeito Maharishi. De fato, os cientistas descobriram que estes grupos criam uma influência tão forte de coerência na consciência coletiva, que a raiz quadrada de um por cento da população praticando juntos o Voo Yôguico cria o Efeito Maharishi para toda a sociedade.

7.000 Voadores Yôguicos[1] Criam Coerência em Toda a Consciência Mundial – o Efeito Maharishi Global

Descobriu-se, por exemplo, que quando 7.000 Voadores Yôguicos – aproximadamente a raiz quadrada de um por cento da população mundial – reúnem-se em um só local para criar coerência, como fizeram entre dezembro de 1983 e janeiro de 1984 na Maharishi International University nos EUA, as tendências em todo o mundo tornam-se mais positivas, com a diminuição da violência e crime internacionais, e aumento de tendências harmoniosas e pacíficas nos eventos mundiais.

Com a descoberta deste Efeito Maharishi Global em 1983-84, pela primeira vez existiu uma verdadeira tecnologia de paz mundial. Em anos subsequentes o número crescente de grupos usando esta tecnologia em diferentes partes do mundo levou ao grande surto de paz na história moderna – o fim da Guerra Fria e da perigosa rivalidade entre as superpotências.

Se cada governo criar e manter um grupo criador de coerência de Voadores Yôguicos – o que Maharishi chamou de *Um Grupo para um Governo* – é claro que o mundo poderá se livrar da guerra para sempre. Brevemente isto ocorrerá, e a paz mundial permanente através do Efeito Maharishi será reconhecida como um dos

---

1   Hoje em dia, 2013, a raiz quadrada de um por cento da população mundial está em torno de 8.000.

permanentes legados de Maharishi para o mundo – um legado precioso para todos nós e para toda a família de nações.

A Ciência do Ser e Arte de Viver Realizada Através da Formulação de Maharishi de Sua Ciência e Tecnologia Védica

Neste volume, Maharishi examina em detalhe como esta antiga Ciência do Ser oferece uma chave à boa saúde, uma solução para os fracassos da educação, um meio eficaz de reabilitação, um caminho para naturalmente restaurar a virtude na vida humana, e trazer paz a bilhões de pessoas sem paz e irrealizadas em nosso mundo. Ele aplica a Ciência do Ser para trazer realização às buscas de filósofos e psicólogos, e daqueles devotos religiosos que anseiam por realização espiritual.

Agora Maharishi trouxe completa realização a esta bela promessa da Ciência do Ser ao estruturar sua Ciência e Tecnologia Védica. A Ciência e Tecnologia Védica de Maharishi é o pleno desdobramento da *Ciência do Ser e Arte e Viver*.

Maharishi Formula Sua Ciência e Tecnologia Védica

Maharishi formulou sua Ciência e Tecnologia Védica com base no completo conhecimento teórico e prático do Veda, disponível na tradicional Literatura Védica, e com base na experiência pessoal da Consciência Transcendental e estados superiores de consciência de milhões de pessoas praticando sua Meditação Transcendental por todo o mundo.

Maharishi define sua Ciência e Tecnologia Védica como a *ciência do Veda*. Uma vez que Veda significa conhecimento – o conhecimento completo da Lei Natural – a Ciência e Tecnologia Védica de Maharishi[SM] é a *ciência do conhecimento completo da Lei Natural*. Ela também inclui as tecnologias da Lei Natural, como o programa da Meditação Transcendental e Voo Yôguico, que aproveitam o infinito poder organizador da Lei Natural para transformar a vida humana no Céu na Terra.

Preservação da Literatura Védica pelas Famílias Védicas da Índia

Através dos tempos, os sons do Veda e da Literatura Védica têm sido preservados na Índia, passados à frente com perfeição de geração a geração, de tal forma que as expressões Védicas e a sabedoria nelas contida nunca serão perdidas da vida humana em qualquer tempo. Mas durante os séculos, muitos textos da Literatura

Védica se tornaram espalhados e separados em diferentes tradições e compreensões em competição. A estrutura sequencial do Veda e da Literatura Védica foi esquecida, e a profundidade de sua significação e importância prática para a vida humana tornou-se obscurecida.

Com este esquecimento da sabedoria Védica total, a vida na Terra caiu no sofrimento. O gênio de Maharishi tem sido restaurar, em uma única geração, a partir da plataforma de Consciência de Unidade, a visão total da realidade do Veda e da Literatura Védica como o conhecimento completo da Lei Natural – o conhecimento cujo benefício prático é a criação do Céu na Terra.

O Veda e a Literatura Védica São os Sons Primordiais da Lei Natural

O maior de todos os equívocos sobre a Literatura Védica tem sido a crença de que o Veda e a Literatura Védica é um conjunto de livros escritos pelos antigos Videntes. Na verdade, a Literatura Védica não são os pensamentos ou escritos dos Videntes Védicos (Ṛishis). Ao contrário, ela existe eternamente no campo do próprio Ser, pronta para ser descoberta por qualquer um que experimente o Ser. Os impulsos do Veda e da Literatura Védica são de fato os Sons Primordiais do dinamismo autorreferente do campo do Ser, ouvidos pelo estado autorreferente de consciência, o próprio Ser.

Estes sons são as Leis da Natureza em seu estado fundamental, residindo perpetuamente no campo transcendental do Ser, e conduzindo toda a evolução do universo a partir de lá. Uma vez que eles são o conjunto fundamental de leis que organiza toda a atividade do universo, o Ṛk Veda e outros aspectos da Literatura Védica juntos compreendem a *Constituição do Universo*. Maharishi descobriu que o Veda e a Literatura Védica são na realidade a constituição de funcionamento da criação, o Governo da Natureza, que está incessantemente governando todo o universo, e mantendo-o em absoluta ordem e harmonia. Esta descoberta histórica de Maharishi da estrutura fundamental da Lei Natural na base do universo está presente em forma de semente na *Ciência do Ser e Arte de Viver* na parte intitulada "Ser, o Plano da Lei Cósmica".

Descoberta de Maharishi do Veda Eternamente Reverberando no Ser

Ao revelar sua Ciência Védica[SM], Maharishi descreveu em extraordinário detalhe a profunda mecânica pela qual o Ser começa a reverberar dentro de si mesmo nos impulsos eternos do Veda. Estes *insights* surgiram da experiência direta de Maharishi da dinâmica autointeragente do Ser, através da qual o Ser Puro se expressa nas formas e fenômenos do universo por toda a eternidade do tempo e espaço.

Em sua Veda-Leelā^{SM} (peça do Veda), Maharishi explicou que o Ser, o oceano ilimitado da inteligência da Natureza, é o campo da consciência ilimitada. É pleno despertar puro; está plenamente desperto dentro de si mesmo. Em seu estado autorreferente transcendental, ele só conhece a si mesmo e nada mais. Conhecendo a si mesmo apenas, ele é o conhecedor, é o processo de conhecer e é também o conhecido – ele é todos os três em si mesmo – ele é a reunião de conhecedor, conhecer e conhecido. Na linguagem do Veda, o conhecedor é Ṛishi, a dinâmica de conhecer é Devatā, o conhecido é Chhandas, e a reunião destes três é chamada Saṁhitā. Nesta realidade três-em-um de Saṁhitā de Ṛishi, Devatā e Chhandas está a estrutura autorreferente eterna do campo do Ser Puro.

Através das autointerações de Ṛishi, Devatā e Chhandas dentro da totalidade de Saṁhitā, o campo ilimitado de consciência começa a vibrar dentro de si mesmo. Ele produz um zunido dentro de si mesmo nos Sons Primordiais do Ṛk Veda. A partir dos Sons Primordiais do Ṛk Veda, e também das lacunas entre estes sons, todos os Sons Védicos se desdobram sequencialmente no mar da consciência. Do Veda para Vedānga, Upānga, Upaveda, Brāhmaṇa e Prātishākyas, os Sons Védicos se desdobram em uma sequência precisa, cada um elaborando e comentando sobre o Ṛk Veda e os ramos precedentes da Literatura Védica. Este *insight* único de Maharishi – que a Literatura Védica é seu próprio comentário – é chamado *Apaurusheya Bhāshya* de Maharishi – o comentário Autoexpressado [expressado pelo Ser] do Veda.

O Veda Está Estruturado na Consciência

Estes Sons Primordiais não são os sons que podem ser ouvidos pelo ouvido humano. Mas sim os sons que o Ser faz quando interage consigo mesmo, e que são automaticamente ouvidos pelos Ṛishis, pois a consciência deles está plenamente desperta e aberta ao campo do Ser. Isto eles realizam por meio da prática estabelecida da técnica da Meditação Transcendental e Voo Yôguico. Plenamente despertos internamente, completamente identificados com o campo do Ser Puro, os Ṛishis experimentam os sons do Veda zunindo espontaneamente em seu próprio oceano ilimitado de consciência. No curso da história humana, eles registraram estes sons nos textos da Literatura Védica, e também os passaram adiante através da tradição oral dos Pandits Védicos, para alegria e benefício de todo o mundo. Mas o verdadeiro estudo do Veda e da Literatura Védica não está nos livros – está na experiência direta dos impulsos do Veda reverberando na própria consciência autorreferente da pessoa.

O Veda Como as Dinâmicas Estruturadoras da Criação

Há um total de 40 ramos do Veda e da Literatura Védica, e Maharishi descreve cada um como uma qualidade criativa diferente do campo ilimitado do Ser – o oceano ilimitado de consciência. O Veda está estruturado na consciência, e suas *dinâmicas estruturadoras* estão dentro da natureza deste oceano ilimitado de consciência. A partir das dinâmicas estruturadoras destes 40 conjuntos de Sons Primordiais do Veda a forma física da criação se revela. Os Sons Védicos ganham expressão na forma da criação. De fato, toda a diversidade do universo se desdobra a partir dos Sons Védicos, a partir dos Sons Primordiais da dinâmica autorreferente da inteligência da Natureza.

Descoberta do Veda na Fisiologia Humana

O Professor Tony Nader, médico, Ph.D., um brilhante cientista, descobriu, sob a inspiração de Maharishi, que o Veda e a Literatura Védica estão plena e completamente expressados na fisiologia humana. Os profundos *insights* no Veda e na Literatura Védica, revelados por Sua Santidade Maharishi Mahesh Yogi durante os últimos 37 anos em sua Ciência Védica, guiaram esta descoberta de que as mesmas leis que constroem a mente e o corpo humanos são aquelas que dão uma estrutura para as sílabas, versos, capítulos e textos da Literatura Védica.

A pesquisa do Professor Nader demonstrou que a fisiologia humana (incluindo o ADN em seu cerne) tem a mesma estrutura e função que a realidade holística, autossuficiente e autorreferente expressada no Ṛk Veda. Os componentes especializados, órgãos e sistemas orgânicos da fisiologia humana, incluindo todas as partes do sistema nervoso, batem um a um com os 40 ramos da Literatura Védica, tanto em estrutura como em função.

Na introdução de seu livro, *Fisiologia Humana: Expressão do Veda e da Literatura Védica*[2], Professor Nader afirma:

> *Esta descoberta revelou os segredos do funcionamento ordenado de todos os órgãos no corpo e como esta ordem pode desabrochar até sua qualidade suprema, expressada como ordem absoluta na infinita diversidade do universo. Isto abriu a possibilidade para a existência humana elevar-se ao nível desta ordem que está mantendo o universo, e oferecer esta experiência de "Ahaṁ Brahmāsmi" – Eu sou totalidade – a todas as pessoas.*

---

2 2001, Maharishi Vedic University Press, Vlodrop, Holanda.

Esta descoberta revelou o estudo da fisiologia como sendo a realização da suprema filosofia da vida que estabelece a consciência individual e a consciência nacional no nível da vida cósmica. O estudo da fisiologia em termos da estrutura do Veda é a revelação de nossa era científica que eleva a dignidade individual dos humanos à dignidade cósmica do universo.

Esta grande revelação mostra que a evolução da vida, desde que a vida existe, foi em termos do fluir sequencial do Ṛk Veda, e que as mesmas leis que estruturam a fisiologia humana são as leis disponíveis como impulsos da fala expressados no Ṛk Veda e na Literatura Védica.

Fundamentalmente, a descoberta do Professor Nader significa que o administrador interior de nossa própria vida é o mesmo administrador de todo o universo – Veda, o potencial total da Lei Natural. Nossa própria fisiologia é, de fato, a Literatura Védica na forma manifesta. Assim, para qualquer um que nos aborde, nós podemos dizer, "Vós sois o Veda". E se olhamos para nós mesmos, podemos dizer, "Eu sou o Veda – a Constituição do Universo".

O Benefício Prático da Descoberta do Veda e da Literatura Védica na Fisiologia Humana

Através do estudo e prática da Ciência e Tecnologia Védica de Maharishi, todos os 40 aspectos da Literatura Védica tornam-se avivados em nosso intelecto e no nível da experiência direta. Através das tecnologias Védicas, como o Voo Yôguico, cada ser humano é capaz de criar este funcionamento gracioso e integrado de mente e corpo, que não apenas são todos estes 40 aspectos da Lei Natural plenamente despertos na *consciência*, mas eles também estão plenamente despertos na *fisiologia*.

Por meio da prática do Voo Yôguico, o aspecto interior de nossas vidas pode facilmente ser plenamente despertado na estrutura do Veda. E, então, qualquer coisa que pensemos será apoiada pelo potencial total da Lei Natural – por todos os 40 valores da Lei Natural que governam o universo com infinita criatividade e infinito poder organizador, e sem problemas ou erros. Como Voadores Yôguicos, podemos adquirir o acesso a esta enorme inteligência e poder em nossa própria consciência autorreferente – Consciência Transcendental – e em nossa fisiologia. A realidade é que o infinito poder organizador da Lei Natural está à mão de todos nós.

Esta bela nova ciência da vida é oferecida ao mundo no livro do Professor Nader, que teve sua primeira publicação em janeiro de 1994, logo após Maharishi declarar 1994, o vigésimo ano da Era da Iluminação, e ser seu Ano da Descoberta do Veda e da Literatura Védica na Fisiologia Humana.

Insights Únicos e Práticos de Maharishi sobre o Veda e a Literatura Védica

Os *insights* de Maharishi sobre o Veda e a Literatura Védica são únicos e do mais alto significado prático para a humanidade. Maharishi descobriu que o Veda e a Literatura Védica estão estruturados na consciência, e que seus sons são Sons Primordiais, que são imanifestos e eternos em caráter, e contêm dentro deles a totalidade da inteligência e poder organizador da Natureza. Ele também descobriu que a Literatura Védica é uma sequência única, holística e integrada, dos 40 aspectos das dinâmicas estruturadoras do universo, e que a fisiologia humana é a réplica exata do Veda e da Literatura Védica em estrutura e função.

Acima de tudo, ele descobriu que ao praticar a técnica da Meditação Transcendental e o Voo Yôguico, o infinito poder organizador do Veda e da Literatura Védica pode ser despertado e praticamente usado pelos seres humanos em sua própria consciência e sua própria fisiologia. Com esta visão do Veda e da Literatura Védica, Maharishi não apenas transformou a compreensão do Veda, mas abriu uma nova era para a vida na Terra, onde o Veda e a Literatura Védica são utilizados para realizar a meta suprema da raça humana de viver uma vida no Céu na Terra, geração após geração.

Saúde Perfeita Através da Abordagem Védica de Maharishi à Saúde[SM]

Há muitas disciplinas preciosas da Ciência e Tecnologia Védica de Maharishi que trazem realização aos ensinamentos práticos de Maharishi sobre a Arte de Viver registrados na *Ciência do Ser e Arte de Viver* trinta anos atrás. No campo da criação de saúde física e mental perfeitas, por exemplo, Maharishi enfatizou a necessidade da medicina moderna de assumir uma abordagem preventiva e holística, envolvendo o corpo, a mente, o ambiente e o próprio Ser. Maharishi elaborou estes profundos princípios vinte anos depois ao trazer ao mundo sua Abordagem Védica à Saúde, o mais antigo, completo e científico sistema de atenção à saúde.

Apesar da tradição Védica de medicina ter continuado viva na Índia até os tempos modernos, ela se tornou fragmentada e perdeu sua integridade como um sistema holístico de medicina natural que trouxesse equilíbrio à consciência, fisiologia, comportamento e ambiente.

Maharishi estudou profundamente os textos Védicos relacionados com saúde. A partir destes textos Védicos ele revelou que todas as 40 áreas do conhecimento Védico são essenciais para uma consideração completa da saúde. Juntas, estas abordagens naturais, combinadas com o desenvolvimento de uma consciência e fisiologia equilibradas e livres de estresse através do programa da Meditação Transcendental, restauram o equilíbrio no sistema e impedem que as doenças se desenvolvam na mente e no corpo. Maharishi também restaurou a compreensão vital de como criar *saúde coletiva* ao estabelecer a consciência coletiva de uma sociedade em harmonia com o potencial total da Lei Natural, para prevenir a violação da Lei Natural, que é a causa de toda doença e sofrimento. Esta restauração de uma compreensão holística e completa de saúde como encontrada nos textos Védicos originais é chamada Abordagem Védica de Maharishi à Saúde.

Outras Disciplinas Práticas da Ciência e Tecnologia Védica de Maharishi

A Ciência e Tecnologia Védica de Maharishi é o conhecimento completo da *Ciência do Ser e Arte de Viver* – um campo ilimitado de riquezas tanto em conhecimento da Lei Natural quanto em tecnologias poderosas para glorificar a vida humana na Terra. Demorou 30 anos para Maharishi desenvolver todas as refinadas estruturas do Ser e para tê-las verificadas através da pesquisa científica. Agora, todas as preciosas disciplinas da Ciência Védica de Maharishi estão sendo colocadas à disposição em todo o mundo.

O programa *Jyotish Maharishi* [SM] é o conhecimento do passado, presente e futuro que permite que as tendências futuras sejam preditas e os problemas prevenidos antes que surjam. Os desempenhos de *Yagya Maharishi*[SM] são desempenhos Védicos para neutralizar tendências negativas e avivar tendências positivas na vida individual e coletiva. A música *Gandharva Veda Maharishi*[SM] é música Védica, a música eterna da Natureza, que cria uma influência equilibradora e harmonizadora no indivíduo e no meio ambiente. O projeto *Sthāpatya Veda Maharishi*[SM] é a ciência Védica da construção, que é o próprio sistema de estruturar da Natureza que harmoniza a vida individual com a Vida Cósmica.

A *Ciência Política Suprema de Maharishi* revela todos os princípios pelos quais o governo de um país pode elevar-se ao mesmo nível da perfeita administração do universo pela Lei Natural. A *Administração Védica Maharishi*[SM] oferece aos administradores a oportunidade de desenvolver alerta supremo, inteligência criativa suprema e supremo apoio da Lei Natural para máximo sucesso na vida. Estas são algumas das preciosas disciplinas da Ciência e Tecnologia Védica de Maharishi. No entanto, cada um dos 40 aspectos da Literatura Védica contribui com conhecimento profundo e prático para a vida diária, baseado no conhecimento total da Lei Natural.

Universidades Maharishi de Administração, Universidades Védicas Maharishi, Universidades Āyur-Veda Maharishi e Faculdades de Medicina Védica Maharishi

O conhecimento da Ciência e Tecnologia Védica de Maharishi e da Abordagem Védica de Maharishi à Saúde está sendo colocado à disposição em *Universidades Maharishi de Administração, Universidades Védicas Maharishi, Universidades Āyur-Veda Maharishi e Faculdades de Medicina Védica Maharishi* que estão sendo estabelecidas agora em todo o mundo. Além dos *campi* principais na Holanda e Índia, Universidades ou Escolas Védicas Maharishi e Universidades ou Escolas Āyur-Veda Maharishi estão planejadas para cada nação na Terra.

Estas universidades oferecem diplomas, e também oferecerão Licenciatura em Ciências, Bacharelado em Ciências, Mestrado em Ciências, diplomas de Doutorado e Pós-Doutorado em Ciência e Tecnologia Védica Maharishi e em Abordagem Védica de Maharishi à Saúde. Estes diplomas levarão à maestria de novas profissões Védicas, como Professor de Ciência Védica Maharishi, Educador de Saúde Védica Maharishi Orientada para a Prevenção, Jyotishi Maharishi, Gandharvan Maharishi, Sthāpati Maharishi, e Administrador Védico.

Nova Definição de Governo de Maharishi

No capítulo final da *Ciência do Ser*, Maharishi clama aos governos para serem os canais para os benefícios do programa da Meditação Transcendental para atingir todas as pessoas da sociedade. Agora ele está oferecendo aos líderes políticos do mundo *uma nova definição de governo* – que um governo só é digno do nome governo *se ele pode prevenir problemas*. A não ser que possa prevenir problemas, ele é só uma bola de futebol das situações e circunstâncias. Um governo que não pode prevenir problemas, afirma Maharishi, é ele próprio um problema.

Hoje em dia, os governos estão claramente impotentes para prevenir problemas. Por quê? Porque eles são um espelho inocente da consciência coletiva da população de seus países. Quando as pessoas em seus países estão estressadas, a consciência coletiva é estressada, e toda a sociedade é cheia de problemas e hábitos e tendências negativos e produtores de doenças. O que os governos podem fazer em face de tal consciência coletiva? A História nos mostra que eles assistem impotentes à medida que a miséria se acumula sobre o povo para o qual o governo é pago para proteger. Na verdade, a não ser que o estresse seja sistematicamente reduzido na consciência coletiva, nenhum governo jamais satisfará a nova definição de Maharishi para um governo – que ele deva ser capaz de prevenir problemas antes que surjam, e assim crie uma sociedade sem sofrimento.

O Grupo de Maharishi para um Governo – a Base para Prevenir Problemas

A necessidade dos governos em prevenir problemas é a razão de ser tão vital a criação de um Grupo de Maharishi para um Governo – um grupo de Voadores Yôguicos em cada capital. Cada governo deve manter um grupo de 7.000 Voadores Yôguicos, que mostrou criar uma influência coerente em toda a consciência mundial. O bem-aventurado desempenho dos Voadores Yôguicos desperta o campo do Ser puro na vida de toda a sociedade. O estresse se dissolve na atmosfera e a sociedade desfruta ondas de paz e felicidade, como se o Sol houvesse saído depois de um dia frio e nublado para trazer ondas de calor para todos.

Administração Através da Lei Natural – Automação na Administração

Em seu livro, *Teoria Absoluta de Maharishi de Governo*[3], Maharishi explica que cada governo, somente ao criar e manter um grupo de Voadores Yôguicos, irá realizar o ideal da administração pública, a qualidade suprema da administração de governo em cada geração. Através de um grupo de Voadores Yôguicos, o infinito poder organizador da suprema inteligência do universo – conhecido na Literatura Védica como *Purushottama* – pode ser plenamente despertado na vida de cada indivíduo, cada família e na nação como um todo. Então, o governo irá administrar a nação tão silenciosa e eficientemente quanto o Governo da Natureza; o mesmo poder nutridor da Natureza que administra o universo sem erros e problemas irá administrar a vida em cada nação.

Isto é Administração através da Lei Natural – automação na administração – expressada no Ṛk Veda no seguinte verso:

Yatinām Brahmā bhavati sārathiḥ – (Ṛk Veda 1.158.6)

Para aqueles que estão estabelecidos na singularidade da consciência autorreferente, plenamente desperta, o potencial total do conhecimento puro e seu infinito poder organizador – a Constituição do Universo avivada, Lei Natural – se torna o condutor de toda a atividade.

Em sua Teoria Absoluta de Governo, Maharishi explica a profunda importância desta expressão do Ṛk Veda para toda a vida humana. Quando nossa atividade é promovida a partir do nível da consciência autorreferente, ou Consciência Transcenden-

---

3 1994, Maharishi Vedic University Press, Vlodrop, Holanda

tal, que a morada da Lei Natural, então nossa atividade é apoiada pelo infinito poder organizador da Lei Natural. Isto é comumente chamado de Apoio da Natureza, e pode ser adquirido não apenas pela pessoa que experimenta Consciência Transcendental através da técnica da Meditação Transcendental, mas pode até mesmo ser adquirido pela consciência nacional – a consciência coletiva da nação – através da prática coletiva dos programas da Meditação Transcendental e MT-Sidhis® de Maharishi. Com o Apoio da Natureza elevando-se na vida nacional, os problemas de qualquer país desaparecerão, assim como a escuridão desaparece com o surgir da luz.

Brevemente, cada governo manterá seu próprio grupo de Voadores Yôguicos como um requisito essencial da administração nacional, e cada nação desfrutará o apoio da Lei Natural. Todos os problemas na Terra tornar-se-ão memórias distantes, e a vida será vivida em perfeição e realização por todos os cidadãos de cada nação, agora e por incontáveis gerações futuras.

Plano Mestre de Maharishi para Criar o Céu na Terra

Maharishi ofereceu um projeto para a criação de um mundo celestial que os novos e iluminados governos do mundo podem seguir. Em 1988, Maharishi formulou seu Plano Mestre para Criar o Céu na Terra, que clama pela reconstrução de todo o mundo para trazer plena glorificação aos níveis interior e exterior da vida (ver Anexo F). O nível interior da vida será glorificado através do desenvolvimento de estados superiores de consciência, que traz o desabrochar qualidades nobres, bem-aventurança e Apoio da Natureza a partir de dentro. O nível externo da vida será trazido à perfeição ao aplicar as abordagens Védicas à saúde, agricultura, educação e arquitetura e planejamento urbano.

Cidades pequenas, médias e grandes serão construídas de acordo com os princípios científicos da arquitetura do Sthāpatya Veda Maharishi, criando um belo e agradável ambiente em toda parte para que todos sintam: "Eu estou vivendo no Céu". Através da Abordagem Védica de Maharishi à Saúde, um mundo livre de doenças será criado, no qual tanto a saúde individual quanto a coletiva serão perfeitas, e a doença e sofrimento serão prevenidos antes que surjam. Através da aplicação da Agricultura Védica Maharishi[SM], e do cultivo de terra fértil não aproveitada usando métodos agrícolas orgânicos, cada país se tornará autossuficiente na produção de alimento, e desfrutará abundância de alimento natural e saudável.

Através da educação ideal baseada na Ciência e Tecnologia Védica de Maharishi, cada estudante irá realizar estudo e pesquisa na consciência e rapidamente elevar-se para viver em felicidade, paz e progresso realizador no estado de iluminação. Estes cidadãos iluminados trarão perfeição a toda profissão, e desfrutarão o fruto de todo conhecimento, uma vida livre de erros e sofrimento. Com o crescimento do Apoio da Natureza em todos os países, cada projeto do governo e da iniciativa privada para criar nova riqueza atingirá seu alvo. A pobreza será erradicada e a autossuficiência econômica será alcançada por todas as nações.

Por meio do Plano Mestre de Maharishi para Criar o Céu na Terra, cada cidadão de cada país desfrutará todos os tesouros da vida humana – materiais e divinos. O poder destrutivo, tão dominante na consciência mundial por tantos séculos, será substituído pela influência do poder nutridor, harmonizador e integrador da Lei Natural, que apoiará de forma irrestrita a evolução de tudo e de todos na Terra. Como resultado, toda nação reconhecerá amorosamente as demais, e todas as nações juntas nutrirão as demais nações – todas as pessoas e todas as nações no mundo desfrutarão o Céu na Terra.

Elevação da Pureza na Consciência Mundial Através do Ensinamento de Maharishi

Já durante as últimas décadas de ensinamento de Maharishi em todo o mundo, a pureza da consciência mundial tem se elevado firmemente; a luz do conhecimento puro tem se elevado firmemente; a vida de acordo com a Lei Natural tem se elevado firmemente. Com o desabrochar da grande sabedoria de Maharishi na vida da humanidade, o mundo já está testemunhando os sinais de um novo despertar em cada campo na direção do Céu na Terra.

Os muitos grupos de Voadores Yôguicos em diferentes países – como os grupos que Maharishi estabeleceu na Maharishi Ved Vigyān Vishwa Vidyā Peeth (Universidade Védica Maharishi) na Índia, e na Maharishi University of Management (Universidade de Administração Maharishi) (Maharishi International University de 1971 a 1995) em Fairfield, Iowa, EUA – criaram uma dramática mudança na consciência mundial, como indicada pelo fim da Guerra Fria e suas muitas guerras resultantes, pelo desaparecimento de muitas filosofias cruelmente materialistas, e pelo crescimento de tendências espirituais na vida global.

Programa de *Maharishi Purusha*[SM] e Programa de *Mãe Divina*[SM][4]

A vital importância de criar coerência na consciência mundial levou Maharishi a formar o programa de Maharishi Purusha para homens e o programa de Mãe Divina para mulheres.

---

4   Na Tradição Védica, a palavra *Purusha* se refere à consciência infinita e silenciosa de cada pessoa, e Mãe divina se refere ao poder nutridor e evolucionário da Lei Natural.

Estes grupos, estabelecidos em todo o mundo, estão desfrutando estados superiores de consciência e bem-aventurança borbulhante 24 horas ao dia. Eles perpetuamente irradiam uma influência invencível de harmonia e positividade na consciência mundial através da sua prática diária da Meditação Transcendental e do Programa Meditação Transcendental-Sidhis, incluindo a técnica do Voo Yôguico.

Realizações Sem Precedentes de Maharishi

Maharishi iniciou seu Movimento Mundial dotado apenas da confiança que possuía no conhecimento da vida e do viver passado a ele por seu Mestre, Shri Guru Dev. Ele percebeu que somente com aquele conhecimento ele poderia regenerar espiritualmente o mundo inteiro, e ele embarcou nesta tarefa com toda a simplicidade e ilimitação de visão possuída apenas pelo maior dos maiores Maharishis da Tradição Védica. Por causa da devoção incansável de Maharishi pelo bem-estar da humanidade, cada dia o mundo se aproxima mais e mais da regeneração espiritual total da vida, e do estabelecimento do Céu na Terra.

Tudo o Que Permanece É Implementar Plenamente Este Conhecimento

Com suas descobertas únicas e históricas no campo do Veda e da Literatura Védica, realizações no campo do conhecimento, Maharishi vê o mundo hoje num platô de conhecimento no nível dos Himalaias. Com tal comando e autoridade no campo do conhecimento, Maharishi sente que tudo que o mundo requer agora para estabelecer o Céu na Terra para sempre é a plena implementação de toda a antiga sabedoria Védica (incluindo o estabelecimento de grupos de Voadores Yôguicos em toda parte) ao estabelecer Universidades Maharishi de Administração, Universidades Védicas Maharishi, Universidades Āyur-Veda Maharishi e Faculdades de Medicina Védica Maharishi por todo o mundo.

Maharishi – Um Guardião Silencioso de Todas as Nações

A partir do pico mais elevado da Consciência de Unidade, Maharishi experimenta toda a família mundial como sua própria família. Movido por compaixão ilimitada pelos problemas das nações do mundo, ele utiliza cada momento de sua vida na criação do Céu na Terra para todas as pessoas agora e para todas as gerações futuras. Isto é Maharishi no mundo hoje, um guardião silencioso de todas as nações.

Brevemente, o trabalho que Maharishi iniciou em 1958 alcançará sua realização. A meta de sua atividade por todo o mundo e deste livro histórico será alcançada. E uma era dourada alvorecerá, uma era iluminada, na qual, como Maharishi escreve na introdução a este trabalho, "uma nova humanidade nascerá, mais plena em concepção e mais rica em experiência e realizações em todos os campos. A alegria de viver pertencerá a todos os homens, o amor dominará a sociedade humana, a verdade e a virtude reinarão no mundo, a paz na Terra será permanente e todos viverão em realização e plenitude de vida na Consciência de Deus".

– Dr. BEVAN MORRIS
Presidente, Maharishi University of Management
Fairfield, Iowa, EUA.
Presidente Internacional, Universidades Maharishi de Administração e Universidades Védicas Maharishi por todo o mundo
12 de setembro de 1994

INTRODUÇÃO

A Ciência do Ser e Arte de Viver é o somatório da sabedoria prática para uma vida integrada, proposta pelos Ṛishis Védicos da antiga Índia, com o avanço do pensamento científico do mundo ocidental contemporâneo.

Ela apresenta uma filosofia de vida em plenitude e uma prática adequada a todos os homens em todas as partes do mundo, para glorificar todos os aspectos de suas vidas diárias. Lida com os aspectos fundamentais de todos os problemas da vida e sugere uma cura infalível, capaz de erradicar todo sofrimento.

Este livro apresenta uma proposta prática de vida integrada que há muito constitui a meta abstrata das várias ciências, religiões e escolas de pensamento metafísico. Esta proposta permitirá que todos os homens harmonizem seu conteúdo espiritual interior com as glórias da vida material exterior, encontrando seu Deus dentro de si mesmos.

A ciência investiga a realidade das formas e dos fenômenos. Todos os ramos da ciência são os vários caminhos para o entendimento da verdade da existência. A abordagem de cada um destes ramos tem início no conhecimento do óbvio e visa à investigação do desconhecido oculto. A verdade fundamental da vida está sendo abordada por todos os ângulos. Todas as ciências estão explorando as diversas camadas da criação, dos mais grosseiros aos mais sutis campos da existência.

A Ciência do Ser, como todas as outras ciências, começa sua investigação da verdade da existência do nível grosseiro e óbvio da vida, e depois entra nas regiões sutis da experiência. Mas a Ciência do Ser ao final transcende estas regiões sutis e chega à experiência direta do campo transcendental do Ser eterno.

A Ciência do Ser é uma filosofia de vida prática e profunda. É uma investigação sistemática da verdadeira natureza da realidade suprema. Muito embora ela seja, como todas as outras ciências, teórica em sua natureza, seus aspectos aplicados alcançam horizontes muito mais avançados da suprema realidade da vida do que as especulações metafísicas abstratas.

Este livro se divide em quatro partes: "A Ciência do Ser", "A Vida", "A Arte de Viver" e "A Realização". As três últimas partes apresentam a sabedoria mais prática da vida diária, e esta suprema sabedoria da vida prática está baseada no profundo significado filosófico contido na parte intitulada "A Ciência do Ser".

A Ciência do Ser apresenta uma base significativa e profunda para a arte de viver. De fato, a arte de viver é a Ciência do Ser aplicada.

Para aqueles que nunca se interessaram por estudos metafísicos, a parte "A Ciência do Ser" talvez pareça à primeira vista altamente abstrata. Mas, uma vez que tenham passado para a "A Vida" e a "A Arte de Viver" e terminem a "A Realização", descobrirão que sem lidar com os aspectos abstratos da Ciência do Ser toda a sabedoria do livro deixaria de ter uma base prática.

Um jardineiro deve ter conhecimento da raiz escondida da árvore antes que se possa esperar que ele dedique um esforço concentrado em regar a raiz para que a árvore toda fique refrescada e verdejante.

Da mesma forma, um homem atuando no campo prático da vida deve primeiro adquirir um bom entendimento da realidade fundamental da vida, que repousa no campo do Ser abstrato, para que depois glorifique todo o restante da vida. Por isso a Ciência do Ser é a primeira parte deste livro, seguida pelas partes de valor prático.

A palavra ciência vem da raiz latina *scire*, conhecer. Significa conhecimento; o conhecimento sistemático é ciência.

Ciência do Ser significa conhecimento sistemático do Ser – conhecimento sistemático da existência ou da realidade da vida.

O campo do Ser ou da existência absoluta foi considerado por muitos séculos em termos de misticismo. A atual era científica hesita em atribuir valor a qualquer coisa que se coloque sob o manto do misticismo, e por este motivo o estudo do Ser, o campo absoluto da criação, não participou de nenhum ramo da ciência até agora.

O crescimento do pensamento científico na atual geração trouxe o Ser para o nível do estudo e escrutínio científicos.

Desenvolveu-se um método sistemático que permite ao indivíduo experimentar diretamente o estado puro do Ser. O método consiste em entrar conscientemente na experiência das camadas sutis do pensamento, finalmente chegando à experiência direta do estado mais sutil do pensamento e, então, chegando à própria fonte do pensamento. A mente consciente atinge então o estado puro do Ser.

A Ciência do Ser, que dá origem à arte prática de viver, é uma ciência que vale muito mais para a vida humana do que todas as ciências conhecidas até agora pela mente humana. Pois até agora a base de todas as ciências tem sido a mente humana funcionando de um campo de consciência limitado ou de potencial limitado. A Ciência do Ser, através da prática da Meditação Transcendental, expande a capacidade consciente da mente para valores infinitos e, portanto, funciona não só como base para a grande expansão do conhecimento em todos os campos da ciência, mas também oferece ao homem um caminho direto para a realização.

Devo todo este conhecimento à sagrada tradição de Jagadguru Bhagwān Shankarāchārya, fonte principal de toda a minha inspiração e atividade.

Devo meus primeiros agradecimentos a Henry Nyburg, líder do Movimento de Regeneração Espiritual na Europa, que primeiro sentiu a necessidade e concebeu a ideia de um livro como este três anos atrás.

Devo agradecer também à abençoada *Ma* de Londres que, como uma mãe, postou-se vigilante sobre a criança para que a tarefa fosse completada. Leona Simpson, do Canadá, Guri Mehellis, da Noruega, e Dick Bock, de Los Angeles, também foram de grande ajuda na manutenção do fôlego do escrito e do escritor. Jerry Jarvis e sua querida esposa, Debby, que trabalharam arduamente transcrevendo e editando as fitas e preparando o manuscrito final, também merecem partilhar dos meus sentimentos de reconhecimento e agradecimento. Certamente o aconchego da atmosfera criada pelo amor de Mother Olson e Roland Olson, Helen Lutes e os queridos Verrills e Granvilles teve sua parte na feitura deste livro.

Este é um livro de renovação para o nosso tempo. Se for para a era de ouro algum dia brilhar sobre a sociedade humana, se for para a Era da Iluminação algum dia vir a existir sobre a Terra, este livro servirá como estrada para que ela venha. Uma nova humanidade nascerá, mais plena em concepção e mais rica em experiência e realizações em todos os campos. A alegria de viver pertencerá a todos os homens, o amor dominará a sociedade humana, a verdade e a virtude reinarão no mundo, a paz na Terra será permanente e todos viverão em realização e plenitude de vida na consciência de Deus.

Jai Guru Dev

– Maharishi Mahesh Yogi
Lake Arrowhead
Califórnia, EUA
12 de janeiro de 1963

Parte I:

A Ciência do Ser

O QUE É O SER?

Ser é Vida. É existência. Ser é viver, é existir. Ser ou existência encontram sua expressão nos diferentes aspectos do viver: pensar, falar, fazer, experimentar, sentir. Todos os aspectos da vida têm sua base no Ser.

Então surge a questão de como entender o Ser em termos de todos os diferentes aspectos da vida com que estamos familiarizados. Como podemos conhecer o Ser em termos do mundo e qual seu relacionamento com o mundo de formas e fenômenos em que vivemos?

Como podemos distinguir a existência daquilo que existe?

A existência é abstrata; aquilo que existe é concreto.

Podemos dizer que a existência é a vida em si, enquanto aquilo que existe é a fase fenomenal infinitamente mutável da realidade imutável da existência. Existência é o aspecto abstrato da vida sobre o qual se estrutura o que chamamos de fases concretas da vida, que abarcam todos os aspectos do indivíduo – corpo, mente, pensar, falar, agir, comportar-se, experimentar e influenciar o meio ambiente, incluindo todos os aspectos da existência cósmica.

A vida se expressa em diferentes modos de viver. Aquilo que é vivido é a expressão da vida; aquilo que existe é a expressão da existência.

Existência, vida ou Ser são a realidade imanifesta de tudo o que existe, vive ou é. O Ser é a realidade suprema de tudo o que foi, é ou virá a ser. É eterno e ilimitado, é a base de toda a existência fenomenal da vida cósmica. É a origem de todo espaço, tempo e causação. É o início e o fim da existência, o campo eterno da inteligência criativa, todo-poderosa e que tudo permeia. *Eu sou Aquele Ser eterno, Tu és Aquele, e tudo isso é, em sua natureza essencial, Aquele Ser eterno.*

A experiência mostra que o Ser é a consciência de bem-aventurança, a fonte de todo pensamento, de toda a criação existente. Ele está fora da existência relativa, onde o experimentador, ou mente, é deixado sozinho e desperto, plenamente consciente de si mesmo, sem experimentar objeto algum. A mente consciente alcança o estado de consciência pura que é a fonte de todo pensar. A inteligência criativa todo-poderosa do absoluto é a fonte de toda inteligência. O Ser é a fonte de todo poder. É a fonte de toda a natureza e das leis naturais que mantêm as diferentes formas e fenômenos na criação.

A natureza essencial do Ser é consciência absoluta de bem-aventurança[1]. Sem o conhecimento do fundamento da vida, consciência absoluta de bem-aventurança, a

---

1   *Sat-Chit-Ananda*: é *Sat*, o que nunca muda; é *Chit*, o que é consciência; é *Ananda*, o que é bem--aventurança.

vida torna-se uma construção sem alicerces. Toda a vida relativa desprovida da base consciente do Ser é como um navio sem leme, sempre à mercê do turbulento oceano. É como uma folha seca sobre o solo, deixada à mercê do vento, sendo arrastada aleatoriamente em qualquer direção que o vento a leve, pois não dispõe de raízes que lhe sirvam de âncora. A vida individual sem a realização do Ser é desprovida de fundamento e sentido, é infrutífera.

Assim, o Ser é a base da vida, é o que lhe dá sentido e a torna frutífera. O Ser é a presença viva de Deus, a realidade da vida. É a verdade eterna. É o absoluto em eterna liberdade.

SER, O COMPONENTE ESSENCIAL DA CRIAÇÃO

A física nos mostra que toda a criação é feita de camadas de energia, uma dentro da outra. A camada mais sutil se encontra no estrato mais interno da criação e constrói em torno de si diferentes qualidades, tornando-se cada vez maior.

Recentes descobertas da física indicam a existência de vários tipos de partículas elementares que repousam na base de toda a criação. A família das partículas elementares aumenta continuamente, mostrando que a criação existe em incontáveis camadas de energia. Partículas mínimas dão origem a nêutrons e prótons que se reúnem formando o núcleo de um átomo, que por sua vez forma um átomo. Os átomos compõem moléculas e as moléculas compõem as diferentes formas e fenômenos e constituem todo o Universo visível. É assim que a física vem descobrindo camadas mais sutis da criação.

Houve uma época em que os físicos declararam a indestrutibilidade da matéria porque o átomo, que era tido como a parte mais sutil da matéria, foi considerado indestrutível. Mais tarde as experiências no campo da física dividiram o átomo e revelaram um mundo novo. As investigações em torno do núcleo do átomo originaram a física nuclear. As investigações em torno dos elétrons originaram a eletrônica. O crescente conhecimento nesses campos fez com que as capacidades do homem avançassem muito além daquilo que se poderia ter imaginado algumas décadas atrás.

À medida que aumenta nosso conhecimento sobre as camadas mais sutis da criação, isso permite que nos tornemos mais poderosos na vida.

Abaixo da camada mais sutil existente no campo relativo se encontra o campo abstrato e absoluto do Ser puro, que é imanifesto e transcendental. Não é matéria nem energia. É puro Ser, o estado de existência.

Este estado de pura existência é subjacente a tudo o que existe. Tudo é expressão dessa existência pura ou Ser absoluto que é o componente essencial de toda a vida relativa.

Este Ser eterno, imanifesto e absoluto, manifesta-se em várias formas de vida e existência dentro da criação. À medida que aumenta nosso conhecimento das camadas mais sutis da existência, tiramos vantagens desse conhecimento e crescemos em compreensão da vida. Nossa vida se torna mais abrangente, mais poderosa, mais útil, mais criativa; e nossas aspirações também aumentam.

De forma semelhante, o conhecimento do Ser enquanto componente essencial e supremo da criação eleva o padrão de todos os aspectos da vida até o status ilimitado da existência absoluta. A vida relativa adquire um padrão absoluto e, com base nisto, estabilidade e continuidade são dadas ao campo relativo.

Energia, inteligência e criatividade se elevam a seu valor ilimitado e as limitações da vida individual ganham o status da existência cósmica ilimitada. Esta é a glória da descoberta de que o Ser é o componente essencial da criação.

A ONIPRESENÇA DO SER

Vimos que o Ser é o componente essencial da criação e que Ele está presente em todas as camadas da criação. Está presente em todas as formas, palavras, cheiros, sabores e objetos do tato. Em todos os objetos da experiência, em todos os sentidos da percepção e órgãos de ação, em todo fenômeno, naquele que faz e na obra feita, em todas as direções – norte, sul, leste e oeste –, em todos os tempos – passado, presente e futuro –, Ele está presente uniformemente. Ele está presente na frente do homem, atrás dele, à direita e à esquerda dele, acima dele, abaixo dele, dentro dele, em todo lugar, e, sob todas as circunstâncias, o componente essencial da criação, o Ser, permeia todas as coisas. Ele é o Deus onipresente para aqueles que O conhecem e compreendem, que O sentem, e O vivem em suas vidas.

A totalidade da criação é o campo da consciência em diferentes formas e fenômenos. A consciência é a radiação vinda do centro do Ser puro. Como exemplo, a corrente elétrica vinda de uma bateria alcança a lâmpada e se irradia em forma de luz. À medida que o raio luminoso se distancia da fonte, sua intensidade decresce até atingir um limite onde se poderá dizer que a quantidade de luz é nula. Analogamente, da bateria inexaurível do Ser a consciência de bem-aventurança se irradia e, à medida que se distancia da fonte, diminui o grau de bem-aventurança. Poderíamos falar da consciência figurando em todas as formas sutis e grosseiras da vida.

Aqueles cujos corações e mentes não estão cultivados, cuja visão se concentra no grosseiro, veem somente o valor superficial da vida. Encontram apenas qualidades da matéria e da energia; não encontram o Ser inocente, sempre presente e onipresente. A suavidade de Sua presença ultrapassa todos os graus relativos de suavidade. Eles não desfrutam do Ser todo-poderoso em Seu status inocente, imutável de plenitude e abundância de tudo que repousa sob a fase óbvia das formas e fenômenos da matéria e da energia, da mente e do indivíduo.

O Ser puro é de natureza transcendental em virtude de Seu status de componente essencial do Universo. Ele é mais sutil que o mais sutil da criação. Por sua natureza, não é revelado aos sentidos, que foram criados basicamente para oferecer apenas a experiência da realidade manifestada da vida. Ele não está exposto de forma óbvia à percepção da mente, pois a mente, na maioria dos casos, está ligada aos sentidos. A mente é constituída de tal forma que para qualquer experiência terá de associar-se aos sentidos e entrar em contato com o mundo exterior de formas e fenômenos.

A experiência mostra que o Ser é a natureza essencial, básica da mente. Mas, como ela normalmente permanece em sintonia com os sentidos, projetando-se para fora em direção às esferas manifestas da criação, a mente deixa de apreciar, ou não consegue apreciar sua própria natureza essencial, exatamente como os olhos, incapazes de enxergarem a si mesmos. Tudo pode ser visto através dos olhos, salvo os próprios olhos. Da mesma forma, tudo está baseado na natureza essencial da mente, o Ser onipresente, e, no entanto, enquanto a mente está entretida no campo projetado da diversidade manifesta, o Ser não é apreciado pela mente, muito embora Ele seja a própria base e componente essencial dela. Por estar na raiz de todas as coisas, Ele está, por assim dizer, sustentando a existência da vida e a criação sem se revelar. A grande dignidade, o grande esplendor e grandiosidade de Sua natureza inocente, todo-poderosa e onipresente estão presentes no homem como a base de ego, intelecto, mente, sentidos, corpo e meio ambiente. Mas Ele não se faz aparente; Ele está subjacente a toda a criação.

Ele é como um poderoso empresário que raramente se encontra no local onde se situa a empresa, que se mantém retirado, mas, no entanto, controla eficazmente suas operações de negócios. Para vê-lo é necessário encontrá-lo num lugar recluso, longe da atividade principal do centro empresarial. Da mesma forma, o controlador de todo o Universo, estando presente em todo lugar, influenciando tudo, permanecendo na base da conduta de toda a atividade universal e vida fenomenal, habita na câmara silenciosa do coração de todos e de tudo.

A onipresença do Ser é a responsável pelo ocultamento de Sua natureza em algum lugar recluso, longe da agitação deste mundo. A onipresença do Ser é a responsável por esconder o Ser atrás dos bastidores e dar a Ele o status de senhor onisciente, onipotente e supremo do Universo.

O senhor do Universo reside gentilmente no coração de todos para assegurar que ninguém sofra. A gentileza do onipresente senhor do Universo é tal que, para manter ilimitados o amor, a felicidade e a evolução de todos, ele habita naturalmente em tudo. Ninguém é capaz de retirar-se Dele. É a onipresença do Ser que é a vida eterna, a essência da vida eterna.

SER, O CAMPO DA VIDA ETERNA

Como componente essencial e onipresente da criação, o Ser repousa na base de tudo, além de toda a existência relativa, além de todas as formas e fenômenos. Por ter Seu status puro e pleno no transcendente, Ele repousa fora da esfera do tempo, espaço e causação, e além das fronteiras do campo fenomenal, eternamente mutável da criação. Ele é, Ele foi, Ele será, no status de Sua absoluta pureza. Ele sempre possui o status que desconhece mudança, o status da vida eterna.

O Ser absoluto e Seu relacionamento com o Universo relativo pode ser compreendido por um exemplo. O Ser é como um oceano ilimitado de vida, silencioso e sempre existente no mesmo status. Os diferentes aspectos da criação podem ser considerados como ondas sobre o vasto oceano do Ser eterno. Todas as formas, fenômenos e estados permanentemente mutáveis da vida no mundo têm sua base na vida eterna do Ser onipresente.

O eterno oceano do Ser pode ser concebido como um oceano de água. A única diferença é que o status puro do oceano do Ser repousa além de toda existência relativa. É a ilimitada vastidão da existência ou consciência pura, o componente e conteúdo essencial da vida. É o campo da vida ilimitada, infinita e eterna, inteligência pura, existência pura, o absoluto.

Assim, tendo descoberto que o Ser é o campo da vida eterna, o encorajador no campo prático é o fato de que as fases fenomenais sempre mutáveis da vida diária neste mundo podem ser suplementadas pelo poder ilimitado da vida eterna do Ser. Como isto é alcançado nas diferentes fases da vida individual é um assunto que será tratado em "Como Contatar o Ser"[2] e em "A Arte de Ser"[3].

SER, A BASE DE TODO VIVER

O viver se constitui da vida prática da atividade diária. O Ser, que é o componente essencial da criação, está na base de toda atividade e repousa no campo do absoluto. O Ser forma a fonte básica de toda atividade do indivíduo e, naturalmente, Nele e através Dele é mantida toda a atividade em todos os complexos e diversificados campos da vida diária.

Sabemos, naturalmente, que nossa vida principia com respiração e pensamento. Em "*Prāṇa* e Ser"[4] e "Mente e Ser"[5] veremos como o Ser imanifesto e transcenden-

---

2 Veja na pág. 60.
3 Veja na pág. 109.
4 Veja na pág. 52.
5 Veja na pág. 53.

tal manifesta-Se sob a forma de *prāṇa* e mente, que são os níveis da respiração e do pensamento. Desta forma, veremos como toda a atividade de nossa vida é baseada no absoluto e eterno campo do Ser. O início da atividade se dá no nível do pensamento e o início do pensamento se dá no nível do Ser transcendental. Portanto, encontramos o Ser na base de toda atividade, comportamento e das várias formas e estilos de vida.

Todas as tendências e os vários estados do gostar e do não gostar são formulações da mente. Uma vez que tenhamos sondado a base da mente e do *prāṇa*, será fácil estabelecer que o Ser é a base de todo viver. Porque o Ser repousa na raiz de toda a criação, na raiz de todas as tendências do homem, na raiz de todas as complexidades do comportamento e da sociedade, fica fácil concluir que o Ser é a base de todo viver.

É possível glorificar todos os campos da vida e do viver conscientemente infundindo a natureza do Ser em todos os diferentes campos da atividade e do comportamento[6].

Sabemos que a atividade depende do pensamento. É preciso pensar primeiro antes de fazer qualquer coisa. Contudo, as pessoas raramente refletem acerca de que depende seu pensamento. O pensar é a base do fazer; o que, então, é a base do pensar? Para poder pensar, é preciso no mínimo ser. O Ser é a base do pensar e o pensar é a base do fazer. O Ser é a base de todo o viver, da mesma forma como sem seiva e raiz inexistiria árvore. Se cuidarmos da seiva, estaremos cuidando da árvore toda. Da mesma forma, se cuidarmos do Ser, todo o campo do pensar e do fazer terá sido cuidado. Todo o campo da vida pode ser glorificado se cuidarmos conscientemente do Ser. O Ser é a mais gloriosa, mais preciosa e mais louvável base de todo o viver. O Ser é o plano da lei cósmica, a base de todas as leis da natureza, que repousa na raiz de toda criação e evolução.

SER, O PLANO DA LEI CÓSMICA

Lei significa norma de procedimento. Lei cósmica significa norma de procedimento da vida cósmica, a norma que governa o propósito da existência e da evolução cósmica. Lei cósmica significa norma de procedimento da inteligência criativa cósmica, que gera, mantém e dissolve o Universo.

Cósmica significa todo-abrangente, significa "de todo o Universo". Tudo o que há na natureza em seu estado estático de existência ou num estado dinâmico de vida está incluído quando dizemos a palavra cósmica.

O que verificamos no Universo é uma progressão de vida; a vida parece estar num estado progressivo. Algo é criado, cresce, desenvolve-se até seu ponto máximo e por fim começa a decair. Deteriora-se e é novamente transformado. Verificamos

---

6   Este assunto é tratado com mais detalhes na pág. 89 na Parte III em "A Arte de Viver".

um status de coisas em mudança. É a mudança do esquema da vida, uma mudança no estado que sustém a evolução. É o aspecto mutável que dá status ao Universo. Verificamos que as coisas estão mudando no Universo. Mas junto com a mudança há manutenção. A vida se mantém e evolui ao mesmo tempo. O aspecto de manutenção é caracterizado pela estabilidade, o aspecto evolutivo, pela mudança.

A manutenção de algo criado é estável, mas, quando este algo se transforma em outra coisa, evolui para um estado superior ou se degrada até um estado inferior; chamamos a isso fase mutável. Quando pensamos em lei cósmica, portanto, devemos considerar estes dois fatores: o fator de estabilidade e o fator de mudança no Universo. E vemos que eles se fazem presentes simultaneamente.

Esta é a lei da criação, a lei da manutenção, a lei da evolução. Algo é criado, é mantido e, enquanto se mantém, evolui, chega ao auge da evolução e então se dissolve. Este ciclo de criação, manutenção, evolução e dissolução continua, e através de sua continuidade a vida do Universo prossegue.

Quando consideramos a lei universal, temos de considerar todas as diferentes características do Universo, a criação das coisas e a criação da vida, a manutenção do status das coisas criadas da vida, a evolução da vida sendo mantida e, finalmente, a dissolução.

Para obtermos um quadro nítido da natureza da lei cósmica, lancemos mão de um exemplo: o hidrogênio é um gás, o oxigênio, outro gás. Ambos se combinam para formar a água, H_2O. As qualidades de gás se transformaram em qualidades da água, mas "H" e "O", hidrogênio e oxigênio, permanecem "H" e "O". Da mesma forma, a água congela transformando-se em gelo. As qualidades da água transformaram-se em qualidades do gelo, mas hidrogênio e oxigênio, os componentes essenciais, permanecem os mesmos. Hidrogênio e oxigênio permanecendo eles mesmos significa que há alguma força, alguma lei ou sistema que mantém a integridade do hidrogênio e do oxigênio. Entretanto, há certas leis que vão modificando as qualidades do gás para as da água, e da água para as do gelo.

Há uma lei que permite que o status do oxigênio e do hidrogênio sofra modificações, e esta lei em si não muda. A lei que impede a mudança do hidrogênio e do oxigênio é em si imutável, uniforme e eterna. Permitindo que hidrogênio e oxigênio passem por todos os níveis da criação, ela mantém a integridade do hidrogênio e do oxigênio.

Esta lei é aquela mesma lei que mantém o *status quo* do componente essencial, mas nos diferentes níveis da criação o fluxo desta lei dá origem a outras leis que transformam as qualidades deste plano nas daquele outro plano, transformam as qualidades do gás nas da água, e as da água nas do gelo.

Os diferentes níveis da criação sob diferentes formas evoluem continuamente. O aparecimento de novas qualidades é necessário devido às novas leis que entram em ação. Vemos então que todas estas novas leis entram em ação mesmo enquanto aquela lei eterna prossegue em seu estado inalterado. Todas as mudanças ocorrem sobre a plataforma imutável do componente essencial. Isto nos dá um quadro nítido da lei cósmica.

Há uma lei universal que nunca muda e há inúmeras leis que são responsáveis por todas as mudanças na criação. A lei imutável mantém eternamente a integridade do componente fundamental, essencial da criação. Portanto, esta lei cósmica é tal que nunca muda; no entanto, mesmo sem jamais se modificar, ela continua fazendo surgir leis cada vez mais novas nas diferentes camadas da natureza. Isto resulta nos diferentes estados da criação, nas diferentes formas e fenômenos.

O componente fundamental e essencial da criação é o estado absoluto do Ser ou estado de consciência pura. Este estado absoluto de consciência pura é de natureza imanifesta, que se mantém sempre a mesma por força da lei cósmica imutável. A consciência pura, o Ser puro, é mantida como consciência pura e Ser puro todo o tempo, e, no entanto, é transformada em todas as diferentes formas e fenômenos. Aí temos a lei cósmica, uma lei que jamais se modifica e que nunca permite a modificação do Ser absoluto. O Ser absoluto permanece Ser absoluto em todas as circunstâncias, embora seja encontrado sob qualidades modificadas, aqui e ali, em todas as diferentes camadas.

A lei cósmica é aquele estado absoluto de consciência pura que não conhece mudanças. É a base de todas as leis da natureza e mantém o *status quo* das diferentes camadas da criação, ao mesmo tempo promovendo sua evolução para camadas superiores, conforme o propósito cósmico de criação e evolução, mantendo assim o fluxo evolutivo. Assim, embora a manutenção e a evolução da criação sejam operadas diretamente por diferentes leis da criação, a base de todas estas leis é a lei cósmica eterna no plano do Ser, que é a base de toda a criação.

A lei cósmica funciona a partir daquele nível que se situa entre os planos relativo e absoluto da vida. Ela harmoniza o Ser eterno imanifesto e o campo manifesto da existência relativa diversificada. É o poder da lei cósmica que mantém o Ser eterno no estado absoluto, ao mesmo tempo em que mantém a criação fenomenal constantemente mutável da diversidade nos estados relativos da vida. É a força da lei cósmica que mantém o Ser eterno imutável junto com a diversidade fenomenal eternamente mutável da criação. Unicidade da unidade da vida do Ser absoluto de um lado, e diversidade da múltipla criação do outro, são ambos mantidos em seus próprios status de estados imutável e sempre mutável. Esta é a natureza misteriosa e todo-poderosa da lei cósmica que tem seu status eterno no plano do Ser.

SER, O ABSOLUTO E O RELATIVO

O campo ilimitado do Ser abrange desde o estado imanifesto, absoluto e eterno até os estados grosseiros, relativos e sempre mutáveis da vida fenomenal, assim como o oceano abrange desde o silêncio eterno de suas profundezas até a grande atividade de natureza constantemente mutável existente na superfície das ondas. Uma extremidade é eternamente silenciosa, imutável em sua natureza, e a outra é ativa e constantemente mutável.

A fase ativa, em eterna mutação, do oceano representa a fase relativa do Ser, e o aspecto eternamente silencioso do fundo do oceano representa o estado imutável, eterno e absoluto. Este é o relacionamento do Ser com o mundo das formas e dos fenômenos no qual vivemos. Ambos os estados, relativo e absoluto, são estados do Ser. O Ser é eternamente imutável em Seu estado absoluto e eternamente mutável em Seus estados relativos.

Vimos que o Ser é a realidade fundamental da existência e componente fundamental da criação. Ele é onipresente. Isto revela o fato de que o Ser tem dois lados em sua natureza essencial: um é absoluto, o outro relativo. Descobrimos que o Ser, enquanto permanecendo eternamente em Seu status absoluto e onipresente, está presente nas fases permanentemente mutáveis da existência fenomenal e da criação relativa. A totalidade do campo da vida, desde o indivíduo até o cosmos, não passa da expressão do Ser eterno, absoluto, imutável e onipresente nas fases relativas, sempre mutáveis da existência.

Um exemplo ilustrará a natureza do Ser de forma mais completa. Como vimos, os átomos de hidrogênio e de oxigênio em determinado estado apresentam as características de gás, em outro se combinam para exibir as características da água, e num terceiro estado apresentam ainda as características de um sólido, o gelo. O conteúdo essencial do gás, da água e do gelo é o mesmo, mas se modificam suas propriedades. Embora as características do gás, da água e do gelo sejam bastante contraditórias entre si, os componentes essenciais, H e O, são sempre os mesmos.

Assim como oxigênio e hidrogênio, permanecendo em seu estado imutável, exibem características diferentes, também o Ser, mantendo Seu caráter imutável, eterno e absoluto, Se expressa nas diferentes formas e fenômenos da diversidade da criação.

Esta é uma afirmação que, para algumas das pessoas de mentalidade científica existentes nos tempos atuais, poderá parecer contraditória em relação às teorias estabelecidas pela física. O Dr. Albert Einstein expôs a teoria da relatividade e disse que tudo no Universo é relativo, e que a existência de diferentes mundos, formas e fenômenos só podem ser explicados em termos de sua relatividade. Mas aqui afirmamos que o absoluto, mantendo-Se absoluto, Se expressa nos estados relativos da criação. O Ser, mantendo Seu caráter imutável, eterno e absoluto, revela-Se ao se expressar nas diferentes formas e fenômenos da diversidade da criação.

Há alguma coerência entre estas duas expressões? Sim. Quando Einstein diz que tudo o que existe no Universo só pode ser compreendido em termos da relatividade, não está errado, pois sua teoria da relatividade se preocupa somente com o campo manifestado da criação, que é o âmbito da física.

Com certeza, em suas tentativas de comprovar cientificamente a teoria do campo unificado, Einstein parece ter estado plenamente consciente da possibilidade de existência de uma só base fundamental de toda a diversidade, um denominador comum de toda a criação. Ao menos ele estava tentando determinar um elemento que estivesse na base de toda a existência relativa. Se e quando a ciência física chegar ao que Einstein estava tentando determinar através de sua teoria do campo unificado, um elemento será estabelecido como a base de toda a criação relativa. Em vista do rápido avanço da física nuclear, não está muito longe o dia em que algum físico teórico consiga comprovar a teoria do campo unificado. Talvez receba um nome diferente, mas seu conteúdo estabelecerá o princípio da unidade em meio à diversidade, da unidade básica da existência material.

A descoberta do campo desta única base da existência material marcará a conquista máxima na história do desenvolvimento da física. Isto servirá para transformar o mundo da ciência física na ciência dos fenômenos mentais. Teorias da mente, do intelecto e do ego suplantarão os achados da física. No limite último ou extremo das investigações acerca da natureza da realidade no campo mental, finalmente será encontrado o estado da consciência pura, o campo da natureza transcendental que repousa além da existência relativa dos valores mentais e materiais da vida. O campo fundamental do Ser repousa além do campo dos fenômenos mentais e é a verdade da vida em todas as suas fases, relativa e absoluta. A Ciência do Ser é a ciência transcendental da mente. A Ciência do Ser transcende a ciência da mente que, por sua vez, transcende a ciência da matéria que, novamente, por sua vez, transcende a diversidade da existência material.

O Ser é a realidade fundamental de tudo o que existe. É absoluto na natureza. Tudo no Universo é de ordem relativa, mas a verdade é que o Ser eterno, o princípio fundamental da vida de natureza imanifesta, Se expressa em diferentes formas e mantém o *status quo* de tudo que existe. A existência absoluta e relativa são os dois aspectos do Ser eterno: Ele é tanto absoluto como relativo.

SER, A REALIDADE ETERNA E FUNDAMENTAL

A glória do Ser enquanto realidade fundamental pode ser sondada e conhecida por experiência direta. Experimentando os estados sutis de um som ou de um pensamento, a mente pode ser sistematicamente conduzida ao limite mais sutil da experiência, e, transcendendo esta experiência mais sutil de ordem relativa, pode alcançar um campo que se poderia chamar de fundamental.

As *Upanishads* revelam o Ser como a realidade fundamental, imperecível e eterna. Os hinos dos Vedas e a *Bhagavad-Gītā* cantam a glória do Eu imperecível, Ser, a realidade fundamental, o Brahman que é o absoluto supremo e fundamental. Eles dizem: "A água não pode molhá-Lo, nem pode o fogo queimá-Lo. O vento não pode secá-Lo, e as armas não podem dilacerá-Lo. Ele está em frente, está atrás, Ele está em cima e embaixo, à direita e à esquerda. Ele é Ser divino, onipresente, que tudo permeia".

As *Upanishads* explicam o Ser em termos de *Ānanda,* ou bem-aventurança, e localizam-No na fonte da criação que tudo permeia – todo o tempo, passado, presente e futuro; todo o espaço de todos os tempos; e todos os aspectos da causação – e descrevem-No na região transcendental da vida.

As *Upanishads* descrevem o Ser como Brahman nas regiões onde o *prāṇa* cósmico tem seu nascimento, e para o homem dentro dele mesmo. As grandiosas palavras de iluminação encontradas nos Vedas expressam o Ser como a realidade fundamental e encontram-No dentro do homem como seu próprio e inseparável Eu. "Eu sou Aquilo, Tu és Aquilo, tudo isto é Aquilo, apenas Aquilo é, e não há nada senão Aquilo." Nestas expressões e em muitas semelhantes que foram fonte de inspiração e iluminação para milhões de pessoas desde tempos imemoriais, a filosofia indiana expõe a unicidade da vida como a realidade fundamental, Ser absoluto.

A ideia do Ser como realidade fundamental está contida nos mais antigos registros do pensamento indiano. Os eternos textos dos Vedas, coroados com a filosofia das *Upanishads,* revelam o relativo e o absoluto como dois aspectos da realidade una de Brahman, Ser absoluto que, embora imanifesto em sua natureza essencial manifesta-Se como criação relativa.

A vida não é senão o Ser em todas as suas fases de existência absoluta e relativa: a unidade é diversidade da vida, o Ser imperecível é o Universo perecível em constante mutação.

A tese do Ser como realidade eterna e fundamental da vida está certamente baseada na força de um método prático e direto através do qual toda pessoa pode experimentá-Lo diretamente. A *Bhagavad-Gītā* faz uma exposição muito clara do caminho da iluminação, a Meditação Transcendental, e alega que não há obstáculos, não há dificuldades no caminho. Um pouco desta prática liberta o homem de grandes temores.

Esta mensagem prática da experiência direta do Ser enquanto realidade fundamental é uma mensagem de glorificação de todos os aspectos da vida. Ela é única no estabelecimento do Ser como o absoluto e como realidade fundamental de todas as fases relativas da vida.

O Ser enquanto fundamento é de natureza transcendental. Por isto o campo do Ser não é concreto. Só se pode denominá-Lo abstrato, embora as palavras "abstrato" e "concreto" sejam ambas relativas, e nenhuma delas exprima verdadeiramente a natureza do Ser. Mas para possibilitar a compreensão, e se é necessário empregar uma palavra para transmitir a natureza do Ser, só podemos dizer que é abstrata e não concreta, muito embora a experiência Dele seja muito mais concreta que qualquer coisa concreta da vida relativa.

Em virtude de sua natureza abstrata, o estudo do Ser foi considerado até pouco tempo como sendo de natureza mística, e esta tendência é responsável por privar o homem comum, de centenas de gerações no passado, das grandes vantagens trazidas pela experiência do Ser.

Hoje, quando temos à disposição um método sistemático para experimentar diretamente o Ser transcendental e fundamental, o Ser não só sai do campo místico para entrar para a plena luz da ciência moderna, mas também Se oferece como refúgio contra o temor da aniquilação promovida pelo conhecimento cada vez maior que o homem adquire nos vários ramos da ciência.

A descoberta do Ser como realidade fundamental eterna trouxe a possibilidade de suplementar e reforçar a vida individual com a base profunda da vida eterna do absoluto. As fases constantemente mutáveis da vida individual têm de estar baseadas[7] na fase imutável do Ser, a realidade eterna e fundamental. Um delicado elo de *prāṇa* liga o campo imutável do Ser eterno às fases em constante mutação da vida relativa.

PRĀṆA E SER

Prāṇa é a expressão do Ser em manifestação. É a tendência do imanifesto a manifestar-Se. Pode-se dizer que ele é o impulso do Ser abstrato e absoluto; o Ser é a existência absoluta de natureza imanifesta. Sua tendência a vibrar e a manifestar-Se é chamada de *prāṇa*. O Ser vibra em virtude do *prāṇa* e Se manifesta. Assumindo uma natureza subjetiva, o Ser se faz mente. Assumindo uma natureza objetiva, torna-Se matéria. Permanecendo inocente, serve como elo entre sujeito e objeto, criando o relacionamento entre sujeito e objeto e possibilitando o início da criação múltipla, para que o Ser divino, único e eterno possa atuar no campo da imensa variedade da vida. Vemos assim que o *prāṇa* é o poder do Ser, que se encontra latente em seu estado imanifesto e entra em ação no processo de manifestação quando o Ser assume o papel da criação subjetiva e objetiva.

Aqui poderá surgir a questão: o que leva o *prāṇa* a assumir qualidades subjetivas e objetivas?

Aquela inteligência cósmica ou poder criador que é a própria natureza do Ser gera *prāṇa* de Si mesmo, Ser absoluto. O *prāṇa* se projeta do manancial do Ser imanifesto, o Ser absoluto assume o papel de *prāṇa*. É assim que a própria natureza do Ser dá início ao processo de criação e começa a evolução.

O que é responsável por isto?

---

7   Veja na pág. 89 a Parte III em "A Arte de Viver".

A própria natureza do Ser é responsável. É como se o absoluto quisesse ser criativo e relativo.

E pode-se perguntar: por quê?

Por causa de sua própria natureza; talvez só para variar!

O propósito da criação é a expansão da felicidade.

A unidade do estado de Ser, sem passar por qualquer mudança em Si mesmo, assume o papel da multiplicidade da criação da diversidade do Ser. O absoluto assumindo o papel da relatividade, ou a unidade aparecendo como multiplicidade, não é outra coisa senão a própria natureza do Ser absoluto aparecendo em diferentes manifestações. Por esta razão, enquanto o absoluto é eterno em Seu status nunca-mutável, a diversidade relativa da criação é eterna em sua natureza constantemente mutável.

Isto resolve o enigma da criação.

A unidade do Ser absoluto imanifesto é a diversidade e variedade da criação manifestada em todas as suas fases relativas de existência. O absoluto e o relativo, juntos, apresentam toda a verdade da vida. Cem por cento de absoluto e cem por cento de existência relativa se combinam formando cem por cento de vida em criação.

Deveríamos ter em mente que criação manifestada e Ser imanifesto, embora pareçam diferentes, na realidade são a mesma coisa.

A realidade da dualidade é a unidade. Embora dotados de características diversas, Ser absoluto e criação relativa formam a única realidade. Todo o processo daquilo que entendemos por criação e evolução é somente o estado do Ser como *prāṇa*, e a mudança pertence à própria natureza do estado de Ser. A criatividade repousa na natureza do Ser absoluto, a criação é Seu jogo e a evolução Sua expansão em Seu estado de Ser. Ser permanece Ser, e surge a criação.

O *prāṇa* pode, portanto, ser definido como a natureza do Ser, a força motivadora da criação; é a força básica da mente.

MENTE E SER

A mente é uma onda no oceano do Ser. O Ser imanifesto e absoluto, estimulado por sua própria natureza, *prāṇa*, aparece como mente, assim como o oceano estimulado pelo vento aparece como uma onda.

O *karma* age como a força do vento para produzir a onda da mente no oceano de Ser imanifesto. Em resumo, podemos dizer que o *prāṇa*, suplementado pela influência do *karma*, é a mente.

Esta afirmação introduz a ideia de que, se não houvesse influência alguma do *karma*, não haveria mente. Poderá surgir a questão de se é necessário que o *karma* exista previamente para que a mente possa existir.

Ao contemplarmos o *karma*, percebemos que sem a mente (o agente) o *karma* (a ação) não pode ser produzido. Isto demonstra a interdependência entre mente e *karma* e, consequentemente, parece difícil decidir se o *karma* é produzido pela mente ou se a mente é produzida pelo *karma*.

O enigma tem sua resolução na expressão que diz que a mente nasce do *karma* e cria *karma*, e o *karma* nasce da mente e cria mente. A semente gera a árvore e a árvore dá sementes. Não se pode determinar o que deu origem a quê no início. O ponto inicial do ciclo da semente e da árvore não pode ser determinado especificamente. Pode-se dizer apenas que a semente é a causa da árvore, e que a árvore é a causa da semente. Mas não se pode asseverar qual tenha dado início ao ciclo.

A metafísica silencia neste ponto e procura consolo no reconhecimento de que o ciclo da semente e da árvore vem existindo há tempos e continua a existir. Analogamente, não há evidências para provar se o *prāṇa* origina a mente ou a mente origina o *prāṇa*.

Para todas as finalidades práticas, a interdependência de mente e *prāṇa* é o único princípio comprovado que temos em mãos.

Isto pode ser compreendido em termos de *karma*. O *karma* da vida passada é responsável pela identidade da mente na vida atual. O nível de evolução alcançado pela mente na vida passada dá-lhe seu status na vida presente e, baseado no *karma* da vida passada, a mente começa na vida presente.

O *karma* é inerte. Este *karma* inerte suplementado pela força da vida, o *prāṇa*, origina a mente. Esta mente é um composto de *prāṇa* e *karma*, e através do *prāṇa* está ligada ao Ser imanifesto. Constatamos desta forma que a mente é o segundo estágio do processo de manifestação ou criação, sendo *prāṇa* o primeiro.

Isto esclarece a posição da mente no campo da criação, bem como sua relação com o Ser, que é o fundamento.

O *prāṇa* é a primeira expressão da inteligência cósmica. Refletido no *karma*, o *prāṇa* ganha individualidade e surge como mente individual. Assim, temos que a mente individual é o reflexo da mente cósmica ou inteligência cósmica. Assim como o *prāṇa* é a expressão em manifestação do eterno oceano do Ser imanifesto, a mente é o reflexo da inteligência cósmica sobre o *karma*.

Isto mostra que antes da criação da mente existia em princípio a atuação do *karma*. Isto leva à conclusão de que houve uma criação antes da criação. Houve um dia anterior a este dia e uma noite anterior a esta noite. O ciclo de criação e dissolução é o ciclo eterno dentro da eternidade do Ser.

No processo da criação, a mente nasce porque houve uma mente antes dela, que criou algum *karma*, que continua a existir para formar a base da mente atual.

Desta forma, podemos conceber duas realidades na base da criação. Uma é a realidade eterna do Ser absoluto, e a outra é a realidade do *karma* que, embora repouse no campo constantemente mutável da existência relativa, encontra seu status eterno no perpétuo ciclo da ação, experiência e impressão. A impressão deixada por uma experiência é o mais sutil resíduo do *karma,* ou ação, que mantém sua existência no nível mais sutil da mente, quase no ponto de encontro da mente com o *prāṇa.* Está exatamente no plano onde principia a criação – onde o Ser se faz mente – e por força desta sutilíssima impressão deixada pelo *karma,* o *prāṇa* assume simultaneamente o papel de mente. Poder-se-ia dizer que o próximo passo da criação é produzido, em princípio, simultaneamente – a mecânica dos sentidos da percepção, que permite à mente funcionar e materializar a realidade da mente e dos sentidos. A matéria surge a fim de formar a maquinaria física através da qual os cinco sentidos de percepção encontram expressão para poderem justificar a validade de sua criação e para serem e agirem como agentes da mente no processo de evolução e criação. Este é o processo de formação dos sentidos do sistema nervoso e do corpo.

Isto aclara a mecânica sutil da criação e ilustra os princípios subjacentes à criação de mente, sentidos, sistema nervoso e corpo, bem como sua relação com o Ser.

O Ser é o oceano eterno e ilimitado de vida absoluta. É de natureza transcendental e, como tal, desprovido de quaisquer atributos. Ele pode ser experimentado, certamente, mas a experiência Dele se dá sempre em Seu próprio campo de existência transcendental de consciência pura, em que a mente transcende todos os campos da experiência relativa e se torna una com o Ser, ganha o status do Ser e deixa de ser mente consciente. Esse estado de existência absoluta, desprovida de atributos, está muito além da imaginação ou de qualquer concepção ou entendimento intelectual.

A mente humana procura naturalmente compreender a realidade fundamental e colocar-se às margens do oceano ilimitado de sabedoria do absoluto. Em suas tentativas de sondar o insondável e compreender o transcendente, ela toma o curso do entendimento dos campos mais sutis da criação, na esperança de que, se e quando a camada mais sutil da criação for compreendida, será então possível compreender a verdadeira natureza do supremo fundamental.

Para auxiliar tais investigações intelectuais acerca da natureza do Ser e Seu relacionamento com os campos mais sutis da criação subjetiva e objetiva, discutiremos com precisão e brevidade o status do Ser e a criação sucessiva de *prāṇa,* mente, sentidos, sistema nervoso e corpo.

Ficou claro que não é o Ser que se manifesta (em virtude de Sua natureza completamente transcendental e desprovida de atributos, Ele não está em posição de manifestar-Se ou resistir à manifestação). Mas que é a instrumentalidade do *karma* que reflete sobre o Ser, ou recebe a reflexão do Ser, tornando-se a tendência criadora, por este meio adquirindo a qualidade de *prāṇa.* A partir deste ponto, baseada neste reflexo, principia toda a criação, deixando o Ser permanecer livre de mudanças, em Seu eterno status do absoluto. Assim, nada sucede ao Ser absoluto e a criação tem início em suas formas e fenômenos variados, baseada na instrumentalidade do *karma*, impulsionada pelo *prāṇa* e levada a efeito pela mente, deixando intocado o Ser. Porque o Ser é onipresente, toda a multiplicidade da criação é permeada por Ele. Nada é sem Ele. Tudo *é* Ele. Assim, o status da criação é independente do Ser e, ao mesmo tempo, o Ser é toda a criação. A mente é independente do Ser e ao mesmo tempo sua natureza essencial é o Ser.

A roda do *karma* prossegue *criando,* evoluindo e dissolvendo a criação fenomenal em ciclos de existência e inexistência do cosmos como um todo, e o indivíduo partilha disto enquanto parte do cosmos.

Vemos que, em essência, a vida é eterna e absoluta. Na realidade não há nada senão isto. Todas as formas e fenômenos relativos e eternamente mutáveis e toda a existência cósmica têm sua vida no Ser eterno, e ao mesmo tempo sua fase de existência fenomenal é baseada no plano do *karma,* que não tem nenhum status absoluto em si mesmo. A fase relativa encontra um status eterno nos ciclos de criação e dissolução[8]. Isto nos dá a ideia de que há dois fundamentos para a vida – Ser absoluto e *karma*. Surge a questão: poderá haver duas realidades fundamentais?

Obviamente, isto deixa a busca da realidade fundamental numa condição desesperadora, e quem busca a realidade fica envolto em incerteza.

Com certeza não pode haver duas realidades fundamentais da vida – Ser e *karma*. Obviamente só pode existir uma realidade fundamental. Resta descobrir qual é a fundamental: Ser ou *karma*?

Vimos que o Ser em Sua natureza essencial é a existência absoluta e que somente isto pode ser certamente aceito como a realidade fundamental da vida e da existência. Mas vimos também que esta realidade fundamental, o Ser, é absoluta e, assim sendo, não possui atributos e não pode criar. Dissemos antes que a criação vem da reflexão do Ser sobre o *karma,* ou da reflexão do *karma* sobre o Ser, que reúne a instrumentalidade de *prāṇa, karma* e mente. Foi dito também que a criação vem daquilo que chamamos *karma* que, por força de si mesmo, assume o papel de *prāṇa,* a força essencial da vida e da criação.

Este aspecto do *karma* assumindo o papel de *prāṇa* para dar início à criação, dentro da onipresença do Ser eterno, traz esperanças a todo aquele que busca a realidade única, suprema e fundamental. A compreensão do *karma* surgindo do Ser vem justificar a busca da realidade única, fundamental.

A natureza onipresente do Ser não permite que o *karma* receba um status independente como sendo o fundamento de tudo. O *karma* se acha embebido na própria natureza do Ser, e a criação tem sua origem nele. Assim, coloca-se o Ser como re-

---

8   Veja na pág. 48 "Ser, o Absoluto e o Relativo".

alidade única, suprema, que tem a instrumentalidade do *karma* como Sua própria natureza para o propósito da criação.

A compreensão do Ser eterno como sendo a realidade única, fundamental e suprema da existência leva-nos a ver que esta causa da criação, ou a criatividade onipotente, está latente na própria natureza do Ser e Se expressa sob a forma de criação. Assim, vemos que o Ser eterno, absoluto, desprovido de atributos, é a realidade fundamental da existência, e, em virtude de Sua própria natureza, o processo de criação, evolução e dissolução continua eternamente sem afetar o status absoluto do Ser eterno.

Isto nos dá o quadro completo do Ser absoluto e eterno em relação à Sua própria inteligência criativa cósmica e onipotente, ou mente universal, e em relação à mente individual.

KARMA E SER

Karma significa ação ou atividade.

Vimos no capítulo anterior o relacionamento do Ser com o *karma* e descobrimos que o *karma* é oposto à natureza essencial do Ser. Ser é simplesmente ser. Ser é existência absoluta, enquanto *karma* é o instrumento através do qual o ciclo de criação, evolução e dissolução se mantém em constante movimento. Vemos assim que a natureza essencial do *karma* certamente não está em conformidade com a natureza essencial do Ser, que é apenas ser.

Nenhum *karma* poderá jamais alcançar o estado do Ser. Pelo processo do *karma* tem-se de prosseguir em movimento dentro da atividade: o eterno ciclo de nascimento e morte, criação, evolução e dissolução. Colocando-se assim o *karma* em oposição ao Ser, então qualquer processo para pôr fim ao *karma* certamente resultaria no estado do Ser.

Vimos que, embora o estado do Ser seja para sempre a mesma existência onipresente, transcendental e absoluta, ele está perpetuamente presente. Entretanto, revolvida pela roda do *karma,* a vida individual permanece sempre no campo da existência relativa e obviamente deixa de desfrutar da glória do Ser. Conforme já vimos, a vida individual e a vida cósmica são criadas, mantidas e dissolvidas pela força do *karma*. Por isso cada indivíduo e todos os seres do mundo estão sujeitos à força do *karma*. A força do *karma* prossegue mantendo a vida no campo relativo, e o indivíduo é constantemente mantido fora do âmbito do Ser puro.

Se dispuséssemos de um meio para evitar a prisão do *karma,* este seria o meio de atingir o estado do Ser eterno. No capítulo "Como Contatar o Ser"[9] veremos que

---

9   Veja na pág. 48.

através de uma técnica para minimizar a atividade de experimentar, e finalmente transcender o campo mais sutil da atividade, chega-se ao estado do Ser, o campo da vida eterna. A verdade da incompatibilidade entre a natureza do Ser e a natureza do *karma* tem sido muito mal interpretada por aqueles que não conhecem a técnica de minimização da força do *karma* e libertação de sua influência. Quando tais pessoas de visão incompleta leem nos livros de metafísica que a consciência absoluta de bem-aventurança se opõe à natureza do *karma*, desenvolvem suas próprias teorias. Teorizam no sentido de que a vida de atividade no mundo se opõe ao estado de consciência absoluta de bem-aventurança. Este mal-entendido criou um abismo entre os valores espirituais e materiais da vida, que vem existindo há muitos séculos.

Não há dúvida de que a natureza do absoluto e do relativo, a natureza do Ser e do *karma* são incompatíveis entre si. Mas através da técnica que iremos descrever[10] é certamente possível glorificar o campo do *karma* pela luz do Ser. Este é o ponto que centenas de gerações dos muitos séculos passados deixaram de ver. Não foi alcançado o conhecimento de que só precisamos da habilidade na ação para conseguir esta glorificação do *karma*. Esta tem sido a razão principal do crescente sofrimento, miséria e tensão, e da crescente negatividade em todos os campos de atividade da vida.

Já é hora de corrigir-se o erro e de todos perceberem que através do sistema da Meditação Transcendental é possível a cada mente sair do estado relativo da experiência e chegar ao estado do Ser. Tendo conhecido este estado, a mente fica infundida com o pleno valor do Ser, pois, no campo do transcendente, a mente se encontra fora do campo do *karma*, deixa de ser uma mente individual, tornando-se una com o Ser eterno e absoluto. Ao alcançar este estado de Ser eterno, a força do *karma* puxa a mente de volta, e, ao voltar ao campo relativo da atividade, ela percebe que o estado do Ser transcendental era, em seu status ilimitado de bem-aventurança absoluta, certamente melhor do que o estado relativo de felicidade transitória no campo da atividade.

O estado de consciência de bem-aventurança do transcendente tem um verdadeiro impacto sobre a natureza da mente, e percebemos que desta forma a mente se torna mais poderosa, tendo experimentado o estado ilimitado de consciência ilimitadamente expandida. Saindo para o campo relativo onde tempo, espaço e causação mantêm tudo preso dentro de fronteiras muito estreitas, a mente começa a reter algo daquele status ilimitado em sua natureza. E com a prática constante a mente se familiariza com aquele estado de consciência transcendental, e, ao sair para o campo da experiência relativa, sua natureza se encontra transformada num estado de consciência muito mais elevado.

A prática da Meditação Transcendental resulta neste grande impacto da natureza do Ser sobre a natureza da mente, e o impacto é tal que a mente começa a viver a natureza do Ser eterno, continuando, porém, a comportar-se e a experimentar dentro do

---

10 Veja na pág. 68 "Como Viver o Ser", e também na pág. 60 "Como Contatar o Ser".

campo da existência relativa. Esse é o tremendo valor para a mente que é conquistado através da associação do Ser transcendental na vida prática do dia a dia no mundo. O que nos tem faltado é a habilidade na ação para harmonizar o valor do Ser com o valor do campo da atividade ou *karma*. E isto não é difícil de entender. A habilidade na ação repousa em conseguir trazer a ação da mente de volta à sua fonte e ali iniciar uma ação consciente, partindo da fonte do pensamento. Esta é a habilidade na ação que consegue infundir a força do Ser no campo do *karma* através da instrumentalidade da mente, glorificando todos os níveis e, ao mesmo tempo, deixando a mente livre do jugo do *karma;* pois a mente estará então estabelecida em consciência eterna de bem-aventurança. Assim como sob a luz esfuziante do sol a luz de uma vela perde sua significância relativa, assim também, na luz eterna da absoluta bem-aventurança, as alegrias relativas da vida perdem sua atração. A isto chamamos sair da influência escravizante do *karma* sob a influência da experiência de bem-aventurança absoluta do Ser eterno.

A habilidade na ação consiste em primeiramente reduzir a atividade a zero e depois começar a agir deste ponto. É como puxar o arco para trás antes de lançarmos a flecha. A habilidade consiste em puxar o arco para trás o mais longe possível até alcançar o estado de inatividade. Neste ponto a flecha pode ser lançada simplesmente soltando-se a mão que prende o arco, sem nenhum esforço. Portanto, esta habilidade na ação é somente uma questão de puxar a flecha para trás e, então, soltá-la. Com o mínimo esforço possível ela irá naturalmente se projetar adiante com a máxima força.

Analogamente, valendo-se da habilidade de trazer a atividade mental a um estado de quietude e a partir deste ponto iniciar a atividade, a energia necessária ao desempenho da ação será mínima. A ação será desempenhada obtendo-se resultados máximos e o agente cultivará um estado de liberdade eterna. O agente agirá estabelecido no Ser eterno e, portanto, não estará sob a influência escravizante da ação. Esta é a verdadeira habilidade na ação.

Podemos concluir, portanto, que, embora a natureza do *karma* e a natureza do Ser sejam incompatíveis, é possível glorificar o *karma* através da bem-aventurança do Ser. É possível ao homem viver no campo da ação e, no entanto, viver simultaneamente uma vida de liberdade eterna na consciência de bem-aventurança do Ser absoluto. É possível ao homem agir com pleno interesse no mundo e, entretanto, viver simultaneamente a consciência de Deus, desta forma unindo os valores da existência absoluta e relativa. Revelar isto ao homem é a finalidade da Ciência do Ser.

Devemos ter em mente que, sendo perfeita em teoria, esta Ciência do Ser é também uma ciência prática na qual só se alcançam resultados quando o experimento é realizado. Todo indivíduo pode experimentar este estado de Ser e criar em sua vida um estado de liberdade eterna ao mesmo tempo trazendo maior sucesso a todos os campos da atividade.

COMO CONTATAR O SER

A Ciência do Ser não só postula uma teoria em que há um elemento único, absoluto, servindo de base para toda a criação, mas também oferece um método sistemático através do qual qualquer pessoa poderá ter a experiência direta da natureza essencial do Ser absoluto transcendental.

Inicialmente examinaremos a possibilidade de experimentar diretamente o absoluto do ponto de vista teórico e depois consideraremos os resultados práticos de tal experiência para a vida diária.

Vimos anteriormente que o Ser repousa além da camada mais sutil da criação, no campo transcendental da existência absoluta. A fim de experimentar esta realidade transcendental é necessário que nossa atenção seja levada de uma forma concreta a atravessar todas as camadas sutis da criação. Então, chegando à camada mais sutil, ela deve transcender esta experiência para conhecer o Ser transcendental.

O que temos no nível mais grosseiro da criação? Temos coisas grosseiras para ver com os olhos, palavras ou sons grosseiros para ouvir através dos ouvidos, odores grosseiros para sentir pelo nariz, variadas sensações para sentir com o tato e diferentes sabores para degustar com a língua. Nós pensamos, e o processo de pensamento normalmente não parece ter relação alguma com estes sentidos da percepção, mas o processo de pensar na verdade inclui um ou mais desses sentidos da percepção.

Nossa experiência no campo da percepção mostra que experimentamos coisas grosseiras e coisas sutis. Usamos nossos olhos para ver, ouvidos para ouvir, e assim por diante, mas sabemos que há um limite para o que os olhos podem ver, os ouvidos ouvir e a língua sentir. Este limite marca a experiência da criação grosseira.

Os olhos podem ver as formas enquanto elas não se tornam refinadas além de certo ponto. Os ouvidos podem ouvir sons dentro de uma determinada frequência de onda. O nariz pode captar diferentes odores, contanto que sejam suficientemente grosseiros. Este é o caso com todos os sentidos de experiência. São capazes de experimentar apenas os objetos grosseiros.

Compreendemos assim como nosso campo normal de experiência está limitado apenas ao campo grosseiro da criação. Os campos sutis estão fora do âmbito comum de nossa experiência. Sabemos que há formas muito mais sutis do que o olho é capaz de ver e que elas podem ser vistas através do microscópio. Sabemos que há ondas que o ouvido não consegue captar, mas que podemos ouvir através do rádio. Isto mostra que existem camadas sutis da criação com as quais não nos familiarizamos porque nossa capacidade normal de experiência está limitada apenas à experiência do nível grosseiro. Portanto, a fim de experimentar o Ser transcendental, é preciso melhorar a faculdade de experimentar.

Se pudéssemos melhorar nossa faculdade de experimentar através de qualquer dos sentidos, ou melhorar nossa habilidade de experimentar o pensamento antes que ele chegue ao nível consciente da mente. E se esta habilidade de perceber o pensamento pudesse ser desenvolvida ao ponto de alcançar a fonte do pensamento, então, tendo transcendido a fonte, seria possível chegar ao estado transcendental do Ser puro. Isto estabelece um modo de experimentar o Ser transcendental – experimentar estados cada vez mais sutis da criação através de qualquer sentido da percepção, experimentar a camada mais sutil da criação, e transcendê-la para chegar ao estado do Ser.

Possuindo o Ser uma natureza transcendental, Ele não se inclui no âmbito de nenhum dos sentidos da percepção. Somente quando a percepção sensorial cessa é que o campo transcendental do Ser pode ser alcançado. Enquanto estivermos experimentando através dos sentidos, estaremos no campo relativo. Portanto, o Ser definitivamente não pode ser experimentado através de nenhum dos sentidos. Isto mostra que, não importando com qual dos sentidos estejamos operando, devemos chegar ao último limite da experiência através daquele sentido. Transcendendo-o, alcançaremos um estado de consciência onde o experimentador não mais experimenta.

A palavra "experimentador" implica estado relativo; é uma palavra relativa. Para haver experimentador é preciso haver um objeto experimentado. O experimentador e o objeto experimentado são ambos relativos. Quando transcendemos o campo de experiência do objeto mais sutil, o experimentador se vê consigo mesmo, sem experiência, sem objeto de experiência e sem o processo de experimentar. Quando o sujeito fica sem objeto de experiência, tendo transcendido o estado mais sutil do objeto, o experimentador sai do processo de experimentar e chega ao estado do Ser. A mente se encontra então no estado do Ser, que está fora do relativo.

O estado do Ser não é um estado objetivo nem subjetivo de existência, pois ambos os estados pertencem ao campo relativo da vida. Quando o estado mais sutil da experiência objetiva é transcendido, o estado mais sutil da experiência subjetiva também terá sido transcendido. Este estado de consciência é então chamado de consciência pura, o estado do Ser absoluto.

Desta forma, torna-se possível, trazendo a atenção ao campo do transcendente, contatar e experimentar o Ser. Ele não pode ser experimentado ao nível do pensamento, pois, não obstante o alcance do pensamento, ele é ainda um campo de existência relativa; todo o campo da audição, tato, visão, paladar e olfato se encontra na existência relativa.

O estado transcendental do Ser se encontra além de toda visão, audição, tato, olfato e paladar – além de todo pensamento e de todo sentimento. Este estado de imanifesta e absoluta consciência pura do Ser é o fundamento da vida. Ele é experimentado facilmente através do sistema da Meditação Transcendental.

Meditação Transcendental

O processo de trazer a atenção até o nível do Ser transcendental é conhecido como Meditação Transcendental.

Na prática da Meditação Transcendental um pensamento adequado é selecionado e a técnica de experimentar este pensamento em seus estados iniciais de desenvolvimento permite à mente consciente chegar sistematicamente à fonte dos pensamentos, o campo do Ser.

Assim, o caminho para experimentar o Ser transcendental consiste em selecionar o pensamento adequado e experimentar seus estados sutis, até que seu estado mais sutil é experimentado e transcendido.

Trataremos agora do princípio básico da Meditação Transcendental.

O Princípio Básico da Meditação Transcendental

Vimos que o Ser é o estado de existência eterna e absoluta e que o modo de experimentar o Ser é experimentando do grosseiro aos mais sutis estados da criação, até a mente chegar ao transcendente.

Vimos que poderíamos operar através de qualquer dos sentidos da experiência. Por exemplo, através da visão poderíamos experimentar formas cada vez mais sutis e finalmente nossos olhos chegariam a um ponto onde não fossem capazes de perceber uma forma além de certo grau de sutileza. Se pudéssemos fechar os olhos e treinar o olho interno – o olho da mente – a perceber o objeto naquele ponto onde deixamos de percebê-la através de nossos olhos abertos, teríamos uma imagem mental do objeto. Se houvesse um modo de experimentarmos os campos cada vez mais sutis desta imagem mental, experimentarmos seu estado mais sutil e transcendê-la, alcançaríamos então o estado do Ser. Da mesma forma, através de qualquer dos sentidos poderíamos começar a experimentar o objeto e finalmente chegar ao estado transcendental do Ser.

Através da experiência de um pensamento poderíamos experimentar os estados sutis do pensar e, transcendendo o estado mais sutil do pensamento, chegaríamos certamente ao estado transcendental do Ser.

O pensar é, em si, o estado sutil da fala. Quando falamos, nossas palavras são audíveis aos ouvidos; mas se não falamos, as palavras não se tornam perceptíveis ao órgão da audição. Vemos assim que o pensamento é uma forma sutil do som.

A experiência mostra que o processo do pensamento começa do nível mais profundo, mais refinado da consciência, tornando-se mais grosseiro à medida que se desenvolve. Finalmente, torna-se grosseiro o suficiente para ser percebido no nível superficial do oceano da consciência, no nível comum do pensar. Uma analogia esclarecerá este princípio.

Um pensamento surge do mais profundo nível da consciência, do nível mais profundo do oceano da mente, assim como uma bolha surge no fundo do mar. À medida que a bolha sobe, torna-se cada vez maior. Quando chega à superfície da água ela é percebida como uma bolha.

A mente é como um oceano e, como num oceano, as camadas superficiais são ativas na forma de ondas e os níveis mais profundos são silenciosos. As camadas superficiais da mente funcionam ativamente, enquanto as camadas mais profundas permanecem silenciosas. O nível superficial de funcionamento do oceano da mente é chamado de mente consciente. Qualquer pensamento no nível superficial é mente consciente. Qualquer pensamento no nível superficial é conscientemente conhecido. O nível do oceano da mente no qual os pensamentos são apreciados enquanto pensamentos é o nível consciente da mente.

Um pensamento surge do nível mais profundo da consciência, viaja através de toda a profundidade do oceano da mente e finalmente aparece como pensamento consciente na superfície. Vemos assim que cada pensamento revolve toda a extensão da profundidade da consciência, mas é apreciado conscientemente apenas quando chega ao nível *consciente.* O restante de seus muitos estágios de desenvolvimento não é percebido. Este é o motivo pelo qual, para todos os efeitos práticos, dizemos que os níveis profundos do oceano da consciência são como que silenciosos. Se houvesse uma maneira de perceber conscientemente todos os estados da bolha de pensamento antes que ela chegasse ao nível superficial, este seria o método para transcender o pensamento e experimentar o Ser transcendental.

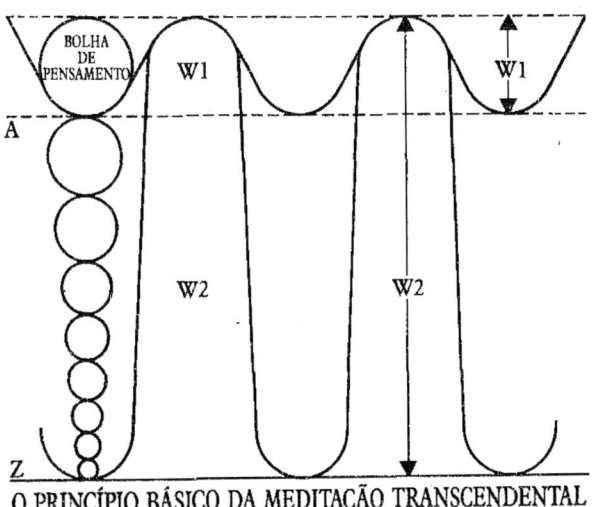

O PRINCÍPIO BÁSICO DA MEDITAÇÃO TRANSCENDENTAL

A bolha do pensamento sobe o nível Z e vai tornando-se maior *(veja a ilustração)*. Quando ela chega ao nível superficial A, desenvolveu-se suficientemente para ser percebida como pensamento. Este é o nível da mente consciente.

Os estados sutis da bolha de pensamento situados abaixo do nível consciente não são percebidos pela consciência. Se houvesse um meio de perceber conscientemente a bolha de pensamento em todos os níveis de seu desenvolvimento, e na fonte Z, se fosse possível transcender esta experiência, então a mente alcançaria o estado de consciência transcendental.

Se a bolha do pensamento pudesse ser conscientemente percebida no nível abaixo de A e em todos os níveis de sutileza de A a Z, seria então possível trazer o nível Z para dentro do âmbito da mente consciente. Desta forma a profundidade da mente consciente (representada por W1) tornar-se-ia maior (representada por W2) e o poder da mente consciente seria aumentado muitas vezes. Esta expansão da capacidade consciente da mente será igualmente, no nível mental, o caminho para a experiência do Ser.

A Técnica

As bolhas de pensamento são produzidas sequencialmente, uma atrás da outra, e a mente é treinada a experimentar as bolhas que vão chegando a estágios cada vez mais remotos de seu desenvolvimento *(veja a ilustração)*. Quando a atenção chega ao nível Z, ela atravessou toda a profundidade da mente e alcançou a fonte da inteligência criativa no homem.

Desta forma, a fonte do pensar entra para o âmbito da mente consciente. Ao transcender o estado mais sutil do pensamento, a mente consciente transcende o estado mais sutil da experiência relativa e alcança o estado do Ser transcendental, o estado de consciência pura ou autoconsciência.

Eis como, de uma forma sistemática, a mente consciente é levada, passo a passo, à experiência direta do Ser transcendental e absoluto.

Encantamento Crescente no Caminho da Transcendência

Ir para um campo de maior felicidade é a tendência natural da mente. Porque nesta prática de Meditação Transcendental a mente consciente é colocada em seu caminho para transcender e experimentar o Ser transcendental absoluto, cuja natureza é a consciência de bem-aventurança. A mente descobre que o caminho se torna cada vez mais atraente à medida que avança em direção à bem-aventurança. A luz torna-se fraca e apagada à medida que nos distanciamos de sua fonte, sendo que a intensidade aumenta quando nos dirigimos para a fonte. De forma semelhante, quando a mente vai em direção à absoluta bem-aventurança do Ser transcendental, encontra maior encantamento a cada passo de sua caminhada. A mente fica encantada e é levada a experimentar o Ser transcendental.

Vemos assim que a prática da Meditação Transcendental é uma prática agradável a qualquer mente. Qualquer que seja o grau de evolução do aspirante, seja ele desenvolvido emocionalmente, intelectualmente avançado ou não, sua mente, em virtude de sua própria tendência a procurar um campo de maior felicidade, encontra seu caminho para transcender o estado mais sutil do pensamento e chegar à bem-aventurança do Ser absoluto. Eis por que a prática da Meditação Transcendental é não só simples, mas também automática.

Aumento da Capacidade Consciente da Mente

Analisaremos em detalhe o que ocorre à mente consciente durante a Meditação Transcendental, quando ela sonda os estados sutis do pensamento. Isto, evidentemente, não é parte de nossa consideração acerca de como experimentar o Ser, mas é interessante observar o que ocorre à mente em seu caminho em direção à experiência direta do transcendental. No diagrama, a área da mente consciente representada por W1 tornou-se uma área muito maior representada por W2. É como se as ondas na superfície do oceano se comunicassem com os níveis de água mais profundos, resultando no fato de que cada nova onda fica mais poderosa que a anterior.

No caminho em direção à experiência do Ser a capacidade consciente da mente é aumentada e todo o oceano mental torna-se capaz de ser consciente. Desenvolve-se assim o pleno potencial da mente e sua capacidade consciente é ampliada até seu limite máximo. Como alcançar isto, do ponto de vista técnico, é uma questão de instrução pessoal prestada por aqueles que tenham sido treinados a transmitir esta técnica de experimentar o Ser.

A Importância do Pensamento Adequado

Pensamento adequado significa um pensamento cuja natureza é harmônica e útil àquele que pensa e ao meio ambiente. Todo pensamento, como toda palavra falada, tem alguma influência sobre aquele que pensa e sobre o ambiente que o cerca. Assim como uma pedra lançada em um lago, produzindo ondas que alcançam as margens de todo o lago, qualquer pensamento, palavra ou ação produz ondas na atmosfera, e estas ondas propagam-se em todas as direções, indo de encontro a tudo que está na atmosfera. Elas produzem alguma influência em todos os níveis da criação. O Universo todo é influenciado por cada pensamento, palavra e ação de cada indivíduo.

Quando a magnitude do alcance da influência gerada pelo pensamento é tal, tem-se que ser muito cuidadoso no tocante à qualidade do pensamento que se cria na mente. Pode haver um pensamento cuja influência é prejudicial àquele que o pensa e para o resto do Universo. Analogamente, poderá existir um pensamento cuja influência é favorável e útil para a pessoa que pensa e para o mundo como um todo. Porque cada personalidade tem sua qualidade própria, é extremamente necessário que cada indivíduo selecione para si uma qualidade especial de pensamento cuja influência física seja útil e produtiva para si mesmo e para o mundo como um todo.

A influência de uma palavra falada, levada pelas ondas de vibrações na atmosfera, não depende do sentido da palavra. Depende da qualidade das vibrações que são emitidas. Portanto, ao mesmo tempo em que se faz necessário produzir vibrações de boa qualidade, geradoras de uma influência de harmonia e felicidade, é também necessário que a qualidade da vibração corresponda à vibração do indivíduo.

Os indivíduos diferem na qualidade de suas vibrações, que constituem suas personalidades individuais.

Este é o motivo pelo qual a seleção de um pensamento adequado para determinado indivíduo em especial é um fator vital na prática da Meditação Transcendental.

Uma vez que a qualidade de cada indivíduo é diferente da de todos os outros indivíduos, torna-se muito mais difícil poder selecionar o tipo correto de vibração ou a qualidade apropriada de pensamento para a prática da Meditação Transcendental. Este problema de selecionar um pensamento adequado cuja qualidade física corresponda à qualidade física daquele que irá pensá-lo torna-se ainda mais importante quando consideramos o fato de que o poder do pensamento aumenta quando o pensamento é percebido em seus estados iniciais de desenvolvimento.

Já sabemos que o poder é maior nas camadas sutis da criação e menor nas mais grosseiras. Se jogarmos uma pedra em alguém, ela irá feri-lo, mas, se pudéssemos penetrar suas camadas sutis e excitar um átomo da pedra, uma quantidade tremenda de energia seria liberada e o efeito seria muitas vezes maior. Analogamente, ao entrarmos nos estados mais sutis de um pensamento, percebemos seus níveis mais sutis e o poder é bem maior do que seria no nível consciente comum da mente. Tendo isto em vista, é fundamental que, antes de iniciar a prática da Meditação Transcendental, seja selecionado um som com a qualidade adequada.

A questão de selecionar um pensamento adequado para determinado indivíduo oferece um enorme problema quando consideramos a influência de longo alcance que uma ação tem sobre todo o Universo.

Uma ação praticada por determinado indivíduo, num determinado lugar, em um dado momento, pode produzir resultados favoráveis ao agente e ao meio ambiente. Contudo, a mesma ação poderá produzir uma influência diferente sob condições diferentes.

A consideração da ação e de sua influência é algo sumamente complexo. Virtualmente ultrapassa a capacidade da mente humana de sondar a influência de uma ação em qualquer camada da criação. Portanto, o problema de selecionar um pensamento adequado para a prática diária da Meditação Transcendental é algo que não pode ser decidido com acerto por todo e qualquer indivíduo.

A fim de facilitar a tarefa de encontrar uma palavra adequada para cada indivíduo, certos indivíduos foram treinados na arte de selecionar uma palavra ou som adequado que corresponda à qualidade especial do indivíduo. Estes professores treinados de Meditação Transcendental podem ser encontrados em praticamente todos os países do mundo, nos centros do Movimento de Regeneração Espiritual.

Necessidade de Orientação Pessoal

Por uma questão de necessidade, a prática da Meditação Transcendental é verbal; é transmitida por instrução pessoal. Não pode ser transmitida através de um livro porque não só envolve dizer ao aspirante como experimentar os estados sutis do pensamento, mas envolve a responsabilidade ainda maior de descobrir o que o aspirante experimenta ao prosseguir no caminho.

Mesmo um pensamento é uma experiência muito abstrata para o homem comum, e, se for pedido a ele que experimente estados mais sutis do pensamento, está-se pedindo que experimente estados mais sutis daquela experiência abstrata. Ser capaz disto parece uma impossibilidade à mente comum, que se habituou a sempre experimentar objetos grosseiros, concretos.

As experiências no caminho da Meditação Transcendental são muito sutis, e muitas vezes o próprio experimentador não tem certeza de estar experimentando coisa alguma, pois, no momento em que começa a experimentar o estado sutil do pensamento, vê-se derivando em direção ao nada. Leva algum tempo até que o principiante seja capaz de identificar com precisão suas experiências do estado sutil do pensamento. Este é o motivo por que não é possível transmitir por escrito o modo como a mente passa pelas experiências de estados sutis de pensamento. A prática da Meditação Transcendental deve *sempre* ser transmitida pelos professores especializados que receberam treinamento adequado para ensiná-la e que foram treinados para verificar as experiências.

A verificação das experiências é um ponto de vital importância na Meditação Transcendental. Novamente, ela não pode ser feita através de livros. A prática deve trazer tudo que há de bom na vida, mas por sua natureza é uma prática delicada e, portanto, altamente técnica. Sob instrução e orientação pessoal, o caminho se faz suave e fácil.

COMO VIVER O SER

O Ser não é algo que existe e pode ser trazido de algum lugar para ser vivido. Ele é existência, a própria vida de tudo. É o estado todo-permeante e onipresente de consciência absoluta. Para vivê-Lo, a mente consciente precisa primeiramente se familiarizar com Ele através do método descrito sob o título "Como Contatar o Ser".

Na Meditação Transcendental, quando a mente transcende o estado mais sutil do pensamento, ela chega ao estado do Ser. Este é o estado de nenhuma experiência porque todo o campo da relatividade foi transcendido. É simplesmente o estado de transcendência, o estado de existência, consciência pura, "estado do *é*", "estado do *sou*".

Deste estado de Ser puro, a mente volta para experimentar o pensamento no mundo relativo. Através de idas constantes ao âmbito do transcendente e voltas para o campo da relatividade, aprofunda-se a familiaridade com a natureza essencial do Ser e a mente torna-se gradualmente mais consciente de sua própria natureza essencial. Com mais e mais prática, aumenta a habilidade da mente em manter sua natureza essencial enquanto experimenta os objetos através dos sentidos. Quando isto acontece, unificam-se a mente e sua natureza essencial, o estado do Ser transcendental, e a mente se torna então capaz de reter sua natureza essencial – Ser – enquanto se ocupa com o pensamento, a fala ou a ação.

A fim de atingir tal estado mental, duas coisas são necessárias. Uma, conforme já vimos, é a prática da Meditação Transcendental, e a outra, igualmente importante para atingir rapidamente o objetivo desejado, é que a mente não deve ser sobrecarregada quando sai da meditação e envolve-se no campo da atividade. Todo o campo da atividade deve receber a devida atenção, tudo deve ser experimentado, e todas as ações necessárias desempenhadas, mas a mente não deveria ser sobrecarregada. Tudo deveria ser feito de uma forma bem tranquila. Levar a vida com naturalidade e tranquilidade é um fator muito importante para a infusão rápida do Ser na natureza da mente ativa.

Quando a mente consciente transcende e atinge o estado do Ser, ela se torna cem por cento de estado do Ser. A mente perde sua individualidade e torna-se mente cósmica; torna-se onipresente e ganha existência pura, eterna. No transcendente ela não tem capacidade de experimentar. Ali a mente não existe, torna-se existência.

Quando a mente volta ao campo da vida relativa, ganha individualidade novamente, mas também parece reter algo do status grandioso, ilimitado, universal que há pouco atingiu. Com a prática vai conseguindo reter mais e mais daquela experiência na atividade da vida diária.

Qualquer envolvimento da mente no campo da atividade já é naturalmente um esforço para sua natureza fundamental, que é Ser puro. Mas, se a mente envolver--se na atividade de uma forma tranquila, sem esforço, simples e natural, a infusão da faculdade de Ser na natureza da mente se torna maior. Se, ao contrário, a mente é sobrecarregada durante a atividade, a infusão do Ser na natureza da mente se torna menos efetiva. Por exemplo, quando um tecido branco é mergulhado numa tintura amarela, ele se torna amarelo. Ao sair da tintura, a intensidade da cor não é tão grande quanto parecia enquanto o tecido ainda estava mergulhado nela. Se o tecido é deixado à sombra por algum tempo, a cor desbota mais ainda e, se o tecido é colocado sob o sol direto, veremos que a cor desbota ainda mais rapidamente.

De forma semelhante, quando a mente alcança o estado transcendental do Ser, torna-se Ser puro. Se ela é posta na atividade de uma forma bem normal e natural quando sai do transcendente, a infusão da faculdade de Ser é retida por algum tempo. Mas, se a mente é levada a um esforço imoderado na atividade, então a intensidade da infusão é muito menor. Portanto, é importantíssimo que quando nos envolvermos no campo da atividade o façamos de uma forma muito natural para que a atividade sirva como um meio de cultivar a mente a estar no estado de Ser.

Vemos assim, que a prática regular da Meditação Transcendental e uma atividade regrada na vida são a rota direta para se viver o Ser. Ou ainda o atalho para criar um estado de consciência onde o Ser absoluto e o campo relativo da vida serão vividos simultaneamente, e um não será obstáculo ao outro.

Em "A Arte de Viver"[11], fica claro que pelo sistema da Meditação Transcendental não só é possível, mas fácil, para todas as pessoas cultivar o estado de consciência cósmica, no qual o Ser é vivido juntamente com todos os valores da vida relativa.

As pessoas que iniciam a prática da Meditação Transcendental sentem maior energia, maior clareza mental e melhor saúde. Tornam-se mais eficientes e cheias de energia em todos os campos da atividade. Deveriam ter em mente, contudo, que, à medida que sua eficiência física e mental aumenta, não deveriam aumentar sua atividade a tal ponto que fiquem exaustas e não encontrem tempo para fazer a meditação. Quando a raiz é regada, a árvore fica verde e mais vigorosa para poder crescer mais. Se a atividade de crescer é acalentada pela árvore ao ponto de não mais ter tempo para sorver a água pela raiz, então a própria base do crescimento será perdida.

É importante notar que, embora a infusão do Ser na natureza da mente visivelmente cause um rejuvenescimento da personalidade, clareza de pensamento e maior energia, trata-se de um processo muito delicado. Ele se dá ao nível do Ser, da própria existência do indivíduo, e nunca está ao nível da mente consciente. Portanto, avisamos a todos os aspirantes que não esperem sentir o Ser no nível da mente consciente.

Quaisquer que sejam as influências da Meditação Transcendental, elas ocorrem no campo do Ser. É como uma árvore que recebe água na raiz e, consequentemente, por um processo automático, todas as suas partes recebem alimento e florescem. Contudo, nenhuma outra parte da árvore sabe ou experimenta o processo da recepção da água

---

11 Veja na pág. 153 "A Arte da Ação" e na pág. 179 "A Arte do Comportamento" na Parte III.

pela raiz. Sua influência é vista através do maior frescor de todas as partes da árvore. Poderia ser que uma folha levantasse o argumento de que ela se sente melhor, mas não sente que está recebendo alimento algum. Desde o início sua constituição é tal que naturalmente vem recebendo energia vital das raízes. Agora este mesmo processo está somente prosseguindo em maior escala. Eis por que a folha não reconhece que alguma coisa lhe está acontecendo. O que lhe está acontecendo é percebido, entretanto, por todos que haviam visto a folha secando e que agora a vêem tornar-se verdejante.

Analogamente, quando se medita, experimenta-se maior energia e clareza mental, mas não se experimenta o processo de infusão do Ser na natureza da mente. O processo todo é silencioso, no nível do Ser puro. Quaisquer que sejam as experiências da mente durante a meditação, são apenas estados relativos pertinentes ao meio usado para a meditação. Estes estados se tornam cada vez mais sutis até que finalmente não resta nada do meio e a mente é deixada completamente em si mesma, no estado de consciência pura.

Com a prática regular, consegue-se viver o Ser. A infusão da natureza do Ser na natureza da mente é no nível do Ser, a própria natureza da mente.

Portanto, a vivência do Ser é um estado que não pode ser descrito. Só pode ser vivido, pois através de descrições não se pode fazer uma exposição completa deste estado.

É como no caso de alguém que acabou de comer algo e pedem-lhe que descreva o sabor. É muito difícil colocar o sabor exato em palavras, mesmo que se tenha podido senti-lo muito bem. Da mesma forma, o Ser é muito bem vivenciado na vida e é um estado de experiência, mas não pode ser expresso em termos precisos. No início da prática, o Ser toca muito delicadamente a natureza da mente, mas, à medida que a prática continua, torna-se mais e mais profundamente infundido na mente. E finalmente torna-se tão profundo, significativo e estável, que Ele é vivido o tempo todo e juntamente com todas as experiências dos estados de vigília, sono profundo e sonho. Vive-se, então, a liberdade eterna na vida da experiência relativa.

VANTAGENS DA EXPERIÊNCIA DO SER

Há inúmeras vantagens em experimentar o Ser absoluto através da prática da Meditação Transcendental. Ela influencia a vida individual em todos os níveis, a tal alto grau que a vida toda se transforma para um valor além da imaginação humana.

Como será possível a um homem mortal avaliar as vantagens advindas do contato consciente de sua vida individual com a vida cósmica do Ser absoluto de status eterno? Como poderá a inteligência humana comum vislumbrar a grandeza da inteligência cósmica encontrada no campo do Ser transcendental? Como será possível a um indivíduo, funcionando com um grau limitado de seu potencial mental, avaliar as grandes possibilidades de energia criativa se ele fosse capaz de funcionar com todo o seu potencial, ficando em sintonia, ao mesmo tempo, com o centro de inteligência criativa do Ser absoluto?

A mente, o corpo e o meio ambiente são as três esferas principais da vida. As vantagens da experiência direta do Ser nestes aspectos da vida e em toda sua variedade de expressões serão tratadas nos capítulos que se seguem.

Veremos na parte sobre "A Vida" como a experiência do Ser nos permite viver a vida em seu status pleno e pleno significado, como nos leva a viver a vida normal do homem – a consciência cósmica. As vantagens de experimentar-se o Ser com relação ao corpo e à mente são tratadas no capítulo "A Chave para a Boa Saúde"[12], e o desenvolvimento de faculdades mentais é discutido em "Educação"[13].

O efeito trazido pela experiência do Ser sobre os relacionamentos com outras pessoas é tratado nos capítulos sobre "A Arte de Ser" e "A Arte do Comportamento"[14]; o rejuvenescimento do indivíduo é discutido no capítulo sobre "Recreação e Rejuvenescimento Rápido"[15].

Veremos como pode haver paz na vida através da eliminação do medo, da tensão e do sofrimento nos planos individual e internacional por meio da experiência direta do Ser. Isto é tratado em "A Vida em Liberdade"[16].

Na parte sobre "A Arte de Viver" mostra-se como a experiência direta do Ser permite ao homem usar seu pleno potencial e fazer uso integral de seu meio ambiente e da força onipotente da natureza. Isto harmoniza os valores materiais e espirituais da vida e possibilita que vivamos uma vida em eterna liberdade, ao mesmo tempo conquistando o máximo no campo material. Mostra-se como o Ser pode ser vivido em todas as fases da vida: o corpo, a mente, o sistema nervoso, a ação, a fala, pensamento, respiração, comportamento e meio ambiente.

O Ser, trazido ao nível da mente individual, é a chave para o pensamento claro, cheio de propósito, frutífero; levado à atividade, este pensamento é a chave da autoconfiança e maior eficiência em todos os empreendimentos.

Na parte "A Realização", descobriremos que a Meditação Transcendental traz realização para a vida religiosa do homem, oferece a verdadeira plenitude à psicologia e à filosofia e é a chave para a realização de Deus.

---

12 Veja na pág. 184 "A Chave para a Boa Saúde" na Parte III sobre "A Arte de Viver".
13 Veja na pág. 204 "Educação" na Parte III sobre "A Arte de Viver".
14 Veja na pág. 109 "A Arte de Ser" e na pág. 179 "A Arte do Comportamento" na Parte III sobre "A Arte de Viver".
15 Veja na pág. 214 "A Recreação e Rejuvenescimento Rápido" na Parte III sobre "A Arte de Viver".
16 Veja na pág. 223 "A Vida em Liberdade" na Parte III sobre "A Arte de Viver".

Parte II

A VIDA

O QUE É A VIDA?

A vida é a luz de Deus, a expressão da Divindade. Ela é divina. Ela é o fluir do Ser eterno, um fluxo de existência, de inteligência, de criatividade, de pureza e de bem-aventurança.

A vida é unidade. Sobre a base de vida absoluta e eterna, na superfície da eternidade, somos seres mortais de existência fenomenal em constante mutação.

A vida é unidade na consciência de Deus. É multiplicidade na luz de Deus. A vida é absoluta na consciência de bemaventurança e relativa na variedade da alegria do mundo dos fenômenos.

Em essência a vida é Ser. A vida, em sua natureza essencial, é o oceano eterno e ilimitado do Ser.

Quando afirmamos que a vida é o oceano do Ser não queremos dizer que a vida é apenas isto. Ela é também o fluir, o fluxo do Ser. O "fluxo do Ser" significa o Ser em Seus aspectos relativos, manifestados.

Pensemos no oceano, já que dissemos que a vida é o oceano do Ser. No fundo do oceano a água é fria. À medida que subimos em direção à superfície constatamos que a água se torna mais quente a cada estágio, e que na superfície do oceano chegamos à temperatura mais elevada. Os vários graus de temperatura nos diferentes níveis constituem a temperatura do oceano. A água é essencialmente a mesma em todos os níveis, mas, conforme a temperatura de cada nível diferente, ela varia em densidade. A água é, portanto, igual e diferente em seus vários níveis.

Da mesma forma, o Ser é o mesmo e, contudo, diferente nos diferentes níveis da criação. É composto de diferentes níveis de compreensão, diferentes níveis de inteligência e criatividade, e diferentes níveis de paz e felicidade.

Todos esses níveis de paz e felicidade, criatividade, inteligência e poder não passam de diferentes níveis do Ser. Um extremo do Ser é absoluto e o outro é o estado mais grosseiro da existência relativa. Os diferentes estados do Ser existentes entre estes dois extremos constituem os diferentes estados do Ser manifestado. É assim que concluímos que a vida é o oceano do Ser. Permanecendo eternamente Ser absoluto, Ele é encontrado nas diferentes qualidades, formas e fenômenos da criação diversificada.

Um outro exemplo servirá para ilustrar a natureza da vida. Sabemos que hidrogênio e oxigênio são gases e que quando se combinam na forma H_2O tornam-se água. Embora o gás transforme-se em água, os componentes essenciais H e O permanecem os mesmos hidrogênio e oxigênio.

Quando a água congela transformando-se em gelo, as características mudam novamente, mas os componentes essenciais continuam os mesmos. A fluidez da água transformou-se na solidez do gelo. A transparência da água se transformou na opacidade do gelo, mas com todas estas mudanças os componentes essenciais, hidrogênio e oxigênio, não mudaram. Os mesmos elementos são encontrados em todos os diferentes estados, aparecendo sob características diferentes, dando origem a fenômenos diversos.

É como se um mesmo homem fosse visto como ator num palco, jogador num campo de esportes, aluno numa classe e freguês num mercado.

Quando um juiz se senta na corte, veste a toga que condiz com sua condição de juiz, mas quando vai ao clube aparece vestido em roupas que se costuma usar nos clubes. Quando está em casa, veste roupas diferentes das que usa na rua. E antes de deitar-se, à noite, muda novamente de roupa. Os trajes vão sempre mudando, mas o homem permanece o mesmo. As diferentes pessoas dirigem-se a ele de modos diferentes e, no entanto, este homem é eternamente o mesmo homem.

Analogamente, todas as diferentes formas e fenômenos da criação diferem quanto a suas características. Duas formas jamais parecem idênticas neste mundo, pois nada na criação parece ser estável. Tudo muda de uma coisa em outra e, no entanto, na base de todas estas fases em constante mutação das formas e fenômenos da criação, a realidade subjacente é o mesmo Ser imutável, eterno e absoluto.

A natureza da vida poderia ser ilustrada pelo exemplo de uma árvore. Todos os vários atributos do aspecto externo da árvore – tronco, galhos, folhas, flores e frutos –, somados aos vários atributos da raiz interna, formam a vida total da árvore. Mas, quando examinamos mais atentamente a vida da árvore, vemos que, embora a raiz seja a base da árvore externa, ela não possui um status absoluto, independente. A raiz depende da nutrição, ou seiva, que vem da área externa à própria raiz. Esta seiva é a essência da árvore inteira. Ela forma a raiz e, passando através da raiz, dá origem aos vários aspectos da árvore.

Vemos assim que a árvore nada mais é que a nutrição que vem de fora das fronteiras da árvore individual. A árvore está obviamente limitada pelos extremos da raiz e da árvore externa, mas sua base encontra-se fora destas fronteiras.

Esta base da vida é de natureza transcendental: transcende os limites da árvore externa e interna. É o campo do componente essencial da vida.

Da mesma forma, a vida do homem, ou qualquer vida individual na criação, tem três aspectos: externo, interno e transcendental. O aspecto externo da vida é o corpo, o interno é o aspecto subjetivo da personalidade que se preocupa com os processos de experiência e ação, e o aspecto transcendental da vida é o Ser.

Os vários aspectos da vida podem ser comparados a um coco.

A parte externa do coco consiste em uma carapaça dura coberta de fibras. Esta casca e sua forma peculiar podem ser comparadas com o aspecto externo ou grosseiro, físico da vida, o corpo. Abaixo da casca está um aspecto mais precioso do coco, que é a camada de leite solidificado, o cerne. Além do cerne está a essência do coco, o leite em sua forma pura. O leite em sua forma pura solidificou-se formando uma camada interna firme e envolveu-se com uma camada mais dura e mais solidificada, a casca, para proteger o precioso aspecto interno do coco.

Analogamente, na vida individual constatamos que o Ser interno é Ser absoluto e imanifesto que se manifesta como ego, intelecto, mente, sentidos e *prāṇa*. Todos estes estados sutis da vida formam o homem interior ou sujeito interno, o aspecto subjetivo da vida. O aspecto subjetivo da vida difere do aspecto objetivo, que é o corpo em todos os seus vários atributos.

Quando pensamos na vida devemos pensar em todas as suas fases e, se conseguirmos um quadro claro de todos os aspectos de uma existência individual, então conheceremos o pleno âmbito da vida.

Portanto, a vida, em seu âmbito total, tem três aspectos: o aspecto objetivo, o aspecto subjetivo e o aspecto transcendental. Isto é a vida em sua totalidade.

O Propósito da Vida

A expansão da felicidade é o propósito da vida, e a evolução é o processo através do qual ele é realizado. A vida começa de uma forma natural[1] evolui, e a felicidade se expande. A expansão da felicidade traz consigo a expansão da inteligência, do poder, da criatividade e de tudo o que pode ser considerado significativo na vida. O propósito da vida individual é também o propósito da vida de todo o cosmos. O propósito da criação é a expansão da felicidade, que é realizado através do processo de evolução cósmica. O significado e o propósito da vida individual são o mesmo da vida do cosmos. A diferença é de escala.

A vida individual é a unidade básica da vida do cosmos. A evolução do cosmos é basicamente servida pela evolução da vida individual. Assim, se o propósito da vida individual é servido, o propósito da vida cósmica terá sido também servido espontânea e simultaneamente, naquele grau e naquela escala.

Se foi realizado o propósito da própria vida, fez-se o máximo para servir o propósito cósmico.

Se não se está feliz, perdeu-se o próprio propósito da vida. Se não se está constantemente desenvolvendo sua inteligência, poder, criatividade, paz e felicidade, então perdeu-se o próprio propósito da vida. A vida não foi feita para ser vivida em apatia, inatividade e sofrimento; estas coisas não pertencem à natureza essencial da vida.

---

1   Veja na pág. 53 "Mente e Ser".

A vida é dinâmica, não estática. É enérgica, progressiva, evolutiva, desenvolve-se através da atividade e multiplica-se. A natureza e o propósito da vida são o progresso, a evolução, a atividade e a melhoria.

A atividade mantém o fluxo evolutivo, e o veículo físico responsável pela atividade é o sistema nervoso do indivíduo. Nas espécies inferiores ao homem o sistema nervoso não é plenamente desenvolvido e por isso a atividade conducente à evolução se dá numa escala muito menor. A atividade das espécies inferiores, embora desenvolvendo o processo evolutivo, não produz um alto grau de evolução. À medida que o sistema nervoso evolui, o grau de evolução aumenta.

O sistema nervoso do homem é o mais altamente evoluído. Portanto, o alcance da evolução do homem nesta vida é ilimitado. Observamos, quando uma criança nasce, como sua inteligência, poder e criatividade são diminutos, mas à medida que cresce, vai ocupando-se no campo da atividade, onde seu poder é grande, sua inteligência é grande, sua criatividade é grande, e o grau de felicidade que ela experimenta em si e projeta para fora de si é grande. O sistema nervoso é desenvolvido a ponto de, através da atividade adequada (e o objetivo deste livro é revelar esta atividade), permitir ao homem o contato com a bem-aventurança, criatividade, inteligência, poder e energia absolutos.

O sistema nervoso humano é considerado um sistema nervoso completo. Portanto, o propósito da vida humana é viver um estado ilimitado de energia, inteligência, poder, criatividade e bem-aventurança do Ser absoluto.

Viver uma vida de liberdade é o propósito da vida na espécie humana. Se não se é capaz de viver uma vida assim, o próprio propósito da vida fica obscurecido. O homem nasceu para viver uma vida perfeita, encerrando em seu alcance todos os valores do divino absoluto transcendental de ilimitada energia, inteligência, poder, paz e bem-aventurança, juntamente com os valores ilimitados do mundo de multiplicidade na existência relativa. Ele nasceu para projetar a abundância do estado absoluto da vida para o mundo da existência relativa.

A vida humana deveria ser uma ponte de abundância entre a divina inteligência e a totalidade da criação. A vida humana é para cultivar e dar – cultivar o poder divino, a inteligência, felicidade e abundância divinas e distribuí-los para toda a criação. Este é o alto propósito da vida humana e é uma alegria saber que todo homem é capaz de chegar a isto aumentando a capacidade consciente de sua mente e estabelecendo contato consciente com o campo de absoluta energia, paz, felicidade e abundância da consciência divina eterna.

Todo homem é capaz de espalhar o divino esplendor por toda a criação. É capaz de projetar todos os valores do absoluto no trabalho da existência relativa para que todas as criaturas desfrutem e glorifiquem a totalidade da criação de Deus. Todo homem é capaz de viver uma vida de valores plenos. Se deixar de vivê-la, é uma desgraça para si mesmo e uma afronta à glória de Deus todo-poderoso dentro e acima de nós.

Este é um convite para que todo homem na face da Terra comece a colher a consciência divina do absoluto e, levando-a para fora através de toda a sua atividade no mundo da multiplicidade, desfrute-a ele mesmo e projete-a para que todos os outros a desfrutem também.

Um homem que se projeta no mundo através de uma mente limitada não é capaz de apreciar o verdadeiro propósito da vida. Com uma capacidade mental reduzida ele se empenha em fazer pequenas coisas sobre as quais pensa em termos muito limitados. Ele é capaz de empenhar-se somente em atividades muito limitadas. Consegue criar apenas um número limitado de pequenas coisas de valor limitado. A mente consciente de um homem comum é tão limitada que ele não consegue sequer desfrutar a vida. Observamos que ele sofre a maior parte do tempo em muitos níveis de sua vida. Este estado de sofrimento se deve meramente ao fato de não estar usando seu pleno potencial[2].

Deixando de utilizar seu pleno potencial, o homem não consegue realizar o propósito de sua vida. Ele sofre de muitas maneiras porque não está usando a plena capacidade consciente de sua mente: está deixando de usar a grande energia que traz dentro de si mesmo. Está deixando de experimentar e expressar em sua vida a abundância de bem-aventurança absoluta que possui naturalmente, o grande campo absoluto de criatividade e poder que traz dentro de si. Ele é como um milionário que se esqueceu de toda a sua fortuna e status e que sai pedindo pelas ruas e a todo momento sente falta de dinheiro.

Todo sofrimento deve-se ao desconhecimento de uma maneira de revelar a glória divina presente dentro de nós. A falta de conhecimento de como "mergulhar" para dentro de si mesmo é a raiz de todos os males e sofrimentos da vida humana. Não dispor da capacidade de revelação divina e ignorar a existência de uma técnica para mergulhar dentro de si mesmo são os responsáveis pela infelicidade na vida. Sem a consciência divina vemos o homem carente de energia, inteligência e clareza de pensamento. Ele se mostra cansado, preocupado, tenso e ansioso.

Este estado da existência humana e da inteligência humana chegou a uma condição tão deplorável que o campo da psicologia - a grande ciência da mente – chega a sugerir que a tensão é necessária à inteligência criativa. Que lástima acreditar que a tensão é necessária para melhorar a vida!

Diz-se que os poetas e artistas criaram sua literatura e arte inspirados sob tensão. Todas as afirmações deste gênero provêm da ignorância e de uma inabilidade de dissolver tensões.

Infelizmente nossa moderna era científica está crescendo em tensões. A vida individual parece estar crescendo em tensões em vez de crescer em conforto e tran-

---

2   Veja na pág. 91 "O Pleno Potencial do Homem".

quilidade, muito embora o conforto material esteja de fato aumentando. Isto se dá somente porque os indivíduos não dispõem de um meio para melhorar sua habilidade e eficiência através do contato com os campos de maior energia e inteligência que todo homem possui dentro de si. É necessário apenas contatar conscientemente aquele campo de vida interior e lucrar com isso.

O homem atual não enxerga o propósito da vida, é incapaz de ver que nasceu para desfrutar, criar e viver uma vida útil a si mesmo e aos outros. Ele se atira em qualquer atividade que se apresente e trabalha arduamente para dar o melhor de si naquele campo. É louvável que se trabalhe duro para conseguir as coisas; ser criativo em qualquer aspecto da vida é o motivo pelo qual estamos aqui. Mas, quando a atividade aumenta, o homem muitas vezes se vê incapaz de suportar a crescente pressão. Sua eficiência diminui ou então ele não consegue encontrar forças para atender à atividade aumentada. Eis por que se desenvolvem as tensões e o cansaço.

Quando um homem assume mais atividades, ele deveria ser capaz de produzir mais energia e mais inteligência dentro de si mesmo para poder atender à maior atividade. Ele não sabe como fazê-lo e, portanto, deixa escapar todo o propósito da vida.

VIDA NORMAL

Enquanto tratávamos da questão "O Que é a Vida?", ficou claro que a vida tem dois aspectos: relativo e absoluto. Portanto, vida normal deveria significar que os valores destes dois aspectos são vividos e desfrutados de modo natural para preencher o propósito total da vida.

Uma vida normal significa que se usam os valores plenos de uma vida plena – todos os valores dos campos relativos da vida e todos os valores do campo absoluto da vida. Juntos, eles formam a vida normal.

Vimos também que dentro do aspecto relativo da vida temos os dois aspectos, subjetivo e objetivo. O sujeito é o aspecto interno do indivíduo e o objeto é o corpo externo. Os valores da vida exterior do indivíduo (o corpo) e da vida interior do indivíduo (que inclui ego, intelecto, mente, sentidos, *prāṇa* e Ser absoluto), reunidos, representam o estado normal da vida.

O corpo e a mente deveriam funcionar normalmente, o Ser deveria suplementar todos os campos da existência relativa e o meio ambiente deveria ser harmonioso e útil. Uma vida assim é a que chamamos normal. Quando naturalmente se usam todos os recursos da mente, do corpo e do Ser para o processo natural da evolução, então a vida pode ser chamada de normal. Quando se desfruta de todos os valores da existência humana, incluindo o valor eterno da consciência, de bem-aventurança do Ser divino, juntamente com a utilização máxima de todas as glórias potenciais da vida material, então se pode dizer que a vida se encontra em seu estado normal. Quando todos os valores da vida relativa pertinentes ao corpo, à mente e ao meio ambiente estão suplementados pelos valores divinos, pela natureza de bem-aventurança do Ser absoluto, então a vida terrena em plenitude de liberdade eterna é a vida normal do ser humano. O padrão de normalidade da vida humana é uma vida de glória completa no campo material do mundo, suplementada pela eterna liberdade na consciência de Deus. A consciência cósmica deveria ser a consciência normal dos seres humanos.

O padrão para a vida humana não é, como se pensa, algo restrito aos nossos diferentes modos de viver, vestir, dormir, andar, brincar, falar ou comportar-se em sociedade; estes são os níveis grosseiros dos valores humanos. O valor verdadeiro, substancial da vida humana é a consciência de bem-aventurança que coloca o homem sobre o alto pedestal da liberdade eterna enquanto ele está envolvido no mundo diário dos valores transitórios.

A consciência cósmica é o estado da vida humana normal, e atingi-la é começar a viver uma vida normal. Aquele que não atingiu a consciência cósmica ainda não chegou à plataforma da vida humana normal. Seu padrão de vida não é o padrão da vida normal: está abaixo dos padrões para a vida humana, está mais próximo do nível da vida animal.

O que distingue a vida humana da vida animal? O processo de manutenção da vida é o mesmo em ambos os casos. Animais e homens comem, bebem, dormem e entram em atividade. Todos os prazeres dos sentidos que o homem tem no contato com o objeto dos sentidos são igualmente encontrados na vida dos animais. Os animais temem a morte exatamente como o homem. Não parece haver nenhuma superioridade da vida do homem sobre a vida animal no que toca à manutenção da vida.

O homem é superior às espécies animais em virtude de sua habilidade de maior compreensão, de perceber uma gama mais ampla de vida, de viver valores plenos na vida, de agir independentemente. O homem tem liberdade de ação, enquanto a atividade dos animais é governada pelas leis da natureza. A Mãe Natureza toma conta de todas as atividades dos animais e todas elas obedecem a um padrão fixo. O senhor da evolução dos animais mantém sua vida dentro de um padrão determinado. Nenhum animal tem uma mente desenvolvida para desviar-se dos canais de atividade oferecidos a ele pela lei natural. O homem, contudo, tem um sistema nervoso desenvolvido, através do qual pode manter sua atividade de acordo com as leis da evolução ou, então, desviar-se dessas leis. Ele tem a opção de fazer ou um grande progresso evolutivo, ou ir na direção oposta, rumo à involução.

O homem tem um cérebro desenvolvido e, portanto, está em posição de distinguir entre certo e errado. Por isso a grande responsabilidade de se comportar adequadamente é inerente ao poder humano. O homem tem a habilidade de experimentar diretamente o campo abstrato da consciência de bem-aventurança. O homem tem a habilidade de experimentar campos sutis da criação. O sistema nervoso altamente desenvolvido do homem faculta-lhe a habilidade de experimentar estados mais sutis de pensamentos, de transcender o pensamento mais sutil e chegar ao estado transcendental de consciência pura, o estado do Ser absoluto. Este é o grande valor especial que coloca a vida humana acima da vida dos animais.

A habilidade de viver o estado transcendental do Ser juntamente com as experiências de natureza transitória da existência relativa é a capacidade normal da vida humana.

Quando não se vive uma vida normal, ou uma vida na qual não se emprega seu pleno potencial, o homem sente-se deprimido e tenso, e sofre de muitas maneiras.

VIDA INDIVIDUAL E VIDA CÓSMICA

Vimos que a vida tem dois aspectos, absoluto e relativo. Vimos também que o aspecto relativo é tão-somente expressão da fase absoluta da vida, que é o oceano onipresente, ilimitado, infinito de consciência pura ou existência eterna. Este oceano ilimitado de existência eterna é chamado de vida cósmica e sua expressão no campo relativo é chamada de vida individual.

Vemos, assim, que o estado absoluto da vida corresponde à vida cósmica, e que os estados relativos da vida correspondem à vida individual. A vida individual é expressão da vida cósmica, exatamente como a onda é expressão do oceano. O oceano, enquanto permanece o mesmo, é afetado por cada onda e pela atividade da mesma.

O Universo Reage à Ação Individual

Se uma pedra for lançada num lago produzem-se ondas que atravessarão o lago provocando algum tipo de influência em todo o lago. Analogamente, a onda da vida individual, através de sua atividade, provoca uma influência sobre todos os campos do cosmos.

A vida é um todo contínuo e homogêneo, do qual surgem as ondas da vida individual, sem romper a continuidade e o status onipresente do Ser eterno e absoluto. A totalidade da criação é expressão daquela vida cósmica, e todas as incontáveis leis naturais que executam o processo de criação, evolução e dissolução, nas diferentes partes do Universo, são as múltiplas expressões de uma só lei cósmica eterna[3].

Quando em diferentes pontos da criação alcança-se a individualidade, a continuidade e a homogeneidade da vida cósmica não são perturbadas. A vida existe no corpo e os diversos membros estão sob o comando da força vital daquele indivíduo. Mas a mão em si, por exemplo, é um composto de milhões de tecidos, cada qual

---

3   Veja na pág. 75 "O Que é a Vida?".

com sua própria vida e função a cumprir. Embora a vida do tecido seja uma vida em si mesma e tenha sua própria esfera de atividade e individualidade, é parte da vida total do indivíduo. A vida de cada célula influencia a vida total do homem. Se algo acontece a uma célula em um tecido do corpo, o corpo inteiro sofre uma alteração. O funcionamento tranquilo de todos os tecidos corporais produz uma influência harmônica e poderosa sobre a vida individual. Mas algum defeito, depressão, inatividade ou apatia em uma célula de um tecido pode provocar um efeito correspondente na vida total do indivíduo. Da mesma forma, o Universo inteiro reage à ação individual.

Através de cada pensamento, palavra e ação estamos produzindo influências que afetam todo o nosso meio ambiente. A física mostra que através de tudo o que fazemos produzimos vibrações na atmosfera. Ondas de atividade são armadas dentro de nosso sistema individual e emitidas a partir do corpo, alcançando todas as camadas atmosféricas. Vimos recentemente que aparelhos instalados no interior dos satélites, que viajam a centenas de milhas por minuto, recebem comandos da Terra a enormes distâncias. Estes aparelhos obedecem aos comandos e devolvem informações. Isto tem a propriedade da continuidade da vida e sua reação à nossa ação no ilimitado campo espacial que se estende até muito além de nosso meio ambiente imediato. Cada um de nossos pensamentos, palavras ou ações produz uma influência na atmosfera, e a qualidade desta influência depende da qualidade das vibrações emitidas por nós. Tudo no Universo está constantemente influenciando todas as outras coisas.

Isto mostra quão dependente e quão poderosa é a vida do indivíduo. Podemos não perceber a influência que produzimos no meio ambiente, mas assim mesmo a influência está sendo produzida. Uma expressão boa, doce e amorosa dirigida a uma criança produz uma influência amorosa e de apoio à vida na totalidade do cosmos. Uma palavra dura, cruel, dirigida a alguém que está num canto sossegado produzirá uma influência de dureza e crueldade por toda a criação.

Há relatos de experiências com plantas indicando que uma planta adequadamente cultivada com sentimentos de amor e bondade cresce mais forte e mais rapidamente que uma planta que recebeu ofensas e críticas.

Um olhar gentil dirigido a uma criança inocente atrai a criança para você. Um olhar duro para a criança faz com que ela chore e fuja. É assim que, muito silenciosamente, uma influência permeia toda a natureza. Inocentemente, tornamo-nos vítimas das vibrações de outras pessoas; somos influenciados por estas vibrações, e estamos sujeitos aos pensamentos de outros indivíduos.

A vida das espécies animais não sabe que está produzindo uma grande influência através de cada pequenina ação, mas o homem, com seu sistema nervoso altamente desenvolvido, deveria saber que aquela enorme influência está sendo gerada.

Se um homem tem natureza bondosa e compassiva, então, naturalmente, produzirá boas influências no ambiente que o cerca. Quando entramos na casa de um amigo, frequentemente nos sentimos entusiasmados ou deprimidos. Se o amigo é virtuoso e um homem bem-intencionado, de bons pensamentos e boas ações, então certamente cria uma atmosfera ótima em torno de si. Onde quer que ele viva ou vá, carrega consigo aquela influência de felicidade e harmonia. Alguém passa por você na rua e você se sente atraído por aquela pessoa e começa a sentir amor por ela. Uma outra pessoa passa por você e lhe provoca aversão. Isto se deve à qualidade das pessoas e à reação delas com suas próprias vibrações.

Vemos que muitas casas atraem os passantes; basta olhar para elas e sentimos impulsos de harmonia, paz e felicidade. Algumas casas produzem uma influência de tristeza, secura, frieza – uma sensação de repulsa. Tudo isto se deve à qualidade das pessoas habitando a casa, à qualidade da pessoa que a construiu, ou à qualidade da riqueza com a qual foi construída.

Quando falamos da qualidade da riqueza, o que queremos dizer?

Uma riqueza de boa qualidade é aquela adquirida por meios que ajudaram a elevar a sociedade e melhorar a vida das pessoas. Uma riqueza de qualidade inferior é aquela ganha por meios ilícitos ou pecaminosos, ou através de um tipo de atividade que promove os meios para a degeneração dos padrões espirituais da sociedade, que rebaixa sua consciência ou cria direta ou indiretamente uma situação por via da qual os sentimentos morais, espirituais e religiosos do povo são rebaixados.

A qualidade da riqueza é determinada pelo método de adquiri-la – virtuoso ou pecaminoso –, bem como pelos efeitos que produz sobre os outros. Por exemplo, a riqueza adquirida através de um negócio que ajuda as pessoas na sociedade a crescer, a apoiar a vida e elevar-se, certamente produz uma influência excelente. Qualquer casa construída com esta riqueza, qualquer ato praticado com esta riqueza, produzirá uma boa influência na atmosfera.

A riqueza proveniente de um negócio e que tenha sido adquirida por atividades ilegais ou que tenha ajudado a sociedade a degenerar para uma consciência inferior, pelo contrário, tem uma influência péssima, e qualquer trabalho feito com esta riqueza, ou qualquer casa erigida por ela terá uma influência geral depressiva.

Podemos observar que grandes propriedades adquiridas através de uma atividade que promove o rebaixamento da consciência das pessoas ou que prejudica a vida das pessoas não promovem influências salutares para quem as herda. Doença, um estado de consciência inferior, modos de vida degenerados e uma mente nublada por pensamentos mesquinhos e baixos são o resultado. Além disso, o indivíduo que recebeu tal riqueza não sabe que está sofrendo da influência desmoralizada da fortuna herdada.

Estas pessoas inocentes e basicamente inofensivas tornam-se vítimas do grande mal que seus pais ou avós fizeram à sociedade. Tal fortuna não incita neles nenhum desejo de ajudar os outros nem lhes permite ter boa saúde ou cercar-se de ambientes bons e úteis. A influência geral é de supressão da consciência. A saída para tal situação é a caridade, ajudando-se obras dedicadas diretamente à elevação da consciência das pessoas. Isto contrabalança os efeitos adversos produzidos à época em que a riqueza foi adquirida. Uma boa proporção entre a riqueza e a caridade certamente produz resultados numa medida significante e apreciável.

Os campos relativos da vida são tão concentrados, e a influência de cada aspecto da vida sobre todos os outros aspectos da vida no cosmos é tão complexa e diversificada que é de suma importância criar-se, de alguma forma, uma situação mundial em que todo homem seja um homem correto. Todos os homens deveriam ser homens cujos pensamentos sejam todos bondosos, amorosos e virtuosos, para que produzam uma boa influência sobre aqueles que os pensam, sobre o ambiente próximo e sobre a totalidade da criação.

Em vista desta compreensão do indivíduo e de sua influência sobre o cosmos pode-se ver que é importantíssimo que cada indivíduo desenvolva sua consciência de tal forma a ser sempre correto e bom. Através de cada um de seus pensamentos, palavras e ações ele deve sempre criar influências propícias à vida e de apoio à vida para si mesmo e para toda a criação. Isto só pode ser criado por cada indivíduo, para si mesmo, se ele transformar sua mente de tal modo e a tal ponto que, por natureza, a mente consiga captar apenas pensamentos certos e ocupar-se com palavras e ações corretas[4].

Cada homem tem de ascender a este estado sozinho. Ninguém mais pode elevar o nível de consciência de alguém. Certamente um pouco de ajuda sob forma de orientação e informação poderia ser oferecida aos outros por parte daqueles que conhecem o caminho, mas a responsabilidade pela elevação de nossa consciência repousa em nossas próprias mãos. Todos têm de resolver seus próprios destinos, mesmo que o destino de cada um influencie o destino dos outros e do Universo como um todo. Há uma ligação íntima e inseparável entre o indivíduo e o Universo. Outros ajudariam muito a si mesmos divulgando esta grande sabedoria da vida; mas cabe a cada indivíduo fazer uma escolha íntima de seu próprio caminho.

Se todos aqueles que recebem a informação através deste livro informassem seus vizinhos, sócios e círculos de amigos que há um meio para se elevar a consciência individual e transformar nossa natureza de uma maneira que fará com que o indivíduo seja espontaneamente bom, para seu próprio benefício e para o bem de toda a criação, seria uma grande ajuda à humanidade. Há uma enorme responsabilidade pesando sobre todos os indivíduos.

Todos deveriam saber que são parte da totalidade da vida do Universo e que seu relacionamento com a vida universal corresponde ao relacionamento que uma célula mantém com o corpo todo. Se cada célula não se mantém alerta, enérgica e sadia,

---

4   Este assunto é tratado em "A Arte de Ser" na Parte III, pág. 109.

o corpo como um todo começa a sofrer. Portanto, para o bem da vida individual, e igualmente para o bem da vida de tudo no Universo inteiro, é necessário que o indivíduo seja sadio, virtuoso, bom e correto em cada um de seus pensamentos, palavras e atos. É um fato cientificamente comprovado que o Universo inteiro reage a cada ação individual[5].

As fronteiras da vida individual não se limitam às fronteiras do corpo, e nem mesmo às da família ou da casa, estendem-se para muito além desta esfera em direção aos horizontes ilimitados da vida cósmica.

Toda ação praticada pelo indivíduo influencia todas as outras coisas no Universo.

O Universo influencia o indivíduo e o indivíduo influencia Universo.

Nenhum deles é independente. Um está intimamente ligado ao outro.

---

5   Veja na p. 203 "O Problema da Paz Mundial" na Parte III sobre "A Arte de Viver".

Parte III

A Arte de Viver

A ARTE DE VIVER

A "arte" implica um método gracioso e hábil de realizar algo. A arte de viver qualquer fase da vida consiste em dominar aquela fase. O único meio para dominar qualquer uma ou todas as fases da vida é utilizando potencialidades latentes e técnicas aplicadas.

A arte de viver possibilita ao homem viver os valores plenos da vida, realizar o máximo no mundo e ao mesmo tempo viver uma vida de liberdade eterna na consciência de Deus. A arte de viver é a arte de deixar fluir a corrente da vida, de tal modo que cada aspecto da vida seja suplementado com inteligência, poder, criatividade e com a magnificência da vida plena. Assim como a arte do arranjo floral consiste em glorificar cada flor através da beleza e da glória de cada uma das outras flores, a arte de viver também é tal que cada aspecto da vida é suplementado pelas glórias de todos os outros aspectos. É deste modo que o aspecto transcendental da vida suplementa os aspectos subjetivo e objetivo da existência, de modo que toda a gama de subjetividade e objetividade desfrute de força, inteligência, bem-aventurança e criatividade absolutas do Ser eterno.

Quando o poder do absoluto suplementa todos os aspectos subjetivos, o ego torna-se pleno, o intelecto profundo, perspicaz e concentrado, a mente concentrada e poderosa, a força do pensamento grande e os sentidos totalmente alertas. Quando ego, intelecto, mente e sentidos estão plenamente suplementados pelo Ser absoluto, a experiência é mais profunda e a atividade mais poderosa. E, ao mesmo tempo, intelecto, ego, mente e sentidos tornam-se úteis em todas as esferas da vida, em todas as esferas da ação e da experiência na vida individual, na sociedade e na totalidade do cosmos[1].

Vimos anteriormente que é a seiva a base da raiz e da árvore inteira. Neste exemplo vimos a raiz colocada entre a área transcendental da árvore e a árvore externa. Analogamente, o aspecto subjetivo da vida, o homem interno (ego, mente e sentidos), fica entre o Ser transcendental (a base de nossa vida) e o campo grosseiro externo da existência objetiva. A arte de viver requer uma existência adequada e efetiva. A arte de viver requer uma adequada e efetiva absorção do Ser no aspecto subjetivo da vida e Sua infusão em todos os campos da existência objetiva. A arte de viver requer que a mente absorva o poder do Ser e o conduza ao corpo e ao meio ambiente.

Para que uma árvore cresça até a maturidade exige-se eficiência por parte da raiz, de modo que ela absorva adequadamente o alimento da área circundante e o distribua para todos os diferentes aspectos da árvore externa. Esta é a chave para a arte de viver.

---

1   Este aspecto do indivíduo influenciando a vida cósmica foi tratado em detalhes no capítulo "Vida Individual e Vida Cósmica", na pág. 82.

O homem interior deveria ser capaz de absorver o valor do estado absoluto e transcendental da vida e, então, passá-lo adiante ao estado exterior, grosseiro e relativo da vida, enriquecendo cada um dos seus aspectos e suplementando-os com o poder do Ser absoluto. Esta técnica se resume em pensar de tal modo que cada pensamento isolado desfrute da força da inteligência cósmica do Ser absoluto. Cada ação desfruta do poder do Ser absoluto e ilimitado, quando a experiência é suplementada pela bem-aventurança do Ser transcendental. A energia criativa individual é suplementada pela energia criativa ilimitada do Ser cósmico.

Concluímos, portanto, que a arte de viver exige uma comunhão constante da mente com o estado absoluto da vida, de modo que seja o que for que a mente esteja pensando, seja qual for a ação de experimentar na qual esteja envolvida, ela nunca se distancia da influência do Ser eterno e absoluto.

A arte da vida exige que a mente cultive em seu interior o estado eterno do Ser absoluto, pois sem uma infusão contínua e constante do absoluto na própria natureza da mente ela jamais conseguirá ser todo-abrangente e todo-poderosa.

Se o homem de negócios não investe toda a sua fortuna em sua empresa, não ganha o maior lucro possível. Se a mente individual não trouxer para fora a bem-aventurança do Ser absoluto e não experimentar as coisas no campo externo e relativo da vida enquanto permanece saturada daquela bem-aventurança, nada do que for experimentado trará satisfação. A mente estará sempre procurando maior felicidade. Mas se a mente está saturada da bem-aventurança do Ser absoluto, extrai alegria da variedade da criação diversificada e permanece bem estabelecida na satisfação. Só então é que a mente realmente desfruta da multiplicidade.

Se ela é deixada sem a base de bem-aventurança da unidade interna, a mente fica como se estivesse sendo atirada de um lado ao outro, como uma bola de futebol, sem nenhum status estável próprio. Por este motivo, para que as experiências da vida proporcionem o maior encanto possível e para que o mundo da multiplicidade prove ter um valor real, é necessário que a bem-aventurança do Ser absoluto fique permanentemente infundida na própria natureza da mente.

A multiplicidade do mundo só pode ser desfrutada quando a mente alcançou um status inabalável na bem-aventurança do Ser absoluto. Caso contrário, o próprio objetivo da multiplicidade cheia de alegria e da gloriosa variedade da criação é destruído. Se a experiência é unilateral apenas, se a mente experimenta somente a multiplicidade dos campos relativos, grosseiros da vida, é evidente que os valores da vida relativa não estão sendo suplementados pelo estado absoluto da vida.

Uma vida assim unilateral deve-se apenas à falta de conhecimento da arte de viver.

Portanto, a arte de viver exige que, para a vida ser vivida em todos os seus valores, o aspecto subjetivo da vida esteja infundido na força do Ser. Só então será possível usar nosso pleno potencial para a glorificação de todos os aspectos da vida.

Para esclarecer este ponto, analisaremos em primeiro lugar qual é o pleno potencial do homem, depois veremos como o poder do Ser pode ser infundido nos vários níveis diferentes da vida a fim de podermos usufruir de todos os aspectos da arte de viver.

O PLENO POTENCIAL DO HOMEM

Vimos que o sistema nervoso humano é o sistema nervoso mais altamente desenvolvido da criação. Com um sistema nervoso assim tão altamente desenvolvido, o pleno potencial humano indica que o homem deveria ser capaz de viver o estado supremo da vida – no mínimo, uma vida sem sofrimento e, no máximo, uma vida de bem-aventurança absoluta na consciência de Deus.

O pleno potencial humano significa que em todos os níveis da vida – físico, mental e espiritual – deveríamos viver de acordo com nossa capacidade máxima.

O pleno potencial humano no plano físico significa a capacidade de trazer um corpo sadio no qual todos os membros, sentidos e o sistema nervoso funcionem normalmente e em boa coordenação uns com os outros, a pleno potencial no plano mental da vida, significa a habilidade do homem de fazer uso de sua plena capacidade mental. O pleno potencial no plano espiritual da vida significa a habilidade de viver o valor do Ser espiritual em todos os campos da vida diária.

O pleno potencial do homem nos níveis físico, mental e espiritual da existência significa ainda que deveria haver uma perfeita coordenação entre estes planos da vida. O plano físico da vida deveria estar perfeitamente coordenado com o plano mental, e o plano mental perfeitamente coordenado com o plano espiritual.

O pleno potencial significa uma coordenação perfeita do divino com os níveis físicos da vida humana, a plena capacidade funcional da mente, saúde perfeita e o valor da vida divina sendo infundido no dia a dia da vida material do homem.

O homem geralmente não utiliza sua mente completa. A mente consciente é apenas uma parte insignificante da mente total que o homem possui e, como o homem funciona somente no nível comum da mente consciente, não utiliza seu pleno potencial mental. A capacidade consciente do homem deveria ser a capacidade funcional normal do pleno potencial mental.

Além destas considerações, o uso do pleno potencial deveria possibilitar ao homem pensar, falar e agir de forma que cada pensamento, palavra e ação não só alcançasse o máximo na vida material, mas também se tornasse um meio de manter-se em sintonia com Deus todo-poderoso, trazendo assim a bênção do Todo-poderoso a todos os níveis da vida humana.

Vimos[2] que a mente humana tem a habilidade de levar para sua consciência o campo do Ser transcendental, absoluto e divino. Isto mostra que toda a gama da criação e o campo do criador fundamental, Ser todo-poderoso universal, repousam dentro do âmbito da vida humana. O pleno potencial do homem, nesta sequência, é a vida cósmica plena, aberta a todos os indivíduos. O pleno potencial do homem é o potencial ilimitado do Ser universal.

Uma vida humana normal significa uma vida vivida em consciência divina; uma mente humana normal é aquela que funciona ao nível humano, mas que também possui o status da mente cósmica universal.

A consciência cósmica não deveria ser considerada algo muito além do alcance do homem normal. O estado de consciência cósmica deveria ser o estado da consciência humana normal. Qualquer estado abaixo da consciência cósmica só pode ser considerado uma consciência humana abaixo do normal. A mente humana deveria ser uma mente cosmicamente consciente. O potencial da vida humana deveria significar o potencial do divino onipotente sobre a Terra. A vida normal do homem deveria ser uma vida realizada em Deus em consciência divina, uma vida frutífera no Ser universal.

O pleno potencial humano é tal que pode trazer a todo indivíduo este estado de vida divina, abençoado e cheio de graça, de uma forma natural e simples, sem nenhum esforço, além de mantê-lo em todas as fases da vida diária.

A Meditação Transcendental é uma técnica direta e simples para começarmos a expressar nosso pleno potencial de uma forma natural, uma técnica que revela todo o divino latente no homem e traz a consciência humana até o alto pedestal da consciência de Deus. Ela leva a vida a um estado de liberdade eterna, suplementando-a com energia criativa ilimitada e harmonizando os valores abstratos e absolutos do Ser divino com os valores materiais, concretos, físicos da vida diária do homem.

COMO UTILIZAR NOSSO PLENO POTENCIAL

Em "Vida Individual e Vida Cósmica" vimos que "as fronteiras da vida individual não se restringem às fronteiras do corpo, e nem mesmo às da família ou da casa; estendem-se para muito além destas esferas em direção aos horizontes ilimitados da vida cósmica"[3].

E em " O Pleno Potencial do Homem" vimos que o pleno potencial humano significa que "cada indivíduo deveria ser capaz de viver o estado supremo da vida – no mínimo, uma vida sem sofrimento e, no máximo, uma vida de bem-aventurança absoluta em consciência de Deus"[4].

---

2   Veja na pág. 62 "Meditação Transcendental".
3   Veja na pág. 82.
4   Veja na pág. 91.

Em vista disso, a arte de utilizar nosso pleno potencial significa que a onda de vida individual não deveria confinar-se somente ao valor superficial do oceano do Ser eterno e absoluto. Mas deveria estender-se também às profundezas do oceano ilimitado do Ser, para que todas as potencialidades sejam desenvolvidas e a vida seja forte e poderosa.

Quando nosso pleno potencial é desenvolvido, cada um dos aspectos da vida suplementa todos os outros, fortalece-os e torna a vida mais substancial, glorificada, útil e válida em todos os níveis, para nós mesmos e para os outros. Uma pequena onda na superfície do oceano não seria uma onda muito poderosa, mas esta mesma onda torna-se potente quando ligada a níveis de água mais profundos. Portanto, a arte de melhorar e fortalecer uma onda consiste em possibilitar que ela entre em contato direto com níveis d'água mais profundos.

Se a onda tem de elevar-se para realizar mais e ser mais potente, então o ato de elevar-se deveria ser suplementado pelo acúmulo de mais água na base. Quando a onda é capaz de suplementar o ato de elevar-se através do acúmulo de mais água em sua base, ela consegue subir de uma forma integrada e poderosa. Se, ao contrário, ela deixa de reunir maior volume de água na base enquanto se eleva, torna-se mais fraca na crista e até mesmo uma leve brisa consegue desintegrá-la.

A arte da utilização de nosso pleno potencial pede que os valores de superfície da vida relativa sejam suplementados pela força que repousa no fundo do oceano do Ser absoluto. Significa que a vida relativa deveria ser suplementada com o estado absoluto da vida. A arte da utilização de nosso pleno potencial é a arte de aprofundar o fluxo da vida individual até a profundidade máxima possível, levando a onda da experiência e existência relativas ao limite da experiência e existência absolutas. A arte da utilização de nosso pleno potencial consiste basicamente em suplementar a onda de vida individual com o poder do oceano do Ser.

A arte de viver é a habilidade de suplementar e reforçar a vida individual com o poder do Ser cósmico absoluto. Está ao alcance de todos os indivíduos sondar a enorme profundidade do Ser absoluto, desta forma suplementando e reforçando a vida individual com a vida do Ser cósmico eterno.

Cada uma das ondas do mar tem a oportunidade de abarcar em si uma quantidade de água tão grande quanto queira para colocar em sua base. O oceano inteiro poderia ser tragado por uma única onda; é possível que uma onda se valesse da força do oceano inteiro e se elevasse com poder infinito.

Analogamente, todo indivíduo dispõe da oportunidade de ganhar a força do Ser absoluto, eterno, ilimitado e assim tornar-se poderoso até o limite máximo possível.

Quando existe a possibilidade de a onda desfrutar a força ilimitada do oceano, não será puro desperdício deixar-se ser jogada para lá e para cá pela brisa, de uma forma débil e sem força? Quando está aberta a todo homem a oportunidade de ganhar poder, energia, existência, inteligência, paz e felicidade ilimitados, não será um desperdício de vida permanecer num estado limitado, fraco e desprovido de poder?

A arte da utilização de nosso pleno potencial exige que a vida como um todo tenha uma base sólida que a sustente, pois sem uma base forte a vida será tão instável quanto um prédio que careça de um alicerce forte. Já do início, o prédio não poderá ser adequadamente construído e não se tornará estável. Assim, um sólido fundamento para a vida é o primeiro requisito para uma vida poderosa e que tudo abrange.

A vida em seus estágios relativos é constantemente mutável. As fases constantemente mutáveis da vida não permitem um status estável de vida. Portanto, para podermos utilizar nosso pleno potencial, o primeiro passo será infundir estabilidade às fases constantemente mutáveis da vida relativa.

A estabilidade pertence ao status absoluto. A estabilidade é atributo daquele fator da vida que nunca muda, e aquilo que nunca muda é a verdade da vida, a realidade fundamental, o Ser eterno. A vida, então, é estável somente em seu estado absoluto. E, quando se ganha estabilidade através da mente e se retém esta estabilidade através de toda a atividade mental de experimentar e agir, todo o campo da atividade é suplementado pelo poder do Ser absoluto e imutável. Isto constitui a plataforma básica para a utilização de nosso pleno potencial; reforça e enriquece as fases eternamente instáveis da existência relativa.

Se a base da vida é fraca, se a vida não estiver fundada no status estável e eterno do Ser absoluto, então, além de possuir um caráter permanentemente mutável, será para sempre fraca.

A arte da utilização de nosso pleno potencial é a mesma arte do lançamento de uma flecha: começa-se puxando a flecha para trás, retesando o arco. À medida que a flecha é puxada para trás, ela adquire força máxima para lançar-se à frente. Se a flecha não for primeiro puxada para trás, o resultado será um tiro inútil.

A arte da utilização de nosso pleno potencial requer trazermos a mente de volta ao campo do Ser absoluto antes que ela saia para enfrentar o aspecto grosseiro dos campos relativos da vida. Felizmente esta arte de viver foi desenvolvida para trazer resultados mais eficazes à vida, e toda a sua glória foi centrada numa técnica para trazer a mente ao campo do Ser de uma maneira simples e eficiente.

A fase sempre mutável da existência relativa deve permanecer sempre mutável todo o tempo. Essa fase sempre mutável não pode ser transformada para adquirir um status imutável. É a vida relativa. Mas o sujeito interno, o homem interior, poderia ganhar simultaneamente o status do Ser eterno e absoluto, pois, enquanto mantém seu status nas fases fenomenais sempre mutáveis da vida, não se priva de seu status no Ser absoluto, imutável.

Assim é que o absoluto imutável deve suplementar as fases fenomenais constantemente mutáveis da vida, e esses dois, juntos, tornarão a vida completa.

Este fator absoluto e estável da vida, o Ser do transcendente, está sempre fora do campo da criação e experiência fenomenais em constante mutação.

A arte da utilização de nosso pleno potencial reside na harmonização do absoluto com o relativo, que é facilmente realizada através do sistema simples da Meditação Transcendental.

Se o homem tem dois lados, direito e esquerdo, a arte de viver requer que tanto o direito como o esquerdo, ambos, sejam utilizados para alcançar os maiores resultados possíveis. Se somente o lado esquerdo for utilizado e o direito ficar inativo, este poderá imobilizar-se e o lado esquerdo ficará sobrecarregado durante a atividade. O lado direito também ficará sobrecarregado pelo estado de total inatividade. Portanto, para viver todos os valores da vida é necessário que tenhamos lado direito e esquerdo funcionando juntos e em boa coordenação, trabalhando juntos pela mesma causa.

O absoluto e o relativo são as duas fases da nossa existência. É a arte de viver que reúne estes dois permitindo que todos os valores da vida sejam vividos. Caso contrário, teremos de um lado o absoluto que permanece transcendental, fora do campo da atividade, fora da vista e aparentemente sem valor prático algum; e, de outro, teremos o campo da vida relativa sobrecarregado devido à atividade constante, sendo que a vida relativa permanecerá fraca neste campo instável e constantemente mutável.

Por isso a arte de viver reúne o absoluto, de natureza transcendental, que jamais age, e o campo sempre mutável da existência relativa, ligando-os. Os dois são reunidos no nível da mente, assim como na vida da árvore o terreno nutritivo circundante e as esferas externas da árvore são reunidos pela instrumentalidade da raiz, que suga alimento de um lado e o fornece ao outro.

A arte da utilização de nosso pleno potencial é a de viver uma vida suplementada pelo poder do Ser ilimitado, eterno e absoluto. É fácil aprender esta arte, pois, como vimos em "Meditação Transcendental"[5], quando a mente prossegue na experiência de estados mais sutis do pensamento e experimenta o Ser transcendental, desenvolve-se o pleno potencial da mente e naturalmente começamos a utilizar nosso pleno potencial mental nas nossas atividades diárias. Através desse processo também começamos a fazer pleno uso de nosso potencial nos campos dos sentidos, do corpo e do meio ambiente. Estes aspectos são tratados em detalhe no próximo capítulo.

Vemos assim que é fácil aprender a arte da utilização de nosso pleno potencial. É fácil viver uma vida de valores plenos de poder, inteligência, criatividade, paz e bem-aventurança do Ser eterno e absoluto através da prática regular do sistema simples da Meditação Transcendental.

---

5   Veja na pág. 62.

COMO UTILIZAR PLENAMENTE O MEIO AMBIENTE

Para compreender a técnica de utilização plena do meio ambiente é necessário primeiramente entender em que consiste nosso meio ambiente. Observamos que nem sempre é o mesmo. Em casa o ambiente do indivíduo é diferente daquele do escritório. O ambiente que circunda o indivíduo muda conforme seus próprios desejos; ele é uma criação do indivíduo.

A criação do ambiente se dá de duas maneiras: há aqueles que são criados conscientemente e aqueles que são criados sem que o indivíduo o saiba conscientemente, resultantes de seu próprio pensamento, fala ou ação. Se, por exemplo, um homem constrói uma casa nova, ele o faz consciente e intencionalmente. Se se convida um amigo para vir a sua casa e este amigo interpreta o convite como tendo segundas intenções, o amigo poderá tornar-se um inimigo. A inimizade do amigo é criação e responsabilidade do homem que o convidou, mesmo que não tenha sido sua intenção criar um inimigo.

Examinando esta questão em maior profundidade, descobrimos que a criação involuntária do meio ambiente está de acordo com a teoria do *karma*. O atual meio ambiente é resultado de algo que fizemos no passado. Nossas intenções e esforços atuais são a materialização da influência do passado. Não se trata apenas do fato de que nosso ambiente presente é resultado do passado, pois as consequências das ações do passado têm de ser aceitas e complementadas por nossa intenção do presente. Portanto, nosso ambiente não é apenas resultado de nosso passado, mas de uma combinação de passado e presente. Assim é a vida do homem no presente.

Veja o exemplo de um homem cujas relações com os outros são ruins. Muitas pessoas com as quais ele convive falam mal dele e entendem erroneamente seus atos, muito embora ele saiba que não prejudicou ninguém. Isto ele pode entender como sendo resultado de ações passadas que, por sua vez, não passam de sua própria criação retornando a ele no presente.

Um jardineiro que planta árvores assume a responsabilidade quer cresçam ou morram. Se as árvores crescem, florescem e dão frutos, o jardineiro as desfruta como resultado de sua própria ação no passado. Se uma linda flor subitamente murcha em virtude do calor excessivo, isto não se deve à ação ou *karma* do jardineiro, mas deve-se, *sim*, à sua negligência em proteger a flor da onda de calor. Mas o jardineiro aceita as coisas da forma como elas vierem em seu jardim.

Analogamente, o indivíduo tem de aceitar seu ambiente como ele é, sabendo que se trata de sua própria criação. Se o espinho de uma rosa espetar a mão de alguém que está desfrutando da beleza da rosa, tanto a beleza quanto a picada do espinho podem ser atribuídos ao trabalho do jardineiro.

Assim, quando desfrutamos algo, estamos desfrutando do resultado de nossas ações, e sofremos também como resultado de nosso próprio *karma*. Portanto, se temos alegrias ou tristezas, o ambiente em si não é o culpado.

Quando construímos uma casa, fazemos pleno uso do ambiente que criamos. Se tivermos plantado um jardim lá fora, usufruiremos dele, mas, se não tivermos plantado um jardim, desfrutaremos do calor da sala de estar. Portanto, fazemos pleno uso do ambiente que criamos.

Uma vez que nosso ambiente é nossa própria criação, ele naturalmente tem a finalidade de assistir-nos na obtenção daquilo que desejamos. A técnica de receber auxílio do ambiente está na nossa atitude de dar. Se quisermos receber o máximo em todos os momentos, devemos ter uma atitude de dar. "É dando que se recebe" é uma lei natural.

Na vida de uma árvore a raiz tem a responsabilidade de tirar a seiva do terreno circundante e levá-la às partes externas da árvore. Somente quando está preparada a levar a seiva para a árvore externa é que a raiz consegue tirá-la do chão. Se a árvore for cortada na altura da raiz, esta não mais retirará a seiva na mesma medida em que o fazia quando a árvore estava intacta.

Se um gerente de vendas numa indústria vende continuamente, o gerente de produção mantém a indústria produzindo continuamente. Se o produto não é vendido, a produção também para. A produção depende do consumo.

É natural que se receba aquilo que se está apto a dar. A mãe dá ao filho e, em troca, recebe do filho; o pai dá ao filho todo seu amor, riqueza, força e atenção, e em troca recebe confiança, amor e felicidade do filho.

Se você é aberto com alguém, este alguém será aberto com você. Se você quer o amor de alguém, dê-lhe seu amor. Se você quer um comportamento gentil e solidário por parte de alguém, seja gentil e solidário com esta pessoa. Se você quer conforto de alguém, seja reconfortante para com esta pessoa. Se você quer admiração dos outros, faça algo para mostrar sua admiração por eles. Se você for sincero ao dar, receberá de volta muitas vezes mais. O professor aprende ensinando; obedecendo, o aluno conquista o respeito do professor. Se seu filho o obedece prontamente, ele ganha seu coração como retribuição natural de sua obediência. Se você for gentil com uma criança, ela será gentil com você; se você a tratar asperamente, ela se rebelará contra você. Isto é ação e reação.

Que ação e reação são iguais é uma verdade cientificamente comprovada. Você reage a alguém de uma determinada maneira e ele, por sua vez, reagirá a você de maneira semelhante. Se ele não reagir a você, então a natureza trará até você uma reação do mesmo tipo. Se você machuca alguém, ainda que ele mesmo não reaja, outros agentes naturais trarão a reação ao seu comportamento até você. É uma lei natural que "assim como semeares colherás". Segundo o modo como queremos que o meio ambiente reaja a nós, assim devemos nos comportar em relação ao meio ambiente. Este é o princípio fundamental para fazermos o melhor uso de nosso meio ambiente. As leis da natureza não podem ser ludibriadas; a reação virá. Se alguém tem ciúme de você, você descobrirá, ao examinar seu coração, que você teve ciúme dele ou de alguém em algum momento passado. Seja gentil para com ele e o meio ambiente será gentil com você; seja amoroso para com ele e o ambiente será amoroso com você; comece a duvidar e o ambiente começará a duvidar de você. Se odiar, o ambiente começará a odiar você. Se o ambiente passar a odiá-lo não culpe o ambiente, culpe sua própria consciência interior.

É preciso limpar sua consciência e ser compassivo e sincero em seu comportamento. Um bom comportamento externo certamente é de grande valor na vida, mas o que tem mais valor é o estado de consciência pura interior. Se você tem a consciência limpa e é amoroso, gentil e virtuoso com as pessoas, naturalmente receberá em troca um bom comportamento de todos e grande alegria do meio ambiente.

Se você sente que tem todas estas qualidades e a consciência limpa, e no entanto sente que há algo errado com seu ambiente, aceite da forma como é: isto resulta de alguma ação passada.

Se você revidar estará sendo levado ao nível do mal. Em vez disso, deixe que o errado seja somente uma gota em meio a seu oceano de virtude. Muitas vezes ouvimos dizer que "não se deve resistir ao mal". Se opusermos resistência ao mal, primeiramente temos de descer ao nível do mal, e depois seremos ainda mais responsáveis pela má influência gerada pela nossa retaliação.

Deixe que as impurezas da atmosfera encontrem refúgio no oceano de pureza em seu coração, na alegria infinita de sua consciência pura interior. Quando você perdoa, a natureza inteira desfruta de seu brilho e lhe devolve alegria. Perdão, tolerância, pureza de coração, sinceridade, amor e bondade são as plataformas básicas a partir das quais se desfruta e se pode fazer pleno uso do meio ambiente baseado no princípio fundamental de dar.

Há dois tipos de ambiente: animado e inanimado, ou vivo e inerte. Pode-se dizer que nada é inerte no Universo: a física nos mostra que na realidade nada é inerte, que tudo é vibração e atividade, e que nada é passividade. No entanto, no campo da existência relativa, de fato fazemos uma distinção entre um homem e uma casa, um cachorro e um jardim. A casa e o jardim consideramos ambientes inertes, e o cachorro e o homem temos por ambientes vivos. Nosso objetivo é fazer o melhor uso de ambos os tipos de ambiente, animados ou inanimados.

Para fazer pleno uso de ambos os tipos de ambiente, o princípio básico é o mesmo com o qual temos lidado até agora: o princípio de dar. Ame o cão e o cão o amará; odeie o cão e o cão o morderá. Ame sua mãe e não haverá fim para o seu amor por você; crie discórdia e, embora o amor de sua mãe seja tão grande que ela não reaja, qualquer discórdia de sua parte certamente influenciará o meio ambiente. Portanto, quaisquer que sejam os estilos de vida, sob todas as circunstâncias, em todos os tipos de ambiente, animados ou inanimados, vivos ou inertes, é preciso ter uma visão muito amorosa, bondosa, solidária no centro íntimo de nosso coração. Nosso comportamento externo deveria basear-se nisso.

Esta é a técnica fundamental para a utilização plena do meio ambiente. Isto significa que você tirará o máximo proveito possível do meio ambiente. Você desfrutará dos ambientes e fará com que eles façam o máximo por você somente se estiver baseado em uma amorosa bondade, solidariedade e simpatia em relação a eles.

Novamente, vemos que há dois tipos de ambiente num outro nível: o ambiente imediato e o ambiente distante e remoto. Os ambientes próximos a você são afetados pelo modo como você se comporta, fala e age em relação a eles. Se uma flor é colocada em seu quarto, ela desabrocha e permanece fresca. Se, ao contrário, a flor é deixada no chão em meio à poeira, murchando, ela reflete sua negligência. Portanto os ambientes próximos a você são afetados diretamente por seu comportamento. Mas os ambientes distantes de você reagem mais a seus sentimentos e pensamentos. Por exemplo, se você está na Índia e tem um amigo na América, as sensações do coração e da mente dele estarão de acordo com as de seu coração e de sua mente.

Ondas de pensamento são muito mais potentes que ondas da fala ou da ação. Através de cada pensamento, palavra e ação criamos algum tipo de onda na atmosfera, mas as ondas de pensamento são especialmente penetrantes. Se formos alegres, felizes e cheios de bondade e amor para com o mundo todo, recebemos amor de todos os lados.

Em "Karma e Ser"[6] examinamos detalhadamente como tanto o pensamento quanto a ação influenciam todo o campo do Universo, e no capítulo anterior vimos como o Universo reage à ação individual. Nós criamos a qualidade de vida na atmosfera segundo a qualidade de nosso coração. Quer consideremos o ambiente próximo ou distante a nós, a técnica para utilizar plenamente todos os tipos de ambiente para nosso máximo proveito manifestar-se-á quando, no centro de nosso ser, de nosso coração e de nossa mente, tivermos pensamentos de amor, perdão e compaixão para todos os ambientes. Se formos guiados a vida inteira por este princípio: "Dê, se queres receber", naturalmente o que se recebe será igual ou maior do que aquilo que é dado, pois o retorno nos chega de vários pontos do ambiente.

Se você quer que o ambiente lhe seja o mais útil possível, seja útil ao seu ambiente. Se você quer que sua casa lhe traga alegria e conforto, seja alegre dentro dela,

---

6 Veja na pág. 57.

traga para dentro dela coisas bonitas. Se você projeta amor às plantas de seu jardim, elas o recompensarão com flores bonitas que lhe trarão alegria. Se você cultivar dentro de si um estado natural de bondade, compaixão, amor e perdão, receberá de seu ambiente uma recompensa mil vezes maior. Para fazer pleno uso do meio ambiente é necessário cultivar estas qualidades interiormente até o máximo; estas são meramente as potencialidades latentes em você. Se formos capazes de ascender até este valor pleno da vida humana, poderemos receber o máximo possível e fazer pleno uso do meio ambiente para nosso melhor proveito.

Vimos na parte anterior que para utilizarmos plenamente nosso próprio potencial humano é necessário apenas praticar regularmente a Meditação Transcendental, que prontamente revela todas as potencialidades mentais interiores e a natureza divina interior. Com a experiência direta da consciência de bem-aventurança adquire-se aquela plenitude de vida à qual todos os tipos de ambiente reagirão favoravelmente, oferecendo o melhor uso de seus valores.

A fim de realmente utilizar plenamente o ambiente que nos cerca, é preciso ser um homem normal e, como vimos no capítulo anterior, um homem normal é aquele que se encontra em consciência cósmica. Um homem plenamente amadurecido é uma personalidade perfeitamente desenvolvida. É nesse estado que se extrai pleno proveito do ambiente, pois nesse estado nosso coração e nossa mente estabeleceram-se naquele nível em que todas as leis da natureza estão elaborando a evolução de todas as coisas. Somente este nível da natureza sabe como dar, pois as leis naturais estão baseadas neste nível. Apenas deste nível de consciência cósmica pode-se realmente dar. Quando nos colocamos neste nível de máxima doação é que estamos em posição de receber o máximo.

A consciência cósmica é um estado no qual colocamo-nos a serviço do divino porque, como vimos em "Ser, o Plano da Lei Cósmica"[7], o pensamento, as palavras e a ação de alguém que alcançou este estado são guiados apenas pela vontade divina. Ele é um indivíduo, mas é um instrumento vivo de Deus, uma ferramenta nas mãos do divino. O que provém dele é naturalmente útil à vida cósmica. Ele é por natureza o mais obediente servo do divino. Atingindo o estado de consciência cósmica – o estado de normalidade – através da prática regular da Meditação Transcendental, naturalmente colocamo-nos num estado no qual não só fazemos pleno uso do meio ambiente, mas no qual também o ambiente será plenamente útil a nós. Não é necessário que o indivíduo em consciência cósmica faça qualquer coisa para receber o máximo do ambiente. Este naturalmente será plenamente útil ao indivíduo. Em virtude de seu status ele naturalmente estará tirando o maior proveito do meio ambiente e tudo a sua volta naturalmente será de grande valor aos outros.

---

7 Veja na pág. 46.

Não apenas tiramos proveito do ambiente para nós quando elevamos nossa consciência, mas criamos uma situação na qual tudo no ambiente recebe o máximo de todo o restante. Desta forma, a ambiente ganha e o indivíduo ganha também pela prática constante da Meditação Transcendental.

Este é o propósito de se utilizar plenamente o ambiente de uma maneira bem automática. Isto pode parecer um princípio de vida um tanto improvável, mas é apenas a expressão da verdade nesse nível. De outra forma não seria possível transformar o meio ambiente em algo completamente bom para nós. Mesmo aqueles que procuram transformar seus ambientes e colocá-los a seu próprio serviço pela força, nos conta a História, conseguiram apenas sucesso parcial em suas tentativas. Tem-se notícia de que os maiores monarcas e ditadores do mundo alcançaram um sucesso parcial na vida; não lhes foi possível utilizar plenamente o meio ambiente, pois não se desenvolveram em todos os níveis da vida.

É preciso estar em sintonia com a natureza e elevar a consciência para que ela penetre na esfera de total harmonia, paz e felicidade que se encontra no status eterno da consciência pura, transcendental, absoluta. Nem pela força nem pela pressão moral ou pela sugestão é possível modificar o meio ambiente ou utilizá-lo plenamente em nosso benefício.

A tentativa da psicologia moderna de harmonizar o ambiente do indivíduo melhorando seu relacionamento através de sugestão e treinamento psicológico é absurda. A tentativa da psicologia moderna de melhorar os relacionamentos, os ambientes e as perspectivas de vida não guarda nenhuma relação com os fundamentos básicos da vida. Assemelha-se às tentativas de uma criança que constrói um castelo na praia com a areia ali disponível. Tentar construir a vida humana considerando simplesmente os valores superficiais da psicologia poderá divertir o intelecto de algumas pessoas ignorantes, mas não consegue servir ao verdadeiro propósito da vida.

Se a pétala de uma flor começa a murchar, o jardineiro habilidoso não rega a pétala, rega a raiz. Se um relacionamento começa a criar tensões, muito pouco será conseguido tentando conciliar as partes por sugestões superficiais. Maus relacionamentos deveriam ser tratados melhorando-se a qualidade do coração e da mente de ambas as partes.

Vimos em "Como Contatar o Ser"[8] quão rapidamente a capacidade consciente da mente melhora pela prática da Meditação Transcendental. Tem-se constatado no mundo inteiro que, se alguém está triste em virtude de alguma tragédia, é difícil para esta pessoa reunir em sua mente todas as sugestões e a boa vontade com as quais os outros tentam consolá-la. Mas, se ela inicia a prática da Meditação Transcendental, dentro de dez minutos percebe que sua mente se aquieta, as dúvidas começam a dispersar-se de dentro, a tensão começa a dissolver-se e passa a cintilar a compaixão.

---

8   Veja na pág. 60.

A pessoa passa a conseguir visualizar a situação a partir de uma consciência e uma visão ampliadas e, imediatamente, vê-se perdoando e tolerando aquela mesma coisa que minutos antes era um problema terrível. A tragédia é a mesma, as circunstâncias são as mesmas. Num momento o indivíduo deixa de tirar proveito da situação e se sente deprimido em virtude do ambiente, mas no momento seguinte, pela elevação de sua consciência através do método da Meditação Transcendental, ele passa a desfrutar o ambiente e desenvolver vantagens máximas para si e para os outros.

Isto é o que nos leva a concluir que para utilizar plenamente o meio ambiente é necessário primeiro elevar nossa consciência através da prática regular da Meditação Transcendental: todos os ambientes e circunstâncias irão tornar-se naturalmente propícios e serão utilizados plenamente para o melhor proveito nosso e das demais pessoas.

COMO UTILIZAR PLENAMENTE A FORÇA ONIPOTENTE DA NATUREZA

Na determinação do pleno potencial humano viu-se que, embora a personalidade individual do homem aparentemente esteja limitada pelo tempo, espaço e causação, na verdade as fronteiras da vida individual tocam o horizonte ilimitado da vida eterna. Sustentou-se que um homem não é apenas uma parte da inteligência divina – a vida individual não é apenas uma onda na superfície do oceano da vida eterna –, mas também que o indivíduo tem a habilidade de sondar o campo ilimitado da vida cósmica e de usufruir o máximo do poder absoluto do Ser.

Viu-se também em "Como Contatar o Ser"[9] que não só está dentro da capacidade de todo indivíduo estabelecer contato com o Ser absoluto e vivê-Lo em sua vida diária, mas que é simples e fácil fazê-lo. E viu-se em "Ser, o Plano da Lei Cósmica"[10] que é fácil para todos os indivíduos colocarem-se no painel de controle de todas as leis da natureza utilizando a força onipotente da natureza segundo seu desejo, necessidade ou conveniência.

Quando é possível a um homem ter o valor do Ser transcendental infundido na própria natureza da sua mente, independente de sua situação nos estados de vigília, sono profundo e sonho, então ele naturalmente alcançou o nível do Ser, que é a fonte de inspiração, ou o alicerce básico para o funcionamento de todas as leis da natureza. Então ele estará posicionado num nível onde será naturalmente capaz de usar a força onipotente da natureza.

---

9   Veja na pág. 50.
10 Veja na pág. 46.

Isto pode soar estranho para aqueles que possuem um entendimento pequeno acerca do valor do Ser e que não iniciaram a prática da Meditação Transcendental, pois, para um homem tomado pelas tensões da vida diária e que vê diante de si tantos problemas complicados e irresolvidos, a informação de que ele poderia colocar-se onde usaria a força onipotente da natureza está muito além da imaginação. Ele talvez a considere uma imagem fantasiosa sem nenhuma consequência para a vida prática. Mas, com toda sinceridade, isto tem sido relatado, tem sido escrito, tem sido levado às pessoas inocentes, ignorantes, simples do mundo todo, que vêm suportando muitos sofrimentos na vida, mas que, entretanto, estão em posição de colocar-se acima de todas as misérias e tensões da vida, e fazer com que todas as circunstâncias lhes sejam favoráveis e propícias a toda evolução possível em suas vidas.

Para utilizar a força onipotente da natureza temos de realmente colocarmo-nos nas mãos da força onipotente da natureza. Para que um filho possa desfrutar do status da fortuna milionária de seu pai é preciso apenas que ele se mostre disposto a obedecer ao pai. O amor e a simpatia do filho por aquilo que o pai é trarão toda a influência e força do pai até o filho. Isto é semelhante à técnica de utilizar plenamente a força onipotente da natureza.

Para reunir a grande força necessária à utilização da força onipotente da natureza, temos de nos colocar inteiramente nas mãos da natureza onipotente. Se o indivíduo for capaz de submeter-se à natureza, a natureza reagirá a suas necessidades. É todo-poderosa e todo-amorosa a mão onipotente da natureza, pois todas as leis da natureza são pela criação e evolução de todos os seres e criaturas de todo o cosmos.

Não há maior bondade que a bondade da natureza, que só se move em uma direção para promover a vida e efetivação da evolução para todas as coisas, nos seus variados graus evolutivos, sob todas as circunstâncias. Quando um homem, em virtude de faltas cometidas, parece estar sendo punido pela natureza, sofrendo por isso, trata-se também de uma manifestação de bondade e ajuda da natureza. Se uma criança se suja de lama, sua mãe a limpará. Mesmo que o processo de limpeza não agrade à criança, faz bem a ela, pois a lama poderia prejudicar sua pele. A criança, entretanto, não compreende o prejuízo que a lama poderia trazer-lhe e revolta-se contra os esforços da mãe.

Quando um médico opera um paciente, ele corta aquele corpo com toda a bondade, compaixão e vontade de ajudar o paciente, mas só poderá iniciar uma operação quando o paciente entregar-se completamente aos seus cuidados. O paciente tem de se colocar à mercê do médico e somente então é que este poderá operá-lo para seu próprio bem. De forma semelhante, se submetemo-nos à natureza, ela começa a operar em nós, e tudo o que a natureza faz é para nosso benefício e evolução. Portanto, para utilizar plenamente a força onipotente da natureza é preciso submeter-se àquela vontade onipotente.

Vimos na parte anterior sobre "Como Utilizar Plenamente o Meio Ambiente" que o princípio fundamental repousa em dar para poder receber. Portanto, o princípio de entregar-se nas mãos onipotentes da natureza permite-nos utilizar plenamente sua força onipotente. É certamente impossível para o homem compreender intelectualmente todas as leis naturais; tampouco lhe é possível sentir o que é a força da natureza num determinado lugar, numa certa hora, para dado indivíduo.

Toda esta compreensão intelectual das leis naturais, numa tentativa de colocar-se de acordo com o fluxo natural da evolução governado pela natureza, é fisicamente impossível. O processo constante e eterno de criação e evolução da variada multiplicidade da criação é de natureza tão complexa e diversificada que somente a inteligência onipotente seria capaz de colocar a coisa toda em ordem de funcionamento. Não é possível sondar todas as profundezas de complexidade e variedade de circunstâncias que constituem a dimensão máxima fundamental do Universo. Mas há um fator em meio ao campo total da criação sobre o qual poderia basear-se uma tentativa de deduzir a ordem das leis naturais: o fato de que todas as leis naturais funcionam no sentido da evolução.

Este fluxo unidirecional da natureza que leva tudo para um grau maior de evolução é um fluxo no qual o indivíduo pode colocar-se conscientemente de modo a permitir que a natureza trabalhe sobre ele – um fluxo evolutivo natural do indivíduo em harmonia com a evolução cósmica.

Felizmente isto é possível graças à grandiosa tradição dos iogues da Índia e às bênçãos de Shri Guru Dev. Um método simples de Meditação Transcendental trouxe para a atual geração uma técnica através da qual nossa consciência poderia ser facilmente colocada no nível do fluxo evolutivo natural, do plano básico onde funcionam todas as leis naturais. Somente se o indivíduo coloca sua consciência neste nível é que se faz possível colocar sua vida inteira no nível básico do funcionamento da força onipotente da natureza.

Quando submetemo-nos desta forma à força onipotente da Mãe Natureza, somos a criança amorosa, submissa e obediente que certamente desfrutará de toda a força do divino.

Este é o modo simples de utilizar a força onipotente da natureza. A vida tem sua realização plena na submissão, abandono, devoção, no entregar-se e ganhar a força do Todo-poderoso. Deste ponto nasce a ideologia da devoção e da entrega, mas a base de tudo isto é que, como vimos na parte "A Vida", a vida individual é relativa e absoluta, ambas a um só tempo. O indivíduo já está em contato com o Ser absoluto. É somente o contato consciente que precisa ser estabelecido.

Vimos em "Meditação Transcendental"[11] que para a prática não é necessário nada da parte do indivíduo exceto inocência e simplicidade, e para tanto ele não

---

11 Veja na pág. 62.

precisará fazer nenhum esforço. Deve isentar-se de qualquer atividade intelectual ou truque emocional. Esta simplicidade e inocência já estão profundamente enraizadas na própria natureza de cada indivíduo. Temos aqui uma técnica para entregarmo-nos à força onipotente da natureza e chegarmos ao campo absoluto e eterno da inteligência divina. Tendo chegado a este plano, começa-se a desfrutar da força onipotente da natureza de um modo muito automático, o que nos traz grande benefício. Quando dizemos que naturalmente se começa a desfrutar da força onipotente da natureza, queremos dizer que é neste nível onipotente da natureza que é possível desfrutá-la, e não no nível da compreensão humana ou da vida humana.

Vemos assim que é bem possível viver a vida ao nível da lei cósmica, naturalmente desfrutando da força onipotente da Mãe Natureza, mas que não é possível compreender aquela força onipotente ou a lei cósmica e seus vários componentes, enredamentos e complexidades. Este é o motivo por que a técnica de como utilizar plenamente a força onipotente da natureza não se desenvolve no nível do pensamento, razão, discernimento ou sentimento, mas sim no nível do Ser.

O campo da entrega nunca é no nível do pensamento; é exclusivamente no nível do Ser. Muitos que desejam entregar-se a Deus ou à Mãe Natureza procuram entregar-se no nível do pensamento. Eles criam um estado de espírito de entrega a Deus, e a criação de estados de espírito é, necessariamente, algo do nível do pensamento consciente grosseiro.

A menos que o nível do Ser venha ao nível da natureza onipotente, o indivíduo não desfruta do poder do Todo-poderoso. Meramente pensar "eu me entreguei a Deus", e fazer desta entrega um estado de espírito, apenas cria passividade e apatia no indivíduo, privando-o da oportunidade de progredir na vida. A verdadeira entrega a Deus não se pode dar no nível do pensamento. Este sentido de entrega está sempre ao nível do Ser e, a não ser que se alcance conscientemente o nível do Ser através da mente, qualquer tentativa no sentido de criar um estado de espírito de entrega resultará apenas numa fantasiosa passividade da vida individual e não numa grandiosa e bem-sucedida sintonia com a força onipotente da natureza.

A menos que a mente consciente transcenda o pensamento e o sentimento, não conseguirá chegar ao plano do Ser. A menos que a consciência individual seja infundida com o estado do Ser divino, o estado de entrega não vem. Enquanto o indivíduo estiver no nível do pensamento, ele mantém sua identidade, pois, para entreter um pensamento, mesmo que seja um pensamento de entrega, é preciso permanecer um ser pensante individual. Enquanto se mantiver a individualidade, não pode haver estado de entrega.

Este é o ponto fraco na compreensão da ideologia da entrega. Entrega à vontade onipotente de Deus, entrega à natureza onipotente é a ideologia mais avançada da vida. Se realmente nos entregamos, perdemos a mísera individualidade da mente limitada por tempo, espaço e causação e ganhamos o status ilimitado e eterno do Ser absoluto. Isto só é possível no estado de consciência transcendental que é facilmente alcançado pela técnica simples da Meditação Transcendental.

As palavras "entregar-se à vontade de Deus" são muito significantes e fornecem uma via direta para que o indivíduo conquiste força onipotente. Mas, sem a técnica para transcender facilmente os limites da existência relativa, esta expressão tem estado despida de significado prático nos últimos séculos. Ela passou a expressar um sentido abstrato, metafísico ou místico da vida. Mas com o conhecimento da Meditação Transcendental estas palavras tornaram-se uma realidade prática e significativa da vida. Não estão mais cobertas pelo manto do misticismo. São agora a verdade da experiência diária, e através desta experiência vem a habilidade de utilizar plenamente a força onipotente.

Para aqueles que desconhecem a prática da Meditação Transcendental, a ideia de utilização plena da força onipotente da natureza permanece apenas um pensamento fascinante e fantasioso. Contudo, com o conhecimento e a prática da Meditação Transcendental, a ideia de utilizar plenamente a força onipotente da natureza ganha um status tangível. Para o filho de um milionário o uso da força da riqueza de seu pai deveria ser algo natural e normal. Analogamente, para um homem, o filho de Deus todo-poderoso, deveria ser natural e normal fazer uso da força onipotente da natureza. Com certeza está dentro do alcance de cada indivíduo a utilização plena desta força da natureza.

Somente a prática regular da Meditação Transcendental leva o homem àquele status no qual ele se vê na situação em que a força onipotente da natureza trabalha para ele. Não que se exija dele que a utilize, mas ele passa a desfrutar de todas as suas vantagens. Sem alcançar-se o estado de consciência cósmica, ou ao menos colocar-se a caminho, é simplesmente impossível sequer fazer uso parcial da força da Mãe Natureza, o que dizer então da força onipotente.

Afortunado é o homem que estabelece dentro de si um estado de sintonia natural com o Ser cósmico. Toda a natureza se move de acordo com suas necessidades, todos os seus desejos estão de acordo com as finalidades cósmicas e sua vida serve ao propósito da evolução cósmica. Ele está nas mãos de Deus, para os propósitos de Deus, e Deus zela por ele e por seus propósitos. Ele usa a força onipotente da Mãe Natureza e a Mãe Natureza faz uso de sua vida para o glorioso propósito da criação e da evolução. Este é um homem muito afortunado.

O auge da fortuna está agora disponível a todos pela prática da Meditação Transcendental. Na parte "A Realização", em "Geração após Geração"[12], abordaremos a questão de que a presente geração tem facilmente a seu alcance a possibilidade de

---

12 Veja na pág. 281 "Geração após Geração".

construir um sólido alicerce para as gerações vindouras continuarem desfrutando das vantagens ilimitadas da Meditação Transcendental, de modo que todas as pessoas de todas as gerações conheçam a técnica de como utilizar a força onipotente da natureza.

Há quem tente fazer uso das forças sobrenaturais da natureza entrando em contato com o mundo dos espíritos através de um médium ou invocando os espíritos. Isto se dá num nível de força muito limitado, pois espírito algum está de posse da força total da natureza. Há espíritos que podem ser mais poderosos que o homem, mas invocá-los ou servir de médium para eles não é uma prática que se deva encorajar, por dois motivos. Em primeiro lugar o poder ganho através desses espíritos é uma fração insignificante, infinitesimal da força onipotente da natureza. Em segundo lugar, para receber esta fração da força natural é preciso entregar-se completamente à influência desse espírito. Para tornar-se médium de um espírito é preciso que a pessoa se entregue a ele completamente, caso contrário o espírito não virá. Em vez de se entregar completamente a um espírito para ganhar uma pequena fração de poder, por que não se entregar completamente à consciência divina através da Meditação Transcendental e ganhar a força ilimitada e onipotente da Mãe Natureza?

Quando você investe seu dinheiro em negócios, por que não investir num negócio que lhe trará o maior lucro no menor espaço de tempo? Entrar em contato com os espíritos e tentar obter informações sobre o Universo ou fazer algum trabalho aqui e ali é uma fórmula bastante infeliz de se perder na entrega a Deus. Aqueles que procuram conquistar estes poderes sobrenaturais ou psíquicos são simplesmente dignos de pena. Isto se deve apenas à falta de orientação adequada. A aspiração humana de entrar em contato com forças mais elevadas e realizar grandes coisas na vida é um desejo muito legítimo, mas o contato com espíritos é uma tentativa de fazê-lo num nível muito baixo da vida.

Em virtude da falta de orientação adequada, um grande número de indivíduos que buscam o poder e uma vida espiritual mais elevada é levado erroneamente a seguir o caminho de influência espiritualista. Aqueles que se tornam vítimas de investigações espiritualistas e práticas afins não estão em erro. Buscam algo mais elevado do que a vida humana parece oferecer, mas o erro básico é a falta de orientação adequada.

Não houve professores de Meditação Transcendental suficientes, e por isso ensinamentos espiritualistas e afins tornaram-se tão populares, especialmente nos países ocidentais.

O desejo das pessoas de obter maiores poderes, aliado à falta de orientação adequada, levou muitos a tentarem qualquer coisa alegadamente fora do comum. Para que as pessoas recebam a técnica correta para fazer pleno uso da força onipotente da natureza é necessário que muitos professores de meditação estejam disponíveis em todos os lugares. Isto possibilitaria que a vida de todos se assentasse naturalmente sobre alicerces firmes, onde pudessem desfrutar os grandes benefícios da força onipotente da natureza.

Há ainda outros que, no afã de desenvolver maior força dentro de si, adotam práticas de concentração e controle mental. Depois de longo período de prática eles parecem atingir algo que se aproxima de suas aspirações. Entretanto, todo o enorme esforço que dedicaram a isto não se compara com o diminuto ganho obtido. Tudo isto resulta num desperdício de aspirações humanas e num desperdício de grandes possibilidades de conquistas no caminho para um poder mais elevado.

Se há um forte, e todo o território pertence a este forte, é sábio ir direto a ele e tomá-lo. Tendo capturado o forte, tudo o que existe no terreno circunvizinho será naturalmente dominado. Se há uma mina de ouro de um lado da estrada e uma mina de diamantes do outro, e mais materiais preciosos de um lado e de outro, e tomamos o forte, poderemos tomar posse, automaticamente, de todas as coisas preciosas do território. De outro modo, se tomamos posse da mina de ouro, mandamos outro tomar a mina de diamantes, e depois os enviamos para tomar as outras minas, o esforço e o tempo perdidos na tomada de uma serão tão grandes que haverá pouco tempo para a tomada das demais.

Todos os poderes psíquicos pertencem naturalmente ao campo do Ser. Se houvesse uma maneira de entrar em contato direto com o campo do Ser e familiarizar-se com ele, então todos os poderes psíquicos e a força da natureza pertencentes ao eterno Ser onipotente estariam à nossa disposição. Por isso, quando, através da Meditação Transcendental, todos têm a possibilidade de entrar em contato com o Ser de uma maneira simples, é insensatez praticar concentração ou controle mental, que levam anos até darem resultados palpáveis.

Este é um convite a todos que buscam poder no mundo para erguerem-se e começarem a praticar a Meditação Transcendental, elevando o nível de suas consciências até o plano da consciência cósmica. Conquistarão a vantagem de estarem naturalmente colocados numa posição onde, sem terem a intenção ou tentarem ostensivamente usar a força natural, a força onipotente da Mãe Natureza estará a sua disposição e naturalmente servirá à causa de suas vidas. Tudo que quiserem ou precisarem, as necessidades de seu ambiente e de todos os envolvidos serão todas naturalmente atendidas da maneira mais magnânima e gloriosa.

Há ainda outros a quem foi dito para acreditarem que o poder do pensamento positivo é a maior força da natureza. Diz-se a eles que baseiem suas vidas no pensamento positivo. É apenas infantil e ridículo basear a vida no nível do pensamento. O pensar jamais poderá ser uma base profunda para a vida. O Ser é a base natural. Em vez de perder tempo pensando positivamente e esperando que o pensamento positivo materialize-se, é preciso *ser* positivamente. Ser positivamente através da prática da Meditação Transcendental dá o maior status à vida, o que traz a possibilidade da força onipotente da natureza para a vida prática diária. Pensar, por outro lado, é algo meramente imaginário. Veremos em "A Arte de

Pensar"[13] que para tornar o pensar mais poderoso é preciso *ser*. A técnica do Ser é a técnica de tornar poderoso o pensamento.

Embora os pensamentos positivos sejam melhores que os negativos, se basearmos nossa vida exclusivamente no pensamento positivo, será somente uma base imaginária. O pensamento positivo poderá ter seu valor no combate ao pensamento negativo, mas não tem praticamente valor algum quando comparado ao poder do Ser. Tentar atingir as forças da natureza sobre a base do pensamento é iludir-se. Usando o princípio do pensamento positivo, se começarmos a pensar e colocar toda a positividade em "eu sou um rei", pode ser que alguém se iluda a tal ponto com a ideia de ser um rei que comece a sentir-se como se fosse um rei, mas a sensação de realeza está muito longe da realidade de ser rei.

A filosofia do pensamento positivo deve ser substituída pela filosofia do Ser positivo. Não é a ciência da mente a maior e mais útil ciência da vida. É a Ciência do Ser que possui o status mais elevado dentre todas as ciências da vida e do viver. Ficar apenas na mera esperança de adquirir abundância e realização na vida resume-se em correr atrás de miragens e construir castelos no ar.

A mente deve ser suplementada pela força do Ser. É a força do Ser a verdadeira base da vida, e não a mente. Todas as ciências materiais, física, química, biologia etc., estão no campo relativo da vida. Da mesma forma, o campo da mente é também parte do campo da existência relativa. A ciência da mente, como qualquer outra ciência, é meramente a ciência dos campos relativos da vida. É a Ciência do Ser a ciência da existência eterna c absoluta. É a Ciência do Ser que poderia trazer estabilidade, inteligência, a força onipotente da natureza e a eterna bem-aventurança do absoluto para o campo relativo da vida. É a força do Ser a que deve ser adquirida, e é fácil para todas as pessoas do mundo todo adquiri-la, mesmo em meio ao burburinho da atribulada vida diária dos tempos modernos.

Vemos assim que o princípio da utilização plena da força onipotente da natureza está compreendido na Ciência do Ser, cuja técnica se encontra na prática regular da Meditação Transcendental.

A ARTE DE SER

Cada campo da vida deveria ser vivido e tratado de tal modo que o máximo seja ganho, para o indivíduo e para o Universo. Trataremos desses diferentes campos da vida e descobriremos a técnica que possibilita o uso de todos estes diferentes campos da vida para o melhor proveito do indivíduo e do Universo.

---

13 Veja na pág. 141.

O Ser, como vimos na parte "A Ciência do Ser", é o elemento básico da vida. Normalmente, Ele é de natureza transcendental. Seu valor está num campo além das feições óbvias da vida diária. A arte de Ser implica que o valor do Ser deveria ser utilizado mais integralmente para o bem do indivíduo e do Universo.

A arte do Ser significa não só que o valor do Ser não deveria perder-se nas diversas esferas da vida, mas também que deveria ser retido natural e plenamente em todas as esferas da vida sob todas as circunstâncias, em todos os estados de consciência, e utilizado para glorificar todos os aspectos da vida, levando à realização.

Os diversos aspectos da vida são: o sistema nervoso, o corpo, a mente, os sentidos, o meio ambiente, o *karma*, a respiração, O pensar, falar, experimentar e comportar-se. Os três estados de consciência são: vigília, sonho e sono.

Mesmo sem a arte de viver o Ser, o Ser está presente, pois em virtude de Sua própria existência nada poderia existir sem o Ser. O que poderia ser sem o Ser? O Ser é a base da existência de tudo, mesmo que esteja escondido por trás do óbvio.

Na parte sobre "A Ciência do Ser" vimos que a natureza do Ser é consciência de bem-aventurança, Ele é felicidade concentrada, de natureza absoluta e status permanente. Portanto, a arte de Ser significa que este estado de felicidade concentrada deveria ser vivido constantemente sob todas as circunstâncias. A arte de Ser requer que o Ser, pelo menos, não seja perdido e que normalmente a vida seja dominada pelo Ser, com este à frente de todos os aspectos da vida e em todas as circunstâncias.

Isto significa que a vida, por natureza, deve ser cheia de bem-aventurança, naturalmente livre de sofrimento, miséria, tensão, confusão e desarmonia. Todas as esferas da vida – pensar, falar, agir e comportar-se – são permeadas e permanecem permeadas pela percepção consciente do Ser, assim fazendo com que a vida possa viver o valor do Ser.

A arte de Ser é necessariamente a técnica de primeiro sondar Ser no nível mais recôndito de nossa própria vida e depois trazê-Lo do campo transcendental de natureza imanifesta para fora, para a existência relativa. Portanto, a arte de Ser é composta de uma técnica dotada de dois aspectos. Primeiro explora a região do Ser, levando a mente consciente do campo relativo, grosseiro de experiência, até o campo do Ser imanifesto, e depois traz a mente para fora, bem infundida no valor do Ser.

Assim, a arte de Ser, ou a técnica de adquirir este estado de Ser, consiste em contatar o Ser e vivê-Lo. A Meditação Transcendental é uma técnica prática para a arte de Ser.

Os termos técnica e arte significam necessariamente que aquilo que se faz deve ser feito sem sobrecarga de esforço e ser plenamente realizado para a obtenção do maior proveito possível. Ao considerarmos o alcance da arte de Ser, abordaremos os diferentes aspectos da vida entrando nos detalhes pertinentes àqueles aspectos.

O Pensar e a Arte de Ser

Vimos no capítulo anterior que, quando o Ser é mantido no nível consciente, todos os pensamentos acomodam-se naturalmente no nível do Ser. Esta é a arte do Ser no pensamento, quando pensar e Ser coexistem.

Quando se pensa com a mente consciente estabelecida no nível do Ser, o Ser é mantido naturalmente através do processo de pensar. Portanto, a arte de Ser, no que diz respeito ao pensar, requer a infusão do valor do Ser transcendental na natureza da mente.

A relação entre pensamento e Ser é como a relação existente entre uma criança e sua mãe. O Ser é a fonte do pensamento. O processo de pensar tira a mente da natureza essencial de seu Ser. Vemos assim que o processo de pensar é oposto ao estado de Ser. Por isso é que somente quando a mente transcende o estágio mais sutil do pensamento, durante a Meditação Transcendental, é que ela consegue chegar ao estado do Ser. Quando começa a pensar novamente, deve sair do campo transcendental do Ser.

Portanto, a mente consciente está ou envolvida no processo de pensar ou no estado transcendental de Ser puro. Assim, pensar é, de certa forma, um desafio ao Ser. Contudo, isto se dá apenas porque a mente não foi treinada a reter o Ser e o pensamento ao mesmo tempo. O arraigado hábito da mente de permanecer principalmente no campo do pensamento é, de um modo geral, o motivo pelo qual o processo de pensar torna-se um desafio ao estado de Ser. Quando, com a prática da Meditação Transcendental, a mente consciente sonda a fonte do pensamento e familiariza-se com o estado de Ser, então o estado do Ser puro se revela tão harmonioso, cheio de bem-aventurança e tão puro em Sua natureza que a mente, tendo se familiarizado com Ele, não se separará Dele sob circunstância alguma. É então que a natureza da mente transforma-se na própria natureza do Ser de tal forma que a mente, embora continue uma mente pensante, fica naturalmente estabelecida no campo do Ser. Esta é a arte de Ser no campo do pensamento.

Se a mente não está infundida pelo Ser, o processo de pensamento torna-se como que sem vida, e quando a mente não está familiarizada com o Ser, o processo e a força do pensamento são muito fracos. Se eles são fracos, também a atividade deles resultante será fraca, e a consequência de uma atividade fraca é que as realizações não são satisfatórias e a plenitude na vida não é alcançada. Portanto, é a arte de Ser enquanto se pensa o que forma a base de toda a realização e plenitude na vida. A prática regular da Meditação Transcendental resolve isso.

Quando consideramos a arte de Ser enquanto se pensa, devemos deixar claro que a arte de Ser repousa na criação de um estado de Ser na mente, e isto se faz quando a atenção é trazida ao campo do Ser transcendental. Isto não pode ser conseguido por nenhum outro processo.

Qualquer tentativa de perceber o Ser sem trazer a mente consciente ao campo do Ser transcendental através da prática da Meditação Transcendental significaria tão-somente que a mente consciente entretém o *pensamento* do Ser. E, quando a mente consciente entretém o pensamento do Ser, está desprovida do estado de Ser, pois o pensamento do Ser não é estado de Ser em si. Qualquer tentativa no sentido de manter o pensamento do Ser no nível consciente resultará apenas na divisão da mente. A prática de entreter o pensamento do Ser jamais cultivará o Ser na mente e tampouco permitirá que a mente inteira se ocupe do processo de pensar. Isto significa que nem o Ser nem o pensamento serão profundos.

Há algumas escolas de pensamento mal orientadas que instigam os que buscam a verdade a manter o Ser no nível consciente enquanto estiverem pensando, falando ou agindo. Qualquer tentativa de manter o Ser ou a autoconsciência no nível do pensamento consciente, sem permitir que a mente transcenda, é apenas uma tentativa vã de viver o Ser na vida. Cria apenas uma ideia falsa a respeito do estado de realização do Ser durante o pensamento ou a atividade. Os que aspiram à verdade e aqueles que querem tornar poderoso o pensamento através da força do Ser deveriam conhecer os efeitos mentais resultantes de só *pensar* sobre o Ser, É um estado de vida que não pode ser pensado e vivido; o Ser é vivido naturalmente sem pensarmos um minuto a respeito. O motivo pelo qual o estado de Ser saiu da percepção consciente é que não temos tido intimidade com o campo do Ser puro transcendental. Para tanto, o único meio é levar a atenção consciente do estado grosseiro do pensamento até o estado mais sutil do pensamento, onde se atinge conscientemente o campo do Ser.

A arte de Ser no tocante ao pensamento repousa no sistema da Meditação Transcendental.

O Falar e a Arte de Ser

Falar é a forma grosseira do pensar. A fala requer mais energia que o pensamento e, portanto, o processo de falar naturalmente ocupa mais a mente do que o processo de pensar. Portanto, a arte de Ser no nível da fala é necessariamente uma arte maior que a arte de Ser no nível do pensamento.

Enquanto tratávamos do princípio básico da ampliação da capacidade consciente da mente,[14] vimos que o pensamento tem início no nível mais sutil da consciência, tornando-se cada vez maior até ser finalmente percebido como um pensamento completo no nível consciente. Este mesmo processo do crescimento da bolha de

---

14 Veja na pág. 65.

pensamento prossegue, e o pensamento que foi percebido como pensamento no nível consciente se expressa pela fala.

Basicamente, o processo da fala não se distingue em nada daquele do pensamento; portanto, a arte de Ser no nível da fala não será outra senão a arte de Ser nos vários níveis do pensamento. A diferença será apenas de escala, pois a energia consumida para falar é maior que para pensar. A arte de manter o Ser no nível da fala é maior que a arte de manter o Ser no nível do pensamento.

Assim, fica claro que a prática da Meditação Transcendental, que é, como vimos, a arte de manter o Ser no nível do pensamento, é também a técnica de manutenção do Ser no nível da fala. A diferença será somente de escala. Será necessária maior prática de Meditação Transcendental para falar. Vemos assim que a arte de Ser no nível da fala tem sua realização plena na prática regular e constante da Meditação Transcendental.

Quando, com a prática constante, o Ser passa a ser mantido ao nível da fala, o falar encontra sua base no estado do Ser ou da lei cósmica. A fala então produz uma influência condizente com todas as leis da natureza. É assim que, com a prática da Meditação Transcendental, o Ser começa a ser naturalmente mantido no nível da fala e, quando o falar suplementa e reforça o funcionamento das leis da natureza, torna-se um fator auxiliador do processo de evolução cósmica, mantendo a harmonia e o ritmo vitais na natureza. Uma grande influência de harmonia por toda parte é o resultado da arte de Ser no nível da fala.

Novamente, deveria ter-se em mente que qualquer tentativa no nível consciente de manter o pensamento do Ser enquanto envolvido no processo da fala resultará em simples retenção do pensamento do Ser, e nada mais. Da mesma forma, ao considerarmos a manutenção do estado do Ser no nível da fala, deveríamos saber que qualquer tentativa de manter o Ser neste nível sem a prática da Meditação Transcendental resultaria apenas na divisão da mente, que ficaria entre o pensamento do Ser e o processo de falar. No campo prático isto levará apenas ao retardamento da fala. Parte da mente ocupa-se com a manutenção do pensamento do Ser enquanto a outra parte ocupa-se de falar. Isto divide a mente e provoca um retardamento do fluxo natural da fala.

É interessante notar que muitos mestres-filósofos têm instruído seus seguidores a pensar antes de falar como meio de manter a consciência alerta enquanto falam. Pensar antes de falar e simultaneamente tentar manter a consciência íntima do Ser leva somente a um retardamento da fala, pois os processos de pensar e de falar fluem juntos. Há muitas pessoas seguindo os ensinamentos destes mestres, especialmente em Londres. Estas personalidades mostram-se lentas em sua fala bem como em suas ações. Esta não é a arte de Ser no nível da fala. A arte de Ser no nível da fala repousa na prática regular e constante da Meditação Transcendental, que leva nossa mente à plenitude do Ser, em todos os momentos.

A Respiração e a Arte de Ser

A respiração é o que repousa entre o ser individual e o Ser cósmico, entre o fluxo da vida individual e o eterno e cósmico oceano da vida; é como se a respiração desse impulso a um fluxo individual saído do oceano cósmico do Ser.

O aspecto mais sutil da respiração é chamado de *prāṇa*[15]. *Prāṇa* é a natureza vibratória do Ser que transforma o oceano imanifesto do Ser no fluxo vital manifesto dos seres individuais. Quando o Ser cósmico, transcendental, onipresente e absoluto, por força do *prāṇa*, que é Sua própria natureza, vibra manifestando-se em fluxos de vida, o *prāṇa* assume o papel da respiração, mantendo o fluxo vital individual e conservando-o ligado pela base com a vida cósmica do absoluto.

A cada inspiração, o *prāṇa* cósmico recebe a identidade da energia vital individual, e a cada expiração o fluxo de vida individual entra em contato com o Ser cósmico de tal modo que, entre a inspiração e a expiração, o estado individual da vida entra em comunhão com o Ser cósmico. Em virtude disto é que a respiração, de um lado, produz a vida individual a partir da vida cósmica, e, de outro, mantém a harmonia da sintonia entre indivíduo e Ser cósmico. A arte de Ser no tocante à respiração significa que, mesmo enquanto se processa a respiração, não se quebra o contato do fluxo individual de vida com a vida eterna do Ser cósmico.

Como conseguir isso?

Para descobrir a fórmula da manutenção do Ser juntamente com o processo respiratório é preciso ver antes como começa a respiração e o que faz com que a respiração ou o *prāṇa* surjam do Ser. Dissemos que o *prāṇa* é a natureza vibratória do Ser. Mas como e por que a natureza vibratória do Ser adota um determinado padrão para dar início a um fluxo específico de vida individual através da respiração? Pois, como vimos, a respiração dá início ao fluxo da vida individual.

Deve haver algo mais que simplesmente o *prāṇa* para dar início à vida de um indivíduo em particular. Além do *prāṇa*, o que será responsável pelo padrão fixo da respiração?

Sabemos que a árvore é feita de seiva. A seiva recebida pela árvore do terreno nutritivo que a cerca é responsável pela produção do tronco, folhas, flores e frutos. Em essência, a árvore inteira não passa da expressão deste processo de nutrição. A seiva vem da área que circunda a árvore, obedecendo ao processo natural de evolução. Mas, qualquer que seja a quantidade de nutriente disponível na terra, ele não será capaz de produzir nenhum tipo específico de árvore, a não ser que esteja presente uma semente daquela árvore. É a semente da árvore que determina o padrão

---

15 Empregamos aqui a palavra sânscrita *prāṇa* por não haver correspondente em português.

apresentado pela árvore. Sem a semente, a seiva não tem base alguma a partir da qual expressar-se.

Para exemplificar, digamos que a seiva seja o Ser transcendental da vida cósmica absoluta e a árvore o fluxo individual da vida. O Ser está eternamente presente, mas para obter um tipo específico de vida individual, o Ser precisa da semente daquele tipo. Sem uma semente específica, nenhuma vida individual específica poderia manifestar-se a partir do Ser onipresente e imanifesto. Então, qual é a semente individual através da qual o onipresente, por Sua própria natureza, *prāṇa* manifesta-se num fluxo de vida individual?

A semente da vida individual é como a semente de uma árvore, não é outra coisa senão a seiva em sua expressão mais altamente desenvolvida. Passando por todos os ciclos da evolução, a seiva alcança o mais alto grau de evolução na árvore adulta, e surge como semente. Assim, a semente representa o estado mais altamente desenvolvido da árvore e é o estado de mais alta concentração da seiva. A partir disto, a semente torna-se a causa da atração da seiva e do crescimento de uma nova árvore.

O Ser se expressa como *prāṇa*, no qual se baseia o surgimento de um pensamento, que por sua vez desenvolve-se criando um desejo que leva à ação. E, quando a ação foi completada, o fruto da ação marca a plena maturidade da árvore do pensamento ou do desejo. A impressão deixada pela experiência do fruto da ação é como o estado concentrado de uma semente, capaz de gerar futuros desejos e ações. Vemos aqui que o caso do ciclo da semente e da árvore é análogo ao caso do ciclo de pensamento, desejo, ação, fruto da ação e a impressão deixada por ele. A semente é como um pensamento, e o solo do qual é retirada a seiva para a nutrição da semente é o Ser, que repousa na base do pensamento. Assim, bem poderíamos dizer, para melhor compreensão, que o Ser brota ou se manifesta como pensamento, desenvolve-se até o estado da ação e, desenvolvendo-se ainda mais como fruto da ação, concentra-se para tornar-se a impressão, neste ponto alcançando o estado a partir do qual principiou sua manifestação. Este roteiro nos auxilia a visualizar o fluxo da vida individual brotando da vida universal em virtude do *prāṇa*.

A semente da vida individual não é outra coisa senão a expressão do Ser imanifesto no estado mais altamente desenvolvido da manifestação. Tendo o Ser onipresente de natureza imanifesta se manifestado como pensamento, e tendo passado por todos os ciclos da evolução, chega ao clímax da evolução do pensamento no fruto da ação, e as impressões deixadas pela experiência do fruto da ação tornam-se a semente para o pensamento futuro. Em virtude da semente-pensamento o Ser começa a expressar-Se no fluxo de uma vida individual de determinado tipo.

Vimos, assim, como o Ser expressa-Se em diferentes graus de manifestação e passa pelos diferentes ciclos da evolução para chegar ao ponto em que pode ser a semente para a futura vida do indivíduo.

Vimos que *prāṇa* é a natureza vibratória do Ser. O Ser imanifesto não precisa de nenhuma instrumentalidade externa para vibrar. Ele o faz por Sua própria natureza. Na realidade, manter eternamente o Ser absoluto enquanto vibra, e manter os níveis transitórios da vida, vida após vida, é a verdadeira natureza do Ser. Sua verdadeira natureza é a de manter Seu *status quo* como Ser absoluto e manter, igualmente, os aspectos eternamente mutáveis da existência relativa manifesta. Portanto, quando o *prāṇa* se manifesta, o Ser vibra e, vibrando, Ele assume o papel de um determinado padrão respiratório ou fluxo vital de acordo com a vida individual.

A semente de vida individual é o *karma* ainda não realizado da vida pregressa do homem. A soma total de todos os desejos não realizados da vida passada é a semente individual que molda o Ser vibrante, formando o fluxo vital específico de um indivíduo. Portanto o *prāṇa*, conjugado ao desejo, forma a mente. E o *prāṇa*, sem a associação com a mente, forma a matéria. Assim surgem os aspectos subjetivo e objetivo da vida individual. Essencialmente ela é Ser, mas, como na vida da árvore, é a seiva que se expressa nos diferentes aspectos da árvore. Da mesma forma, é o Ser que Se expressa como os diferentes aspectos do indivíduo. Assim como a semente que molda a seiva para formar o padrão de uma árvore, na vida individual são as impressões das experiências de vidas passadas que moldam o Ser para formar um padrão específico de energia vital individual ou *prāṇa*.

Vemos assim que o *prāṇa*, ou seu aspecto grosseiro, a respiração, é o aspecto fundamental do fluxo vital do indivíduo e a ligação entre o fluxo vital individual e os oceanos de energia vital cósmica. É em virtude da conjunção mente e *prāṇa* que todo fluxo vital individual se amolda num padrão específico.

A arte de Ser no tocante à respiração está na manutenção do valor do Ser na natureza da mente, pois a respiração é resultado da combinação de *prāṇa* e mente, e *prāṇa* e mente não são simplesmente duas coisas distintas.

Inclui-se no papel da mente o aspecto de *prāṇa*; sem *prāṇa* a mente não existiria, e sem a mente o *prāṇa* é apenas a natureza do Ser, algo de valor absoluto, que está além da vida relativa. Portanto, para manter o Ser no nível da respiração é necessário, basicamente, trazer o Ser até o nível da mente. Quando, com a prática da Meditação Transcendental, a mente fica saturada de Ser, a respiração está ao nível do Ser. A respiração encontra-se em harmonia com o ritmo da natureza, e a vida individual cuja respiração foi transformada ao nível do Ser respira de acordo com a harmonia e o ritmo da vida cósmica. A respiração alcança então o estado sutil do *prāṇa* em vibração.

Portanto, a respiração individual é a natureza do Ser cósmico, ela é o *prāṇa* que vibra. A arte de Ser e respirar é a arte de elevar o status individual até o estado Ser cósmico e eterno. E a realização desta arte acontece com a prática regular da Meditação Transcendental.

A Experiência e a Arte de Ser

O experimentador experimenta o objeto quando este estabelece uma ligação através dos sentidos e é apreciado pela mente. O objeto, quando entra em contato com os sentidos da experiência, deixa uma impressão sobre a mente, obscurecendo assim a natureza essencial da mente do experimentador. Isto mostra que o processo de experiência é um processo que esconde o Ser. Chama-se a isto identificação. É como se o sujeito interno se identificasse com os objetos externos perdendo sua natureza essencial, seu Ser. Vemos assim que a experiência tira o experimentador de seu próprio Ser.

A arte de Ser no nível da experiência significa que a experiência do objeto não deveria ser capaz de retirar o status do Ser da mente, ou seja, a mente deveria ser capaz de manter o Ser enquanto experimenta o objeto. No capítulo sobre "Mente e Ser"[16] tratamos detalhadamente de como, pela prática da Meditação Transcendental, a mente começa a manter o estado puro do Ser juntamente com a experiência de um objeto.

Vimos também como, pela prática da Meditação Transcendental, o Ser começa a ser mantido ao nível da experiência ou da percepção, e o experimentador permanece livre do impacto da experiência. O experimentador vive na liberdade completa da realização do Ser e ao mesmo tempo experimenta o mundo externo que o cerca. Num estado em que o Ser está sendo plenamente mantido, o processo de experimentar torna-se poderoso e a experiência do objeto torna-se muito mais profunda e completa que antes.

O experimentador, por sua vez, vive a experiência na completa liberdade de seu Ser. A arte de Ser no nível da experiência dá a habilidade de viver uma vida plenamente integrada, na qual se é capaz de viver todos os valores da consciência transcendental e absoluta de bem-aventurança do Ser, juntamente com a experiência dos vários aspectos da criação relativa de valor material e físico. É a arte do Ser no nível da experiência que mantém a vida individual num estado de integração com a vida cósmica. O propósito da vida individual encontra realização na arte de Ser ao nível da experiência.

Sem a arte de Ser ao nível da experiência, quando o processo da experiência põe o sujeito em contato com o objeto, então o sujeito, sem o estado do Ser, identifica-se tão completamente com o objeto que a impressão deixada pelo valor do objeto na mente torna-se muito forte. Esta impressão da experiência fixa-se na mente como semente de futuros desejos da mesma experiência. Assim perpetua-se o ciclo de experiência, impressão, desejo; e o ciclo de nascimento e morte prossegue.

---

16 Veja na pág. 53.

Para compreender o ciclo de nascimento e morte causado pela impressão deixada pela experiência, deveríamos primeiramente entender que a causa do renascimento são os desejos não realizados da vida passada. Se um homem quer conseguir isto ou aquilo e não logra fazê-lo antes de o corpo deixar de funcionar, ele morre irrealizado. Em virtude desta frustração, o homem interno (mente) empenha-se na criação de um outro corpo através do qual aquele desejo irrealizado da vida passada poderá ser realizado.

Portanto, são nossos próprios desejos a causa do renascimento. Quando um homem nasce, ele nasce com as impressões deixadas pelas experiências do passado, que deixaram sinais profundos de seus valores. Estes sinais ou impressões tornam-se a semente de desejos futuros, e este ciclo de experiência, impressão e desejo, leva o homem de um nascimento a outro, e o ciclo de nascimento e morte prossegue até que o ciclo de experiências e impressões seja quebrado.

A manutenção do Ser no nível da experiência não permite que o objeto faça uma impressão profunda sobre a mente. A impressão é suficiente apenas para possibilitar a experiência do objeto, suficiente apenas para permitir o funcionamento da percepção. Porque a mente está repleta do valor do Ser e o Ser, em Sua natureza, é consciência de bem-aventurança, as impressões deixadas pela experiência da natureza transitória dos objetos naturalmente não conseguem deixar uma impressão muito forte na mente. A impressão não é suficientemente profunda para agir como semente de ações futuras. É como o paladar saturado do sabor da sacarina, que é incapaz de registrar a impressão de outros tipos de doce, pois o prazer do doce não é tão grande quanto a doçura da sacarina. Da mesma forma, a mente, tendo estado plena na bem-aventurança do Ser, sente-se tão satisfeita que, embora experimente os objetos, os valores desses objetos não conseguem deixar uma impressão profunda na mente.

Quando o Ser é mantido, a impressão causada pelo objeto sobre a mente não é muito profunda. É como a impressão deixada por um risco sobre a água, que se apaga ao mesmo tempo em que o desenhamos. Da mesma forma, a impressão dos objetos sobre a mente que está repleta de Ser é suficiente apenas para proporcionar a experiência do objeto. Sem o Ser na mente, a impressão deixada pelo objeto é como um risco sobre a pedra, que é difícil de apagar.

Uma mente que não dispõe do valor do Ser está sempre atada à experiência que dá início ao ciclo de impressão, desejo de ação. A técnica da Meditação Transcendental é o que estabelece o Ser na mente, naturalmente permitindo a ela viver o valor do Ser juntamente com os valores de outras experiências externas. Vemos assim que a arte de Ser no nível da experiência alcança sua realização na prática constante e regular da Meditação Transcendental.

O Comportamento e a Arte de Ser

Obviamente o comportamento depende do estado de nossa mente, sentidos, corpo, ambiente, circunstâncias, do *karma* ou da ação que se pratica, do modo como se pensa, respira, fala e experimenta.

Tudo isso são diferentes níveis de comportamento. Já tratamos da arte de Ser e do comportamento em todos os níveis, exceto o das circunstâncias. Meio ambiente e circunstâncias formam um só conjunto e, portanto, no que diz respeito à arte de Ser, no nível do comportamento, já compreendemos que esta arte está na prática da Meditação Transcendental.

Ao tratarmos do problema do bem-estar social, discutiremos detalhadamente como, se a mente do homem estiver realizada no estado de consciência de bem-aventurança do Ser absoluto, o comportamento do homem em relação aos outros será não só harmonioso, mas ajudará os outros em todos os níveis de seu processo natural de evolução.

Uma vez que o assunto da arte de Ser no nível do comportamento em relação a outras pessoas em sociedade será tratado no capítulo "A Arte do Comportamento"[17], examinaremos aqui a arte do Ser no nível do comportamento do homem em relação ao fluxo natural da evolução.

Vimos que a mente estabelecida no nível do Ser se comporta de acordo com a lei cósmica e todas as leis da natureza. O fluxo natural da vida encontra-se certamente em harmonia com a lei cósmica e todas as leis naturais e, portanto, quando nossa mente está estabelecida no Ser ou no nível das leis naturais, seu comportamento em todos os níveis está de acordo com o fluxo evolutivo natural.

Vê-se assim que, quando nosso comportamento é formado ao nível do Ser, ou quando nosso Ser estabeleceu-se no nível do comportamento, então nossa vida naturalmente estabelece um relacionamento harmonioso com o fluxo evolutivo natural.

A pessoa que medita tem um comportamento muito natural em relação aos outros, pois o Ser naturalmente se infiltra na natureza da mente. É somente um comportamento tranquilo e natural que auxiliará o crescimento do Ser no campo da atividade. Todo modo antinatural de comportamento sobrecarrega a mente, mas, quando nos comportamos inocente e naturalmente em todos os níveis, fluxo vital flui suavemente e de acordo com as leis naturais.

Se uma pessoa planeja o modo como irá comportar-se, o comportamento deixa de ser natural e não está mais de acordo com as leis da natureza. Portanto, quando concluímos que a arte do Ser no nível do comportamento está na prática regular e

---

17 Veja na pág. 179.

constante da Meditação Transcendental, devemos acrescentar que, além desta prática, o aspirante deve ser muito natural e inocente no seu comportamento com os outros.

Não é necessário planejar o comportamento, não é necessário pensar demasiadamente em como comportar-se, o que fazer, como falar ou como lidar com uma situação. Deixe que a situação venha, trate-a com naturalidade e inocência. Se a prática da Meditação Transcendental for regular e constante, todo comportamento em todos os níveis será naturalmente gratificante.

É um total desperdício de tempo e energia pensar sobre as maneiras de comportar-se em relação aos outros. Quando a situação se apresenta, aceite-a como vier e comporte-se de uma maneira natural. A arte de Ser no nível do comportamento tem sua realização na prática regular da Meditação Transcendental, juntamente com um modo muito natural, inocente e tranquilo de comportar-se e de agir no mundo exterior.

A Saúde e a Arte de Ser

Saúde é Ser. Boa saúde é o estado do Ser e a evolução ao mesmo tempo. Má saúde traz desarmonia ao estado do Ser bem como ao processo evolutivo.

O fato de que o Ser é a fase imutável e eterna da existência, e o fato de que Ele permeia e mantém as diversas formas e a criação fenomenal nos dá esperanças de estabelecer uma harmonia perene nas múltiplas fases de nossa vida, coordenando seus valores com o valor absoluto do Ser.

Todo o sofrimento na vida seria aliviado se houvesse um modo de estabelecer o Ser no nível consciente da vida, em que prevalecem a discórdia, o desentendimento, a desarmonia e a desunião. Se houvesse um meio de estabelecer o Ser no nível consciente da mente, no corpo e no meio ambiente, o resultado seria saúde perfeita em todos os níveis da vida.

A existência eterna do Ser, que tudo permeia, é a base do corpo, da mente e do ambiente do indivíduo, assim como a seiva é a base dos galhos, tronco, folhas e frutos da árvore. Mas quando a seiva deixa de alcançar os níveis superficiais da árvore, seus aspectos externos começam a sofrer e definhar. Analogamente, quando o Ser não é trazido ao nível superficial, consciente da vida, os aspectos externos da vida começam a sofrer.

Querem-se desfrutar de saúde e harmonia na vida, de alguma forma o valor transcendental do Ser deverá ser trazido e infundido em todos os aspectos da vida – corpo, mente e meio ambiente. Além de trazer o valor do Ser até a superfície destes aspectos da vida, é necessário estabelecer também uma sadia coordenação entre eles.

A única coisa comum a todos estes aspectos da vida é o Ser. Se houvesse um modo de trazer o Ser até o nível superficial da mente, corpo e meio ambiente, e se houvesse um modo de estabelecer uma coordenação entre eles através do elo do Ser, este seria o modo de se estabelecer harmonia e saúde permanentes em todos os níveis. Seria o caminho para a integração da vida e o caminho para a arte de viver, pois isto colocaria todas as fases da vida em boa coordenação uma com a outra e em saúde perfeita.

Agora examinaremos como o valor do Ser poderia ser trazido ao nível superficial da mente, do corpo e do meio ambiente, ou como os valores da mente, corpo e meio ambiente poderiam ser levados ao nível do Ser. De um modo ou de outro se estaria servindo ao objetivo da saúde.

A Mente e a Arte de Ser

A arte de Ser aplicada à mente significa que o valor do Ser é retido pela mente sob todas as circunstâncias. Quando a mente pensa ou experimenta algo, o pensamento ou a experiência não obscurecem sua natureza essencial. A mente naturalmente retém o Ser enquanto ocupada em pensar ou experimentar. Não permitir que a mente seja obscurecida por nenhum pensamento ou experiência é o que chamamos de a arte de Ser ao nível da mente.

Um outro aspecto da arte de Ser em relação à mente é que, mesmo quando toda a mente está em ação, a influência obscurecedora do pensamento e da experiência é mínima. Mesmo quando a mente está profundamente envolvida em pensar ou experimentar algo, a experiência ou pensamento não obscurecem sua natureza essencial.

Há ainda um outro fator importante no que diz respeito ao Ser e à mente. Quando o Ser encontra-se ao nível da mente, o fluir da mente durante o pensar e o experimentar está de acordo com as leis naturais. Tratamos deste assunto em "Ser, o Plano da Lei Cósmica"[18] quando discutimos como o fluir natural da mente ao pensar e experimentar poderia ser colocado em harmonia com as leis naturais. Assim, enquanto o pensamento for poderoso e a experiência completa e profunda, a influência do pensamento e da experiência sobre o ambiente e sobre o indivíduo está conforme o fluxo evolutivo natural, e tanto o indivíduo como o Universo são beneficiados.

A arte de ser ao nível da mente significa também que a mente possui o pleno valor do Ser sob todas as circunstâncias. A mente tem três estados de consciência: consciência de vigília, consciência do estado de sonho e consciência do estado de sono profundo.

A arte de Ser no nível da mente significa que o Ser está no status da mente, qualquer que seja o estado de consciência na qual se encontre. Se a mente estiver no estado de vigília, o Ser deveria ser vivido juntamente com todas as experiências; se a mente

---

18 Veja na pág. 46.

estiver no estado de sonho, o Ser não deveria ser obscurecido; se a mente estiver no estado de sono profundo, o Ser não deveria desaparecer. O Ser deveria permear a mente em todos os estados. Isto é conseguido através da arte de Ser no nível da mente.

Para que o Ser esteja presente na mente durante as atividades diárias, é antes necessário que a mente consciente se familiarize com o estado do Ser. O estado do Ser é de natureza transcendental: é consciência transcendental absoluta. Pela prática da Meditação Transcendental a mente consciente sonda os níveis mais profundos do processo de pensamento e finalmente transcende o pensamento mais sutil para chegar ao estado de Ser. A mente consciente chega ao Ser transcendental e se familiariza com este estado.

Por isso a Meditação Transcendental é a arte de trazer a mente consciente até o nível do Ser, ou trazer o Ser ao âmbito da mente consciente. Quando, com a prática continuada, a mente se familiariza cada vez mais com o Ser, finalmente enraizando-se em sua própria natureza, mesmo enquanto envolvida no ambiente externo, o Ser torna-se permanente no nível da mente consciente. É assim que a prática da Meditação Transcendental mantém o Ser no nível da mente.

Esta arte de levar o Ser transcendental até o nível da mente simultaneamente expande[19] a capacidade consciente da mente e permite o funcionamento da mente integral. Tem a vantagem de colocar em ação todas as potencialidades da mente; nada fica escondido, nada permanece subconsciente, tudo se torna consciente. Isto torna cada pensamento um pensamento muito poderoso. Novamente, ao tratarmos da lei cósmica, dissemos que, quando a mente vem ao campo do Ser, ela naturalmente entra no ritmo de todas as leis da natureza e em sintonia com o processo de evolução cósmico.

Outra vantagem é que, em virtude de que a consciência absoluta de bem-aventurança é a natureza do Ser, a mente fica repleta de consciência de bem-aventurança e uma felicidade eterna chega ao nível consciente da mente. O Ser é eterno e permanente, imperecível, imutável. Portanto, o aspecto imperecível, eterno e imutável do Ser encontra-se infundido na própria natureza da mente. Uma mente assim é estável, decidida, firme e concentrada, ao mesmo tempo em que é feliz, satisfeita, autossuficiente e aguçada. O valor de se trazer a mente ao campo do Ser é que ela se torna, ao mesmo tempo, aguçada e satisfeita, cheia de alegria e paz.

Porque o Ser absoluto é a fonte de todo pensamento e de toda criação, quando a mente consciente atinge este nível, entra em contato com a inteligência criativa ilimitada do Ser absoluto. A natureza da mente é invadida por grande inteligência criativa; imaginação construtiva, a força do pensamento criador aumenta junto com alegria e satisfação.

A mente, entrando em sintonia com o campo do Ser, alcança a fonte de ilimitada energia. Uma mente assim poderosa e cheia de energia tem naturalmente pensamen-

---

19 Veja na pág. 65.

tos muito poderosos. Cada pensamento estimula o sistema nervoso com grande vitalidade e vigor, e o sistema nervoso é conduzido a uma atividade poderosa e contínua, estimulando assim seu órgão final, o corpo, com grande força e determinação, de modo que a materialização ou o sucesso do pensamento no mundo exterior torna-se urna realidade concreta, sem demora ou esforço. A chance de materializar um pensamento é tão grande que a ação torna-se potente. Este é o resultado da arte de levar o Ser ao nível da mente para a vida prática do indivíduo no dia a dia.

Outra enorme vantagem de trazer-se o Ser ao nível da mente é que, embora a mente experimente o pensamento e a ação e tudo que os acompanha, nada consegue obscurecer o Ser que se enraizou profundamente na própria natureza da mente. Isto permite à mente agir livremente no campo perecível e eternamente mutável do pensamento e da ação e, no entanto, continuar estabelecida na natureza eterna e imperecível do Ser absoluto. Este estado é denominado estado de eterna liberdade na vida.

Portanto, a mente continua livre mesmo enquanto envolvida no campo do pensamento, da fala e da atividade. A arte de trazer a mente até o nível do Ser é a arte de trazer liberdade eterna, satisfação e plenitude à mente em todas as circunstâncias.

A técnica da arte de Ser está na prática da Meditação Transcendental, que rapidamente tira a mente do processo de pensamento, conduzindo-a ao campo do Ser, e traz o Ser do transcendente para o campo da atividade.

Enquanto examinamos a infusão do Ser na natureza da mente através da técnica da Meditação Transcendental, é preciso observar também que, em virtude de o processo de meditação ser um processo de experiência de estados sutis do pensamento, e porque o pensamento depende basicamente do estado físico do sistema nervoso, qualquer fator que influencie a condição física do sistema nervoso influenciará indiretamente o processo de meditação.

Os processos de comer, beber e respirar nutrem e sustentam o estado físico do sistema nervoso. Os fatores atividade e descanso também têm influência. Portanto, é óbvio que, se todos os fatores forem adequadamente ajustados para manter o estado físico ideal do sistema nervoso, a prática da Meditação Transcendental trará resultados ideais. Se comemos alimento inadequado ou respiramos ar inadequado[20] criando apatia no sistema nervoso, e se nos ocupamos de atividades que o sujeitem a fadiga e tensão, então, naturalmente, a mente não conseguirá atingir os níveis mais profundos do processo de pensamento e a meditação será menos eficaz, retardando-se assim a infusão do Ser na natureza da mente. Portanto, é importantíssimo cuidarmos de selecionar a qualidade de nosso alimento, bebida e ar.

No tocante a práticas discriminatórias em matéria de alimento e bebida, está claro para aqueles que estudaram o assunto que comer erroneamente e beber bebidas al-

---

20 Por exemplo, o ar poluído de Los Angeles ou Londres.

coólicas traz grande prejuízo ao bem-estar geral do indivíduo. Isto não significa que se deveria fazer uma mudança radical e repentina de hábitos dietéticos, mas que, de preferência, dever-se-ia ter por objetivo a retificação de hábitos dietéticos inadequados.

A Influência da Alimentação

O alimento tem uma enorme influência sobre a mente, pois é aquilo que comemos e bebemos que compõe nosso sangue, o qual sustenta o sistema nervoso. Portanto, a qualidade do alimento tem grande relação com a qualidade da mente.

Além da qualidade material do alimento, é importante o modo como o alimento foi adquirido. Quando um homem ganha a vida por meios honestos, o alimento tem uma boa influência sobre a mente. Se, por exemplo, um homem comete um furto ou ganha a vida por meios ilegais ou desonestos, a qualidade do alimento comprado com aquele ganho produz as mesmas qualidades na mente.

As tendências do cozinheiro que prepara as refeições também afetam o alimento. Da mesma forma, as tendências da mente ou a qualidade dos pensamentos no momento em que se está ingerindo o alimento afetam-no e têm uma influência correspondente sobre a qualidade da mente que está sendo formada por aquele alimento. Portanto, é altamente recomendável que, enquanto estiver comendo, a pessoa deveria ou ficar em silêncio com pensamentos puros ou manter uma conversação boa com aqueles à mesa. É sempre melhor se fizermos uma oração antes de começar a comer. Uma oração como a seguinte coloca a atitude correta:

> Em Tua plenitude, Senhor meu,
> Cheios de Tua graça,
> Para o propósito de união contigo
> E para satisfazer e glorificar Tua criação,
> Dando graças a Ti do fundo de nossos corações,
> E com todo nosso amor por Ti,
> Com toda adoração por Tuas bênçãos,
> Aceitamos Tua dádiva como a nós chegou.
> O alimento é Tua bênção e em Teu serviço,
> Senhor meu, o aceitamos cheios de gratidão.

A Influência da Atividade

O fator atividade e inatividade também desempenha um papel importante no estado do sistema nervoso. Tanto o excesso de atividade quanto a inatividade tornam-no lento. O equilíbrio entre atividade e inatividade mantém o sistema nervoso num estado alerta, o que é de importância fundamental para o sucesso da arte de Ser no nível da mente. Se o corpo está fatigado, o sistema nervoso se torna embotado e a mente torna-se sonolenta, perdendo toda a capacidade de experimentar. Neste estado é impossível experimentar os estados sutis do pensamento. Isto impede o sucesso na meditação.

Vimos que o estado de Ser é o estado mental mais normal autossuficiente. Quando a mente está toda recolhida em si mesma, este é o estado de Ser. Vimos em "Como Contatar o Ser"[21] que o estado de Ser está em tirar a mente consciente para fora inclusive do estado mais sutil de experiência de um pensamento.

Quando a mente transcende o estado mais sutil do pensar, fica completamente só. Este é o estado de autoconsciência ou estado de Ser puro. Isto mostra que, para produzir o estado de Ser, a mente precisa estar desprovida de qualquer experiência do objeto, mas sem perder sua *habilidade* de experimentar, como acontece no estado de sono profundo.

Para produzir este estado de Ser o sistema nervoso precisa estar num estado de atividade especial, no qual fica suspenso de tal forma que não está sujeito à atividade nem pode ficar inativo. Este será o estado de Ser.

Quando em funcionamento, o sistema nervoso permite a experiência dos objetos através dos órgãos dos sentidos e envolve-se na atividade através dos órgãos da ação. Ao funcionar desta forma, ele se cansa e fica sujeito a uma condição na qual deixa de perceber o mundo à sua volta. Se o cansaço é menor, a percepção torna-se fraca e começa-se a sentir sonolência. Se o cansaço é maior, a percepção torna-se nula e a mente deixa de experimentar. Isto mostra que o estado da mente depende da condição física do sistema nervoso, e vemos que a fadiga controla o estado da experiência. Isto nos leva a concluir que, se o sistema nervoso está passivo em virtude da fadiga, não é possível alcançar o estado de Ser e, se o sistema nervoso está ativo, tampouco é possível à mente chegar ao estado de Ser.

Portanto, a fadiga é um importante fator a ser considerado na arte de Ser, e somos levados a pensar que a arte de Ser está também na não sujeição do sistema nervoso a grande cansaço. Ou seja, a atividade durante o dia deveria ser tal que não deixasse o corpo cansado ou sistema nervoso fatigado. Se o corpo está cansado, o sistema nervoso fica tenso e fatigado e o estado de suspensão, o estado entre atividade e inatividade, não poderá ser cultivado. Portanto, não haverá estado puro de Ser.

Além de atividade excessiva, comer e beber erroneamente também provoca grande torpor no sistema nervoso. Isto também não propicia o estado de Ser. Portanto, embora a arte de Ser repouse basicamente no sistema da Meditação Transcendental, esta meditação, por sua vez, depende grandemente do estado do sistema ner-

---

21 Veja na pág. 60.

voso. É portanto aconselhável que tenhamos hábitos regulares de dieta e atividades adequadas. Não deveríamos nos exceder imoderadamente nem permanecer inativos.

A prática da Meditação Transcendental, ao levar a mente ao Ser transcendental, infunde uma fonte ilimitada de energia na mente consciente, contribuindo assim para que o campo da atividade seja normal. Mesmo assim, precisamos ter cautela para que o aumento de energia trazido pela meditação não seja consumido em excesso, pois, deste modo, seria novamente causa de tensão e fadiga para o sistema nervoso, limitando a eficácia da meditação. Portanto, estamos prontos a concluir que a arte de Ser depende basicamente também dos hábitos de atividade e repouso.

Hábitos irregulares de dieta, atividade, descanso etc. são devido a um estado mental desequilibrado. Para que o sistema nervoso chegue às condições adequadas de descanso, atividade e nutrição, é necessário cultivar-se um estado mental equilibrado. A mente terá equilíbrio apenas quando tiver a oportunidade de satisfazer-se pela experiência de grande felicidade. A experiência da consciência de bem-aventurança, sozinha, pode criar um estado de equilíbrio mental, e isto é alcançado automaticamente pelo sistema da Meditação Transcendental.

Portanto, a arte de Ser, em todos os seus diversos aspectos, finalmente terá realização na prática regular da Meditação Transcendental juntamente com hábitos regulares e um modo de vida adequado.

Vemos assim que, embora a arte de Ser ao nível da mente encontre sua realização na prática regular da Meditação Transcendental, seu sucesso depende de manter-se uma vida regrada.

Os Sentidos e a Arte de Ser

Há cinco sentidos de percepção e cinco órgãos de ação. Os sentidos de percepção são visão, olfato, audição, paladar e tato. Os órgãos de ação são mãos, pés, língua e os dois órgãos de eliminação. Através dos cinco sentidos a mente percebe, e através dos cinco órgãos de ação ela age. Na percepção a mente influencia o mundo exterior através dos sentidos, e na ação ela influencia o mundo através dos órgãos da ação.

A arte de Ser ao nível dos sentidos existe quando os sentidos e órgãos retêm o Ser sob todas as circunstâncias. Para que fique bem claro, os sentidos deveriam permanecer sempre sentidos e os órgãos sempre órgãos, na plenitude de seus respectivos valores. Isto significa que eles deveriam estar sempre prontos a funcionar, conseguindo funcionar sempre com sua capacidade máxima.

A arte de Ser no nível dos sentidos será atingida quando o valor pleno dos sentidos e órgãos for utilizado de modo a termos plena percepção do objeto e realização plena da ação.

Os sentidos deveriam estar sempre fortes, descansados e livres de tensão, ilusão, malícia e estreiteza de visão para que naturalmente proporcionem uma percepção total do objeto. Os órgãos da ação deveriam ser cheios de energia, fortes e estar em boa coordenação com os sentidos da percepção para que possam agir com precisão e sucesso e trazer realização à ação.

A arte de Ser em relação aos sentidos é a de possibilitar que, enquanto eles permanecem saturados da natureza essencial do Ser – a bem-aventurança do Ser –, eles experimentam o objeto. O resultado é que o objeto é integralmente percebido, mas sem conseguir ensombrecer os sentidos ao ponto de estes tornarem-se escravos do objeto.

Quando a doçura intensa da sacarina está sendo sentida pela língua, o sabor de outros doces não causa nenhuma impressão. Da mesma forma, quando os sentidos estão saturados da bem-aventurança do Ser, as pequenas alegrias transitórias dos objetos deixam de prender os sentidos e não imprimem sobre eles uma influência duradoura. Ser, ao nível dos sentidos, significa que os sentidos obtêm plena satisfação na consciência de bem-aventurança e, mesmo enquanto experimentam os variados prazeres dos objetos, não estão atados a eles, pois estão presos ao valor eterno da bem-aventurança ilimitada do absoluto.

Neste estado de satisfação os sentidos não seduzem a mente a vagar em busca de maior felicidade. Isto porque a bem-aventurança do Ser já permeia o nível dos sentidos através da saturação do Ser na mente.

Neste estado, quando os sentidos estão experimentando o objeto externo, o resultado da experiência é completamente harmonioso para o meio ambiente, para o corpo e também para a mente do indivíduo. Quando os olhos veem uma cena bonita, a vista é pura, a visão é plena, estamos livres de qualquer malícia ou percepções pecaminosas. Tudo está certo no nível da percepção, tudo é virtuoso, moral e está dentro do fluxo evolutivo natural.

Se a bem-aventurança do Ser não permeou o nível dos sentidos, eles se encontram num estado de satisfação. A natureza dos sentidos é a de querer desfrutar sempre mais. Este é um desejo legítimo. Mas somente com a vinda da bem-aventurança para o nível dos sentidos é que eles conseguem fixar-se naquele nível de satisfação irresistível e inabalável. Permanecendo satisfeitos, eles permanecem livres da escravidão das impressões deixadas pela experiência. Este é o resultado da prática da arte de Ser no nível dos sentidos.

Como se atinge este estado de infusão do Ser ao nível dos sentidos?

Atinge-se pela prática regular do sistema da Meditação Transcendental. Examinaremos a mecânica da Meditação Transcendental e veremos como isto ocorre.

Primeiramente é preciso conhecer o âmbito total dos sentidos. Normalmente, quando enxergamos, nossos olhos estão abertos, a mente associa-se ao olho aberto e entra em contato com o objeto à sua frente. Assim acontece a percepção. Mas sabemos também que a visão não se limita a ver com os olhos abertos. Mesmo com os olhos fechados é possível perceber um objeto com a mente. Esta percepção mental ou cognição do objeto (de olhos fechados) dá-se também pelo sentido da visão. Isto nos dá a entender que o sentido da visão abrange em sua capacidade de cognição desde o nível grosseiro da percepção até o nível sutil.

Por exemplo, no gráfico abaixo, A, A_1 e A_2 representam os níveis grosseiros e sutis dos sentidos e dos objetos.

A mente, associando-se ao nível grosseiro dos sentidos *(A)*, percebe o nível grosseiro correspondente do objeto A. Quando a mente associa-se ao nível sutil dos sentidos *(A_1)*, percebe o nível sutil correspondente do objeto A_1. Quando a mente associa-se ao nível mais sutil dos sentidos *(A_2)*, percebe o nível mais sutil correspondente do objeto A_2.

Naturalmente, os olhos abertos representam o nível grosseiro do sentido da visão. Da mesma forma, quando uma palavra se torna audível, trata-se da percepção do som grosseiro como resultado da associação da mente com o nível grosseiro do sentido da audição.

Quando falamos dentro de nossas mentes, a mente ouve o som porque se associa ao nível sutil do sentido da audição. Quando durante o processo da Meditação Transcendental a mente percebe estados muito refinados do pensamento, isto se deve à associação da mente com os estados mais sutis da audição.

Vemos assim que durante a meditação a capacidade mais refinada do sentido da percepção é colocada em ação, ao passo que normalmente, em nossa vida diária, continuamos a usar somente os níveis grosseiros dos sentidos.

Quando a mente faz uso do nível mais refinado dos sentidos, todo o alcance dos sentidos é avivado. Deste modo, no caminho para a transcendência, durante a meditação, a mente aviva todos os níveis dos sentidos através dos quais passa a Meditação Transcendental. Quando todo o alcance de todo o campo dos sentidos é avivado, o Ser chega ao nível dos sentidos. O consequente aumento de força e poder é capaz de ganhar o mais alto nível de felicidade, mas, enquanto uma pequena parte dos sentidos for utilizada para a finalidade de experimentar o mundo objetivo, a faculdade de experimentar não é plenamente usada. Em tal estado, os sentidos são capturados pela pequena satisfação do objeto.

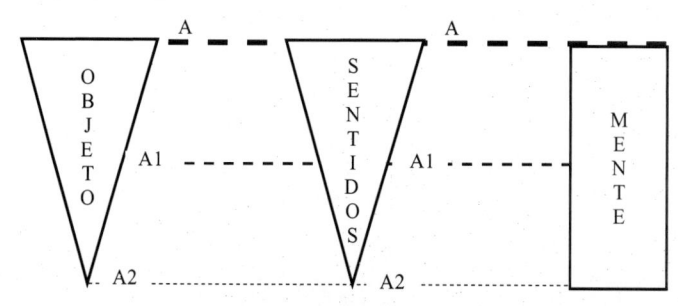

No nível grosseiro da criação, o contato do sentido com o objeto não produz grande satisfação. O grau de satisfação aumenta à medida que o sentido aprecia os níveis mais sutis da criação. Durante o processo da Meditação Transcendental, quando o órgão da fala experimenta níveis mais sutis do pensamento, o encanto cresce a cada nível mais sutil da experiência. À medida que o encanto cresce, o órgão torna-se mais capaz de experimentar crescente felicidade e, finalmente, quando a percepção direta do estado mais sutil do pensamento ocorre, o órgão se torna capaz de experimentar o mais alto grau de felicidade no campo relativo.

Quando a mente transcende esta felicidade e vai totalmente além do âmbito da percepção sensorial, a bem-aventurança do Absoluto é uma experiência direta e a mente torna-se Ele, completamente. Quando uma mente totalmente saturada do Ser volta ao campo da experiência objetiva, o sentido que havia saboreado, através do processo de meditação, o maior grau de felicidade do campo relativo fica saturado da bem-aventurança do Ser absoluto e permanece satisfeito. Assim é que a bem-aventurança transcendental do Ser chega ao nível dos sentidos.

A arte de trazer o nível do Ser, a arte de trazer contentamento eterno ao nível dos sentidos é a arte da Meditação Transcendental. É a arte de permitir aos sentidos experimentar o objeto em seus estados livres de preconceito, livres de ideias preconcebidas.

Assim, utilizando os níveis mais sutis dos sentidos, a mente é capaz de experimentar os estados sutis da criação. Geralmente a mente consciente utiliza apenas o nível grosseiro dos sentidos. Do mesmo modo que a mente é como um oceano de grande profundidade, também o campo dos sentidos tem grande profundidade. Com a meditação a mente começa a ativar os níveis profundos dos sentidos.

Assim aviva-se todo o âmbito dos sentidos. Finalmente os sentidos chegam à sua fonte e ali são como que alimentados do valor do Ser transcendental e absoluto. Este sistema de Meditação Transcendental é um modo de trazer o nível do Ser até os sentidos, possibilitando que eles trabalhem com sua capacidade total e ao mesmo tempo livres da influência escravizante da experiência. Encontramos assim a arte de Ser no nível dos sentidos.

O Corpo e a Arte de Ser

O corpo é o órgão final ou a expressão externa do sistema nervoso. Portanto, a arte de Ser em relação ao corpo significa a arte de Ser em relação ao sistema nervoso num grau ainda maior, de modo que o corpo funcione em sua plena capacidade sem perder o nível do Ser.

A arte de Ser, em relação ao corpo, significa também a técnica de mantê-lo de tal forma que a natureza do Ser seja infundida na natureza do corpo – a natureza permanente, imutável e imortal do Ser é infundida na natureza temporária, sempre mutável e sempre perecível do corpo.

Veremos na próxima parte, sobre "O Sistema Nervoso e a Arte de Ser", que através da prática da Meditação Transcendental cria-se um tal estado do sistema nervoso que todo ele é levado a um nível de ausência de atividade e ausência de passividade. Levando o sistema nervoso a este nível entre atividade e inatividade, o Ser chega ao nível do corpo. Esta é a arte de Ser em relação ao corpo. Todo o sistema nervoso e o corpo vão àquele estado de suspensão[22] que não conhece mudanças e permite ao corpo existir na plenitude da vida. O estudo da arte de Ser em relação ao corpo ficará completo quando houvermos tratado da arte de Ser em relação ao sistema nervoso, sentidos e *prāṇa*, todos partes essenciais do corpo.

Ao detalharmos este estudo deveríamos ter bem em mente que o Ser, em Sua natureza essencial, é pura consciência de bem-aventurança, o absoluto imanifesto. Na verdade, apreciando o Ser do ponto de vista absoluto, vemos que Ele não pode ser qualificado por atributo algum. Ele não tem atributos. Por outro lado, do ponto de vista relativo, veremos que todos os atributos da vida relativa têm o Ser como fundamento. Todos os diferentes atributos dos diferentes fenômenos do campo relativo da existência têm sua base no Ser.

Quando consideramos a arte de Ser em relação aos diferentes aspectos do corpo, deve estar claro para nós que a arte de Ser aplicada a qualquer aspecto do corpo significa trazer maior permanência, mais estabilidade, mais saúde, mais alegria, mais criatividade e mais energia vital. Deve basear-se num estado de maior sintonia com as leis da natureza para que a influência no meio ambiente fortaleça o propósito das leis naturais e crie maior harmonia no Universo. A arte de Ser para qualquer aspecto do corpo seria, então, o fato de este aspecto ser fortalecido para sua vida, para seu valor, para o indivíduo e para o Universo como um todo.

Através da arte de Ser, em relação ao corpo, este é mantido de tal modo a durar mais tempo, ser mais enérgico, mais vivo, livre de doenças e de modo que suas diversas partes funcionem em boa coordenação umas com as outras. A coordenação entre o corpo e a mente através do sistema nervoso será sempre forte e seu relacionamento com o mundo exterior será firme e útil, tanto para o corpo quanto para o ambiente. A influência produzida pelo corpo no meio ambiente será harmoniosa, pacífica, prazerosa e saudável.

---

22 Cabe aos fisiologistas experimentais descobrir os detalhes da fisiologia do homem em evolução, Hoje isto é possível com o advento da Meditação Transcendental, quando se dispõem de sujeitos para experiência. Em quase todas as partes do mundo as pessoas que estão praticando o sistema da Meditação Transcendental naturalmente permitem que seus sistemas nervosos sejam condicionados a ficar neste estado louvável.

Para poder criar esta condição é preciso que a mente seja trazida ao nível do Ser, de modo que o sistema nervoso, juntamente com seu órgão final, o corpo, fique simultaneamente estabelecido ao nível do Ser. Vimos que pelo sistema da Meditação Transcendental o corpo é levado a um estado de atividade e inatividade – o nível do Ser. Assim, a arte de Ser em relação ao corpo encontra realização na prática regular da Meditação Transcendental.

O Sistema Nervoso e a Arte de Ser

A arte de Ser em relação ao sistema nervoso significa que o sistema nervoso deveria funcionar em sua capacidade máxima sob todas as circunstâncias e sem perder o Ser.

Antes de prosseguirmos será interessante notar que, para possibilitar qualquer experiência, é preciso que o sistema nervoso coloque-se num determinado estado ou condição. Qualquer que seja a experiência em qualquer estado de consciência – vigília, sono ou sonho –, ela é possível apenas em virtude de um arranjo correspondente do sistema nervoso. A visão de uma flor só é possível porque o sistema nervoso se coloca numa determinada condição que possibilita aos olhos permanecerem abertos e a imagem da flor chegar à retina do olho e os impulsos necessários chegarem ao córtex. Se o sistema nervoso não se coloca da maneira adequada, então a experiência da flor não ocorrerá. Este condicionamento do sistema nervoso é necessário para todas as experiências.

A arte de Ser em relação ao sistema nervoso é tal que, não importando se o sistema nervoso está sujeito às condições dos estados de vigília, sono profundo ou sonho, ele jamais deveria privar-se daquele estado adquirido durante a experiência do Ser puro. Esta é a arte de Ser em relação ao sistema nervoso.

No início esta retenção do estado de Ser puro parece impossível, pois a experiência mostra que o sistema nervoso não pode ser submetido a duas condições diferentes, simultaneamente, para que dois estados de consciência diferentes sejam experimentados. Pode ser submetido a um estado por vez, ou vigília, ou sono profundo, ou sonho ou transcendência. Mas um exame acurado revelará que está dentro da capacidade humana sujeitar o sistema nervoso a um estado que manterá para sempre o nível do Ser como a própria base de todas as condições responsáveis pelo surgimento das experiências em qualquer um destes estados: vigília, sono profundo ou sonho. O sistema nervoso humano é o mais completo dentro da criação do Todo-poderoso.

A habilidade de alcançar este estado permanente do sistema nervoso – o estado que mantém o nível do Ser e, no entanto, permite que as experiências aconteçam – é a arte de Ser em relação ao sistema nervoso.

O que é esta arte na prática?

Para possibilitar as experiências do estado de vigília, a mente é levada a expressar-se no mundo exterior através da maquinaria do sistema nervoso. Ela estimula os sentidos e o corpo, estabelece o contato entre a mente e o mundo a sua volta e produz a experiência específica. Quando, devido à contínua atividade deste tipo, os sentidos e todo o sistema nervoso ligado a eles ficam fatigados, a mente perde contato com os sentidos e com o mundo exterior. Isto põe fim às experiências do estado de vigília.

Enquanto a mente estiver insatisfeita, ela continua ativa. Mas, quando o sistema nervoso ao nível dos sentidos se cansa, deixa de experimentar o mundo externo das experiências de vigília. Entretanto, por causa do desejo da mente de permanecer ativa, alguma outra parte do sistema nervoso recebe as ordens da mente. Esta outra parte do sistema nervoso torna-se então ativa e estimula as regiões mais sutis dos sentidos, que normalmente não são utilizadas para as experiências do estado de vigília. Isto origina as experiências ilusórias do estado de sonho. Ao funcionarem neste nível ilusório por algum tempo, as regiões mais sutis do sistema nervoso ficam cansadas e a habilidade de percepção das experiências ilusórias é perdida, dando origem a um estado sem experiências, o do sono profundo.

Durante a Meditação Transcendental, contudo, o sistema nervoso é submetido naturalmente a uma condição diferente daquelas que dão origem às experiências dos estados de vigília, sono e sonho. Nesta condição ele é capaz de originar as experiências do Ser puro. Esta experiência de Ser puro é chamada de experiência da consciência transcendental ou, para ser mais exato, o próprio estado de consciência transcendental.

Desta forma, através da prática da Meditação Transcendental, o sistema nervoso, que normalmente flutua somente entre as condições de vigília, sonho e sono profundo, ganha novo status. Este status, se minuciosamente examinado, poderia ser localizado na junção entre dois estados quaisquer dentre os três estados de consciência[23]. Aqui, neste ponto, repousa a esperança de se atingir a arte de Ser ao nível do sistema nervoso.

É possível manter o estado do sistema nervoso necessário à permanência do estado do Ser, permitindo-se que a atividade ou a inatividade em certas partes do sistema nervoso dê origem à experiência dos estados comuns de vigília, sonho e sono, um após o outro. Isto porque o estado do sistema nervoso que dá origem à experiência do Ser é diferente daqueles que dão origem às experiências dos estados de vigília, sonho

---

23 Veja em "O Princípio Básico da Meditação Transversal", na pág. 50, onde é explicado em detalhe, como a mente consciente alcança consciência transcendental, ao seguir o pensamento em seus estados iniciais. Isto explica que o estado do Ser transcendental está localizado em sua pureza entre o surgimento de dois pensamentos. Seguindo os mesmos passos, é fácil perceber que, ao final do aspecto mais sutil do estado de vigília, antes do início do aspecto mais sutil do estado do sonho, está o estado transcendental do Ser puro; ou, entre a consciência do estado de vigília e do estado de sonho, está o estado de consciência pura.

ou sono; porque se localiza entre quaisquer dois dentre os três estados; porque é um estado no qual todo o sistema nervoso fica suspenso entre atividade e inatividade; e porque em nenhum dos três estados o sistema nervoso inteiro é sujeito a um tipo de condicionamento apenas. Esta é a arte de Ser em relação ao sistema nervoso, que tem sua realização na prática constante da Meditação Transcendental[24].

O Meio Ambiente e a Arte de Ser

Enquanto discutíamos "Como Utilizar Plenamente o Meio Ambiente"[25] vimos que pelo sistema da Meditação Transcendental, quando a mente é levada ao nível do Ser e depois sai para atuar no mundo externo, a atmosfera irradia o valor do Ser.

A arte de Ser, com relação ao ambiente, significa que o Ser Se mantém quaisquer que sejam o ambiente ou as circunstâncias. Isto significa que a plenitude da vida é mantida independente do valor do ambiente – seja o ambiente bom ou mau, favorável ou desfavorável, prejudicial ou útil, virtuoso ou pecaminoso. Sob todas as circunstâncias o Ser, a plenitude da vida, da inteligência, do amor, alegria e energia, é mantido. Esta é a manutenção do Ser em relação ao ambiente, que resulta na melhoria do ambiente em todos os sentidos. Torna o ambiente útil ao indivíduo para o propósito da evolução cósmica e útil ao Universo. Isto é o que queremos dizer quando dizemos melhoria da qualidade e do status do meio ambiente. Esta é a arte de Ser.

Se o indivíduo mantém seu Ser sob todas as circunstâncias e em todos os ambientes, suas ações fatalmente melhorarão o ambiente caso ele esteja carente de melhorias. Pois estar estabelecido no Ser significa estar estabelecido em grande contentamento dispondo de grande inteligência e criatividade.

O *Karma* e a Arte de Ser

A filosofia do *karma*[26] é uma filosofia simples de ação e reação. "Assim como semeias, assim colherás." A lei da conservação da energia apoia a teoria do *karma*. Toda ação praticada tem seu resultado ou reação para o agente e para o meio ambiente.

---

24 Veja na pág. 62.
25 Veja na pág. 96.
26 *Karma* é um termo com significados diversos de acordo com o contexto: ação, força da ação, fruto da ação ou impressão da experiência ou ação. No ocidente, em geral, *karma* é associado à má ação e os seus resultados. Mas a palavra *karma* não tem conotação quer boa quer má, refere-se simplesmente à ação ou atividade. Bom *karma* significa boa ação e mau *karma* significa má ação, mas *karma* em si significa ação.

Quando se pensa, o processo de pensar é a prática da ação de pensar. Da mesma forma, falar, agir, comportar-se ou experimentar algo são diferentes níveis de desempenho da ação.

Quando atiramos uma pedra num lago, a pedra afunda, mas deixa ondas que se movimentam na superfície. As ondas caminham até alcançar a margem, onde se chocam contra as partículas de areia, produzindo uma influência sobre elas, seja afastando-as ou trazendo-as para dentro do lago. A influência está em todo lugar, por todo o lago e nas margens. É assim que a ação produz uma reação, influência ou efeito sobre o agente e sobre o meio ambiente.

Através de cada pensamento, palavra e ação o indivíduo produz ondas de influência na atmosfera circundante. A qualidade da influência depende da qualidade da ação desempenhada. O grau de reação espalhada no ambiente depende da força da ação desempenhada. Vemos assim que cada momento da vida produz alguma influência na atmosfera através das ações de respirar, pensar, falar e comportar-se no mundo.

Veremos agora até onde se espalha a influência da ação. Como no caso do lago, a influência de uma onda, por menor que seja, estende-se por todo o lago. Analogamente, as vibrações emitidas pelo desempenho de uma ação estendem-se à volta do agente, indo de encontro a tudo no ambiente, propagando-se em todas as direções. Elas vão de encontro a tudo na Terra, na Lua, no Sol, nas estrelas, e continuam a propagar-se por todo o Universo, influenciando tudo que encontram. A característica desta influência depende da qualidade da ação e da força com a qual foi desempenhada.

A reação gerada pelo choque destas vibrações contra as diversas coisas no Universo volta até o agente, da mesma forma como uma bola de borracha atirada contra um muro pula de volta ao jogador. Obviamente a reação do ambiente próximo volta ao agente com maior rapidez, levando maior tempo para voltar de longas distâncias.

Por exemplo, um indivíduo diz uma palavra. Pronunciando esta palavra ele produz vibrações a sua volta. Estas vibrações saem de encontro a uma árvore e, produzindo alguma influência ali, voltam àquele indivíduo que falou. Elas saem de encontro a uma montanha e para voltar da montanha levarão mais tempo. Vão de encontro à Lua e sua volta leva ainda mais tempo; da mesma forma, chegar ao sol e voltar ao agente levará muito mais tempo. Há estrelas no céu cuja luz leva milhões de anos para chegar à Terra. Portanto, para que a influência de uma ação chegue a estas estrelas longínquas nas galáxias e volte ao agente, levará milhões de anos. Isto mostra como a ação praticada tem uma reação sobre o agente. Ela espalha sua influência por todo o cosmos e, por sua vez, o agente é influenciado pela ação por ele praticada.

Surge então a questão de como o fruto da ação conseguirá chegar ao agente depois de milhares ou milhões de anos. A vida de um homem dura apenas alguns anos, talvez chegue a cem anos. Como é que a reação produzida na atmosfera volta ao agente quando ele não se encontra mais nesta vida?

Uma carta enviada a seu pai por um homem distante de casa chega a sua casa e, se quando chegar à casa, o pai daquele homem houver se mudado para outra cidade, a carta será reencaminhada a ele para esta outra cidade. Se o pai houver se mudado para ainda outra cidade, a carta será novamente reendereçada. A carta será seguidamente reendereçada até que se encontre o pai. Se não for mais possível encontrar o pai, e se for possível localizar seu filho ou parente mais próximo, a carta irá para o herdeiro. Através da afinidade de sangue a reação chega ao agente.

Se a influência de uma ação praticada agora for chegar ao agente daqui a mil anos, esta influência chegará àquela alma onde quer que ela esteja no Universo. Aqueles que não compreendem a filosofia da reencarnação e da continuidade da vida após a morte não poderão compreender esta filosofia do *karma*. Como poderá uma ação praticada agora continuar a produzir consequências ou reações por milhões de anos, e sua influência continuar a chegar até o agente, qualquer que seja a vida que esteja vivendo?

Enquanto a alma não for liberada, enquanto a alma individual não se fundir com a existência cósmica, a individualidade ficará presa à alma, qualquer que seja o mundo ou o corpo em que se encontre. O indivíduo continuará existindo como indivíduo e continuará colhendo os frutos do *karma* feito no passado.

Quando um homem alcança a liberação e quando a individualidade fundiu-se com a existência cósmica, a influência do *karma* feito por ele no passado será recebida por seu filho ou neto ou por aqueles que guardam relações de sangue com este homem. Mas a reação nunca será anulada; terá continuidade. E, se não houver mais ninguém na família, a influência alcançará aqueles próximos aos seus parentes consanguíneos: seus amigos e parentes.

O *karma*, a reação ou o fruto da ação, chega infalivelmente ao agente, assim como um bezerro encontra sua própria mãe em meio a uma manada de milhares de vacas. Mesmo se houver um número grande de vacas na manada, o bezerro irá somente à sua própria mãe. Assim como uma carta endereçada a determinado homem chega somente para ele e para mais ninguém, o fruto da ação chega ao agente e a mais ninguém. Daí provérbio: "Assim como semeares, assim colherás".

Esta filosofia do *karma* explica que, o que quer que seja um homem, ele é o resultado de seu próprio passado. Se ele é feliz, isto é resultado de bons atos do passado. É o resultado de haver produzido vibrações boas, felizes e harmoniosas na atmosfera no passado através de atos virtuosos. Se o homem sofre no presente, é resultado de suas próprias ações que em alguma época espalharam uma influência de tristeza, falta de saúde e sofrimento pela atmosfera.

Ninguém senão o próprio homem é responsável pelo seu sofrimento ou por sua felicidade. Se o homem desfruta, ele desfruta de seus próprios atos; se o homem sofre, ele sofre por seus próprios atos.

Se um homem – digamos um Sr. X – vem até nós muito feliz e bem-humorado e nos dá grande alegria, pensamos que ele está simplesmente cheio de felicidade. Mas a filosofia do *karma* diz que o Sr. X é somente um pacote de felicidade para você, pois naquele momento está lhe entregando aquela felicidade que você certa vez espalhou no mundo. A reação de seu *karma* bom está chegando através dele. Ele está apenas fazendo uma entrega, exatamente como um carteiro entrega uma carta endereçada a você. Se o Sr. X fosse de fato cheio de felicidade, não seria um companheiro infeliz para alguma outra pessoa em algum outro lado de sua vida.

Se um homem parece ser bom com alguns e mau com outros, ele não pode ser completamente bom, pois nesse caso seria bom com todos. Se fosse completamente mau, seria mau para com todos. Mas ninguém é totalmente mau ou totalmente bom. Todos são um pouco bons e um pouco maus. Assim o homem se torna o portador do *karma* bom ou mau de outras pessoas. Se ele é portador de seu bem, ele vem e lhe traz felicidade. No dia seguinte o mesmo homem poderá tornar-se causa de infelicidade para você. Ele cria infelicidade quando se torna portador de seus maus atos, e traz alegria a você quando se torna o portador da influência de suas boas ações. Portanto, quando vem a tristeza, não culpemos os outros, e quando vem a alegria deveríamos sempre manter a equanimidade, que é o estado de harmonia na natureza divina.

Conhecendo esta filosofia do *karma*, deveríamos sempre empenhar-nos em fazer o bem. Como poderemos determinar o que é bom e o que é mau? De um modo geral a sociedade nos diz que isto é bom e isto é mau. Há um consenso entre as pessoas acerca do bem e do mal que guia suas ações. As leis que regem nosso país fornecem um critério de bom e mau; no mínimo, deveríamos seguir a lei do país para estarmos corretos em um aspecto.

Se queremos aprofundar-nos um pouco mais em relação aos valores do bem e do mal, devemos estudar as escrituras de nossa religião. Se pertencemos ao Hinduísmo, as escrituras do Hinduísmo nos dizem o que é certo e o que é errado. Se pertencemos ao Cristianismo, as escrituras do Cristianismo nos dizem o que é certo e o que é errado. Se pertencemos ao Budismo, as escrituras do Budismo nos dizem o que é certo e o que é errado.

Não deveríamos examinar os detalhes de como as escrituras religiosas diferem entre si. Antes, deveríamos nos ater à religião à qual pertencemos. A grande verdade está presente nas escrituras de todas as religiões. Portanto, os seguidores de cada religião podem ler as escrituras de outras religiões, mas é melhor não confundir-se com a questão do valor da religião. É melhor seguir as escrituras de sua própria religião.

Portanto, as escrituras podem ser consideradas o critério para o que é bom ou mau. Às vezes poderemos constatar que as afirmações das escrituras parecem contraditórias. Isto é bem possível, pois, no campo relativo da vida, os valores mudam com o tempo, as circunstâncias, o ambiente. Ao falarmos sobre o bem e o mal no campo relativo, talvez o bem em um lugar e em dado tempo seja declarado mal em outra época. Desta forma, a compreensão do bem e do mal, mesmo nas escrituras, pode ser considerada diferente conforme a diferença de agente, de época, de circunstâncias e de ambiente. Mas muito mal seria evitado se seguíssemos as escrituras mesmo segundo nosso limitado entendimento. É melhor seguir as escrituras conforme nosso entendimento do que não segui-las.

Gostaríamos de viver o bem absoluto em nossas vidas, mas qual é o critério do bem absoluto? Quem nos dirá como devemos nos moldar, moldar nosso ambiente e nossos companheiros para viver uma vida de bem absoluto?

Se queremos ter um padrão absoluto do certo e do errado, ele já está disponível. Há um caminho que leva a ele e que também se harmoniza com a filosofia do *karma*. Veremos como o *karma* ou ação pode fundar-se no nível do bem absoluto.

Antes de tentar encontrar um *karma* através do qual todo o fluxo da vida poderá ser colocado no nível do bem absoluto, tentaremos compreender o que entendemos por bem ou mal. O que queremos dizer com virtude ou maldade?

Certamente qualquer ação que produz uma boa influência para o agente no presente e assegure o bem no futuro, produzindo também uma boa influência em todos os aspectos do meio ambiente, será uma boa ação. Qualquer ação que produza uma influência de apoio à vida para o agente, no presente e no futuro, e que produza a mesma influência para o meio ambiente, será com certeza um feito virtuoso, uma boa ação, um ato de virtude, Qualquer ação que produza um efeito danoso à vida para o agente, quer no presente, quer no futuro, ou para o meio ambiente ou para qualquer nível de vida no ambiente, será chamada de má, errada, pecaminosa e imoral.

Temos assim o critério de boa e má ação. A ação deveria resultar em bem total para o agente e para o Universo, no presente e por todos os tempos. Esta é a definição absoluta de bem e mal.

Vimos que a influência de uma ação não se restringe só ao agente e ao tempo presente. Influencia o presente e o futuro do agente e de todo o Universo. Então, quem poderá decidir que influência será produzida pela ação de um homem num dado instante? Quem poderá saber que camada específica do Universo será afetada e que reação ela terá num determinado momento do futuro, em qualquer nível determinado da criação? A extensão da influência de uma ação é insondável. Abrange todos os limites de tempo, espaço e causação. Portanto, a influência de uma ação vai além do alcance da mente humana. Ninguém pode dizer que ação praticada por um homem, em dado momento, num dado local, produzirá que efeito, em qualquer nível da criação, num dado momento.

Desvendar toda a influência do *karma* está além do alcance da mente humana. Se é assim, quem poderá dizer o que é certo e o que é errado? Quem poderá dizer que atos são dignos de serem praticados e que atos dignos de serem rejeitados?

Parece certamente impossível saber com exatidão e compreender o que é certo e o que é errado sobre bases intelectuais, e, mesmo que se conhecessem o certo e o errado, seria algo extremamente complexo. Mas parece ser possível ajustar todo o fluxo da vida de tal modo que cada ação praticada pelo agente será naturalmente a ação boa ou certa. Analisando isto descobriremos como todo o fluxo da vida poderia ser conduzido de tal forma que cada pensamento, palavra e ação do indivíduo serão naturalmente bons para o agente e produzirão uma influência boa e propícia à vida para todo o cosmos.

A vida do Universo significa sua manutenção e constante crescimento evolutivo. Toda a manutenção e evolução dos incontáveis seres em todas as incontáveis camadas da criação são levadas a efeito por um processo natural e automático regido pelas leis naturais. Vimos anteriormente no capítulo "Ser, o Plano da Lei Cósmica"[27] que, com base na lei cósmica eterna e imutável, todas as leis naturais, de caráter rígido, continuam a funcionar nos diferentes planos mantendo e promovendo a evolução de todos os seres. Todo o processo cósmico de evolução é levado a efeito pelas leis naturais, que em última instância estão fundadas na lei cósmica.

Se houvesse um meio de canalizar o fluxo de vida do indivíduo para o plano da lei cósmica, todo o processo de manutenção da vida individual e todo o seu progresso e evolução se fariam de uma maneira muito natural e automática. Se houvesse um modo de sistematizar e regular nossa vida para fazê-la caminhar conforme as leis da natureza, então todo pensamento, palavra ou ação individuais produziriam uma influência harmônica com as leis naturais, agindo em favor da manutenção e evolução de todos os seres.

Vimos no capítulo sobre "Ser, o Plano da Lei Cósmica" que pela prática regular da Meditação Transcendental a mente individual pode ser posta em sintonia com a consciência pura, absoluta, transcendental, que é o plano da lei cósmica. Vimos também que o processo da Meditação Transcendental é um processo simples que pode ser praticado por qualquer pessoa, em qualquer lugar, a qualquer tempo.

Isto leva uma esperança a todos, no mundo inteiro, de que poderão sintonizar suas vidas com as leis naturais que mantêm a vida e apoiam o progresso e a evolução constantes do indivíduo. Ele então produzirá através de seu pensamento, palavra e ação uma influência boa para si mesmo e para os outros; para o presente e para todo o sempre.

Esta é a filosofia do *karma*, que revela a nós o ilimitado alcance do *karma*, a influência sempre crescente do *karma* sobre o agente. Revela a nós que, embora o alcance dos frutos da ação esteja muito além do alcance da compreensão humana, praticando a ação *(karma)* da Meditação Transcendental, podemos nos colocar num plano de vida onde tudo que é feito por nós estará naturalmente em harmonia e dentro do ritmo da vida cósmica, sendo benéfica à manutenção e evolução de todos os seres por todo o Universo. Esta é a maneira de *fazer* todo o bem: *sendo* todo o bem.

---

27 Veja na pág. 46.

Assim, quando, pela prática da Meditação Transcendental, o Ser é trazido do campo transcendental para o campo da existência relativa (por via de Sua infusão na própria natureza da mente), o *karma* torna-se um *karma* de absoluta retidão.

Temos aqui um caminho direto e prático, revelado pela filosofia do *karma*, para fazer todo o bem por todos os tempos e para todos os seres, e ainda viver uma vida de liberdade total da influência escravizante do *karma*.

Trataremos agora de liberdade e escravidão em relação ao *karma*. Como poderá o agente libertar-se da influência escravizante do *karma*? Mas antes de examinarmos isto devemos compreender claramente de que se trata.

O Ser é imanifesto em Sua natureza, o *karma* é manifesto. É o *karma* que torna o Ser manifesto e, portanto, o Ser, imanifesto em Sua natureza essencial, sendo transcendental e absoluto, é oposto à natureza do *karma*. O *karma* é temporário, perecível. O Ser é eterno, absoluto. Ser é consciência pura de natureza absoluta. O *karma* baseia-se na mente consciente. Em virtude do *karma* a consciência pura do Ser é transformada em mente consciente. O Ser é unidade eterna em Sua natureza. O *karma* diversifica a unidade criando multiplicidade na unidade. Vemos assim que a natureza do *karma* é oposta à natureza do Ser. O Ser é a fonte do *karma* e o *karma* desafia a validade do Ser. Este é o relacionamento básico entre Ser e *karma*. Vimos anteriormente que a natureza da mente é obscurecida pela experiência, o agente obscurecido por sua ação, aquele que pensa é obscurecido pelo pensamento, e este obscurecimento da natureza essencial da mente é chamado de influência escravizante do *karma* ou da ação.

Entretanto, com a prática da Meditação Transcendental, a mente do agente fica completamente infundida pelo valor do Ser e a ação deixa de obscurecer a natureza do agente. O agente então mantém seu Ser, sua natureza essencial, e a ação é praticada de tal modo a não conseguir obscurecer a natureza do agente. Então dizemos que o agente se mantém livre da ação, e que a ação não escraviza o agente. É assim que, ganhando-se o Ser, o *karma* deixa de escravizar-nos.

Não é possível eliminar o *karma*. É preciso desempenhar ações, porque vida quer dizer atividade, a própria natureza da vida é dinâmica. Assim, é fisicamente impossível deter o *karma* ou escapar da ação. Vimos antes que, a não ser que o Ser cresça dentro da natureza da mente, é impossível não ficar preso à ação e a seus frutos.

Libertação do *karma* é conquistada alcançando-se o status do Ser eterno. Vemos assim que pela ação da Meditação Transcendental é possível criar uma situação interna na qual naturalmente estaremos sempre fazendo o bem para nós mesmos e produzindo influências boas para todo o Universo. Ao mesmo tempo, também é possível colocar-se acima da influência escravizante da ação e viver uma vida de liberdade eterna sobre a Terra. Esta é a filosofia do *karma*. Ela não trata apenas do certo e do errado e da influência abrangente da ação, mas também sugere uma técnica para colocar-nos acima da influência escravizante do *karma*. Mais importante que tudo isto, a filosofia do *karma* também lida com os estados fracos e fortes da ação, oferecendo uma técnica para fortalecer o *karma* visando à obtenção de resultados melhores e mais poderosos. Trataremos disto a seguir.

Evidentemente, uma ação fraca produzirá um efeito fraco; e uma ação forte, um efeito forte. A força de uma ação depende basicamente da força do pensamento. Vimos que, quando a fonte do pensamento é abarcada pela capacidade consciente da mente, a força do pensamento torna-se infinitamente grande. Isto mostra que a técnica de tornar poderosa uma ação é dirigirmos nossa atenção à fonte do pensar, que é o campo do Ser.[28]

Baseada em um pensamento infinitamente poderoso, a ação será igualmente poderosa, e a influência ou o fruto de tal ação será evidentemente poderosa. Portanto, para produzir resultados poderosos e desfrutar do grande fruto de nossas ações, é necessário levar a mente ao campo do Ser ou, pela prática da Meditação Transcendental, infundir o Ser na natureza da mente de forma que a mente consciente esteja sempre plena do valor do Ser. Quando a mente está infundida da força do Ser, a criatividade da mente é infinitamente grande e, à custa de muito pouca energia, podem-se desempenhar ações muito poderosas que tragam os frutos desejados.

Esta é uma técnica que permite ao agente gozar os frutos de sua ação com o dispêndio da menor quantidade de energia possível e produzindo uma influência infinitamente grande de paz e harmonia e efeitos propícios à vida no Universo todo. Esta é a habilidade na ação, que está em trazer nossa atenção à fonte do pensamento ou, ao praticar regularmente a Meditação Transcendental, infundir o Ser na natureza da mente e trabalhar a partir do nível do Ser.

O *karma* ou ação praticada a partir do nível do Ser, ou ao nível do Ser, tem valor infinito. Obviamente ela é praticada com o mínimo dispêndio de energia e com o máximo de resultados para o agente e para o mundo. O agente, desfrutando dos resultados e vivendo no plano do Ser, permanece eternamente livre da influência escravizante do *karma*. Esta habilidade na ação é o que nos ensina a filosofia do *karma*. Ela se desenvolve naturalmente no indivíduo através do método simples da Meditação Transcendental, que traz nossa atenção consciente ao campo do Ser. Portanto, quando se pratica o *karma* no nível do Ser, o *karma* ajuda a realizar o propósito da vida, que é evolução, no mais alto grau.

O propósito da vida é estar em consciência de bem-aventurança, evoluir até o estado eterno de liberação. Realizando, conquistando e desfrutando o máximo a vida, e fazendo o máximo bem a si mesmo e aos outros enquanto nos elevamos a um estado de liberdade eterna é o caminho para a vida individual. A filosofia do *karma* nos ensina como realizar o propósito de nossa vida e desempenhar nosso papel no

---

28 Veja na pág. 111 "O Pensar e a Arte de Ser".

propósito cósmico de evolução pela prática do *karma* de levar a atenção ao campo do Ser transcendental.

O *karma* feito pela mente que não praticou a Meditação Transcendental é motivado por desejos próprios que podem ou não estar corretos para o agente, e que podem ou não estar corretos para o Universo como um todo. Evidentemente, a mente que não se encontra no nível da vida cósmica universal do Ser será motivada pelo egoísmo, e as ações não serão absolutamente certas para o agente e para o Universo. Este *karma* produz uma tensão ou esforço no funcionamento das leis naturais que regem o processo evolutivo de todos os seres. Tal *karma* é fraco: exige grande esforço para sua realização e traz grande tensão para a vida individual e o ambiente. Acima de tudo, ele escraviza a mente; a mente fica escravizada por este *karma* e seus frutos.

Portanto, qualquer que seja o objetivo do *karma,* somente uma técnica de *karma* bem-sucedida é capaz de produzir os resulta dos mais eficazes, mais poderosos e melhores. Esta é a técnica de recolher a mente, deixar que ela chegue ao campo do Ser transcendental e, ao retornar, pensar em praticar a ação e sair para praticá-la. Assim a ação será forte e boa, e seu fruto será gratificante em todos os níveis. Ao mesmo tempo, nem o desempenho da ação nem seus frutos serão escravizantes, e o agente será para sempre livre, desempenhando a ação em liberdade, desfrutando dos resultados em liberdade e fazendo o máximo bem para ele mesmo e para os outros.

Esta é a filosofia do *karma*, que tem sua realização na prática simples da Meditação Transcendental.

A arte de Ser em relação ao *karma* está na manutenção do estado de Ser, qualquer que seja o tipo ou estado do *karma*. Qualquer que seja a atividade, qualquer que seja o *karma* desempenhado pela mente, sentidos, corpo ou ambiente, o Ser é eternamente mantido. Esta é a arte de Ser em relação ao *karma.*

É a arte de Ser no campo do *karma* que permite que, embora o *karma* por natureza seja oposto ao Ser, o *karma* em si seja levado ao nível do Ser. O Ser é mantido em Seu status e o *karma* não consegue desafiar Sua validade. Quando *karma* e Ser são ambos mantidos no nível da mente, então esta é a arte de Ser e a arte do *karma* simultaneamente. *Karma* e Ser encontram realização simultânea na prática regular da Meditação Transcendental.

A ARTE DE PENSAR

A arte de pensar significa que a maneira de pensar é tal que uma quantia mínima de energia mental é consumida, enquanto o pensamento expresso é um pensamento da maior potência possível. O pensamento se expressa de tal forma que alcança concretização sem esforço ou tensão, ou seja, a energia exigida para se pensar é menor, o pensamento é poderoso e sua realização é certa. Este será o objetivo da arte de pensar: o mínimo esforço e o máximo resultado.

O pensamento não deveria ser apenas poderoso, mas também correto. A arte de pensar significa também que nenhum pensamento inútil ou errado deveria ocupar a mente. Por natureza, somente pensamentos virtuosos e morais deveriam preencher a mente, pensamentos propiciadores da evolução. Se conhecemos a arte de pensar, é este o estado de nossa mente. Outro aspecto da arte de pensar é que os pensamentos devem vir de tal maneira que proporcionem o maior bem para aquele que pensa e espalhem harmonia pelo ambiente.

Pensar sem arte significará ter qualquer pensamento a qualquer hora: um pensamento inútil, um pensamento errado, um pensamento fraco, um pensamento enganador ou degenerado – estes são barreiras à evolução.

A evolução será assegurada somente quando o processo de pensamento aleatório for substituído pela arte de pensar. Somente então o pensamento estará em harmonia com a lei cósmica, e a lei natural unida ao propósito da evolução.

A arte de pensar deveria significar que o pensamento, embora ponha a mente em movimento no campo relativo, é capaz de, simultaneamente, deixar a mente livre de escravidão ou apego[29]. A arte de pensar significará que, enquanto o pensamento é tornado mais poderoso e mais realista com vistas à sua realização, ele é simultaneamente usado para libertar a mente. A mente deveria estar em liberdade enquanto envolvida na atividade de pensar. Em primeiro lugar ela deveria permanecer livre da influência escravizante do pensamento; em segundo, deveria ser usada como meio para alcançar a liberdade eterna na consciência de Deus.

A aplicação prática da arte de pensar repousa em trazer a mente até a fonte dos pensamentos, pegar a semente do pensamento de forma consciente de modo que, enquanto a mente colhe a semente do pensamento, traz também consigo energia vital ilimitada vinda do campo do Ser transcendental. De um lado o pensamento fica saturado do Ser, e de outro se torna um meio de trazer o Ser transcendental de natureza absoluta para o campo relativo da criação fenomenal diversificada. Esta é a arte de pensar. Torna-se um meio pelo qual a consciência transcendental do Ser pode crescer até tornar-se consciência cósmica[30]. Ao trazer a consciência pura, ou o Ser, da mente para o campo relativo da atividade, o pensamento permite à mente elevar-se até a consciência cósmica, onde, juntamente com a atividade de pensar, o Ser estará constantemente presente.

A arte do arqueiro é a de puxar para trás a flecha sobre o arco tanto quanto for possível e depois soltar a flecha, atirando-a à frente com força máxima. Da mesma

---

29 Veja na pág. 117 "A Experiência e a Arte de Ser".
30 Veja na pág. 68 "Como Viver o Ser".

forma, a mente deveria ser puxada para trás até a fonte do pensamento, e dali, libertada para trazer o pensamento para fora, de maneira poderosa, posto que suplementado pela força do Ser. Ela trará um pensamento poderoso que obterá sucesso no mundo relativo, levará a infusão do Ser para a atividade externa e possibilitará o estado de consciência cósmica. A arte de pensar dá ao homem condições de ser mais poderoso e mais eficiente no campo do pensamento e da ação. Ao mesmo tempo, liberta-o da escravidão da ação, da escravidão dos frutos da ação e da escravidão da semente da ação – o pensamento.

Esta é a arte de pensar, que constitui o aspecto mais importante da vida, pois liga o Ser transcendental, absoluto e eterno à fase externa, relativa, fenomenal da existência, assegurando para o homem o estado de consciência humana mais altamente desenvolvido – a consciência cósmica.

A arte de pensar inclui também a clareza de pensamento. A clareza de pensamento depende do estado da mente e do sistema nervoso. O sistema nervoso não deveria estar cansado e a mente deveria estar numa condição tal que possibilitasse à totalidade da mente agir sobre o sistema nervoso e expressar-se no mundo externo. Clareza de pensamento é resultado de uma mente plena utilizando um sistema nervoso forte: então os pensamentos são claros e o pensar eficaz.

É fundamental que sejamos bem treinados na arte de pensar. Toda a eficiência de toda espécie depende da eficiência do pensamento, que por sua vez depende da habilidade da mente de perceber o pensamento em seu estado mais sutil. Se o pensamento é percebido na fonte do pensamento, ele é percebido no local onde é mais forte e mais vital. A arte de pensar consiste em trazer a mente de volta à fonte do pensamento e este é o processo da Meditação Transcendental.

Portanto a arte de pensar está em ter pensamentos corretos, ter pensamentos úteis e criativos, ter pensamentos poderosos, ter pensamentos de tal modo que quem os pensa não fica escravizado pela sua influência e permanece livre, estabelecido no Ser. Trataremos destes quatro pontos separadamente.

Pensamento Correto

No campo do pensamento é extremamente necessário que a mente entretenha somente pensamentos corretos. Um pensamento correto seria aquele que produz influências boas, harmoniosas, úteis e de apoio à vida, para o agente e para todo o Universo, no presente e por todos os tempos.

Um pensamento correto é um pensamento que está de acordo com o processo evolutivo natural e que nunca produz nenhum efeito danoso, quer para o agente, quer para qualquer outra pessoa.

Qual é a arte de pensar que possibilitará à mente entreter apenas pensamentos construtivos?

Vimos ao tratar da lei cósmica[31] que, quando a mente está no estado de Ser transcendental, ela alcança um nível de consciência que é a base de todas as leis da natureza. Vemos assim que a arte de trazer a mente ao campo do Ser ou a técnica da Meditação Transcendental é aquela arte que irá naturalmente estabelecer a mente num tal estado que ela terá apenas pensamentos construtivos.

Não parece ser possível entreter somente pensamentos corretos *tentando* pensar corretamente. Qualquer tentativa consciente por parte da mente de entreter apenas pensamentos corretos significará apenas submeter a mente a um esforço num plano sobre o qual não se pode ter controle. Para que a mente consiga ter apenas pensamentos corretos ela deveria ser cultivada de tal modo que naturalmente pegue, na fonte, apenas um pensamento correto. Se a mente não se encontra estabelecida no plano da lei cósmica, estando descontente, obstruída por sua falta de visão, ela não conseguirá ter apenas pensamentos corretos.

Em primeiro lugar, não há meio de determinar intelectualmente que pensamento está absolutamente correto. Em segundo, mesmo que a correção do pensamento pudesse ser avaliada intelectualmente, poderia ser avaliada somente depois de surgido o pensamento. O pensamento poderia então ser examinado minuciosamente e descobrir-se-ia se estava correto ou não. Mas a esta altura aquele que pensou e o meio ambiente já teriam sido influenciados segundo a qualidade daquele pensamento.

Portanto, é impossível conseguir ter apenas pensamentos corretos a não ser que a mente desenvolva, dentro de si mesma, um estado no qual entretenha apenas pensamentos corretos. Já vimos[32] que este estado mental não apenas é possível mas pode também ser facilmente alcançado por todas as pessoas.

Pensamento Útil e Criativo

Todo pensamento, em seu processo de nascimento e desenvolvimento, precisa de energia vital, que é consumida enquanto o pensamento está sendo criado; à medida que ele se desenvolve é apreciado no nível consciente da mente. Portanto, se o pensamento não for útil, a energia vital consumida foi desperdiçada. Em virtude de ter sido consumida uma quantidade de energia, produzir-se-á alguma influência no meio ambiente, e, se não for uma influência útil e criativa, será inútil ou mesmo prejudicial. Portanto, é muito necessário que a mente entretenha somente pensamentos úteis e criativos.

---

31 Veja na pág. 46 "Ser, O Plano da Lei Cósmica".
32 Veja na pág. 111 "O Pensar e a Arte de Ser".

Pessoas que pensam continuamente, muitas vezes numa longa corrente de pensamentos sem importância alguma para a vida prática e que serve apenas para exaurir a mente, não passam de pessoas ocupadas com devaneios. Acabam sendo pessoas que pensam com desperdício e falta de praticidade e que perdem toda a precisão e o poder de decisão na vida, e tudo para permanecer naquele estado de indefinição que é um total desperdício de energia vital. Assim, é importantíssimo que o pensamento entretido pela mente seja útil ao que pensa e produza influências úteis para toda a criação, tanto no presente como no futuro.

Pensamento útil significa que ele deveria ser criativo e ter um propósito construtivo na vida. A mente entretém um pensamento para que ele possa desenvolver-se e ser utilizado para a realização de algum desejo. O pensamento é apenas um estado preliminar da ação. Se o pensamento é útil, então a ação será útil e resultará num ganho real. Seria muito mais benéfico à mente permanecer na plenitude da bem-aventurança de seu próprio Ser do que entreter pensamentos inúteis. Isto porque, se a mente está estabelecida no estado de contentamento no campo do Ser, pensamento correto e útil, seja para o que pensa, seja para o ambiente, surgirá de forma natural na mente. Ter um só desses pensamentos úteis é infinitamente mais proveitoso do que desperdiçar energia mental entretendo inúmeros pensamentos inúteis, um atrás do outro.

A arte deste pensar está na prática regular da Meditação Transcendental, que cultiva o estado do Ser na própria natureza da mente, de modo que ela está sempre satisfeita na consciência de bem-aventurança do Ser absoluto. Permanecendo assim satisfeita, a mente entretém apenas pensamentos úteis, pensamentos que brotarão para satisfazer a necessidade do momento, do agente e para todos no meio ambiente, pensamentos que realizarão o propósito da evolução do agente e de toda a vida cósmica.

Pensamento Poderoso

A arte de pensar produz pensamentos poderosos. Para que o pensamento tenha a máxima potência, duas coisas parecem ser necessárias. Primeiro, a mente deve entreter o pensamento utilizando seu potencial pleno, ou seja, a força da mente plena deveria ser utilizada na criação e desenvolvimento do pensamento. Segundo, todas as forças naturais devem somar sua força àquele pensamento, ou seja, o pensamento terá força máxima apenas quando aquele que o pensa e também seu mundo transfiram a ele a maior quantidade de força disponível, cada qual na sua extremidade.

Se um pensamento faz uso do pleno potencial da mente, mas não é cultivado pelo ambiente ou pela atmosfera e não é bem recebido pela natureza, mesmo estando baseado no pleno potencial de quem o pensou, não conseguirá manter a força necessária a sua realização final. Para que a mente pense o pensamento com seu pleno potencial é preciso que esteja consciente do pensamento desde sua origem.

Vimos[33], enquanto tratávamos da expansão da capacidade consciente da mente, que, quando, a fonte de um pensamento entra no âmbito da mente consciente, e somente então, terá a capacidade consciente da mente expandida ao seu máximo, e o pleno potencial da mente pode ser completamente usado. Se a cada passo do desenvolvimento do pensamento a mente mantiver o processo de desenvolvimento ao nível consciente, então este desenvolvimento se fará em termos do pleno potencial mental. Assim é que, pela prática da Meditação Transcendental, todo o campo do processo de pensar torna-se conhecido da mente consciente.

Com a prática regular, cria-se um estado mental em que todo pensamento que surge é suplementado pelo pleno potencial mental em sua origem e em todos os graus de desenvolvimento. E, além disso, vimos que a prática da Meditação Transcendental também permite à mente colher apenas pensamentos corretos e úteis. Pensamentos que representam as necessidades da natureza, pensamentos cuja influência produzirá resultados bons, harmoniosos e de apoio à vida, de acordo com todas as leis naturais, e no Universo como um todo.

Portanto, a prática da meditação não só possibilita à mente usar seu pleno potencial naturalmente, para fortalecer a energia mental, mas também acrescenta a ela a potência de todas as leis naturais. É assim que, através da prática da Meditação Transcendental, pode-se criar uma situação na qual todo pensamento é poderoso, sendo, portanto, aceito naturalmente por todas as leis da natureza que levam a efeito o processo evolutivo.

A prática da Meditação Transcendental cria uma situação natural na mente, uma situação em que ela entretém pensamentos corretos, úteis, poderosos, pensamentos que são apoiados pela natureza e cuja realização é levada a efeito por todas as leis naturais.

Pensamentos que Libertam Aquele que Pensa

A arte de pensar requer também que os pensamentos não escravizem o que pensa, mas, ao contrário, mostrem-se um meio para a libertação.

Ao examinarmos "O Pensar e a Arte de Ser"[34], vimos que quando a mente pensa um pensamento identifica-se com este pensamento. Esta identificação da mente com o pensamento anula o valor do Ser. Uma mente assim dominada pelo pensamento e despida do valor de seu próprio Ser é considerada uma mente escravizada. A mente

---
33 Veja na pág. 60 "Como Contatar o Ser" e na pág. 62 "Meditação Transcendental".
34 Veja na pág. 111.

escravizada é a mente despida do valor do Ser. Portanto, a arte de libertar por completo a mente da influência escravizante de um pensamento, ou do pensar, está em infundir o estado do Ser na natureza da mente, que, como vimos, é conseguido pela prática da Meditação Transcendental.

Quando a mente, ou o que pensa, percebe o pensamento em sua origem, o pensamento torna-se um instrumento de libertação. Quando aquele que pensa ignora o pensamento em sua origem, só percebendo-o depois de ter-se desenvolvido até um estágio onde tudo mais pode ser ignorado, então este pensamento captura a mente e ela fica sob sua influência, tornando-se limitada por ela. É como uma criança que recebeu de sua mãe cuidados adequados na infância e naturalmente cresce disposta a servir e respeitá-la. Mas, se a criança é ignorada durante a infância, ela cresce e ignora sua mãe, preocupa-a e torna-se uma prisão para ela.

Vemos assim que a arte de pensar um pensamento correto, útil, poderoso, libertador e de valor criativo, tem sua realização na prática regular e continuada da Meditação Transcendental, através da qual a mente é libertada da influência escravizante da ação, atingindo um estado de liberdade no Ser eterno.

A ARTE DE FALAR

A arte de falar consiste obviamente em: falar com um consumo mínimo de energia, falar acertadamente, falar harmoniosamente, falar agradavelmente, falar poderosamente, falar utilmente e falar de modo a que o orador permaneça livre da influência escravizante da palavra. Agora passaremos a discutir cada um destes itens separadamente.

Falar com o Mínimo Consumo de Energia

Falar consumindo o mínimo de energia vital é possível apenas quando o pensamento é claro e poderoso, quando há uma boa coordenação entre a mente e o órgão da fala e quando o meio ambiente e as circunstâncias são propícios à natureza do pensamento.

Quando o pensar é claro e poderoso, o pensamento não encontra resistência ao seu desenvolvimento no sentido de tornar-se palavra, flui naturalmente para fora como palavra sem demandar nenhum esforço ou energia a mais para expressar-se. Se, por outro lado, o pensar é fraco, demandará maior energia para fortalecer-se e transformar-se em palavra.

Clareza mental resulta obviamente em precisão no pensamento que, por sua vez, resulta em precisão e clareza da fala. Um falar claro e preciso certamente consome muito menos energia que o falar desordenado, que exaure e irrita tanto o orador como a atmosfera. Além da vantagem de consumir um mínimo de energia, a precisão e clareza da fala tem a grande vantagem de dar uma boa impressão e alcançar o objetivo do orador.

Vimos no capítulo sobre "O Pensar e a Arte de Ser"[35] como o processo de pensar poderia ser facilmente fortalecido e aclarado para alcançar o objetivo desejado de precisão e clareza na fala, com um mínimo consumo de energia.

A coordenação entre a mente e o órgão da fala é outro fator vital para consumir um mínimo de energia ao falar. Para tanto são necessários uma mente clara e poderosa e um sistema nervoso forte, funcionando normalmente, e capaz de fazer agir sobre o mundo exterior todo o potencial mental. Ao tratarmos de "A Mente e a Arte de Ser"[36] e de "O Sistema Nervoso e a Arte de Ser"[37] vimos como é possível, do ponto de vista prático, conseguir isto de uma maneira muito simples.

A influência do ambiente é outro fator vital para o mínimo consumo de energia ao falar. Se o ambiente e as circunstâncias não forem favoráveis à natureza do pensamento, haverá muita hesitação para colocar em palavras aquele pensamento, e será necessário um esforço enorme para impedir que o pensamento escape e precipite-se para fora em palavras. Isto representa um consumo desnecessário de grande energia. Igualmente, quando é necessário expressar determinado pensamento em um ambiente pouco favorável, transformar os pensamentos em palavras representa um grande esforço e um consumo desnecessário de grande energia.

Por outro lado, se o ambiente e as circunstâncias são propícios ao pensamento, o processo de transformar pensamento em palavras traz uma renovação da energia vital, provocando alegria e inteligência criativa e tornando-se um meio de ganhar energia em vez de consumi-la; age como uma força regeneradora e rejuvenescedora. Assim, a arte de falar com um mínimo consumo de energia está em expressar pensamentos favoráveis ao ambiente e às circunstâncias.

A fórmula prática seria:

Falar de acordo com o momento.
Falar de acordo com o ambiente – para o nível de receptividade consciente de
　　seu ambiente.
Falar de acordo com suas próprias circunstâncias.
Não falar impulsivamente.

Se o ambiente e as circunstâncias a princípio não parecem combinar com o pensamento, ou se suas próprias circunstâncias não são favoráveis ao pensamento,

---

35　Veja na pág. 111.
36　Veja na pág. 121.
37　Veja na pág. 131.

a arte de falar reside em usar palavras que primeiro sejam adequadas ao ambiente e às circunstâncias, expressando depois, gradualmente, o objetivo. Desta maneira há boa chance de que, sem grande dispêndio de energia suplementar, o falar alcance seu objetivo de forma graciosa.

Entretanto, tal modo de falar não pode ser cultivado com base no intelecto, pois, se nos esforçamos para tentar ajustar nossa maneira de falar, o tempo todo pesando e medindo nossas palavras, haverá uma tensão interna muito forte que dará uma impressão de artificialidade ao ambiente. Isto promoverá outra grande perda de energia que porá a perder nosso objetivo.

Ao tratarmos da arte de pensar, descobrimos que um pensamento poderoso, vindo de uma mente clara e em harmonia com o ambiente e as circunstâncias, é aquele pensamento entretido naturalmente pela mente estabelecida no estado do Ser. Além disso, o pensamento gerado por uma mente assim se expressa naturalmente em palavras adequadas com o mínimo dispêndio de energia.

A realização deste princípio repousa na prática regular da Meditação Transcendental, que prontamente traz o valor do Ser à mente, ao mesmo tempo tornando favoráveis o ambiente e as circunstâncias.

Falar Acertadamente

Quando tratarmos do "Certo e Errado"[38], ficará claro que uma correta avaliação do certo e do errado, em seu valor absoluto, pode ser encontrada apenas no plano do Ser. Portanto, a arte de falar acertadamente funda-se necessariamente no plano do Ser.

Entretanto, as considerações básicas concernentes à natureza relativa da arte de falar envolvem uma projeção da arte de pensar e, portanto, tudo o que é válido para a arte de pensar é válido para a arte de falar. O acerto da palavra tem base na correção do pensamento.

A fala é a expressão conjunta de coração e mente. Portanto, para falar acertadamente é necessário ao homem estar certo em seu coração e em sua mente[39].

A fala é a expressão de nosso estado evolutivo. A palavra saída da boca de um homem revela sua qualidade interior. A suavidade da fala dá expressão ao cultivo de seu coração, e a lógica, imaginação ou criatividade expressas pela fala revelam o cultivo de sua mente. Todo o estado de evolução e desenvolvimento de um homem poderia ser detectado através de uma palavra sua.

---

38 Veja na pág. 215 "Certo e Errado".
39 Veja na pág. 121 "A Mente e a Arte de Ser".

A fala é uma ligação muito delicada entre o homem e seu ambiente. É de extrema importância para o bem-estar do indivíduo e de seu ambiente que todas as pessoas cultivem a arte de falar, pois ao proferir uma palavra errônea lançamos impressões erradas na atmosfera. O indivíduo poderá mudar de atitude, de decisão ou de tipo de comportamento, mas a palavra que saiu de sua boca jamais poderá ser recolhida. A influência que criou sobre os ouvintes e na atmosfera à sua volta jamais poderá ser apagada. Portanto, é de suma importância que conheçamos a arte de falar e saibamos falar acertadamente.

A palavra é uma projeção do pensamento e, embora a arte de falar esteja fundada basicamente na arte de pensar, aquela é muito mais sutil que a própria arte de pensar, pois nem todo pensamento que surge na mente precisa ser necessariamente expresso pela fala.

Tomemos o exemplo de um homem de negócios que está sentado conversando com um amigo à noite quando, de repente, tem a lembrança de um assunto que precisa ser tratado com seu gerente no dia seguinte. Seria muito estranho se ele desse expressão a seu pensamento ali mesmo. Por isso dizemos que a arte de falar é muito mais sutil e, portanto, mais avançada que a arte de pensar.

A fala deve condizer com a atmosfera (isto também foi discutido em "A Arte de Pensar"). O pensamento e sua expressão em palavras deveriam ser bem-vindos pelo ambiente. Centenas de palavras inadequadas à atmosfera mostrar-se-ão inúteis contra uma palavra de valor.

Assim, a arte de falar acertadamente tem sua realização na arte de pensar, juntamente com a habilidade de expressar-se adequadamente em vista da atmosfera existente. Isto, como já foi dito, depende da correção da mente e do coração do indivíduo, o que, como vimos, só é possível através da infusão do Ser na natureza da mente, que é facilmente conseguida pela prática regular da Meditação Transcendental.

Falar Harmoniosamente

Para que o falar seja harmonioso, apropriado e adequado, o pensamento deve ser claro, aguçado e, na pior das hipóteses, inofensivo ou, na melhor, propiciador da vida para todo o meio ambiente.

A maior arte do falar repousa em pensar com clareza e expressar-se de forma simples e inocente. Devemos expressar o que sentimos, se o pensamento for condizente com a ocasião. Se sentimos as coisas de determinada forma e o ambiente será ofendido pela expressão daquele sentimento, é melhor não falar. Não é correto esconder nossos sentimentos, é certo dizer exatamente o que se sente, mas é a arte de falar que exige que um pensamento não seja expresso caso desagrade alguém, perturbe o ambiente ou produza desarmonia na atmosfera.

Mesmo que em algum momento seja necessário dizer "não", a arte de falar exige que ele seja expresso em palavras que não sejam evidentemente ofensivas ou duras. A arte de falar repousa num falar sincero, mas, ao mesmo tempo, esta expressão sincera não deveria magoar ninguém. Muitas pessoas pensam sinceramente por natureza e creem que a sinceridade está em falar abertamente tudo o que pensam. Talvez isto seja falar sinceramente, mas é também uma falta de tato, desagrada o interlocutor e resulta numa desarmonia que põe a perder a própria finalidade da fala. Mesmo que você tenha de dar um parecer contrário a algo, expresse-o em palavras decentes. Esta qualidade de gentileza e delicadeza de coração se desenvolve quando o coração começa a fundir-se na experiência de bem-aventurança e grande alegria do Ser transcendental. O coração fica mais brando e então, por natureza, o indivíduo não consegue ser grosseiro ou desagradável com ninguém. O falar fluirá naturalmente em plena harmonia.

Falar Agradavelmente

Esta é a técnica da arte de falar: embora sendo sinceros em pensamento e palavra, as palavras que nos saem devem ser agradáveis, suaves e de boa qualidade. Para isto devem ser desenvolvidas a simplicidade e uma natureza afetuosa. De nada adianta tentar ser gentil, suave ou polido. Todo o esforço em tentar não conseguirá realmente trazer ao indivíduo a arte de falar agradavelmente.

O hábito de falar agradavelmente consiste em cultivar aquela natureza, aquela gentileza, aquela suavidade e bondade de coração que em momento algum produzirão aspereza no falar. As palavras devem ser espontaneamente sinceras e agradáveis aos que as ouvem. Esta qualidade só pode ser desenvolvida naturalmente pela prática regular da Meditação Transcendental. Qualquer tentativa artificial de moldar o falar tentando fazê-lo soar agradavelmente o torna artificial e não produzirá um efeito suave e harmônico para o ouvinte. Afetação por parte do orador resulta em tensão interna para ele e para seus ouvintes.

Hoje há muitos sábios professores ensinando às pessoas como falar. Seus ensinamentos dão algum resultado no tocante à melhoria da qualidade da voz, mas estes professores mesmos sabem que não há meio de melhorar o discurso até que as tensões mentais e musculares sejam dissolvidas.

A arte de como falar agradavelmente não está em falar menos ou mais. Está em falar de uma maneira simples e natural, não tentando minimizar nem maximizar o falar a não ser por motivos políticos (em política é prática comum dizer muito ou pouco sem significar nada); mas, mesmo no campo da política, a técnica de falar agradavelmente está em palavras sinceras e simples que produzirão os efeitos desejados. Sejam as expressões sucintas ou demoradas, isto não tem muita relação com a impressão que elas criam; é a sinceridade e a verdade do discurso, e a inteligência subjacente a ele, o que causa impressão e realiza o propósito da fala. Se o falar é agradável e ao mesmo tempo cheio de sentido, tal modo de falar é o fruto da arte de falar. O falar agradável pode até fazer com que um inimigo trabalhe para nós. Abençoados os que falam palavras doces!

A arte de falar agradavelmente está em encher o coração e a mente de felicidade. Vimos que isto só é concretamente possível através da infusão da bem-aventurança do Ser na natureza da mente, que se consegue facilmente pela prática regular da Meditação Transcendental.

Falar Poderosamente

O poder da fala depende do poder do pensamento, do conhecimento completo do assunto da fala e da pureza de coração e mente. Foi visto[40] que a pureza do coração e da mente são adquiridos ao se aumentar a pureza da consciência através da prática regular da Meditação Transcendental. Isto também ajuda a aumentar a inteligência e, desta forma, torna o homem mais capaz de ter um conhecimento completo do assunto da fala.

Falar de Forma Útil

Falar de forma útil é uma arte naturalmente relacionada com conteúdo da mente e do coração. Isto é facilmente alcançado pelo desenvolvimento de consciência de bem-aventurança.

Falar de Tal Forma Que Aquele Que Fala Permanece Livre da Influência Escravizante da Fala.

A arte de adquirir consciência do Ser e elevar-se ao estado de consciência cósmica[41] é a arte de permanecer livre da influência escravizante da fala.

---

40 Veja na pág. 141 "A Arte de Pensar".
41 Veja na pág. 68 "Como Viver o Ser".

A ARTE DA AÇÃO

Há um provérbio indiano que diz que o sucesso da obra de um grande homem depende mais da pureza de seu coração do que dos acessórios. Este é um provérbio da língua sânscrita e há nele muita verdade.

Enquanto tratávamos da lei cósmica ficou muito claro que, quando a mente está estabelecida na absoluta pureza da consciência, ela entra em perfeita coordenação com as leis naturais. O segredo do sucesso está em ganhar uma influência favorável das leis naturais que levam a efeito o processo evolutivo de todos os seres. Portanto, a arte da ação consistiria basicamente na arte da Meditação Transcendental, que prontamente leva embora todas as impurezas da mente, deixando-a pura e em conformidade com as leis naturais. Basicamente esta é a arte para a obtenção de todo sucesso.

Ao explicar a filosofia da ação enquanto tratávamos de "O *Karma* e a Arte de Ser"[42], ficou bem claro que a arte de Ser fundamenta a arte da ação porque a gravidade e o poder da ação dependem da gravidade e do poder do pensar que, por sua vez, dependem da gravidade e do poder do Ser. Se o Ser é forte, o pensamento será poderoso e a ação potente. Se o Ser não se encontra na mente consciente, o pensamento será apático e a ação pobre e menos eficaz.

Para uma ação mais eficaz é necessário um pensamento mais eficaz, e para um pensamento mais eficaz, é necessário um Ser mais eficaz na natureza da mente. Portanto a base da arte da ação é a arte de Ser, cuja técnica é a Meditação Transcendental.

A qualidade de qualquer ação depende da qualidade do agente, das circunstâncias e da receptividade da natureza que cerca o agente em relação àquela ação. O agente pode ser de boa qualidade, tendo hábitos ordenados e uma vida pura, uma mente forte e o pensamento claro, mas, se as circunstâncias e o ambiente não são favoráveis à ação, ela não será frutífera. Em "Como Utilizar Plenamente o Meio Ambiente"[43] examinou-se detalhadamente como, através da prática da Meditação Transcendental, o ambiente e as circunstâncias tornam-se harmoniosos e propícios à realização dos desejos e das ações.

Outro aspecto da arte da ação é executar a ação com o mínimo dispêndio de energia e o máximo em quantidade de trabalho realizado. Desta forma, a eficiência no trabalho é maior. Portanto, a qualidade e a quantidade do trabalho realizado são maiores, enquanto a energia consumida é menor.

O mínimo esforço aliado ao máximo benefício para o agente e para o ambiente é a arte da ação. Tanto o indivíduo como o Universo são amplamente recompensados pela arte da ação.

---

42 Veja na pág. 133 "O Karma e a Arte de Ser".
43 Veja na pág. 96.

Um outro aspecto da arte da ação é a habilidade na ação. Habilidade na ação significa que o agente extrai grande prazer da ação, mas ao mesmo tempo permanece livre da influência escravizante de seus frutos. A habilidade na ação ocorre quando a mente do agente se coloca no nível da bem-aventurança e da ilimitada inteligência criativa do Ser, permanecendo satisfeito todo o tempo, realizando mais trabalho e conseguindo mais na vida diária. Por "mais" queremos dizer maior quantidade e eficiência no trabalho, em função de mais e melhores resultados. Se isto é conseguido ao mesmo tempo em que o agente permanece em liberdade, trata-se da habilidade na ação ou da arte da ação.

A arte da ação é tal que, embora o agente esteja plenamente identificado com a ideia do trabalho, com o processo da ação e com o desfrutar dos resultados da ação, ainda assim ele permanece no estado de liberdade eterna, saturado da consciência de bem-aventurança do Ser absoluto. Portanto, a arte da ação requer uma saturação de Ser na natureza da mente e, através disto, ser levado a expressar o mundo das formas e fenômenos.

Portanto, em resumo, a arte da ação consiste em, primeiramente, sondar os níveis mais profundos do oceano da mente e então levar a mente à fonte do pensamento, ao campo do Ser, onde a ação de pensar começa. Este processo permite que o pleno potencial mental seja envolvido no processo de pensar e, ao mesmo tempo, permite sondar o campo do Ser.

Deste modo, todo o campo do pensamento e da ação torna-se um meio pelo qual o Ser absoluto transcendental entra no campo da relatividade e vibra através do pensamento e da ação. Todo o campo do pensamento e da ação e de seus frutos torna-se um prazer, pois as leis da natureza e todo o meio ambiente propiciam a realização dos desejos. É como se toda a criação tomasse para si a tarefa de realizar os pensamentos e ações que surgiram. O pensamento torna-se um pensamento do divino. A ação torna-se um meio para a realização do propósito divino e, ao mesmo tempo, o propósito individual é plenamente realizado. Na realização do propósito divino, o propósito da vida individual ganha um aspecto glorioso.

Esta é a arte da ação. É necessário apenas mergulhar fundo dentro de si mesmo antes de iniciar a ação, e todo o processo de pensamento e ação que se seguir automaticamente nos moldes da arte da ação, trazendo benefícios para o agente e para o Universo, e deixando o agente em liberdade eterna.

A ação deveria ser praticada para trazer todo o bem ao agente. Neste sentido a segurança deveria ser a primeira preocupação, ou seja, o agente não deveria estar escravizado pela execução da ação. Nem a influência escravizante da ação nem a dos frutos da ação deveriam tocar o agente. Tem-se uma noção muito vaga sobre a influência escravizante da ação no mundo de hoje. A ação é praticada somente para a satisfação do nível sensorial da vida. Isto se dá por haver muito pouca noção do Ser.

Por isso, nunca se pensa na ação em termos do nível do Ser, que é tida como existente apenas ao nível da mente, sentidos, corpo e meio ambiente. Vemos que hoje toda a esfera da vida encontra-se num nível muito superficial.

Quando consideramos a arte de viver, devemos levar em consideração todo o campo da vida. Ao fazermos isto, consideramos o Ser, o pensar, o fazer e a atmosfera – todos os campos da vida. Portanto, o alcance da ação deve ser considerado não só em termos de sua execução e frutos, mas também em termos do tipo de impressões e influências criadas para o agente e para o ambiente externo.

Os pontos principais da arte da ação são os seguintes:

1. A arte de praticar uma ação despendendo o mínimo de energia.
2. A arte de praticar uma ação gastando um mínimo de tempo.
3. A arte de praticar apenas ações úteis.
4. A arte de praticar uma ação obtendo os resultados mais eficazes e desejáveis.
5. Firmeza de propósito na prática da ação para obtenção dos resultados mais eficazes e desejáveis.
6. A arte de praticar e completar a ação sem prejudicar ninguém.
7. A arte de praticar uma ação obtendo resultados máximos.
8. A arte de praticar uma ação de forma agradável e sem tornar-se uma tarefa cansativa, tediosa ou aborrecida.
9. A arte do planejamento adequado da ação.
10. A arte de executar eficazmente o plano de ação.

Examinaremos estes itens um por um dando-lhes um tratamento minucioso, pois a arte da ação é o componente elementar da arte de viver.

A Arte de Praticar uma Ação Despendendo o Mínimo de Energia

Para praticar uma ação com o mínimo dispêndio de energia, primeiro é necessário que o pensamento da ação seja poderoso. Um pensamento fraco demandará uma enorme quantidade de esforço para realizar a ação, ao passo que um pensamento poderoso facilmente chegará à materialização. Uma força de pensamento altamente desenvolvida, como vimos ao tratarmos de "O Pensar e a Arte de Ser"[44], é conseguida através do processo da Meditação Transcendental. Assim, para ter sucesso no campo da ação, é necessário em primeiro lugar que seja grande a força do pensamento. Para tanto devemos praticar regularmente a Meditação Transcendental.

---

44 Veja na pág. 111.

As circunstâncias e o ambiente também deveriam ser favoráveis ao seu desempenho. Isto é, o ambiente também deveria sentir a necessidade da ação e esperar receber alguma coisa útil. Neste caso a atmosfera circundante torna-se favorável à prática da ação e o seu desempenho fica fácil e harmonioso.

A ação deveria ser inofensiva. Se ela pretende prejudicar alguém, o ambiente certamente fará oposição ao seu desempenho, e portanto seria necessário despender maior energia para fazer frente a esta oposição.

O agente também deveria ser poderoso e enérgico. No capítulo sobre "Ser, o Plano da Lei Cósmica"[45] vimos que a prática da Meditação Transcendental leva a mente à fonte da criação, que é o campo de energia vital ilimitada. No contato direto da mente consciente com o campo de energia vital ilimitada ela ganha tal quantidade de vitalidade que qualquer ação pode ser facilmente desempenhada e rapidamente executada, sem esforço e com grande sucesso. Se o indivíduo não é enérgico ao praticar uma ação, falta-lhe confiança no que faz, e a cada momento da ação ele teme dar o próximo passo.

A Arte de Praticar uma Ação Gastando um Mínimo de Tempo

Para finalizar rapidamente um trabalho são necessários autoconfiança, precisão nas decisões e exatidão no pensar. Perde-se muito tempo quando se age sem ter certeza dos resultados, tentando desfazer os atos já praticados, inúmeras vezes, na esperança de aperfeiçoar o trabalho. Esta falta de confiança é uma grande barreira para o desempenho de ações no menor tempo possível.

O ritmo cada vez mais acelerado da vida moderna requer grande presença de espírito, um intelecto desenvolvido e uma personalidade cheia de energia e vivacidade. Um processo lento de ação não se encaixa na natureza das coisas de hoje.

A velocidade marca a tendência desta era. Tudo que é lento ou moroso não pertence aos tempos modernos. Aqueles que não conseguem acompanhar o ritmo acelerado da vida moderna adquirem tensões, pois hoje ter sucesso na vida depende de realizar rapidamente o trabalho. Se estas qualidades não são as que o indivíduo possui por natureza, ele não pertence à era moderna e não está apto a acompanhar os tempos. Velocidade na ação é imprescindível para poder-se acompanhar os tempos. A velocidade na ação é imprescindível para poder ter uma vida feliz no mundo de hoje.

O homem moderno aspira por viver na Terra enquanto o sol brilha durante o dia e a voar para a lua à noite, quando ela brilha na Via Láctea. O sucesso na ação exige que o homem seja enérgico, inteligente, rápido e confiante.

---

45 Veja na pág. 46.

O fator tempo é essencial na vida. Aqueles que realizaram grandes feitos no mundo foram aqueles que valorizaram o tempo em suas vidas. O tempo da vida é limitado e uma grande evolução precisa ser alcançada para atingir a realização da vida. Portanto o fator tempo precisa ser valorizado acima de tudo. Com certeza o tempo é o fator mais escravizante na vida. Diz-se que "o tempo e a maré não esperam por ninguém", mas a experiência mostra que, se conquistamos terreno na eternidade sem tempo do Ser absoluto, o tempo passa a servir-nos mais, porque a existência absoluta da eternidade ilimitada é a fonte e a base de todo o tempo – passado, presente e futuro.

No capítulo sobre "Ser, o Plano da Lei Cósmica"[46] vimos que a vida individual suplementada pelo Ser liberta-se de todos os tipos de resistência, interna e externa. Grande clareza, autoconfiança e força mental chegam ao indivíduo, e toda a harmonia e influências favoráveis do ambiente criam uma atmosfera basicamente propícia à execução de uma ação no menor espaço de tempo. Portanto, a arte de praticar uma ação despendendo o mínimo de tempo encontra sua realização na infusão do Ser na natureza da mente, através da prática regular da Meditação Transcendental.

A Arte de Praticar Apenas Ações Úteis

A habilidade de praticar somente ações úteis constitui uma grande porção da arte de agir. Se um indivíduo aprende a arte de agir, mas não seleciona uma ação útil, obterá uma série de resultados que poderão ser errados ou dolorosos. Portanto, antes de conseguir praticar a arte da ação, é necessário primeiramente adquirir a habilidade de selecionar a ação adequada. Este é o primeiro passo no sentido de agir útil e beneficamente.

Quando examinamos os campos da ação útil, encontramos os diversos estados de consciência nos quais diversos tipos de ação deverão ser úteis.

A utilidade de uma ação difere de indivíduo para indivíduo, dependendo de seu estado de consciência. Nenhuma ação da vida poderá ser declarada útil a não ser que seja praticada no nível da consciência absoluta. Todas as ações no mundo podem ser consideradas úteis por algum ângulo, mas sob outros pontos de vista poderão ser consideradas completamente inúteis. Ao examinarmos a habilidade de praticar apenas ações úteis, podemos pensar apenas em termos relativos de utilidade para o agente e para seu ambiente.

Assim, parecerá que o indivíduo tem normalmente a habilidade de desempenhar apenas ações corretas, ações úteis. Mas um exame mais profundo da utilidade de uma ação para o agente e para o meio ambiente leva-nos à conclusão de que pode haver uma ação que o agente gosta de praticar, cujos frutos lhe agradam, mas que

---

46 Veja na pág. 46.

ainda assim talvez seja prejudicial ou antagônica a alguns outros indivíduos próximos ou distantes dele. Quando a ação é apenas parcialmente útil, ela não pode ser considerada uma ação realmente útil.

Por exemplo, um ladrão comete um furto e rapidamente adquire grande fortuna. Aparentemente esta é uma ação cujos resultados são agradáveis ao agente. Num minuto o ladrão coloca o dinheiro de outro homem em seu bolso, mas o meio pelo qual o dinheiro foi coletado certamente não agrada ao meio ambiente. Tal ato é chamado de ato egoísta, pecaminoso e errado; é útil ao agente, mas útil apenas dentro das considerações grosseiras da vida. Mas, ao considerar os aspectos sutis da questão, esta ação não é útil sequer ao agente.

A habilidade de praticar somente ações úteis significa que o indivíduo praticará somente aquelas ações úteis a ele assim como aos outros. A escolha de ações assim dependerá da elevada consciência do indivíduo. Se o indivíduo tem visão para distinguir entre certo e errado, para prever os resultados de sua ação, somente esta visão fará com que ele escolha a ação adequada, que será útil ao agente e cujos efeitos também serão apreciados pelos outros.

Nas considerações acerca de "O Meio Ambiente e a Arte de Ser"[47], vimos que somente através do sistema da Meditação Transcendental, quando a mente individual é sintonizada com a lei cósmica, é que nossas ações e comportamento entram em sintonia com o fluxo evolutivo. Somente então é que atingimos a habilidade de praticar ações úteis.

Vimos também que é impossível determinar a utilidade absoluta de uma ação no nível intelectual. Que ação será permanentemente útil para o agente e produzirá uma influência boa, harmoniosa e de apoio à vida no meio ambiente? Como vimos, é difícil decidir intelectualmente. Portanto, a habilidade de praticar apenas ações úteis repousa basicamente em sintonizar-se com a lei cósmica. Todos têm esta habilidade e ela é facilmente posta em uso através da prática da Meditação Transcendental.

A Arte de Praticar uma Ação Produzindo os Resultados Mais Eficazes e Desejáveis

Para que a devida habilidade de desempenhar uma ação produza os resultados mais eficazes e desejáveis, o indivíduo deve possuir o seguinte:

1. Força mental poderosa.
2. Grande energia.

---

47 Veja na pág. 133.

3. Ambiente e circunstâncias favoráveis.
4. Habilidade de praticar a ação correta.
5. Autoconfiança.

Trataremos destes itens um por um e veremos como se podem desenvolver estas qualidades em nós mesmos e em nosso ambiente para praticar ações que produzem os resultados mais eficazes e desejáveis.

Força Mental Poderosa

Uma grande força de pensamento depende de quatro fatores: habilidade de utilizar nosso pleno potencial mental; habilidade de concentração; capacidade de conservar energia mental e boa coordenação entre mente e sistema nervoso. Veremos agora como podem ser cultivadas estas qualidades.

Pleno Potencial Mental – Em "Como Viver o Ser"[48], vimos que através da prática da Meditação Transcendental todos têm fácil acesso ao uso de seu pleno potencial mental.

Concentração – A capacidade de concentração depende da natureza da mente. O entendimento generalizado é no sentido de que a capacidade de concentração depende da qualidade, força ou poder da mente. Contudo, a capacidade de concentração depende, na realidade, do grau de alegria ou felicidade que o centro de atenção é capaz de proporcionar à mente. Se uma rosa é bonita, a mente se concentra nela de forma natural. Se por algum motivo a rosa não é fascinante nem atraente, a mente não permanecerá concentrada nela. Tudo que encanta atrai a mente. Ela permanece concentrada mais tempo se o centro de atenção é capaz de proporcionar maior encantamento e maior felicidade. A mente de todos tem poder de concentração em qualquer medida. Não é necessário que a mente o *adquira,* pois ele já está ali. Ninguém tem a mente atraída por algo que é feio ou que não traz felicidade alguma. Mas a mente de todos será atraída a algo encantador e cheio de alegria. Portanto, todos têm capacidade de concentração até o limite máximo.

No entanto, todos sabemos por experiência que a mente não fica concentrada em nenhum ponto em especial. Isto se dá porque, aonde quer que a atenção vá, o centro de atenção não consegue proporcionar grande alegria à mente e ela sai à procura de outro campo de felicidade. Em virtude de não haver um tal centro de tamanha alegria no mundo, um que possa sempre satisfazer a sede de felicidade da mente, ela não parece permanecer concentrada em ponto algum. Está sempre procurando algo – alguma coisa diferente, algo que dê maior felicidade. Quando a situação é esta, na qual

---

48 Veja na pág. 68.

nada consegue satisfazer a sede de felicidade da mente, será possível a ela permanecer concentrada e focalizada? A resposta é sim. É possível, mas somente quando a mente puder basear-se em algo que satisfaz sua sede de felicidade. Se a mente pudesse encontrar a maior felicidade de natureza permanente, ficaria concentrada.

Desde o nascimento a mente vem vagando por alegrias transitórias, esta a razão pela qual a natureza da mente parece ser a de vaguear. Em geral pensa-se que a mente é como um macaco que pula de galho em galho. Assim, tem sido aceito que a natureza da mente é a de vaguear, e para a modificação desta natureza, do vaguear para a estabilidade, tem-se considerado necessário um controle da mente e dos desejos. Contudo, o vaguear não é a natureza da mente, e não é necessário controlá-la para que ela se estabilize. Seria correto dizer que a natureza da mente é a de permanecer estável.

Se uma abelha voa de lá para cá à procura de uma flor melífera, não deveríamos pensar que voar é sua natureza. Ela voa com o objetivo de fixar-se a uma flor, e a abelha voará enquanto não encontrar uma flor contendo néctar. Mas assim que a encontra, pousa sobre a flor.

Seu voar tem um objetivo. O voar não é a natureza da abelha, sua natureza é antes estar sobre uma flor e dela retirar o néctar.

A mente vagueia da mesma maneira, mas não vagueia por natureza. Ela vagueia porque não encontra um lugar de descanso ou um meio para a felicidade. A mente não é como um macaco, ela é antes como um rei. A mente de todas as pessoas é como o rei dos reis. Ela irá a um lugar ao qual goste de ir, fará o trabalho que gosta de fazer e ficará onde gostar de ficar. Se vemos um rei viajando por seu domínio, será errado concluir que viajar é sua natureza. Ele viaja apenas na falta de um trono sobre o qual assentar-se. Na ausência de uma sede adequada – um trono –, o rei continua sua viagem.

Nenhum homem que se respeite sentar-se-á num lugar desarrumado e indigno dele. Por isso, embora não seja da natureza do rei viajar continuamente, ele o fará ainda que esteja fatigado. Não se sentará enquanto não puder sentar-se sobre um lugar digno dele.

Da mesma forma, a mente, como o rei errante, não descansará em lugar algum que não seja digno dela, e não vai querer retirar-se de um lugar digno dela e que lhe proporciona maior encanto, alegria e felicidade. É num lugar assim que a mente descansa, se senta, aprecia e continua apreciando. Portanto, é errado concluir que a natureza da mente é a de vaguear.

Qualquer trabalho realizado de acordo com a nossa natureza nos agrada. Qualquer coisa feita contra nossa natureza nos desagrada. Se nossa natureza é de correr por aí, sentimo-nos melhor quando podemos correr por aí. Se nossa natureza é sentar, ficamos mais felizes quando podemos nos sentar. Se nossa natureza é sentar e nos pedem que fiquemos correndo, naturalmente ficamos deprimidos e tensos.

Vemos que, em todos os casos em que uma mente não possui um lugar de repouso, não tem um meio de contentar-se e é obrigada a correr por aí, ela começa a sentir-se deprimida e tensa. Se o vaguear fosse a natureza da mente, então ela estaria mais feliz se a deixassem vaguear por aí cada vez mais. Mas, ao contrário, vemos que, quando a mente de qualquer pessoa não encontra um lugar de descanso, quando seus desejos não são atendidos, ela começa a ficar inquieta. Tendo visto que vaguear é contra a natureza da mente, concluímos que a natureza da mente é permanecer estável. Para conseguir que a mente fique concentrada em um ponto, é necessário apenas fornecer-lhe algo de que ela goste. Quando algo encantador lhe é oferecido, ela permanece estável. O estado de estabilidade da mente é o estado concentrado da mente.

Vemos assim que não é a capacidade de concentração o que a mente deve adquirir; ela deve ser levada a um ponto de grande alegria e felicidade, onde permanecerá naturalmente. A mente parece ter perdido a capacidade de concentração porque vem buscando algo há muito tempo. Mas na verdade não é uma questão de perder a capacidade de concentração, pois mesmo no mundo relativo vemos que a mente é capaz de concentrar-se em algo agradável e prazeroso, não conseguindo concentrar-se no que é feio. Isso se dá porque a feiura é contrária à natureza da mente.

Nada no campo grosseiro da criação é tão prazeroso a ponto de satisfazer para sempre a sede de felicidade da mente. A experiência mostra que as sutilezas da criação são muito mais encantadoras que seus aspectos grosseiros. Portanto, se a atenção pudesse ser levada aos campos sutis da criação, e se pudessem ser experimentados pela mente, sendo mais encantadores que o nível grosseiro da criação, atrairão a mente de forma muito natural. Se houvesse uma maneira de conduzir a atenção das camadas grosseiras para as camadas progressivamente mais sutis da criação, a cada passo a mente encontraria maior encantamento. Se houvesse um meio de transcender todos os estados relativos da criação sutil e chegar à consciência de bem-aventurança transcendental, ali a mente encontraria aquela grande alegria que transcende a maior das alegrias da existência relativa e alcançaria bem-aventurança eterna e absoluta. Tendo adquirido esta bem-aventurança eterna e absoluta, a mente nunca se retira dela. Ela se prende a esta a tal ponto que a consciência de bem-aventurança infunde-se na própria natureza da mente, e então a mente passa a *ser* consciência de bem-aventurança. Isto acontece através da prática da Meditação Transcendental, conforme discutimos anteriormente.

Assim estabelecida, a mente permanece estável em si mesma. Ela não precisa de mais nada, pois não há nada no campo relativo da existência que possa desafiar o valor da consciência de bem-aventurança absoluta. Portanto, estando a mente enraizada na consciência de bem-aventurança, este estado de eterno contentamento torna-se a própria natureza da mente e ela permanece estável em si mesma até quando se associa a experiências e atividades externas.

A mente só consegue permanecer concentrada no estado de consciência de bem-aventurança. Qualquer tentativa de cultivar a capacidade de concentração resultará num trabalho árduo e sem conquistas. A prática da Meditação Transcendental, que é tão simples, e que prontamente traz a consciência de bem-aventurança até a própria natureza da mente, é o modo mais prático e adequado de concentrar-se. Como vimos, não se trata de ganhar capacidade de concentração, deve-se criar um estado de consciência de bem-aventurança na mente para que, por natureza, ela permaneça estável e concentrada.

As pessoas adotam um modo de vida ascético pensando que na vida agitada do mundo ou na vida do chefe de família os sentidos ficam demasiadamente atraídos pelo prazer dos objetos. Creem que, para controlar a mente, é necessário sacrificar os prazeres dos sentidos e que os sentidos não deveriam entrar em contato com aqueles objetos. Esta crença tem levado ao controle da mente e ao ascetismo todos os que buscam a verdade e querem aumentar sua capacidade mental. Isto é desnecessário. Esforçar e controlar a mente torna-se necessário apenas quando aceitamos o princípio de que a mente tem por natureza vaguear. Vimos que a prática de controle é desnecessária, pois a mente ficará naturalmente estável e concentrada se ela tiver a experiência da consciência de bem-aventurança absoluta.

Há dois modos de manter o cão à porta. Um é correr atrás dele, trazê-lo até a porta à força e amarrá-lo a uma corrente. Mas isto é uma tarefa difícil. Mesmo que o cachorro esteja amarrado, ele ficará forçando a corrente e tentando fugir. Seria difícil mantê-lo à porta. O segundo modo de manter o cão ali não é correndo atrás dele ou amarrando-o, mas colocando ali para ele uma boa comida. O cão a comerá e ficará espontaneamente à porta.

Analogamente, não é necessário tentar controlar a mente. É melhor, mais fácil e mais prático deixar a mente ficar concentrada através da prática da Meditação Transcendental, deixando-a adquirir consciência de bem-aventurança. Quando a mente permanece concentrada em si mesma, ela naturalmente deixa de vaguear e, onde quer que a coloquemos, ela permanecerá ali concentrada. Neste estado a mente inteira atua, e qualquer pensamento que surja será poderoso. Qualquer ação desempenhada será uma ação poderosa. Assim se pratica a ação para obter os resultados mais eficazes e desejáveis.

Conservação da Energia Mental – Vimos em nossas considerações que quando a mente permanece concentradamente estabelecida na consciência da bem-aventurança ela não vagueia. Esta é a maneira de conservar-se energia mental.

Consomem-se grandes quantidades de energia mental quando a mente pensa e vagueia sem parar. Cada pensamento, para tornar-se pensamento, consome uma boa quantidade de energia mental. Se os pensamentos surgem, um atrás do outro, consome-se energia mental sem cessar. Se menos pensamentos surgirem, menos energia mental será consumida. Se a mente está estabelecida na consciência de bem-aventurança, permanece satisfeita em si mesma e não vagueia de lá para cá pensando pensamentos inúteis. Se mil pensamentos estavam sendo entretidos por hora antes de a mente estar estabelecida em bem-aventurança, e se depois de estabelecida somente dez pensamentos por hora surgissem, então cada pensamento teria ganhado cem vezes mais força. Assim, o único modo de naturalmente não desperdiçar energia mental e conservá-la para algo construtivo é praticar a Meditação Transcendental.

Coordenação entre a Mente e o Sistema Nervoso – Para ter força mental poderosa é preciso manter uma boa coordenação entre mente e sistema nervoso. Para tanto é necessário que o sistema nervoso seja fisicamente forte e que a mente seja também forte. O sistema nervoso físico é material, a mente é abstrata. Sistema nervoso físico concreto e mente abstrata. Para uma poderosa força mental, tanto o aspecto físico como o mental devem ser fortes. Vimos[49] que a mente torna-se naturalmente forte com a prática da Meditação Transcendental, quando todo o subconsciente torna-se consciente.

A força física do sistema nervoso depende do alimento que ingerimos. O funcionamento adequado do sistema nervoso depende de seu estado físico, que é controlado por alimento e esforço. Se o alimento que consumimos for adequado, ele mantém a condição física do sistema nervoso num estado energético e vivaz, sob condições normais de funcionamento. Se não esforçarmos demasiadamente o sistema nervoso, ele funcionará normalmente. Mas, se o corpo for desgastado pela atitude vacilante da mente e por uma falta de firmeza de propósito, por parte da mente, então o sistema nervoso fica exaurido e para de funcionar. Para manter uma boa coordenação entre mente e corpo, é necessário simplesmente comer corretamente. Se consumimos alimento estragado ou passado, o sistema nervoso enfraquece. Se bebemos álcool, por exemplo, o sistema nervoso torna-se inativo e lerdo. Se trabalhamos demais, o sistema nervoso fica fatigado e deixa de funcionar normalmente. Esta ausência de funcionamento normal enfraquece a coordenação entre mente e corpo. Portanto, para conseguir um estado bom e saudável do corpo e da mente é necessário que a mente seja saudável, e a mente torna-se saudável pela força do Ser.

O estado físico do sistema nervoso deveria permanecer intacto: alimento e bebida corretos e hábitos regulares de alimentação, repouso e atividade conseguirão este estado. A vida deveria ser regulada por hábitos confortáveis e regulares de sono, alimentação e descanso. O horário das refeições deveria ser regular, o horário de dormir deveria ser regular, e a atividade moderada – não excessiva, exaurindo o corpo. Se o corpo está exaurido, o sistema nervoso não funciona. Quando se quebra a coordenação entre corpo, sistema nervoso e mente, esta se desliga do corpo e do sistema nervoso e todo o encanto da vida é perdido no sono profundo.

---

49 Veja na pág. 60 "Como Contatar o Ser" e na pág. 62 "Meditação Transcendental".

Portanto, vemos também aqui, como no capítulo sobre "A Chave Para a Boa Saúde"[50], que a prática da Meditação Transcendental ajuda a fortalecer o estado físico do sistema nervoso, além de fortalecer a mente. Portanto, a Meditação Transcendental possibilita à mente permanecer concentrada, utilizar seu pleno potencial, conservar sua energia e estabelecer uma boa coordenação dela com o corpo. Pela prática regular da Meditação Transcendental cultiva-se uma poderosa força de pensamento, através da qual será possível praticar a ação de tal modo a produzir os resultados mais eficazes e desejáveis.

Grande Energia

Para desempenhar uma ação que produza os resultados mais eficazes e desejáveis, é muito importante que juntamente com maior força de pensamento haja suficiente energia no corpo e na mente.

Como é possível estar repleto de energia vital todo o tempo?

É extremamente necessário que cada indivíduo, para seu próprio bem, pelo bem dos outros e do mundo inteiro, entre em contato com a fonte ilimitada de energia vital através da prática da Meditação Transcendental. No capítulo sobre "Vida Individual e Vida Cósmica"[51], vimos que a vida individual é como uma onda no oceano da vida cósmica, e que cada onda tem a possibilidade de tomar para si uma quantidade de água ilimitada do oceano; o oceano inteiro poderia levantar-se numa onda. Da mesma forma, todo indivíduo tem a chance de comunicar-se com o oceano ilimitado de energia vital cósmica para ganhar a força necessária à execução da ação que traga os resultados mais eficazes e desejáveis.

A energia que retiramos daquilo que comemos, bebemos e respiramos é limitada. Muito do que comemos e bebemos produz energia, mas há muitos elementos nestes alimentos e bebidas que também colaboram na criação de apatia mental. Este é o motivo por que, quando trabalhamos por algum tempo, a energia produzida pela comida se esgota e ao chegar a tarde começamos a nos sentir famintos e cansados. Portanto, para praticar a ação que produza os resultados mais eficazes e desejáveis, devemos dispor de alguma outra fonte adicional de energia vital.

Quando consideramos a questão de como adicionar energia vital à nossa capacidade de ação, deveríamos saber também que a energia vital aparece como força de pensamento, inteligência, criatividade e alegria. Portanto, a energia vital é a mesma, mas parece ter diferentes funções.

---

50 Veja na pág. 184.
51 Veja na pág. 82.

Obviamente, se desejamos mais energia vital que aquela que normalmente retiramos da comida e da bebida, será necessário encontrar um meio de retirar mais energia da atmosfera. Além disso, é necessário saber como obter mais energia vital através da força de pensar e ser.

Vemos que a fonte de toda a criação, a fonte de toda a atmosfera, a fonte de todo alimento, bebida e ar, e a fonte de todo pensamento e da capacidade de pensar é o Ser. Se houvesse um meio de comunicação entre nossa mente consciente e o oceano do Ser, este seria o meio para entrar em sintonia com a fonte ilimitada de energia. Isto, como repetidamente temos visto, pode ser conseguido facilmente pela prática regular da Meditação Transcendental.

Há muitas práticas de retirada de maior energia do ar. Há homens santos nos Himalaias que vivem da energia vital retirada da atmosfera, mas eles são yogis realizados que conseguem retirar durante as primeiras horas da manhã energia vital suficiente para sustentá-los durante o dia todo. Estes métodos não servem para as pessoas comuns.

Mas o sistema da Meditação Transcendental é o modo mais eficaz de trazer a mente ao campo do Ser transcendental, onde ela naturalmente ganha muita energia vital para ser usada na execução de qualquer volume de trabalho árduo, com eficiência, e para produzir os resultados mais eficazes e desejáveis. Este retirar de energia do campo do Ser é a maior arte de viver, pois põe a vida ativa do mundo do dia a dia em comunhão com o Ser eterno, a fonte ilimitada de energia vital, poder, inteligência, criatividade e bem-aventurança.

Se esta mensagem de retirar energia vital ilimitada do campo do Ser transcendental pudesse chegar às pessoas do mundo todo, de modo que elas pudessem iniciar a prática da Meditação Transcendental, a vida de todos seria livre, prazerosa, cheia de criatividade, inteligência, paz e felicidade. E, quando a população do mundo elevar-se até este alto estado de consciência, o mundo será um paraíso terrestre.

Felizmente a época atual é a época mais adequada à propagação da ideologia da Meditação Transcendental, pois a necessidade de uma fórmula assim está sendo sentida mais do que nunca pela presente geração, vivendo num tempo em que o homem perdeu virtualmente toda a segurança oferecida a ele no passado pelas religiões e estudos metafísicos.

A inteligência desperta da era científica forma um contraste com a futilidade sentida nas promessas da religião e das diferentes escolas filosóficas e psicológicas. As tensões aumentam rapidamente em todos os níveis da vida e no mundo inteiro. De um lado o indivíduo sente falta de energia e um aumento de tensões; de outro, o ritmo acelerado da vida moderna não lhe permite um momento de efetivo silêncio. O indivíduo fica dividido entre a pressão das atividades e a falta de energia para realizá-las. O resultado é um aumento das doenças cardíacas e do sofrimento. Todos procuram algo que os ajude a acompanhar o ritmo dc vida acelerado imposto pela civilização moderna.

Neste momento perigoso da civilização humana, a técnica da Meditação Transcendental é um presente à humanidade e uma dádiva dos céus para aperfeiçoar o homem em todos os aspectos. Ela põe a energia individual em sintonia direta com a energia da vida cósmica.

Ambiente e Circunstâncias Favoráveis

Ao examinarmos a arte de desempenhar uma ação para obtenção dos resultados mais eficazes e desejáveis, é necessário considerar também o fator meio ambiente, pois o ambiente do agente tem muito a contribuir para o sucesso da execução da ação e seus resultados.

O ambiente deve ser favorável, de modo a que o agente tenha entusiasmo e fervor, ou então o agente deve ter grande força mental, que o conduza a persistir insistentemente no desempenho da ação sob quaisquer circunstâncias.

Os efeitos do ambiente sobre a ação são muito grandes. Faz parte da própria ação, manter o ambiente em harmonia com o trabalho a fim de aumentar a eficácia e facilitar a prática da ação. Portanto, manter a harmonia do ambiente deveria ser parte integrante dos esforços realizados para obter sucesso no trabalho.

A maior força que o homem pode ter, a fim de manter o ambiente harmonioso e em conformidade com o propósito de suas ações, é manter a pureza de sua alma, mente e corpo, e a pureza do propósito da ação e sincera devoção à atividade.

Ao tratarmos do "Ser, o Plano da Lei Cósmica"[52] vimos que pela prática da Meditação Transcendental o indivíduo harmoniza-se com o ambiente, ou o ambiente com o indivíduo. Portanto, a maior força que o homem pode utilizar para este propósito é a manutenção da pureza do Ser na própria natureza da sua mente. Para tanto é imprescindível a prática regular da Meditação Transcendental.

Outras formas de tentar manter a harmonia no meio ambiente não são tão eficazes quanto esta prática. Bom comportamento em relação aos outros, bondade, compaixão e prestimosidade, todos têm seu valor, e no comportamento a nível superficial devemos ser guiados por estes altos princípios de vida. Devemos ser prestativos para com nossos vizinhos, bondosos com os amigos e compassivos em relação ao meio ambiente, mas toda esta bondade, compaixão e ajuda aos outros será mais fértil e valiosa se a vida interior do indivíduo for pura.

---

52 Veja na pág. 46.

Felizmente para a nossa geração nos foi dado um método para tornar a vida pura. Esta realização da consciência pura transcendental significa ganhar pureza absoluta de vida. Portanto, para que o ambiente e as circunstâncias sejam favoráveis ao desempenho de uma ação que produza os resultados mais eficazes e desejáveis, é de importância fundamental ter incluída a Meditação Transcendental em nossa rotina diária.

Habilidade de Praticar a Ação Correta

Na parte "A Vida" vimos como a mente individual pode, através da prática da Meditação Transcendental, entrar em contato com a mente cósmica e retirar dela uma quantidade ilimitada de energia, inteligência e criatividade a fim de fazer com que uma ação tenha os resultados desejados.

O desempenho da ação correta é uma grande arte. A ação correta surge de uma base de contentamento e da necessidade natural de agir. Desempenhar somente ações corretas deveria ser o estado natural do homem. Ação correta é aquela ação que satisfaz as necessidades legítimas do homem. Por "legítimas" queremos dizer que o agente está justificado em sua necessidade e no tipo de ação que adota para satisfazer sua necessidade.

A questão do certo e do errado no campo relativo da vida é uma questão bastante complexa da qual tratamos em "O *Karma* e a Arte de Ser"[53]. Vimos ali que a ação correta só pode ser determinada no nível funcional das leis naturais, baseadas na lei cósmica. Vimos que um homem naturalmente estabelecido no estado do Ser move-se segundo as leis naturais. Só nesse nível de elevada consciência pura é possível à mente inclinar-se na direção do certo. A ação correta baseia-se sempre em leis morais. Qualquer falta de moralidade, qualquer desvio da integridade do propósito da vida resulta em desvio do caminho certo.

Normalmente é difícil para o homem saber qual é a ação certa. A lei do país provê um critério. Neste sentido, ação correta é aquela que pelo menos não vai contra a lei do país. Ação legal é ação correta. No geral pode-se afirmar que as leis do país são baseadas nas leis naturais. Nos países onde há uma civilização antiga e onde a tradição tem valor, a lei do país deriva fundamentalmente das leis da natureza. Portanto, como guia na seleção da ação correta, é imperativo que a ação não vá contra a lei do país e, se possível, ela deveria estar de acordo com a lei natural.

A lei do país e as tradições nacionais são orientações gerais para determinar o que é certo e errado. A consideração das leis da natureza é algo muito delicado. As leis naturais governam o processo evolutivo em todos os níveis da criação; elas com-

---

53 Veja na pág. 133.

plementam ou contrapõem-se umas às outras, dependendo da camada da criação na qual estejam funcionando.

Ao discutirmos pensamentos certos e errados no capítulo sobre "O Pensar e a Arte de Ser"[54] vimos que a mente, quando infundida com a natureza do Ser, funciona naturalmente de acordo com as leis naturais. Portanto, só a mente infundida na consciência cósmica poderá determinar que ação está em harmonia com as leis naturais. No entanto, neste nível, não se trata de determinar a correção de uma ação; neste nível a mente, por natureza, conhece apenas a ação correta. Portanto, o estado de consciência cósmica oferece um critério absoluto de certo e errado dentro do campo da ação. Dissemos antes que a lei do país e suas tradições oferecem um critério de certo e errado. Estes são critérios no campo relativo e não constituem uma orientação perfeita para aqueles que ainda não chegaram à consciência cósmica.

Muitas pessoas têm a habilidade de escolher a ação certa naturalmente, pois em virtude da estrutura social foram educadas desde a infância para saber, ao menos por alto, o que é certo e o que é errado. Critérios mais profundos de certo e errado são estabelecidos quando o indivíduo fica mais velho e vem a conhecer as leis e tradições de seu país em maior detalhe. Um julgamento de certo e errado cada vez mais acurado vem naturalmente com o crescimento de nossa consciência, mas, quando ela está em seu ponto mais alto e o Ser está infundido na natureza da mente num grau máximo, a mente não tem dúvidas acerca do que é certo ou errado. Por um gosto ou inclinação natural, ações e pensamentos errados não chegam sequer a ser considerados. Portanto, a verdadeira arte de desempenhar a ação correta está em ter-se uma mente que esteja correta em todos os momentos. Para estar correta, a mente deve estar naquele estado de contentamento e pureza duradouros que pertence somente ao estado de consciência pura. Assim, a arte de fazer o certo no mundo tem sua base na prática regular da Meditação Transcendental e na aquisição da mais alta pureza de consciência. Esta pureza de consciência em si induzirá e manterá na mente uma tendência natural no sentido de ações corretas, exclusivamente, e portanto é fundamental que ela seja cultivada.

O verdadeiro conhecedor da "habilidade na ação" sabe que a ação é um veículo de prazer na vida e libertação de laços escravizantes.

Tratamos da libertação da influência escravizante da ação no capítulo "*Karma e Ser*". Lembraremos apenas que a ação correta deveria ser a tendência natural do homem. A mente deveria ser tão aperfeiçoada e desenvolvida que só se inclinasse na direção da ação correta, pois somente a ação correta é útil ao agente, ao meio ambiente e a todos os envolvidos em toda parte. Toda ação praticada resulta num obscurecimento do estado natural da mente. Neste estado diz-se que a mente encontra-se escravizada, ou seja, a mente não consegue manter seu status de Ser puro. A experi-

---

54 Veja na pág. 111.

ência resultante da prática de uma ação obscureceu a natureza essencial da mente. A ação correta será praticada quando a mente, embora envolvida com a atividade, for capaz de manter seu Ser sem que a impressão deixada pela ação a obscureça.

Isto significa que o valor pleno da mente, ou o sujeito e o valor pleno do objeto – o valor pleno do estado absoluto do Ser juntamente com o valor pleno da atividade, ambos mantidos simultaneamente –, é o estado de liberdade do jugo da ação.

Autoconfiança

Autoconfiança é um ingrediente extremamente necessário ao desempenho de uma ação que traga os resultados mais eficazes e desejáveis. Já vimos que a autoconfiança depende do estado da mente. A palavra "autoconfiança" obviamente significa confiança em si mesmo. Para ter confiança no Ser, o Ser deve ao menos ser conhecido e trazido até o nível consciente.

Uma pessoa que não tem consciência de seu Ser não pode de maneira alguma ter confiança em si mesma. Qualquer tentativa de aumentar a autoconfiança que não conte com um meio para adquirir familiaridade com o Ser será sempre ineficaz.

Familiarizar-se com a natureza do Ser é o primeiro passo na conquista da autoconfiança. Quando se conseguiu uma intimidade com a natureza essencial do Ser a um grau tão profundo que a natureza do Ser nunca desaparece do nível consciente de percepção, então se conquistou um estado de profunda autoconfiança.

A não ser que estejamos firmemente enraizados num estado inabalável de consciência de bem-aventurança do Ser eterno, a não ser que tenhamos adquirido consciência cósmica, que por si só é capaz de estabelecer o status absoluto no campo relativo da vida diária, não é possível reter um estado natural de inabalável autoconfiança.

Vemos assim que a prática regular da Meditação Transcendental é o meio direto de adquirir autoconfiança.

Firmeza de Propósito na Prática da Ação para Produção dos Resultados Mais Eficazes e Desejáveis

Para dar início a qualquer ação é antes preciso que a mente tenha um propósito a servir através daquela ação. Obviamente, se a ação for iniciada e esquecermos o seu propósito, ela não terá continuidade.

Para o sucesso da ação é necessário que o processo de agir seja sustentado e, para isso, o agente deveria manter sempre a firmeza de propósito. Se a mente deseja conduzir a ação da forma mais eficaz e chegar aos resultados mais desejáveis, é importantíssimo que a mente não se desvie de seu propósito.

Esta firmeza de propósito, que é a espinha dorsal da ação e age como a força motriz do processo de agir, é o fator mais importante para obter os resultados mais eficazes e desejáveis de qualquer ação.

Não há quem discorde da importância da firmeza de propósito para praticar ações proveitosas e eficazes.

A questão central é como adquirir esta habilidade. A resposta está no cultivo de um estado mental que, por natureza, é firme e permanece concentrado na ação. É a vacilação da mente o que tende a distraí-la todo o tempo, e esta condição da mente é a eterna ameaça à continuidade da ação e, portanto, uma ameaça à firmeza de propósito.

Ter firmeza de propósito requer um hábito mental de iniciar uma ação apenas após ter considerado todos os prós e contras dos resultados da ação. Mas, mais importante ainda, é a habilidade de colocar-se resolutamente nos trilhos da ação até que ela seja completada.

Naturalmente, na vida humana não há apenas uma coisa a ser executada. Não há apenas uma situação de vida a ser vivida por todos os tempos. Não há somente um tipo de aspiração a ser perseguida para todo o sempre. Do começo do dia até a hora de dormir há centenas de campos de atividade e experiências, e todas têm seu valor dentro da vida. Todos estes diversos campos de atividade funcionam como diferentes componentes da maquinaria única da vida.

Quando falamos em firmeza de propósito no desempenho da ação devemos pressupor também que, juntamente com a habilidade de manter firme o propósito da prática da ação, deve existir, simultaneamente, a habilidade de mudar de um tipo de ação para outro, de um campo de atividade para outro. Não que a mente deva fixar-se em uma coisa constantemente. Este mudar de uma plataforma de atividade para outra também deveria ser tão natural para a mente quanto a habilidade de permanecer firme no desempenho de uma ação. Assim, a mente deve ter uma habilidade dual para conseguir firmeza de propósito espontânea no desempenho da ação, para que esta firmeza não impeça o indivíduo de participar das múltiplas atividades e experiências das outras esferas da vida.

Se queremos construir uma casa, a firmeza de propósito no desempenho da ação de construí-la não deveria chegar a um grau em que nos vemos cegos para todas as outras coisas da vida. Dever-se-ia prosseguir levando uma vida normal: comendo, descansando, acendendo o abajur, fazendo todas as atividades de sua vida normal. Todas elas se harmonizam com o firme propósito de construir a casa.

Portanto, quando temos por objetivo cultivar a firmeza de propósito, não deveríamos nos esquecer de que não devemos ser absorvidos pelo desempenho da ação a tal ponto de perder de vista outros aspectos da vida. Muitas vezes, quando uma pessoa, como um artista, músico ou cientista, está empenhada numa atividade muito adequada a sua natureza, ela fica muito absorvida por seu trabalho, excluindo todas as outras atividades. É um ótimo hábito ter um firme propósito para a ação que eles gostam e apreciam, mas isto leva o sofrimento a outros aspectos da vida.

Por exemplo, se um pai de família é um dedicado cientista que passa todo o seu tempo no laboratório, sua esposa começa a sofrer, os filhos não recebem o amor do pai, a casa não é bem cuidada. O hábito de manter-se concentrado no propósito da ação é uma qualidade desejável da mente, mas se a mente fica obscurecida, permanecendo sempre num só aspecto da vida, este hábito pode tornar-se também um caminho para o sofrimento pelo obscurecimento indevido dos demais aspectos. Portanto, se desejamos cultivar a firmeza de propósito da ação, deveríamos, ao mesmo tempo, cultivá-la de forma equilibrada.

Isto nos leva à conclusão de que cultivar a firmeza de propósito na ação, a devoção ao trabalho e tudo o que a acompanha é algo importante, mas que não deve privar um homem de outros valores da vida. A cultura da mente deveria dar-se numa escala mais ampla, numa base global. Para conquistar a firmeza de propósito na ação, a mente toda deve ser cultivada, e esta habilidade deve ser aperfeiçoada em todos os níveis.

Vimos num capítulo anterior[55] que a Meditação Transcendental amplia a capacidade consciente da mente e a torna mais profunda e ponderada em todos os níveis. Somente através desta prática é possível cultivar a grande habilidade de manter-se firme no propósito da ação. Contudo, ao mesmo tempo, não se deveria ficar tão atado a ele a ponto de perder-se o encanto de outros aspectos da vida.

Portanto, a arte de cultivar a habilidade de ter firmeza de propósito no desempenho da ação para obter os resultados mais eficazes e desejáveis está na prática regular da Meditação Transcendental e no conduzir todos os aspectos da vida de forma normal e tranquila.

A Arte de Praticar a Ação sem Prejudicar Ninguém

A arte de desempenhar uma ação sem prejudicar ninguém está em primeiramente selecionar uma ação que trará o máximo bem para si e para todos os que nos cercam. Em segundo lugar, está na adoção de vias legais para a execução da ação.

Se a ação foi selecionada para que seus resultados sejam úteis ao agente e ao ambiente, mas o procedimento selecionado para o desempenho da ação for ilegal, criará tensão no ambiente. Portanto, é necessário que, juntamente com a escolha de uma ação útil, a escolha dos meios para a execução do procedimento da ação seja

---

55 Veja na pág. 60 "Como Contatar o Ser – Meditação Transcendental".

inofensiva. A habilidade de selecionar somente a ação correta a fim de agir sem prejudicar ninguém também é muito importante.

Novamente somos levados a concluir que, sem atingir o estado de consciência cósmica, ninguém pode afirmar que pratica ações sem prejudicar os outros, pois que ação, em que momento, produz esta influência boa ou aquela influência má em que nível da criação? Isto não pode ser decidido ou justificado pelo intelecto humano. Os efeitos da ação no Universo são tão complexos e têm um alcance tão remoto que está além do âmbito da inteligência humana julgar acuradamente o desempenho de uma ação em termos do mal ou do bem feitos à criação. Isto já foi examinado no capítulo "Vida Individual e Vida Cósmica"[56].

Portanto, o único modo de praticar a ação sem prejudicar ninguém é elevar o nível da inteligência e da consciência até a consciência divina absoluta. E, quando o agente está estabelecido no nível da consciência cósmica, a atividade será naturalmente inofensiva a ele e a toda a criação. Toda atividade estará de acordo com a corrente evolutiva ascendente, que por si só poderia ser um meio de instituir a ação inofensiva no verdadeiro sentido da palavra.

Portanto, podemos concluir que a habilidade de praticar a ação sem prejudicar ninguém repousa basicamente na prática regular da Meditação Transcendental, que também consegue estabelecer a inteligência individual como consciência cósmica.

A Arte de Praticar uma Ação Obtendo Resultados Máximos

A arte de praticar a ação obtendo resultados máximos repousa em dois fatores. O primeiro diz respeito à inteligência, energia, firmeza e propósito, precisão do pensamento e da ação e estado de concentração da mente do agente. O segundo é a habilidade de controlar o ambiente de modo a favorecer o desempenho da ação.

Para obter resultados máximos com uma ação é necessário que a ação seja executada com a melhor habilidade do agente, e para isto o agente deveria possuir habilidade máxima. Habilidade máxima requer a inteligência mais altamente desenvolvida e energia por parte do agente.

Vimos anteriormente[57] que as maiores energia e inteligência são ganhas quando a consciência individual é levada ao nível da consciência cósmica e, ao mesmo tempo, a energia individual é levada até o nível da energia cósmica. Vimos também que quando isto ocorre naturalmente desenvolvem-se na mente grande satisfação, capacidade de concentração e a faculdade de perseverar, juntamente com a ativação de potencia-

---

56 Veja na pág. 82.
57 Veja na pág. 68 "Como Viver o Ser".

lidades latentes. Com estas qualidades o indivíduo torna-se capaz de agir com grande precisão – obtendo resultados máximos com o mínimo dispêndio de energia.

Portanto, ampliando nossa consciência e sintonizando-nos com a energia vital cósmica, é possível adquirir a habilidade de lidar com o trabalho de modo a obter resultados máximos. Entretanto, algo mais que habilidade interna e eficiência do homem é necessário para extrair resultados máximos do desempenho de uma ação. Esta é a habilidade de controlar as circunstâncias e o ambiente. Se pudéssemos fazer com que o ambiente se tornasse favorável ao desempenho de uma ação, com certeza a ação traria resultados máximos e não haveria limites para os resultados que uma ação poderia dar.

Os resultados são restringidos (sem considerar a restrita habilidade do agente) pela resistência oferecida pelo ambiente e pelas circunstâncias. Possuindo a habilidade de praticar uma ação de modo que o ambiente e as circunstâncias automaticamente se tornassem propícios e favoráveis ao sucesso, certamente conseguiríamos obter resultados máximos da prática da ação. E a arte de conseguir esta habilidade está na prática regular da Meditação Transcendental.

Uma abordagem simples e inocente da ação, conforme as leis da natureza e de acordo com a evolução, naturalmente consegue produzir efeitos máximos. É errado pensar que precisamos ter um enorme trabalho para conseguir resultados máximos. Não, não é pela dificuldade de execução sentida pelo agente que uma ação consegue trazer resultados máximos. Da mesma forma, não é devido somente à grande energia e inteligência do agente que uma ação consegue trazer resultados máximos. Básica e principalmente, é a pureza do coração e da mente do agente, e sua abordagem inocente e confiante da ação, com o propósito de fazer o máximo bem a todos, o que realmente obtém o máximo de resultado.

Vimos que o estado de consciência cósmica, em que a mente está em completa harmonia com o ambiente e com o processo evolutivo natural, é capaz de produzir resultados máximos com o mínimo esforço.

Também vimos em detalhe como a pureza do coração e da mente do agente influencia o resultado de suas ações. Poderíamos dizer que o resultado de uma ação depende da pureza da mente do agente. Se a mente é cem por cento pura, ou seja, se evoluiu até a consciência cósmica, então o resultado será cem por cento máximo. Se a pureza é de cinquenta por cento, ou seja, se a evolução do indivíduo é de cinquenta por cento a caminho da consciência cósmica, então o resultado de cada uma de suas ações será equivalente a cinquenta por cento de sua potencialidade total.

Geralmente as pessoas do mundo contam, para obter o sucesso de suas ações, com sua habilidade de executar a ação, com a inteligência que possuem, com a criatividade que possuem, com a energia que possuem. Mas todos estes fatores têm uma importância secundária. O fator principal para o sucesso e obtenção de resultados é a pureza do agente.

Mais um fator desempenha um importante papel na produção de resultados a partir de uma ação. É o elemento do *karma,* os frutos das ações praticadas no passado. Um homem bom e virtuoso praticou no passado atos bons e virtuosos em harmonia com o processo evolutivo. Os resultados destas boas ações agora se somam ao sucesso da ação que está sendo praticada no presente. Assim, vemos que a atual capacidade mental e física, a inteligência e energia do indivíduo no presente trazem sucesso em proporção ao bom ou mau *karma* do passado que influencia a ação presente do agente.

A boa influência do *karma* passado resulta em mais energia, clareza de pensamento e decisões corretas do agente, produzindo também uma influência benéfica no ambiente que assim se torna favorável ao desempenho da ação que se apresenta.

A má influência do *karma* passado traz analogamente apatia, ineficiência, perda de energia, fraqueza e mesmo tensão e sofrimento para o agente, e influências adversas para o ambiente, que começa a colocar obstáculos ao bom desempenho da ação e dificultar o progresso em direção a qualquer resultado substancial.

Este aspecto do *karma* passado está além do controle do agente.

O melhor que o agente pode fazer para neutralizar a influência do *karma* do passado é ocupar-se com a prática da Meditação Transcendental, que prontamente elevará a consciência do agente e produzirá influências favoráveis no meio ambiente. Quando a consciência se eleva, aumentam a energia e a inteligência. Então, qualquer que seja a influência do passado, esta influência não será capaz de anular a ação do presente. Com certeza a influência do *karma* passado estará ali, mas ela não poderá orientar completamente o destino da ação presente.

Se um homem de negócios perde quinhentos dólares, sua perda é uma perda permanente. Embora a perda seja sempre uma perda, se no dia seguinte forem ganhos dois mil dólares, o ganho anula a perda.

É assim que, pela quantidade necessária da prática da Meditação Transcendental, suplementada pelo poder da caridade e de atos virtuosos de ajuda aos outros, pode-se contrabalançar a influência negativa do *karma* do passado a fim de suavizar o caminho do *karma* presente. E então será possível praticar a ação sem resistência ou obstáculos, obtendo resultados máximos.

Portanto, a fórmula para obter resultados máximos não é preocupar-se com os obstáculos e influências negativas que tentam opor resistência ao desempenho da ação. O agente deve colocar-se em ação e prosseguir nela até que os resultados desejados tenham sido obtidos. O processo de meditação, de colocar a mente consciente em sintonia com o Ser eterno, absoluto e transcendental, que é a fonte de toda a energia vital e inteligência, eleva o nível da consciência. Ao elevar-se o nível da consciência, a ação praticada a partir daquele nível elevado de energia vital e inteligência certamente terá uma influência anuladora do *karma* do passado, visando à produção de resultados máximos.

É assim que, pelo poder da ação presente sobre o *karma*, o destino é melhorado. Nisto repousa o verdadeiro significado do provérbio "O homem é dono de seu próprio destino".

A Arte de Praticar uma Ação de Forma Agradável e sem Tornar-se uma Tarefa Cansativa, Tediosa ou Aborrecida

Qualquer ação será sempre um prazer para o agente e para o ambiente se o agente possui grande inteligência e energia e não encontra nenhuma resistência no caminho, recebendo toda a cooperação de todos os lados. A ação não deve tornar-se um ônus a sua habilidade. Ele deve ter autoconfiança, eficiência e capacidade de concentração de modo a sentir que a ação está dentro de sua capacidade.

Quando um homem de negócios possui grande fortuna, não se preocupa com o dinheiro gasto no mercado. Todo o campo dos negócios constitui sempre um prazer para ele, pois não importa muito se ele ganha ou perde; ele já possui mais que o suficiente para seus propósitos. Da mesma forma, quando o agente tem muito mais energia do que a que se requer para a prática da ação, a ação fica fácil, é sempre um prazer.

Qualquer coisa feita de acordo com a natureza da mente a agrada, e qualquer coisa feita contra sua natureza a desagrada. Assim, se a ação desempenhada por um indivíduo está de acordo com a natureza de sua mente e dentro de sua capacidade, a ação não será cansativa ou tediosa. Somente uma ação adequada ao temperamento do indivíduo constitui uma fonte de alegria durante sua execução.

Por exemplo, pede-se a um menino que ele leve uma bola até uma casa distante um quilômetro dali. Se houver possibilidade de ele ir chutando a bola até lá, o menino a leva de forma agradável e com prazer. A entrega da bola não se torna um fardo, pois ele foi brincando com ela o tempo todo. Mas, se se pede a ele que a carregue nos braços ou no ombro em vez de deixar que ele a chute, a entrega da bola tornar-se-á uma tarefa enfadonha. Deixa de ser uma ação cheia de alegria, começa a gerar tensão e preocupações.

Se houvesse um modo de fazer com que todas as ações da vida fossem levadas ao nível da alegria, esta seria a técnica para conquistar a habilidade de desempenhar a ação de forma que fosse praticada com alegria e sem tornar-se cansativa, tediosa ou enfadonha.

Se uma mãe é muito amorosa com seu filho e deu-lhe todo seu amor, e este lhe deu muita felicidade, o filho está saturado de grande alegria. Se a mãe pede a ele que faça algo para ela, o desejo da mãe constitui mais uma onda de alegria para a criança. Ela levanta num pulo e faz o que lhe foi pedido numa disposição muito brincalhona e alegre. Mas, se a mãe vem batendo na criança, fazendo-a chorar, e então lhe pede que execute uma tarefa, a ordem constitui mais uma onda de tristeza para a criança. Ela fará a tarefa, mas sob grande pressão, e portanto a coisa toda se torna uma tarefa pesada e tediosa.

Isto mostra que, se a disposição é alegre, a prática de qualquer ação será alegre. Se a disposição é de tristeza, tensão e preocupação, qualquer ação torna-se um veículo de mais tensão. Portanto, a técnica para tornar todas as ações uma alegria é trazer alegria à mente. Encha a mente de grande felicidade infinita, deixe que a mente seja saturada por bem-aventurança absoluta, e o desempenho de qualquer ação, seja qual for, será uma alegria.

Portanto, a habilidade de praticar alegremente uma ação está em saturar a mente de bem-aventurança, cultivando a consciência de bem-aventurança absoluta. Este é o único estado de felicidade eterna que desconhece tristezas. Isto, como vimos, é facilmente conquistado pela prática regular da Meditação Transcendental.

Se a mente não se encontra num estado natural de felicidade, qualquer tentativa de procurar ser alegre enquanto se pratica a ação está fadada ao insucesso. Somente quando a própria natureza da mente estiver saturada de felicidade é que todas as ações poderão ser prazerosas. Isto é possível apenas quando a mente ganhou o status da consciência pura. Só quando a mente consciente familiarizou-se com a bem-aventurança do Ser transcendental a ponto de não mais deixá-la é possível desfrutar de todas as ações em alegria.

Vimos assim que a prática de uma ação só pode ser prazerosa quando há alegria espontânea na própria natureza da mente. Caso contrário, qualquer tentativa de ser feliz enquanto se pratica a ação apenas aumentará a tensão, pois a energia estará dividida entre a prática da ação e a necessidade de sentir alegria.

A tendência atual de tocar música nas fábricas a fim de trazer alegria aos trabalhadores tem dois efeitos: um é o de dividir a atenção dos trabalhadores e o outro é o de que, embora o trabalho esteja ali e deva ser completado sob pressão da autoridade, a tendência natural da mente é ouvir a música. Assim, executar o trabalho fica contra a tendência natural da mente, que é desfrutar da música. Portanto, por um lado cria-se tensão na mente dos trabalhadores, e por outro o trabalho começa a ser prejudicado. O empregador coloca música no recinto de trabalho para criar uma disposição alegre nos trabalhadores, mas o resultado é que o trabalho torna-se um veículo de tensão e a mente divide sua atenção, tornando o trabalhador menos eficiente.

Qualquer tentativa artificial de produzir alegria no campo da atividade resulta na minimização da eficiência na ação e, simultaneamente, faz com que a atividade se torne uma fonte de esforço e tensão. Portanto, qualquer meio artificial de produzir alegria resulta apenas em desastre para a atividade e tensão para o agente. A única maneira de tornar todo o campo da ação prazeroso é saturar a mente de alegria, deixar que a própria natureza da mente se transforme numa natureza alegre. Isto pode ser alcançado prontamente através do sistema da Meditação Transcendental.

A Arte do Planejamento Adequado da Ação

O planejamento da ação depende de clareza mental. E isto, como vimos no capítulo "O Pensar e a Arte de Ser"[58], é imediatamente obtido pela prática regular da Meditação Transcendental. A não ser que a ação seja adequadamente examinada e todos os passos de sua execução adequadamente planejados, todo o processo de agir permanece provavelmente indefinido, para o agente e para todos os interessados.

Nos tempos modernos, quando existe uma pressão no sentido de completar rapidamente a ação, é ainda mais necessário que se faça um planejamento adequado para a eficaz execução do trabalho. "Pense antes de fazer" é uma frase comum. Para uma ação adequada é vital fazer um planejamento adequado. Um planejamento eficaz depende basicamente do estado da mente e, em segundo lugar, das circunstâncias e recursos disponíveis. Devemos sempre considerar minuciosamente os recursos de que dispomos antes de iniciar uma ação. Um levantamento dos recursos e uma estimativa das possibilidades de ganhar mais recursos, ou de completar o trabalho com os recursos já existentes, são partes necessárias do planejamento.

Se o empreendimento se dá por via de uma consciência pura e expandida, os recursos chegam conforme a necessidade vai surgindo. No caso de uma consciência altamente desenvolvida, praticamente não há necessidade de planejar. Nestes casos, aquilo que vem à mente preside o curso da ação e a natureza fornece recursos para sua realização. As almas evoluídas não pensam no que vão falar, falam o que sentem, seus sentimentos têm expressão concreta em forma de resultados e o sucesso chega às suas aspirações. A natureza providencia a realização de seus desejos. Não há plano. É necessário apenas começar a trabalhar e o trabalho cuidará de si mesmo, resultando naturalmente em sucesso. Toda a força da natureza sustenta este empreendimento.

Vemos assim que a melhor via para um planejamento automático é a elevação de nossa consciência até o nível da consciência cósmica, onde todas as forças da natureza onipotente levarão à realização do desejo. Esta é a técnica mais eficaz, embora despida de qualquer planejamento aparente. A habilidade de planejar assim automaticamente durante o curso da execução do trabalho está em alcançar um esta-

---

58 Veja na pág. 111.

do tão próximo da consciência cósmica quanto possível através da prática regular da Meditação Transcendental.

O plano de ser regular na meditação, praticando-a de manhã e à tarde, resultará em planejamento automático para a execução adequada e eficaz de todos os empreendimentos.

Mas para todas as finalidades práticas da vida, até que a consciência tenha chegado a um grau suficientemente elevado, antes de iniciar o trabalho é necessário examinar o ambiente e as circunstâncias e avaliar a possibilidade de sucesso da ação, tendo em vista os recursos disponíveis. O fator tempo é também um fator importante dentro da mecânica do planejamento da ação. Entretanto, apesar de tal planejamento parecer um desperdício quando visto de um estado de consciência altamente evoluído, é preciso ser prático e realista em nosso próprio estado de consciência. Para começar, "ser realista" significa vivermos conforme nossos recursos. Se temos dada quantidade de recursos, iniciamos a ação após planejar a consecução da ação com estes recursos.

Ao examinarmos a importância do planejamento, deveríamos mencionar também que é um processo automático o que produz o resultado ideal, livre de defeitos. Se ele não é automático, o acabamento do produto poderá ser desigual. Se pudéssemos adotar um sistema de planejamento automático, coisa que se alcança elevando nossas consciências ao estado onde planejamento e execução do trabalho ocorrem, simultaneamente e de modo automático, então, obviamente, as probabilidades de variação e erro seriam bem menores. Mas, enquanto não alcançamos este estado mental, é melhor para nós gastarmos algum tempo planejando adequadamente.

Se o planejamento for muito eficiente, a ação certamente levará muito menos tempo e será desempenhada com o mínimo dispêndio de energia, dando resultados máximos dentro das circunstâncias. Mas deveria haver um limite para o planejamento.

Certamente não deverá ser gasto um tempo muito grande em planejamento, caso contrário, não se poderão realizar muitas outras coisas na vida. O planejamento deve ser feito de forma adequada, mas o fator tempo, que é o fator mais importante da vida, também não deve ser esquecido. Através da prática regular da Meditação Transcendental deveríamos cultivar uma consciência mais elevada logo que possível, para desenvolver uma visão ampla, previsão, pensamento claro, intuição, imaginação e precisão no pensar, juntamente com a ativação das faculdades mentais, que são a base para o planejamento adequado. Para adquirir maestria na arte de planejamento deveríamos ter por objetivo alcançar a consciência cósmica, que criará condições próprias ao "planejamento automático". Esta é a chave-mestra para uma administração bem-sucedida de todos os campos da vida, que é o principal objetivo do planejamento.

A Arte de Executar Eficazmente o Plano de Ação

Uma vez planejada a ação, é de suma importância que o plano seja executado da forma mais eficaz.

Tudo o que foi dito em relação ao desempenho da ação para obtenção de resultados máximos valerá também para a execução eficaz do plano.

Mais importante que tudo isso, é necessário que de tempos em tempos seja feita uma revisão do plano: o que foi conseguido, o que ainda precisa ser feito, de acordo com o plano. A revisão ou levantamento do progresso do trabalho aumenta a eficiência da execução do plano. Todas estas habilidades são as qualidades naturais de uma mente clara e poderosa.

Vimos que a arte de praticar a ação para obtenção de resultados máximos e a arte de pensar clara e poderosamente, de prever, tolerar, perseverar e concentrar a atenção são conquistadas através da prática regular da Meditação Transcendental, onde repousa a realização da arte de executar eficazmente o plano.

A ARTE DO COMPORTAMENTO

A arte do comportamento significa agir de tal maneira que ambas as partes envolvidas desfrutem do comportamento, que trará satisfação a ambos. Eles se beneficiam com o comportamento no mais alto grau, ganham energia e alegria, o amor aumenta e a evolução é auxiliada. Esta é a arte do comportamento. Ambas as partes, como resultado do comportamento, deveriam encontrar uma vida produtiva, uma vida realizada, e encontrar em seu comportamento um veículo de evolução.

A arte do comportamento não só influencia os valores superficiais da vida, tornando as partes mais felizes e melhores em todos os sentidos, mas também toca a base interior da vida, fazendo-a avançar para os graus mais elevados da evolução.

O propósito do comportamento social é dar e receber ajuda para benefício mútuo. Deveríamos encontrar o outro ou para dar ou para receber. Não. Principalmente para dar, e, quando os dois se encontram para dar o melhor de si um para o outro, então ambos ganham o máximo. Ao contrário, se os dois se encontram esperando receber o máximo um do outro, em sua tentativa de receber do outro, cada qual fechou sua porta para a doação, e assim ninguém ganha nada do relacionamento a não ser decepção, o que resulta em tensão para ambos os lados.

O fundamento básico do comportamento deveria ser a doação. Quando você pretende encontrar alguém, pense no que você poderá dar a ele, seja um presente concreto de um lindo objeto, ou palavras de saudação, uma calorosa simpatia, elogios, adoração, amor, conselhos que o elevem, boas novas para seu corpo, sua mente ou sua alma. Você deve ter algo a dar quando encontra alguém. Somente "olá" e "como vai?" não são capazes de produzir uma onda de amor e alegria no encontro. A arte do comportamento é tal que o primeiro momento do encontro deveria ter um valor real de encontro de dois corações.

Vemos assim que o primeiro fundamento da arte do comportamento é: encontre o outro calorosamente, e encontre-o para dar. O comportamento deveria dar-se no nível da doação. "É dando que se recebe" é uma frase comum, e contém uma grande verdade. Se todas as pessoas na sociedade se comportassem nesse nível de doação, o comportamento social não poderia resultar senão no avanço e na glorificação da vida de todos. A doação é a fórmula básica da arte do comportamento.

Este sincero senso de doação só pode surgir ao nível da satisfação. Só corações e mentes satisfeitos conseguem pensar em termos de doação. Esta eterna satisfação só surge com o desenvolvimento da consciência de bem-aventurança, que só pode ser desenvolvida rapidamente através da Meditação Transcendental.

A arte do comportamento vem ganhando importância na sociedade moderna. Como deveríamos nos comportar em relação aos outros – o problema dos relacionamentos sociais é um problema crescente no mundo de hoje, pois não se dá aos corações e às mentes uma oportunidade justa de desenvolvimento. Os relacionamentos sociais deveriam ser sempre um veículo de alegria. Eles se tornam problema apenas quando não se compreendem os fundamentos da vida. Para nos comportarmos adequadamente em relação aos outros é preciso pensar com clareza e ter intenções boas e claras. É preciso que nós mesmos tenhamos um modo de vida decente. Deveríamos possuir as qualidades de tolerância, amor, bondade e alegria em nossa natureza.

Se ali não houver tolerância, o resultado será maus sentimentos e desarmonia. Veja o exemplo de alguém que faz um comentário mal-humorado. Se não formos capazes de ouvir o comentário sem reagir a ele, com a repercussão que se segue brotarão maus sentimentos e o relacionamento social estará estragado. Se um indivíduo não possui a qualidade do amor, se seu coração é duro, ele começa a odiar a pessoa que o ofendeu.

É o amor de uma mãe por seu filho o que a faz olhar com clemência para seus erros. Na verdade uma mãe aprecia os erros de seu filho, pois quando ele comete um erro ela tem a chance de dar-lhe mais amor. Com aquele amor a criança cresce com maior capacidade para superar a fraqueza de cometer erros. É assim que, através do amor e da tolerância da mãe, a criança progride, e a arte do comportamento vai sendo naturalmente infundida nela.

Alegria é uma qualidade que cultiva e dissemina o amor. E, novamente, é resultado do amor transbordante do coração. Alegria, amor, bondade e tolerância deveriam ser cultivados. Junto com todas estas qualidades vêm o contentamento e o transbordante amor do coração e da mente, que são a base dos bons relacionamentos sociais.

Qual é o caminho mais curto para a arte do comportamento? A linguagem é uma expressão do comportamento: deveríamos polir nossa linguagem. Boas maneiras são parte da arte do comportamento, mas boas maneiras vêm exclusivamente do modo como as crianças são educadas. As crianças de boas famílias são treinadas a ter um comportamento melhor. Mas a raiz da arte do comportamento repousa no estado de refinamento de nossa mente. Como vimos, o estado refinado da mente depende do sistema da Meditação Transcendental, através do qual a mente consciente é posta em comunhão com a bem-aventurança do Ser absoluto. Portanto, a base da arte do comportamento é aquela técnica de trazer a mente até a consciência de bem-aventurança do Ser transcendental. Isto acrescenta alegria, energia, amor e harmonia às duas pessoas que se relacionam e, ao mesmo tempo, cria uma influência de paz, harmonia, alegria e frescor na atmosfera. Os indivíduos e o Universo beneficiam-se pela arte do comportamento.

Um verdadeiro bom comportamento será possível apenas quando ambas as partes envolvidas estiverem expandidas, quando forem capazes de ver a situação toda, compreender um ao outro mais profundamente, dentro de suas verdadeiras perspectivas, conseguindo detectar as necessidades do outro e formulando seu comportamento no sentido de tentar satisfazer estas necessidades. Para isto, obviamente é necessária uma consciência expandida e um discernimento correto, e todas as qualidades que apenas uma mente clara e forte possui.

Mentes limitadas têm sempre uma visão muito estreita, não conseguindo perceber toda a situação. Em sua estreita visão elas criam obstáculos imaginários e se fecham em seu estreito âmbito de formas imaginadas, que não são úteis a elas nem a mais ninguém. E o seu comportamento em relação aos outros resulta apenas em mal-entendidos e aumento de tensão. Isto mostra que o fundamento do bom comportamento social é uma mente individual forte, clara e satisfeita, que, como vimos no capítulo sobre "A Mente e a Arte de Ser"[59], é facilmente desenvolvida pelo sistema simples da Meditação Transcendental.

As mentes de ambas as partes deveriam estar estabelecidas no nível do Ser, ou o Ser deveria ser estabelecido no nível das partes, de modo que a bem-aventurança, contentamento e alegria do Ser estejam no coração e na mente de cada um. Então o comportamento torna-se um meio de aumento da alegria, amor, bondade, tolerância e de todas as demais virtudes. Um comportamento assim produz irradiações de paz e harmonia no ambiente. A mais alta expressão da arte do comportamento se dá quando não só as duas partes envolvidas no comportamento são beneficiadas, mas quando toda a atmosfera vibra intensamente com a influência de amor, bondade, harmonia e paz.

---

59 Veja na pág. 121.

O Comportamento e o Meio Ambiente

Uma vez estabelecidos no Ser, somos capazes de fazer o melhor uso dos ambientes. Não importando quais sejam, eles se tornam propícios à realização dos desejos do indivíduo.

Nenhuma conjuntura pode ser considerada totalmente má ou totalmente inútil ou prejudicial. Se a mente é incapaz de tirar proveito do ambiente, isto se dá em virtude de sua própria fraqueza. Por exemplo, um homem está sentado numa sala imunda, cheia de poeira e imundície – se sua mente estiver enraizada em contentamento, alegria, paz e felicidade, ele irradia estas qualidades para o ambiente a sua volta e não presta atenção à sujeira.

É o status interno da mente o que faz o indivíduo alegre ou deprimido. Em meio a sua alegria e contentamento ele começa a varrer a sala e tirar a poeira, e ao fazê-lo ele sente prazer, pois se encontra em tanta harmonia com o ambiente.

Se, no entanto, o homem está triste e tenso, ele acha a sala uma imundície e isto apenas aumenta a tensão e piora sua disposição. Ele fica cada vez mais tenso em virtude do estado da sala e pensa que é por causa da sujeira dela que ele se tornou mais deprimido e tenso. Mas não é assim. É a tristeza de sua mente que se multiplicou ao ser refletida pelas partículas de poeira da sala. Estivesse ele alegre, a alegria teria sido refletida pela poeira da sala.

Se alguém faz um comentário mal-humorado, a mente alegre, plenamente desenvolvida e repleta de amor e contentamento reage a ele com perdão. O homem alegre não se importa com o errado, pois ele é dotado de uma mente forte. A mente forte tem a capacidade de tolerar, a mente fraca toma para si todo o insulto e mau humor do comentário.

Devemos fazer ainda uma outra colocação pertinente a este assunto: se alguém já tinha dúvidas acerca do comportamento de uma outra pessoa, mesmo que esta expresse amor e alegria, aquele que duvidava continua duvidando, pois suas dúvidas existiam antes de o diálogo começar. Portanto uma mente desconfiada e grosseira, mesmo que tenha havido motivos para desconfiança no passado, deixa de usufruir da sinceridade e alegria do outro. Assim, não é o atual comportamento da outra pessoa o que causa a desconfiança do primeiro, é o estado de sua própria mente.

No que diz respeito à influência da atmosfera sobre o indivíduo, o estado de espírito é de importância primordial. A natureza da atmosfera muda e toma forma de acordo com o estado de espírito do indivíduo. Se colocamos uma lente vermelha sobre os olhos, enxergamos tudo vermelho; se a lente for verde, veremos tudo verde. Seja qual for o estado de espírito do indivíduo, ele se reflete. Mas, devido à ignorância, geralmente se coloca a responsabilidade na atmosfera.

O indivíduo é responsável pela atmosfera. É verdade que o indivíduo cria a atmosfera e que, por sua vez, a atmosfera influencia o indivíduo. Mas quando a mente do indivíduo é forte e funciona com potencial pleno, ele é capaz de utilizar da melhor forma o ambiente e as circunstâncias. Esta é a arte de comportar-se com os outros. A arte da ação e do comportamento está em tornar as coisas favoráveis a nós e não torná-las desfavoráveis. O ambiente está ali para fazermos uso dele, não para nos trazer tristeza. Se alguém disse algo, a ação foi dele, e é dele a responsabilidade pelo que disse. Se é útil a nós, nós o aceitamos, desfrutamos, pensamos a respeito, agimos a partir daquilo e nos beneficiamos com aquilo. Mas, se não é útil, favorável ou propício à nossa elevação, não ficamos pensando sempre naquilo, não prestamos atenção. Se for a expressão de algo ruim, e se não somos responsáveis por aquilo, e o orador impinge a responsabilidade pelo erro a nós, então ele está errado. Nós não ocupamos nossa mente com aquilo, não remoemos aquilo. Se o fizermos, estaremos pondo um mau pensamento em nossa mente, que desde o início já não era culpa nossa.

Portanto, devemos de uma vez por todas transformar nossa mente de tal modo que se torne um princípio de vida o de naturalmente pensar e agir de uma forma que nos beneficie e leve à nossa elevação. Desta forma obtemos grandes benefícios e vantagens para nós mesmos e para os outros. Não nos ocupamos de pensamentos prejudiciais ou maliciosos, seja para rejeitá-las ou aceitá-las. A indiferença é a arma a ser utilizada contra qualquer situação negativa na vida.

Esta é a arte do comportamento. Se alguém cometeu contra nós uma injustiça, não a alimentamos ou pensamos nela. Talvez tenha sido um engano. Se permitirmos que aquela injustiça afete nossas futuras atitudes em relação à pessoa, não estamos lhe dando a oportunidade de melhorar suas relações conosco e nós sofremos também. Mesmo que ele *nutra* maus sentimentos em relação a nós, estaremos beneficiando a ele e a nós mesmos se ainda assim nos comportarmos com amor e tolerância em relação a ele. Desta forma contribuímos para a melhoria do ambiente, e com um ambiente melhor estaremos mais bem servidos.

Portanto, o primeiro princípio para vivermos a arte do comportamento é tornar nossa mente repleta de bem-aventurança, paz, harmonia, frescor e inteligência pela prática da Meditação Transcendental. Como vimos em "A Arte de Ser"[60], quando a mente é trazida ao nível do Ser o corpo também é trazido a este nível. Assim, por meio de nossos pensamentos, palavras e ações – e mesmo por nossa mera presença – nós vibramos e provocamos a nossa volta uma influência boa de vida e paz, harmonia e alegria.

---

60 Veja na pág. 129 "O Corpo e a Arte de Ser" e na pág. 133 "O Meio Ambiente e a Arte de Ser".

Para melhorar os relacionamentos devemos antes melhorar nossas mentes, e só então começamos a nos comportar bem. Evidentemente, é verdade que no nível grosseiro do comportamento deveríamos ser sociáveis, com uma linguagem boa e polida e bons modos. Mas a arte do comportamento é muito mais do que isso. Ela repousa na arte do Ser, que é a técnica que coloca nossa vida num estado de harmonia, alegria, paz e inteligência, de modo que natural e inocentemente nos comportamos bem e num alto nível. Portanto, não precisamos ser artificiais em nada. Um comportamento assim natural e de alto nível requer que o indivíduo esteja bem calcado em si mesmo e mantenha o status inabalável de seu Ser para que, venha o que vier do mundo exterior, ele seja capaz de amar e desfrutar. Ele não se altera em função de nenhum tipo de comportamento errado ou anti-social.

Se todas as pessoas começassem a meditar por alguns minutos de manhã e à tarde, entrando em contato com o Ser transcendental, todo o campo do comportamento social alcançaria um estado ideal. A técnica do comportamento, conforme já discutimos, não só melhora e traz satisfação à vida individual, mas melhora a atmosfera, colocando-a mais em harmonia, reduzindo o medo, o ódio, a tensão, a crueldade e o antagonismo. A arte do comportamento torna feliz a vida individual, traz maior harmonia à vida familiar, produz mais amor, bondade e harmonia na sociedade e melhora o relacionamento social na comunidade mundial.

Na ausência da arte do comportamento, o efeito contrário é produzido. Crescem as tensões dentro da família, na sociedade e nos relacionamentos internacionais. Surge finalmente a ameaça de guerra mundial e aniquilação. Trataremos deste aspecto no capítulo sobre "O Problema da Paz Mundial"[61] de maneira mais detalhada. Aqui basta dizer que, aprimorando o Ser na mente dos indivíduos, os relacionamentos sociais melhoram da maneira mais automática e natural, e assim grande harmonia é produzida na atmosfera, a tensão é dissolvida e o mundo torna-se um lugar melhor no qual viver.

A CHAVE PARA A BOA SAÚDE

O problema da saúde é o problema mais fundamental da vida. Tudo depende da saúde. A paz e a felicidade do homem consigo mesmo, suas conquistas nas diferentes esferas da vida, sua atitude e seu comportamento em relação aos outros e, acima de tudo, o próprio significado de sua existência dependem da saúde.

Para podermos examinar a saúde de forma integral devemos levar em conta a saúde do indivíduo e a do cosmos – o homem e sua atmosfera.

---

[61] Veja na pág. 230.

Consideremos pormenorizadamente o seguinte gráfico:

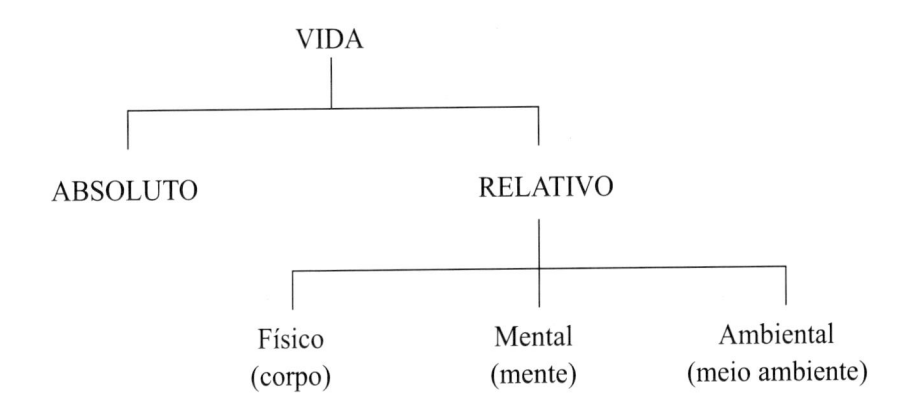

```
                          VIDA
              ┌────────────┴────────────┐
          ABSOLUTO                  RELATIVO
                          ┌────────────┼────────────┐
                       Físico       Mental       Ambiental
                       (corpo)      (mente)     (meio ambiente)
```

Os dois principais aspectos da vida humana são o relativo e absoluto. O aspecto relativo da vida é perecível, o aspecto absoluto é imperecível. A vida relativa tem três aspectos: físico, mental e ambiental, ou corpo, mente e meio ambiente.

Vemos assim que a vida integral do homem tem quatro componentes: Ser, mente, corpo e o meio ambiente.

Um Ser saudável, uma mente saudável, um corpo saudável e um meio ambiente saudável, juntamente com uma sadia coordenação entre Ser e mente, entre mente e corpo e entre corpo e meio ambiente perfazem a saúde perfeita do indivíduo. Portanto, para determinar a natureza da boa saúde devemos levar em conta:

1. Ser
2. Mente
3. Corpo
4. Meio ambiente
5. Coordenação do Ser com a mente
6. Coordenação da mente com o corpo
7. Coordenação do corpo com o meio ambiente

A não ser que todos estes sete itens sejam levados em conta, a reflexão sobre a saúde será sempre incompleta e não poderá oferecer uma solução completa para o problema. Para que surja uma solução correta e completa é preciso considerar os sete aspectos da vida.

```
R
E
L
A         ╱─ MEIO AMBIENTE
T ◁──────── CORPO
I         ╲─ MENTE
V
O
```

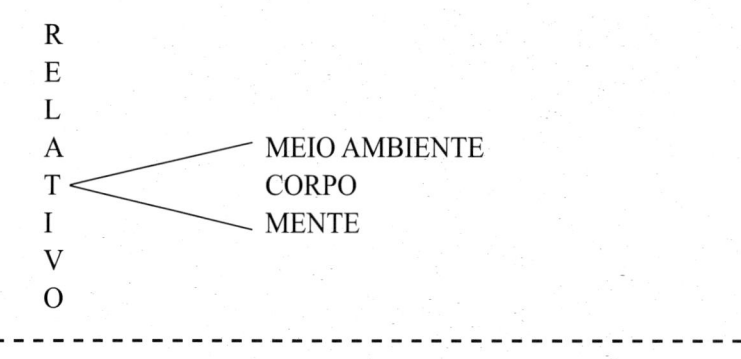

```
ABSOLUTO ◁─────────▷ SER
```

Este é um convite às várias organizações de saúde do mundo para que examinem isto e façam o que for necessário para solucionar o problema da saúde e aliviar o sofrimento humano.

É muito triste observar que nos últimos séculos o problema da saúde foi considerado basicamente no nível físico. Graças aos recentes avanços da ciência médica, pesquisas e estudos sobre a causa das doenças revelaram que na grande maioria dos males, embora a doença possa ser de natureza física, sua causa não é física. Tais descobertas das pesquisas médicas revelaram a importância dos fenômenos mentais como causa de desordens no nível físico do corpo.

A psicologia então adiantou uma resposta ao chamado da medicina no sentido de lidar com os fenômenos mentais para aliviar o sofrimento físico. A psiquiatria desenvolveu-se para remover os estresses mentais e assim erradicar a causa mental dos males físicos, enquanto o restante da classe médica continuou tratando a parte adoecida do corpo físico.

Em que medida a medicina auxilia a restaurar a saúde física e em que medida a psicanálise e a psiquiatria ajudam o homem a superar as causas mentais das doenças psicossomáticas é uma questão a ser examinada pelos sábios homens que hoje guiam os destinos da medicina, psiquiatria e psicologia.

O mínimo que se pode dizer sobre o problema da saúde mundial hoje é que as medidas adotadas até agora são insuficientes para manter a saúde dos povos. Mesmo em países onde a medicina está mais avançada e onde a psiquiatria e a psicologia estão na moda, as estatísticas mostram que um grande número de pessoas vive com corações fracos e morre de problemas cardíacos, sendo que o número de pacientes psiquiátricos aumenta rapidamente. Esta é uma situação grave que só pode ser completamente resolvida a nível governamental. Mas, antes que isto possa ser conseguido, é preciso que os indivíduos que constituem os governos acrescentem algo ao conhecimento disponível hoje. Deve-se descobrir algo mais do que o que se sabe hoje para manter saudáveis as pessoas do mundo inteiro.

Mas, antes que novas descobertas possam ser eficiente e beneficamente aplicadas à causa da saúde, é preciso que os líderes das associações médicas de vários países adotem uma atitude de simpatia em relação a novas sugestões para os programas de saúde, que partam de quaisquer fontes responsáveis. Em segundo lugar, é essencial que eles submetam estas sugestões a testes científicos no nível experimental. Se conseguirem aprovar a ideia nova, ela deveria ser aceita publicamente como um novo método de tratamento médico ou como auxiliar no tratamento.

Se uma folha começou a murchar e secar, isto se dá ou porque aquela folha em especial foi afetada por calor excessivo, ou porque diminuiu o suprimento de nutrientes vindo da raiz. Se a causa é calor excessivo, cuidar daquela folha individual e protegê-la do calor retirará a causa e evitará que a folha morra. Mas, mesmo quando a folha está sendo cuidada individualmente pelo lado de fora, é preciso verificar se o suprimento de nutrientes está chegando à folha, vindo da raiz. Em todo caso é fundamental manter um bom suprimento de nutrientes partindo da raiz para todas as partes da árvore.

Quando surge uma inflamação num dedo, o bom médico tenta descobrir em que parte sutil do corpo encontra-se a causa dele. Estando a causa no sangue ou na superfície da pele, o bom médico começa o tratamento no nível da causa, mesmo que cuide também do furúnculo superficial.

Isto revela um princípio. O de que os interessados em prevenir e tratar as doenças deveriam conhecer todos os aspectos do corpo, tanto o grosseiro como o sutil, pois há muitos níveis grosseiros e sutis na constituição do indivíduo. Eles vão do corpo, o órgão final do sistema nervoso, até o campo da mente, que, por sua vez, também vai dos níveis grosseiros do pensamento até os mais sutis e toca o campo do Ser.

Portanto, é aconselhável que os profissionais da medicina conheçam todo o âmbito da vida, desde o cosmos exterior até o corpo, passando por todos os campos sutis do corpo até a mente, e passando por todas as regiões sutis da mente até o estado de consciência pura, o Ser. Além desse conhecimento seria um grande êxito se as autoridades de saúde tivessem a fórmula[62] para ser bem-sucedidas ao lidar com o Ser fundamental, que é a própria base de todos os diversos níveis da vida individual.

Um jardineiro que sabe como cuidar da árvore e providenciar para que ela receba os nutrientes necessários certamente conseguirá manter a saúde de todos os diversos níveis da árvore. Um médico que conheça todos os diferentes aspectos da saúde individual, que saiba como cuidar da camada básica da vida – o campo do Ser –, certamente conseguirá restaurar e manter a boa saúde em todos os níveis.

---

62 Veja na pág. 62 "Meditação Transcendental".

É uma felicidade para a saúde do mundo que se tenha encontrado uma fórmula única para cuidar da própria raiz da vida individual, para manter e restaurar a saúde em todos os níveis da mente, corpo e meio ambiente.

Neste capítulo trataremos de todos os diversos aspectos da vida individual, sugerindo uma única simples fórmula que servirá como medida preventiva, visando à boa saúde, e também como meio para restaurar e manter a saúde perfeita em todos os níveis da vida.

Esta fórmula não é oferecida num espírito de competição ou desafio aos profissionais da área médica e a todos aqueles envolvidos com o problema da saúde, mas com todo o amor pela vida do homem e com toda a boa vontade e admiração por aqueles que ajudam as pessoas em todas as partes do mundo, dando-lhes o que quer que considerem útil a sua saúde.

Logicamente, a não ser que todos os sete aspectos anteriormente mencionados sejam levados em conta, o problema da saúde ficará sempre incompleto.

Construir hospitais para sanar a doença e o sofrimento daqueles que já adoeceram é um gesto louvável de caridade. Mas uma responsabilidade infinitamente maior está em descobrir meios e modos através dos quais as pessoas deixassem de adoecer e gozassem sempre de boa saúde. Se fosse descoberto um meio através do qual as pessoas não adoecessem, seria um gesto de caridade muito maior oferecê-lo às pessoas do mundo todo.

Veremos como pode ser atingido este novo objetivo de boa saúde.

Observamos que a medicina preventiva é sempre parte integrante e importante dos programas de saúde de todos os países. Os progressos nesse campo dependem da aplicação de novas descobertas feitas de tempos em tempos.

As páginas que se seguem apresentam algo novo e de comprovado valor na preservação e melhoria da saúde do corpo, da mente e do meio ambiente.

A saúde mental depende do estado da mente, que obviamente é um fator abstrato, e do estado do sistema nervoso, que é um fator concreto. O sistema nervoso é o veículo para o funcionamento da mente, pois ele liga a natureza subjetiva do homem (a mente) ao mundo objetivo que o cerca. Portanto, para examinar a saúde mental devemos levar em conta tanto o estado da mente como o estado do sistema nervoso.

Mas, antes de tratarmos da saúde mental, formemos uma concepção clara do que é o aspecto de saúde mental da personalidade – o que é a mente –, pois não podemos examinar a saúde sob um aspecto do qual não temos uma noção clara. Assim, tentemos compreender o que a mente é em relação ao corpo e em relação à personalidade total.

A mente está entre o Ser e o corpo. Será melhor examinar primeiro o relacionamento da mente com o corpo e com o Ser. A mente é apenas um elo para ligar o Ser de natureza imanifesta com o corpo e os aspectos manifestos do mundo relativo. É um elo que coordena os aspectos absoluto e relativo da vida individual. De um lado, o aspecto mais refinado da mente toca o cerne da existência absoluta, o Ser; de outro, toca os níveis grosseiros da existência relativa. Em termos do Ser, a mente poderia ser definida como consciência em vibração[63]. Em termos do corpo, a mente pode ser definida como a nascente do sistema nervoso e, como tal, a origem do corpo.

Isto dá à mente o status da raiz da árvore, a função da mente sendo como a função dual da raiz. De um lado, ela deve retirar alimento da terra; de outro, deve levar aquele alimento à árvore externa. Da mesma forma, a mente, em virtude de seu status de intermediação entre Ser e corpo, tem uma função dupla a desempenhar. Ela deve retirar energia vital do Ser absoluto e repassá-la para o corpo e outros campos da existência relativa.

Se a raiz consegue manter este processo de retirada e distribuição, a saúde da árvore é mantida de forma ideal. Qualquer descontinuidade na manutenção do processo resulta em falta de saúde para a árvore. Da mesma forma, se a mente deixa de retirar suficiente energia vital do Ser, isto resultará naturalmente na fraqueza ou falta de saúde do corpo ou da personalidade. Vemos assim que uma boa coordenação da mente com o Ser e com o corpo é a chave para a boa saúde.

Trataremos agora dos diversos aspectos da saúde – mental, físico e ambiental.

A Saúde Mental

A saúde mental depende do funcionamento normal do sistema nervoso, a fim de que a totalidade da mente atue sobre o mundo externo. O funcionamento normal do sistema nervoso promove boa saúde física, de modo que o corpo é capaz de executar os ditames da mente, satisfazer seus desejos e realizar o propósito da existência.

Enquanto a coordenação da mente com o sistema nervoso permanece intacta, a saúde mental é mantida. Quando esta coordenação é quebrada, seja por alguma falha da mente ou do sistema nervoso, surge a falta de saúde. Esta falha da mente aparece em virtude de uma inabilidade crônica de realizar nossos desejos.

A principal causa disto é uma fraqueza na potência e na clareza do pensamento, que neste estado deixa de estimular suficientemente o sistema nervoso para que ele consiga desenvolver com sucesso a atividade necessária à realização do desejo. Para que haja uma coordenação realmente completa e um funcionamento de fato perfeito, requer-se um profundo poder de pensamento por parte da mente, junto com uma correspondente capacidade executiva eficiente por parte do sistema nervoso.

---

63 Veja na pág. 53 "Mente e Ser".

A integridade da natureza orgânica do sistema nervoso é certamente tão essencial quanto o poder da mente. No que diz respeito ao seu funcionamento, eles são interdependentes. Constatou-se que, mesmo enquanto o sistema nervoso permanece inalterado, uma melhoria no estado da mente tem como consequência uma melhoria no estado do pensar e uma melhor coordenação entre a mente e o mundo que a cerca. Quando a totalidade da mente é levada a expressar-se no mundo exterior, o sujeito chega a um relacionamento mais perfeito e gratificante com o objeto. Evidentemente, a felicidade é o resultado da realização das necessidades da mente. Uma mente feliz e satisfeita produz saúde.

Constatou-se também que, se o estado físico do sistema nervoso melhora pelo uso de remédios, enquanto o estado de espírito continua o mesmo, o processo de pensar torna-se mais profundo e a mente funciona mais enérgica e eficientemente. Vemos assim que a mente e o sistema nervoso são interdependentes, mas, já que a mente é obviamente mais sutil em sua natureza do que seu órgão, o sistema nervoso, parece mais sábio concluir que a mente é a parte principal.

Inúmeros fatores podem interferir no crescimento de uma árvore, mas uma fraqueza da própria semente supera a todos em importância. Da mesma forma, inúmeros fatores podem impedir a satisfação de uma necessidade, mas uma fraqueza na força do pensamento certamente supera os demais. Uma semente forte produzirá uma árvore mesmo no deserto, enquanto mesmo uma grande quantidade de adubação não conseguirá ajudar uma semente fraca. Se a força básica do pensamento for forte, ele encontrará um caminho para realizar-se.

Se, em virtude do insucesso na satisfação de necessidades e desejos da mente, a insatisfação começar a produzir tensões na mente, a maneira de dissolver estas tensões será fortalecer a mente pelo aumento do seu poder de pensar – a força do pensamento. Isto se consegue ampliando a mente consciente através da prática da Meditação Transcendental, conforme se explicou anteriormente.

Quando se formam tensões na mente, elas são refletidas através do sistema nervoso sobre o corpo. A mente ansiosa, debatendo-se constantemente com seus problemas num estado de insatisfação, exaure e irrita o sistema nervoso e o corpo. Assim como um servidor, cujo mestre dá ordens constantemente indecisas e confusas, torna-se cansado e irritado e finalmente deixa de executar qualquer uma delas, da mesma forma o sistema nervoso e o corpo tornam-se fatigados e exaustos e finalmente deixam de funcionar eficientemente se a mente estiver num estado estressado devido a confusão e indecisão.

Assim, o estresse mental produz doença e até alterações orgânicas no corpo. Obviamente a cura para este sofrimento é criar uma tal situação na mente que ela se torne e seja capaz de permanecer decidida e firme. Isto se consegue expandindo a mente consciente e assim fortalecendo-a. Como resultado do fortalecimento da mente consciente estabelece-se uma melhor coordenação entre a mente e o sistema nervoso, e o resultado natural disto é um funcionamento suave e eficiente do corpo. A saúde mental perfeita é mantida em virtude desta coordenação da mente com o sistema nervoso e com seu órgão final, o corpo.

Tem sido observado em centenas de casos, em muitos países, que pessoas tensas e preocupadas perdem naturalmente suas tensões pouco tempo após iniciarem a prática da Meditação Transcendental. Vemos que esta prática da Meditação Transcendental é uma dádiva para a saúde mental. É um meio de preservação da saúde mental, serve como tônico mental e ao mesmo tempo é uma cura natural e eficaz para as doenças mentais.

A Saúde Física

As pesquisas médicas têm mostrado que uma grande parte das desordens físicas surge originalmente de tensões mentais resultantes de ansiedades e fracassos na vida.

Ao tratarmos da saúde mental, vimos como o processo da Meditação Transcendental dissolve tensões, e por isso entendemos que todo sofrimento que pudesse ser descrito como psicossomático é curado em sua origem pela Meditação Transcendental. Contudo, há males puramente orgânicos nos quais não se encontra nenhuma evidência de uma causa mental, mas sabemos muito bem que o indivíduo doente tem uma atitude mental e emocional em relação a sua doença que, embora não seja causadora da doença em si, pode ainda ter efeitos profundos sobre seu desenvolvimento. A meditação certamente eliminará estas ansiedades secundárias. Mas agora consideremos os efeitos que a meditação pode ter sobre uma doença puramente orgânica. Para tanto precisamos considerar os efeitos fisiológicos da Meditação Transcendental.

Os Efeitos Fisiológicos da Meditação Transcendental

À medida que a atenção é levada a experimentar conscientemente os estados mais sutis do pensamento durante a prática da Meditação Transcendental, verificou-se que a respiração fica bastante reduzida em amplitude: a respiração torna-se suave e refinada.

Do ponto de vista fisiológico é evidente que para que isto ocorra deve haver uma queda no nível de dióxido de carbono no plasma. Isto só ocorre em consequência de hiperventilação forçada, que elimina o dióxido de carbono através dos pulmões, ou por uma queda na produção de dióxido de carbono através do processo metabólico.

Por não haver hiperventilação forçada na Meditação Transcendental, só se pode concluir que a suavização da respiração é devida a uma queda na produção de dióxido de carbono pelo processo metabólico.

A produção da maior parte da energia para a atividade corporal envolve, basicamente, a oxidação do carbono e sua posterior eliminação como dióxido de carbono.

Maior atividade consome maior quantidade de energia, que é produzida por uma maior quantidade de oxidação do carbono e sua eliminação como dióxido de carbono. Menor atividade consome menos energia, que é produzida por menos oxidação de carbono e menor eliminação como dióxido de carbono.

Isto mostra que, quando uma menor quantidade de dióxido de carbono é eliminada com a respiração suavizada durante a Meditação Transcendental, o processo de oxidação foi diminuído, e isto naturalmente produz menor quantidade de energia.

Esta a razão pela qual a atividade do corpo e do sistema nervoso é reduzida durante a Meditação Transcendental. Isto explica por que, durante a Meditação Transcendental, à medida que a mente passa a experimentar estados mais refinados de um pensamento, todo o corpo torna-se aquietado e calmo.

Este aquietamento corporal obviamente permite um grau extraordinário de repouso, que por si armazena energia num grau considerável. Obviamente a atividade da mente e do sistema nervoso é reduzida a um mínimo nesse estado e, assim, a mente torna-se calma e aquietada[64].

Neste estado aquietado a mente e o sistema nervoso estão equilibrados e em alerta, mantidos como a flecha puxada para trás sobre o arco totalmente retesado: tudo está inativo, mas todo o sistema está alerta nesta imobilidade. Ao mesmo tempo, todos os mecanismos do corpo estão extremamente equilibrados e estáveis. É este estado de alerta em repouso do sistema nervoso o estado mais saudável e a base de toda a energia e ação.

Este alerta em repouso do sistema nervoso é um estado de suspensão no qual ele não está ativo nem passivo. Este estado de nenhuma atividade e nenhuma passividade é o estado do Ser. É desta forma que o sistema nervoso é trazido até o nível do Ser e, entrando em sintonia com o Ser, o sistema nervoso alcança o nível de energia ilimitada e existência eterna do Ser. É como se a árvore toda entrasse em sintonia direta com o campo de onde vem sua nutrição. O sistema nervoso atinge o estado mais normal e saudável. Aqui se encontra a chave para a boa saúde.

---

64 Se não produzimos, através da meditação, este estado aquietado, mesmo que por uns poucos minutos diariamente, não há chance de oferecermos descanso aos mecanismos internos do corpo, que assim se mantém em funcionamento vinte e quatro horas por dia, ao longo de toda a vida, enquanto continuar ocorrendo a respiração. Obviamente, é um benefício à saúde e à longevidade que ao mecanismo corporal, sempre em funcionamento, sejam permitidos uns minutos de repouso e silêncio a cada dia através da prática regular da Meditação Transcendental.

A diminuição na produção de dióxido de carbono tem ainda outro efeito – o de uma tendência de mudança da reação do sangue de acidez para alcalinidade. Isto tem consequências generalizadas sobre a química do sangue – todas benéficas ao sistema como um todo.

Estas considerações levam-nos às seguintes conclusões:

O sistema da Meditação Transcendental beneficia o campo da saúde de duas maneiras; ele é tanto preventivo como curativo: (1) É um meio de preservação da saúde física e mental. (2) É um meio de oferecer descanso e relaxamento completos ao corpo e à mente, o que restaura as energias e auxilia grandemente o tratamento médico no sentido de uma rápida recuperação.

Quando dizemos "corpo" queremos dizer todo o sistema nervoso e os membros que são considerados os órgãos finais do sistema nervoso. A existência do corpo depende da atividade do processo metabólico. A atividade pertence aos campos relativos, enquanto o Ser é de natureza transcendental absoluta. A manutenção do corpo depende tanto dos campos sutis como dos campos grosseiros da atividade. Se o corpo pudesse ser levado a um estado no qual sua atividade cessa, mas no qual não se permitisse que o sistema nervoso ficasse passivo, se pudesse ficar num estado nem de atividade nem de passividade, a atividade do corpo estaria então no nível do Ser. Se o processo metabólico pudesse simplesmente ficar aquietado, sem deixar o corpo passivo, ele colocaria a atividade corporal no nível do Ser.

Vejamos claramente o que queremos dizer quando falamos do nível do Ser. O Ser é o componente fundamental do indivíduo. Ele simplesmente está ali, tudo e seu estado imanifesto formando a base de tudo e de todos os fenômenos. Ele é a base de toda a mente e de toda a matéria, a base de toda a criação manifesta. Este estado de Ser está fora de toda a existência relativa. Por isso ele é chamado transcendental e absoluto: transcendental porque está fora de toda criação relativa, e absoluto porque não pertence à existência relativa. Ele é existência imutável e eterna. Como a seiva dentro da árvore, o Ser é onipresente na criação. É a fonte primordial de toda a energia, inteligência, criatividade e atividade. Ele, em Si, não é ativo nem passivo. Ele é a origem ou fonte de toda a atividade e passividade.

No campo relativo da vida há ou atividade ou passividade. O Ser absoluto, em Sua natureza essencial, não pertence ao campo da atividade nem ao da passividade. Qualquer estado da vida que não pertence ao campo da atividade nem ao campo da passividade escapa à existência relativa e naturalmente pertence ao campo do Ser absoluto, e aquilo que pertence ao campo do Ser absoluto ganha o status do próprio Ser absoluto. Pois nada, a não ser Ele mesmo, pode ser Ele.

Assim, o significado das palavras "Ser absoluto" fica claro: à luz desta nossa tese, significa um estado de vida que não é passivo nem ativo.

Portanto, está claro que, se o processo metabólico que mantém vivo o corpo, e que mantém a coordenação entre corpo e mente no campo relativo da existência, pudesse ser trazido fisiologicamente a um estado de alerta em repouso, um estado onde o processo metabólico se desaceleraria até um estado de não passividade, o estado vital estaria colocado no nível do Ser.

Passividade e atividade pertencem ambos ao campo relativo da existência. O processo metabólico faz com que a mente esteja ou ativa ou passiva nos estados de vigília, sonho ou sono profundo, e assim mantém a vida no campo relativo. Se o processo metabólico, a atividade interna do corpo, pudesse ser freada de um modo que não a tornasse passiva, o corpo ficaria numa condição nem ativa nem passiva.

Quando o sistema nervoso está ativo, trata-se de um estado consciente ou de vigília; quando o corpo está fatigado, perde-se a consciência e tem origem o sono profundo. Aqui, no sono profundo, pode-se dizer que a consciência encontra-se num estado passivo. Pode-se dizer que a consciência depende do estado do sistema nervoso. Quando o sistema nervoso está ativo no estado de vigília, a mente não tem oportunidade de dissociar-se do mundo que a cerca. Quando o sistema nervoso está cansado, a mente não tem oportunidade de usar sua capacidade consciente e a consciência se perde no estado de sono profundo. Se o sistema nervoso pudesse ser levado a um estado no qual fosse capaz de manter a mente de tal modo que esta não pudesse usar sua capacidade consciente para a experiência de qualquer objeto externo, e ao mesmo tempo sem perder completamente seu estado consciente – é, se a mente pudesse permanecer simplesmente consciente, sem estar consciente de nada do mundo exterior –, a mente adquiriria então o estado de consciência pura, no qual a mente não está nem ativa nem passiva em sua natureza. Esta consciência pura se dará no nível do Ser.

Se o sistema nervoso pudesse ser estabelecido num estado nem ativo nem passivo, mas num estado de alerta em repouso, certamente seria criada uma condição para a consciência no plano do Ser.

Se o sistema nervoso consumasse este estado, ele assumiria então o papel de uma plataforma onde os estados absoluto e relativo da vida se encontrariam. Logo, o sistema nervoso, no que concerne à capacidade de produzir consciência "consciente", estaria no plano do Ser, ou do Ser teria sido trazido ao nível do sistema nervoso.

Como isto é possível? Que abordagem poderia ser adotada para produzir este estado fisiológico no sistema nervoso?

Do ponto de vista fisiológico, o funcionamento do sistema nervoso depende do processo metabólico. O processo metabólico depende principalmente da respiração. Se por algum meio a respiração pudesse ser acalmada, suavizada ou reduzida em sua amplitude, o processo metabólico poderia ser reduzido. E, se a respiração pudesse ser levada a um estado no qual não estivesse ativa nem passiva, aquele estado de respiração extremamente delicada onde se poderia dizer que ela flui e no entanto praticamente não flui, o metabolismo se estabeleceria num estado de suspensão entre atividade e inatividade ao nível do Ser. Isto harmonizaria o corpo com o Ser. A vida seria mantida, mas sua expressão seria silenciosa na existência relativa. Este é o estado do sistema nervoso que manteria a mente alerta em si mesma e, referindo-se a este estado de autoconsciência da mente, o corpo todo permaneceria suspenso em si mesmo.

Haverá um estado de nenhuma modificação física no corpo; toda a estrutura física e toda a matéria do corpo estarão simplesmente suspensas no nível do estado puro da vida. Um estado no qual o processo evolutivo ou o processo de mudança pararam de crescer ou se deteriorar, onde deixou de haver mudança. O corpo todo foi colocado assim no nível do Ser, da mesma forma que a mente. Mente e matéria, formando os aspectos grosseiros e sutis do indivíduo, foram ambas elevadas a um nível da existência eternamente imutável, o nível do Ser eterno e absoluto. Repousam lado a lado, em unidade uma com a outra, pois ambos conquistaram o mesmo nível de vida. Se hesitamos em aceitar a noção de que, neste estado, mente e corpo estão unidos num só estado de vida, será bom saber que, neste estado de suspensão, corpo e mente estão perfeitamente coordenados um com o outro. A mente individual está unida à consciência pura ou inteligência absoluta, e o corpo, neste estado de saúde perfeita, repousa em plena harmonia com a mente.

Desta forma, pela diminuição da respiração, deve ser possível colocar o sistema nervoso no estado de saúde perfeita e ao mesmo tempo em plena coordenação com a mente. Este estado perfeito em relação ao corpo e à mente e seu mútuo relacionamento é possível apenas no nível do Ser. E é possível apenas quando a mente é levada ao nível do Ser, ou quando o corpo é levado ao nível do Ser.

Portanto, os resultados que desejamos podem ser atingidos por qualquer dos caminhos mencionados a seguir:

1. Psicológico - no qual apenas a mente é envolvida. Este, na prática, é o sistema da Meditação Transcendental.
2. Fisiológico - no qual o processo metabólico é reduzido por um trabalho com o corpo ou com a respiração. Esta prática é alcançada pela cultura física yóguica e exercícios respiratórios próprios.
3. Psicofisiológico - no qual mente e respiração são levadas a funcionar em seus níveis para que tanto mente como corpo sejam levados àquele estado de suspensão no nível do Ser.

Veremos agora como a respiração pode ser trazida a um estado nem ativo nem passivo.

Este estado respiratório deve ser criado de uma forma bem natural, pois qualquer método artificial causará tensão. Ele não pode ser atingido tentando-se diminuir a respiração, pois isto traria um esforço excessivo ao processo respiratório. O problema é como criar um estado natural de respiração extremamente suave no qual a respiração quase transcenda a atividade. Uma possibilidade para a diminuição da respiração é a longa prática de respiração controlada, para que o sistema se habitue a manter-se seja na inspiração seja na expiração. Esta prática realmente leva à manutenção do corpo com uma respiração muito suave. Finalmente cria-se um estado fisiológico no sistema, no qual a respiração é levada a uma condição de não atividade e não passividade.

Atinge-se a meta de trazer o corpo ao nível do Ser pela prática desta respiração controlada. Mas, pelo fato de ser necessária uma longa prática de muito controle para obter sucesso neste caminho, ele não se presta à vida levada pelo chefe de família, e menos ainda quando se trata do atribulado chefe de família da moderna era nuclear.

Há outro modo de atingir este estado pela redução da respiração. Primeiramente consideraremos o princípio envolvido neste segundo caminho.

A experiência mostra que a respiração se acelera quando corremos e permanece mais lenta quando estamos sentados. Ela é mais rápida depois da refeição porque necessitamos de mais oxigênio para a digestão do alimento. A respiração dá-se lenta ou rapidamente de acordo com o trabalho a ser executado pelo corpo. O trabalho a ser feito pelo corpo depende de como a mente quer que o corpo funcione. Isto significa que a atividade da mente – o pensar – é a base da atividade corporal. Vemos assim que a atividade do corpo, que controla diretamente o processo respiratório, é governada pelo processo do pensar.

E, novamente, como vimos quando analisamos o processo de pensamento, este processo ao nível da mente consciente é resultado de uma atividade muito maior que a que ocorre no ponto de partida do pensamento. Naturalmente, uma atividade maior requer maior liberação de energia no sistema e isto, por sua vez, requer uma respiração mais forte. Por outro lado, se o pensamento puder ser reconhecido conscientemente como um pensamento bem na sua fonte, a energia necessária para levar o pensamento até o nível consciente comum da mente seria naturalmente economizada e isto ocasionaria menor produção de energia no sistema. Isto requereria uma queda no processo de oxidação no plasma, o que, por sua vez, suavizaria a respiração, atingindo-se assim o objetivo de trazer a respiração até um estado onde não há atividade nem passividade.

Isto mostra que, à medida que a mente começa a experimentar estados mais sutis do pensamento durante a Meditação Transcendental, ela se vê envolvida em atividade proporcionalmente menor e, em consequência disso, simultaneamente respiração passa a ser mais suave, mais refinada e reduzida em amplitude. Quando a mente chega à experiência do estado mais sutil de pensamento, a respiração chega ao mais suave nível de seu fluxo e, finalmente, quando a mente transcende o pensamento mais sutil e adquire o nível da consciência pura, a respiração chega àquele estado que não é ativo nem passivo, o nível do Ser puro.

Vemos assim que a prática de trazer a mente até o nível do Ser traz, simultaneamente, a respiração a este mesmo nível e estabelece o sistema nervoso e o corpo no plano da existência absoluta. Neste estado não há nenhuma liberação de energia pelo processo metabólico, nenhuma modificação ou decadência do estado do corpo. O corpo torna-se então um meio apto através do qual o Ser absoluto onipresente pode brilhar, e irradiar o Ser no campo relativo.

Quando se coloca um copo d'água ao sol, o sol se reflete nele. O sol está sempre presente, mas não se reflete a não ser que se encontre um meio adequado através do qual possa refletir-se. Da mesma forma, o Ser está sempre presente aqui, lá e em todo lugar, mas Ele não tem a oportunidade de irradiar-Se diretamente na existência relativa, a não ser que se crie no sistema nervoso um estado adequado a Ele.

Levando o sistema nervoso a esta condição, através de um sistemático refinamento da respiração ou do pensamento, ou de ambos[65], o corpo pode ser trazido ao nível do Ser para viver uma vida longa e com boa saúde.

Assim, tendo visto como o corpo pode ser mantido em saúde perfeita, consideraremos agora a saúde da atmosfera ou meio ambiente.

A Saúde da Atmosfera

A atmosfera de um indivíduo é composta pelas radiações de sua mente e de seu corpo. A qualidade da atmosfera que cerca o indivíduo depende da qualidade das radiações emanadas por seu pensamento e sua atividade.

A atmosfera criada por um homem preguiçoso é apática e deprimente, ao passo que um homem enérgico carrega consigo uma influência dinâmica.

Cada indivíduo produz sua própria atmosfera, e a atmosfera de todos é influenciada por aquela produzida por todos os outros indivíduos. Para produzir uma atmosfera saudável e elevadora devemos ser saudáveis.

Vimos que a saúde depende do estado do Ser. Portanto, ao tentarmos encontrar uma fórmula para a boa saúde ambiental, devemos principalmente tentar descobrir uma forma de levar o Ser ao nível da atmosfera, ou de levar o ambiente ao nível do Ser.

Para produzir a influência do Ser na atmosfera é preciso ter a mente e o corpo estabelecidos no Ser. Isto, como vimos, é conseguido levando-se o nível consciente

---

65   Esta é a prática da Meditação Transcendental.

da mente até os níveis mais sutis do pensamento, para finalmente transcender o pensamento. Então aquele que pensa é deixado sozinho consigo mesmo, criando-se no indivíduo o estado do Ser.

Vimos também que, quando a mente está estabelecida no estado do Ser, a atividade corporal cessa e todo o sistema nervoso é colocado no plano do Ser. Quando mente e corpo estão estabelecidos neste plano, o ambiente, por estar em contato com o corpo, recebe naturalmente a correspondente influência e radiação de harmonia, paz e vida eterna, pois a natureza do Ser é vida eterna, existência eterna, total pureza, bem-aventurança absoluta e consciência pura. Desta forma, trazendo o corpo e a mente ao nível do Ser, naturalmente infunde-se na atmosfera o valor do Ser.

Quando a mente emerge do estado de Ser transcendental e envolve-se no campo do pensamento, todo o processo de pensar tem sua base consciente no nível do Ser. As vibrações emitidas pelo processo de pensar têm a qualidade do Ser, ou seja, a qualidade de harmonia, pureza, bem-aventurança. Assim, conquistando o status consciente de Ser, a mente irradia continuamente a influência do Ser na atmosfera. É assim que a atividade externa e o comportamento do indivíduo tornam-se saturados das qualidades do Ser.

Quando a mente é trazida até o nível do Ser, ela se estabelece no nível da lei cósmica, e vimos que uma mente assim, quando volta do campo do transcendente, volta impregnada de Ser. Quando, com a prática, a infusão do Ser continua a ser mantida no nível da mente consciente – mesmo quando a mente se envolve em atividades externas –, ela permanece em constante comunhão com a lei cósmica, que é a base de todas as leis da natureza.

Na atmosfera exterior, tal indivíduo está colocado no estado mais natural de evolução cósmica, pois, quando a mente funciona a partir do nível da lei cósmica, então todas as leis da natureza estão como que em completa harmonia com a mente. Quando as leis da natureza que cercam o indivíduo estão totalmente sintonizadas com a mente estabelecida na lei cósmica, então toda a natureza que cerca o indivíduo fica livre de tensão e desarmonia.

A desarmonia na natureza deve-se ao fato de a mente não estar em sintonia com a lei cósmica. Este ponto deve ser muito bem compreendido. Quando a mente entra em sintonia com a lei cósmica, todas as leis da natureza estão em perfeita harmonia com as aspirações da mente. Isto deixa todo o ambiente do indivíduo em perfeita harmonia, da forma mais natural, e no estado mais normal, livre de qualquer tensão ou esforço.

Quando então o ambiente está em completa harmonia com o indivíduo, harmonia perfeita é estabelecida em todas as diversas camadas da natureza à volta do indivíduo. Quando o corpo e a mente estão em sintonia com a lei cósmica, toda a atmosfera que circunda o indivíduo é posta em concordância com o propósito cósmico. Tudo está em harmonia. É assim que, unindo a mente e o corpo ao Ser, cria-se naturalmente uma influência de vida e harmonia no meio ambiente. O ambiente atua sob a influência do Ser. Quando a mente funciona enquanto estabelecida no estado do Ser, quando o indivíduo adquiriu consciência cósmica, logo cada indivíduo emite as vibrações do Ser. O Ser que se encontrava no nível transcendental é trazido para o campo da relatividade. Todos os seus pensamentos, palavras e ações vibram o Ser e trazem o Ser transcendental para o nível do meio ambiente.

Evidentemente, todas as diversas camadas da criação não passam de diferentes estágios do Ser em vibração. Mas, quando a mente do indivíduo não está conscientemente unida ao Ser, as vibrações da mente podem não estar de acordo com as leis naturais. Estabelecida no Ser cósmico, quando o indivíduo, pessoalmente, vibra, então o Ser permeia a atmosfera. O Ser que já está presente em todos os níveis da criação como que se aviva, vibrando em uníssono perfeito com todos os diversos níveis da criação. Os diferentes níveis da criação formam então uma correlação uns com os outros, sob as condições mais naturais de afinidade com as leis naturais, funcionando em seus diversos níveis. Isto elimina qualquer desarmonia ou discórdia entre os diferentes planos da criação que cercam o indivíduo, e que poderiam ter existido caso a mente não estivesse de acordo com a lei cósmica. Esta é uma reflexão bastante sutil, mas é a verdade da natureza.

Quando a mente não está em sintonia com a lei cósmica, em sintonia com o Ser, quando não está funcionando no estado de consciência cósmica, não estará funcionando em total acordo com as leis naturais. Uma mente assim, sem estar ciente disso, até mesmo sem a menor intenção de fazê-lo, poderá emitir uma influência de desarmonia e discórdia.

Ou a mente funciona naturalmente de modo a que as leis naturais estejam em total concordância com a lei cósmica, ou a harmonia é quebrada pelo fato de a mente não estar naturalmente estabelecida no nível do Ser. A atmosfera permanentemente ativa e vibrante em volta do indivíduo é avivada no valor do Ser, e por todo lado a sua volta cria-se uma atmosfera vibrante no valor do Ser.

É impossível fazer com que a atmosfera de um indivíduo fique tão aquietada e calma quanto seu corpo quando a mente transcende e estabelece-se o Ser. O sistema nervoso do indivíduo é levado a um estado que pode ser chamado de um estado de atividade e inatividade, um estado que não é estático nem dinâmico. Ali é que o sistema nervoso alcança o nível do Ser. Este estado de equilíbrio perfeito não pode ser criado no ambiente porque este se encontra cheio de atividade causada pelas leis naturais, operando segundo o propósito evolutivo cósmico.

A natureza caminha sem cessar no sentido da evolução, e este processo de criação é eterno. Portanto, não é possível trazer a natureza até o nível do Ser transcendental. No entanto, em virtude de o campo eterno e sempre mutável da natureza ser eternamente permeado pelo estado do Ser, é possível fazer com que o Ser vibre no ambiente. Isto é possível pela eliminação da desarmonia que possa estar sendo irradiada por um indivíduo cosmicamente não evoluído. Esta desarmonia deve ser corretamente compreendida.

Veja o caso de um homem cosmicamente não evoluído e que age e pensa segundo seus desejos egoísticos. Os desejos egoísticos podem não estar de acordo com o propósito cósmico por carecerem de um fundamento cósmico e, portanto, tudo quanto ele fez pode estar ou não em harmonia com o propósito cósmico.

Qualquer que seja a atividade ou o pensamento do indivíduo, se estiverem de acordo com o propósito cósmico, se estiverem de acordo com a evolução natural, eles criarão uma influência harmônica com as leis naturais. Entretanto, se não estiverem de acordo com o propósito cósmico, se estiverem contrários ao modo natural evolutivo, toda a atmosfera fica tensa, todas as leis naturais sujeitas àquela influência sofrem tensão. É assim que as ações e pensamentos que não estão de acordo com o processo evolutivo criam tensão no meio ambiente. Cria-se discórdia, correntes antagônicas às condições evolutivas naturais são acionadas na atmosfera e o fluxo natural da evolução individual e cósmica ditado pela Mãe Natureza fica sob tensão.

Aqui encontramos a razão pela qual devemos viver uma vida virtuosa. Tudo que é moral, virtuoso e verdadeiro na vida está de acordo com as leis naturais. E tudo que é imoral, pecaminoso e hediondo é contrário à evolução.

Quando um indivíduo pensa erroneamente, fala erroneamente e age erroneamente, ele tensiona as leis naturais que agem a sua volta e provoca discórdia e desarmonia em seu ambiente.

E podemos sentir isso. Se você entra no quarto de um homem mau, você começa a sentir sua influência pecaminosa. Se você entra no quarto de um homem bom, você sente imediatamente uma influência de harmonia. Esta influência de harmonia, por sua vez, é indicada por uma sensação interna de satisfação, de bem-estar. Quando há bem-estar íntimo, o sentido de harmonia e boa vontade que você cria no quarto de seu bom amigo está de acordo com o processo evolutivo. Isto ajuda sua alma a evoluir, pois a harmonia está de acordo com as leis evolutivas naturais.

A qualidade da bondade permeia a própria atmosfera e é sentida imediatamente ao entrar-se no quarto. A influência de um indivíduo fica presa entre as paredes a sua volta. Ele, por assim dizer, pode ser reconhecido nas paredes, no teto e no chão de seu quarto! Se ele possui um evoluído estado de consciência, naturalmente cria-se uma forte influência de harmonia em seu quarto. Este é o valor do Ser, que é harmonia, vida e estabilidade.

O valor do Ser eterno já está presente em toda a esfera da criação, mas, quando um homem não está no estado de consciência pura, sua atividade gera tensão e desarmonia.

Quando o indivíduo chegou à consciência cósmica, todos os seus pensamentos e ações fazem parte do propósito cósmico. E então o que quer que ele faça, diga ou pense auxilia o processo evolutivo, ajuda a neutralizar a influência artificial criada por aquelas mentes que não estão integradas.

A integração da personalidade, ou a evolução da personalidade até o nível da consciência cósmica, coloca a atmosfera do indivíduo no mais poderoso e natural estado do Ser ou lei cósmica. Desta forma, elevando nossa consciência até o nível da consciência pura, naturalmente colocamos o ambiente e as circunstâncias em harmonia com o propósito cósmico. Isto significa ou difundir o valor do Ser por todo o ambiente ou trazer o ambiente ao nível do Ser. Não se pode fazer nada para levar a natureza, a atmosfera e o ambiente ao nível do Ser, pois eles encontram-se eternamente assentados no nível do Ser.

O que queremos dizer, então, quando falamos em trazer a atmosfera ao nível do Ser? Queremos dizer apenas que o indivíduo deixa de emitir vibrações ou influências que de alguma forma possa opor-se ao processo evolutivo natural ou criar desarmonia no funcionamento natural da criação em todas as diferentes camadas da natureza. Portanto, para permitir que o Ser permaneça em perfeita harmonia com todas as diferentes camadas da natureza na atmosfera do indivíduo, este tem somente de elevar-se ao estado de consciência pura. Assim se leva o ambiente e a atmosfera do indivíduo ao nível do Ser.

Quando a respiração do indivíduo transforma-se no impulso da vida eterna, a saúde individual é trazida ao nível da saúde eterna da vida cósmica. Quando o Ser está estabelecido no nível consciente da mente, quando a mente alcançou a consciência cósmica, então o corpo serve ao propósito da evolução cósmica. Esta mente, este corpo, nesta atmosfera gozam de saúde perfeita.

Assim, somente quando o Ser estabeleceu-se em todos os níveis da vida individual é possível gozar de saúde perfeita em todos os planos da vida individual – da mesma forma, quando todos os diferentes aspectos da árvore estão saturados de seiva, somente então é que a árvore goza de saúde perfeita. Se qualquer das partes da árvore perder seu contato consciente com a seiva, começa a secar. Analogamente, qualquer aspecto da vida individual, ao perder sua coordenação com o Ser, começa a sofrer as influências do não Ser. Quando a atmosfera não consegue receber a influência do Ser através do indivíduo, ela perde saúde e torna-se tensa. Como dissemos anteriormente, isto é sentido pelo indivíduo. Em vez de trazer um sentido de harmonia e a paz ao indivíduo, ele traz um sentido de tensão e agitação, medo e desconforto.

Quando o corpo não tem oportunidade de vir ao nível do Ser, ele perde a força vital. Quando o sistema nervoso não é trazido ao estado de alerta em repouso, o nível do Ser antes descrito, o corpo fica sobrecarregado, como uma máquina que funciona sem parar. Mas se descansamos a máquina em intervalos regulares o desgaste é menor e isto dá vida e força à máquina. Do mesmo modo, quando o corpo é levado finalmente a um estado de alerta em repouso, no qual o sistema nervoso permite à mente experimentar o estado de Ser transcendental, o corpo não fica sujeito a esforço constante. Começa a manter seu nível de vida normal, livre de esforço e tensões. Um corpo assim irradia saúde.

A mente, sempre vagando pelo campo do desejo, vacilando entre o caminho e a meta nos campos relativos da vida, não encontra a grande meta da eterna bem-aventurança. Não há nada no mundo capaz de proporcionar satisfação eterna à mente, pois tudo é perecível, sempre mutável e parte do mundo dos fenômenos. Portanto, a busca de felicidade da mente não encontra satisfação e a mente vagueia todo o tempo, procurando um lugar onde possa repousar em eterna bem-aventurança. Um indivíduo com uma mente assim só encontra satisfação duradoura ao entrar em sintonia com a consciência de bem-aventurança do Ser.

Este estado de consciência de bem-aventurança traz à mente contentamento eterno e lhe confere estabilidade. Ele traz plenitude à mente, e este é o estado mental mais saudável, pois nele conquistou-se o propósito da vida, a eterna consciência de bem-aventurança – consciência cósmica.

Vemos assim que, sintonizando a mente com o Ser através do processo da Meditação Transcendental, que foi descrito pormenorizadamente num capítulo especial[66], é possível manter uma perfeita saúde mental e física, e fazer com que a atmosfera mantenha-se propícia à saúde mental e física do indivíduo. Esta é a forma de adquirir-se saúde perfeita em todos os níveis da vida individual.

O problema da saúde estará solucionado apenas quando o considerarmos do ponto de vista da mente, do corpo, do ambiente e do Ser. Se não levarmos em conta o Ser, não estaremos servindo ao propósito da saúde mental e física, assim como se não levarmos em consideração o valor da seiva, a saúde da árvore, de seus galhos, flores e frutos não poderá ser mantida. Um jardineiro competente que vê uma folha definhar não perde tempo cuidando da folha em si. A folha seca serve-lhe apenas como sinal de perigo para a árvore toda. Ele então dirige suas atenções à raiz, rega-a, e, assim fazendo, permite que a seiva novamente chegue às diversas partes da árvore.

Do mesmo modo, quando um indivíduo percebe que a atmosfera está tensa, sua mente tensa ou seu corpo sofrendo de algum mal, ele sabe que estes são sintomas que indicam perigo para sua vida como um todo. Um homem sábio vai à raiz do problema.

A influência errada emitida pela mente e pelo corpo do indivíduo, seja de que tipo for, cria tensão na atmosfera. O tipo errado de atividade mental é o que provoca tensão na mente. Quando o processo de pensamento está em desacordo com o propósito cósmico ou com as leis naturais, ele cria tensão e sofrimento no corpo e na mente e produz tensão e influência negativa na atmosfera.

---

66 Veja na pág. 62 "Meditação Transcendental".

Fracasso nas conquistas e desejos irrealizados surgem quando a corrente da vida individual não está em harmonia com as leis naturais. E como se pode remediar esta situação? É humanamente impossível conhecer todas as leis da natureza. A física, química, biologia, fisiologia e anatomia e os diversos ramos do saber estão pesquisando as diversas leis naturais. Mas são inumeráveis as camadas da criação, inumeráveis. as leis naturais, e muito variados seus padrões de inter-relacionamento.

Portanto, é humanamente impossível conhecer todas as leis naturais, mas trazendo a mente até o nível da lei cósmica ela entraria em sintonia com todo o curso da lei cósmica e poderia sintonizar-se com cada uma das leis naturais. Quando a mente está estabelecida no nível da lei cósmica, ela se torna mente cósmica.

A não ser que a mente esteja em sintonia com a lei cósmica, a vida não estará em sintonia com a natureza, e a não ser que a vida esteja em sintonia com a natureza, o indivíduo estará sempre gerando tensão para o fluxo evolutivo natural. A tensão gerada na atmosfera tem seu efeito máximo sobre o próprio indivíduo. Por este motivo existem a discórdia, a desarmonia, a doença e o sofrimento.

Limitar a investigação da causa das doenças e da causa da tensão mental ao nível físico é algo que se deve a um conhecimento incompleto da vida integral do indivíduo e de todo o esquema da criação.

Para um exame adequado da saúde individual não se pode considerá-la em segmentos. A saúde da mão só poderá ser examinada efetivamente em termos da saúde do corpo todo, e a saúde do corpo todo só pode ser examinada eficazmente em termos de todo o sistema nervoso, que por sua vez só pode ser examinado eficazmente em termos da mente. A mente só pode ser efetivamente examinada em termos do Ser, pois afinal é esta a essência da vida individual. O Ser é o componente essencial de todos os diferentes aspectos da vida. O Ser, portanto, é o que precisa ser cuidado. Somente se for mantida uma boa coordenação entre a mente e o Ser, entre o corpo e a mente em termos do Ser, e entre a atmosfera e o corpo em termos do Ser é que se poderá resolver o problema da saúde.

É pouco sábio considerar a saúde do homem somente em termos da fisiologia ou da psicologia. O problema da saúde será solucionado quando o problema da vida como um todo for solucionado.

Originadas das pesquisas no campo da medicina, as novas teorias psicológicas e as descobertas sobre a fisiologia abordam a questão da saúde de um ponto de vista muito limitado. Desta forma, só se consegue examinar um aspecto parcial da saúde, e por isso o sofrimento continua a existir.

Não é nossa intenção mostrar aqui o grande dano feito a toda a personalidade quando tratamos do problema da saúde de uma maneira parcial. Contudo, os profissionais médicos e mesmo os psicólogos estão cientes de suas grandes limitações.

Quando o problema do sofrimento – físico e mental – vai ser abordado, ele deve ser abordado ao nível da causa para que se obtenham resultados duradouros. E a causa de todas as causas da vida é o Ser. E todas as causas de sofrimento – físico, mental ou ambiental – vêm de uma coordenação inadequada entre o Ser e os diversos planos da vida individual. Portanto, se nosso objetivo é uma boa saúde, poder-se-ia desenvolver uma fórmula para a boa saúde em todas as esferas da vida. Esta fórmula será basicamente a de coordenar o Ser com a mente, o Ser com o corpo e o Ser com o ambiente. Como isto se faz já foi explicado no capítulo sobre "Como Contatar o Ser"[67].

Já é tempo de as associações médicas dos vários países refletirem sobre o valor do Ser e testarem cientificamente os efeitos fisiológicos e psicológicos da Meditação Transcendental a fim de revelarem ao povo os benefícios que o Ser traz à saúde física e mental. Isto só pode resultar na erradicação do sofrimento mental e físico. Hoje, em quase todos o países do mundo, muitas pessoas estão praticando esta Meditação Transcendental e seriam naturalmente bons objetos de estudo nos testes realizados para determinar os efeitos fisiológicos e psicológicos da Meditação Transcendental.

A causa do sofrimento mental e físico existente no mundo é a falta de conhecimento do Ser e a ignorância do fato de que, pela infusão do valor do Ser na mente, no corpo e no meio ambiente, a própria causa de todas as doenças e sofrimentos poderia ser eliminada.

Este é um convite para todas as associações médicas examinarem, mesmo numa base meramente experimental, as grandes possibilidades do bem que poderia ser feito para aliviar o sofrimento do corpo, da mente e de toda a atmosfera, pela influência do Ser através da prática da Meditação Transcendental. Este convite às autoridades da área de saúde de diferentes países está sendo feito não com base num conhecimento teórico, mas com base nas experiências pessoais de milhares de pessoas que têm praticando o sistema da Meditação Transcendental. Elas perceberam em suas vidas que sua saúde se tornou melhor, que seu comportamento com outras pessoas melhorou, e que o sucesso na vida, a paz dentro delas mesmo e na atmosfera foram mantidos, desta forma, em todos os níveis.

EDUCAÇÃO

A educação visa o cultivo da mente do homem para que ele possa realizar tudo quanto quiser no grande campo da vida. A educação deveria necessariamente capacitar o homem a fazer uso de seu pleno potencial, nos campos físico, mental e espiritual. Mas deveria também desenvolver nele a habilidade de fazer o melhor uso de sua

---

67 Veja na pág. 60.

personalidade, ambiente e circunstâncias para que possa realizar o máximo na vida, para si mesmo e para os outros. Há tremendas possibilidades latentes nestes campos nunca sondados ou desfrutados por estudantes durante sua vida escolar, que é a época mais preciosa para a construção da carreira do indivíduo.

Quando se viaja pelo mundo e se encontram pessoas de várias nacionalidades, descobre-se que a opinião pública em quase todos os países está contra o sistema educacional ali vigente. Em nenhum país do mundo o povo está realmente satisfeito com o sistema educacional vigente. Talvez não haja muitas pessoas capazes de indicar satisfatoriamente qual deveria ser o sistema educacional ideal e o que falta ao atual currículo das escolas, faculdades e universidades. No entanto, é evidente que em toda parte prevalece a insatisfação em relação ao currículo existente.

O que falta é um sistema educacional completo, que dará plenitude ao currículo através do qual os alunos saídos das instituições de ensino serão tornados cidadãos plenamente desenvolvidos e completamente responsáveis, bem formados nos valores mais plenos da vida, desenvolvidos em consciência e compreensão mais elevadas.

As matérias ensinadas deveriam fazer com que os alunos compreendessem o âmbito total da vida. Seja qual for a matéria escolhida, ela deveria conter em si a visão de uma vida plena, uma perspectiva completa dos valores plenos da vida e do viver.

No presente, com o advento de novas invenções em todos os campos do saber, muitas matérias vêm-se infiltrando no campo da educação. O campo de especialização torna-se em si mesmo um ramo do saber. Não importando a especialização dada aos alunos, juntamente com o conhecimento da matéria deveria haver também uma visão do valor pleno da vida.

Obviamente cada ramo do saber vai do estudo mais elementar ao mais avançado em relação a determinado assunto. Mas nenhum objeto de estudo em nenhum ramo do saber conseguiu até hoje chegar ao ponto mais alto da investigação daquele assunto. Todos os ramos do saber apresentam grandes descobertas até um certo ponto, mas a possibilidade de descobertas ainda maiores está reservada às gerações futuras. Portanto, o ponto mais alto no estudo de qualquer assunto repousa além da esfera de conhecimento atual. Isto coloca todos os ramos do saber num estado bastante inacabado.

Entretanto, com o estudo do Absoluto nos cursos mais adiantados de todos os ramos do conhecimento, parece que o aluno, além de adquirir conhecimentos avançados deste assunto, obterá também uma ideia do limite extremo daquele assunto. Isto porque o estudo finalmente tocará o horizonte do Absoluto. Portanto, o estudo do Absoluto eterno parece ser altamente significativo. Ele deveria acompanhar o estudo de todos os ramos do conhecimento. O aluno descobrirá desta forma até onde a vida vai. Da forma como as coisas são, o estudo de qualquer ramo do conhecimento limita-se apenas aos níveis grosseiros do assunto. Portanto, cabe aos especialistas do campo do ensino considerar a introdução do estudo do Absoluto juntamente com o estudo avançado de todos os ramos do saber. Isto deveria ser incluído ao menos no currículo de alunos adultos, nas faculdades e universidades.

O estudo do Absoluto revelará aos alunos os grandes valores escondidos da vida e que repousam além da fase fenomenal óbvia da existência, levando a eles um sentido de existência muito mais profundo, uma visão mais ampla da vida e do campo insondável da sabedoria. Revelará a eles também as possibilidades contidas na vivência de valores muito maiores e mais elevados que aqueles encontrados no nível da existência relativa. Se a técnica da Meditação Transcendental for praticada juntamente com o estudo do Absoluto, o propósito da educação terá sido realmente servido. O sistema educacional estaria assim completo, no verdadeiro sentido da palavra.

Os atuais sistemas de ensino nos diversos países do mundo dão aos alunos somente um conhecimento informativo. No campo da educação, hoje, não há nada específico e que realmente desenvolva os valores internos da mente, do corpo e do espírito. Portanto, qualquer que seja a educação recebida pelas pessoas, é somente no nível superficial da informação. Dentro de cada matéria é dada uma certa informação sobre aquele assunto, e se o aluno for capaz de lembrar-se da informação ele é aprovado no curso. O sistema educacional atual prepara o aluno apenas para uma carreira reconhecida socialmente, com o objetivo principal de se ganhar a vida.

Não se abre aos alunos um campo de valores internos. A informação sobre o mundo interior da mente e do espírito está vedada. É surpreendente que os aspectos mais substanciais da vida interior, que formam a própria base de toda a vida e existência externas, tenham sido ignorados por tanto tempo no mundo todo. Já é hora de fornecer aos alunos, juntamente com os campos externos dos diversos ramos do saber, uma educação acerca das esferas internas da vida. Sem o conhecimento do Absoluto e sem a prática da Meditação Transcendental para revelar as faculdades mentais, a educação está incompleta. A responsabilidade por deixar esta geração de estudantes fora de contato com os valores internos da vida e com o campo do status permanente da existência recai sobre os sábios homens encarregados do currículo atual de todos os países.

Quando o aluno recebe apenas uma educação informativa dentro de sua área de estudo, ele fica sem base alguma para explorar a vasta gama de conhecimento sobre aquele assunto. Que parcela do mundo poderia ser pesquisada fisicamente e conhecida através da investigação dos fenômenos? O Universo é tão vasto e a criação tão ilimitada que é fisicamente impossível analisar e dissecar tudo de toda a criação.

Por isso é que o atual sistema de ensino deixa de saciar a sede de conhecimento. Ele tem a capacidade de aumentar a sede, mas não possui meios para saciá-la. É quase sempre verdade que à medida que um homem estuda um assunto ele encontra a sua frente um campo ainda maior de desconhecido. Não importa o quão pouco se conheça sobre uma matéria, um estudo mais avançado sobre ela informará silenciosamente ao estudante uma gama muito mais ampla de conhecimento ainda por descobrir, sem que no presente haja meios de aprender. Isto será sempre assim enquanto o sistema educacional basear-se somente no conhecimento informativo.

Quando, de acordo com o atual sistema de ensino, encontramos uma área cada vez maior de desconhecido abrindo-se para o estudante, isto se traduz numa maior ignorância da matéria em vez de maior conhecimento dela. Este é o estado deplorável do atual sistema de ensino. Ele aumenta a sede de conhecimento e não tem como saciá-la, apenas propicia o aumento da ignorância da matéria num grau bem maior do que fornece conhecimento sobre ela.

O único modo de sair deste estado deplorável em que a educação se encontra é achando meios e modos de cultivar a mente partindo de dentro dela, de fortalecê-la para que, quando for estudado um determinado assunto no nível informativo, o indivíduo seja também capaz de explorar as regiões mais profundas da matéria.

Se esta cultura interior fosse dada ao estudante de qualquer ramo de conhecimento juntamente com seu curso normal de conhecimento informativo, a educação vinda de fora seria suplementada pelo desenvolvimento mental vindo de dentro, e todas as faculdades mentais poderiam ser desenvolvidas. Um homem realmente bem formado seria o resultado de um sistema educacional assim. Uma educação que não deixaria nenhuma porta de conhecimento fechada à mente e que possibilitaria a todo estudante possuir conhecimento pleno da matéria. Então os cidadãos do mundo todo realmente serão beneficiados por aquilo que denominamos educação.

Se a educação é baseada em valores internos juntamente com informação sobre o mundo exterior, em qualquer ramo do conhecimento ela deixará de criar a mera habilidade de ganhar a vida através de um emprego em algum lugar e irá revelar àquele homem em formação o verdadeiro significado da vida interior. Sua personalidade desenvolverá um caráter arrojado e dará brilho a sua carreira. Todos os indivíduos se verão amplamente equipados com a habilidade de adquirir grande conhecimento sobre todos os assuntos.

O atual sistema educacional, por oferecer várias matérias, apenas ajuda o aluno a escolher uma delas. Todos os indivíduos têm faculdades mentais latentes tão poderosas que, se houvesse um modo de desenvolvê-las adequadamente durante a carreira estudantil, todo cidadão do mundo seria uma personalidade altissimamente desenvolvida e poderia usar suas potencialidades evoluídas para o maior benefício seu e dos outros.

Sem a técnica para a ativação das faculdades mentais, o grande gênio que habita dentro do homem está desperdiçado. Vimos no capítulo sobre "Como Contatar o Ser"[68], que explica o princípio da Meditação Transcendental, que num movimento dirigido para dentro a capacidade consciente da mente desenvolve-se ao máximo. No movimento para fora, as potencialidades interiores do homem, a natureza espiritual

---

68 Veja na pág. 60.

da consciência transcendental absoluta, saem junto com a mente para ser vividas em meio a todos os valores, formas e fenômenos do mundo.

Este sistema de Meditação Transcendental, que é uma abordagem simples do desenvolvimento mental e da ativação de todas as potencialidades latentes, e uma via direta para investigar os valores espirituais da vida interior e glorificar os valores materiais à luz do ser interior, é uma técnica simples e direta para educar a partir de dentro. O sistema está aí, ele foi desenvolvido, foi testado e provou seu valor em todas as partes do mundo. Agora cabe aos sábios homens responsáveis pelo campo da educação colocar isto nos currículos dos estudantes das faculdades e universidades para que possa surgir uma nova humanidade – livre de deficiências, livre de ignorância acerca dos valores internos da vida e mais desenvolvida numa personalidade mais plena.

Esta é a necessidade sentida por todas as nações. Qualquer país no qual se introduza um programa assim logo sentiria estar naturalmente conquistando vantagens sobre outras nações. Os cidadãos deste país seriam indivíduos muito mais capazes em todos os campos do pensamento, da palavra e da ação, pois estariam usando seu pleno potencial em todos os campos da vida. Este país terá melhores empresários, melhores técnicos, melhores estadistas, melhores cientistas, melhores sociólogos e pessoas melhores em todos os campos da vida. As pessoas terão personalidades mais avançadas e integradas – serão mais felizes e pacíficas. O sistema da Meditação Transcendental é uma bênção para o mundo estudantil. Sua adoção ou não depende dos educadores do mundo e do bom senso de julgamento daqueles em cujas mãos está o destino da educação nos vários países.

Agora analisaremos as diferentes áreas de estudo, tendo em mente a Meditação Transcendental, e veremos como o estudo do Absoluto e da prática da meditação enriquecerá todas as áreas de estudo, glorificando todo o campo da educação.

Economia

Economia é a ciência da produção, distribuição e consumo de recursos escassos para a satisfação das necessidades humanas. A economia chegará à perfeição se e quando conseguir um estado de abundância na vida, para a adequada satisfação das necessidades dos povos. Este estado de abundância material pode ser criado, mas se ele traria satisfação e contentamento ao homem é difícil dizer. Isto porque mesmo hoje em dia aqueles que gozam de abundância em suas vidas individuais não se mostram completamente satisfeitos. Se a satisfação humana não for atingida, então o próprio objetivo da economia teria sido desfigurado.

Devemos afirmar enfaticamente que, a não ser que o indivíduo alcance um estado de felicidade de natureza permanente, ele não estará contente e satisfeito na vida. Produzir este estado de permanente contentamento é a meta final da economia.

Portanto, parece que o campo da economia não deveria restringir-se à produção e ao consumo material apenas, mas estender-se a fim de fazer surgirem os meios para a maior felicidade de natureza permanente na vida de todas as pessoas.

A Meditação Transcendental é um meio direto para atingir-se a felicidade interior, a grande felicidade que poderia tornar-se parte integrante de nossa natureza. Vemos assim que a meditação promove a realização da mais elevada meta da economia. Cabe aos economistas de vanguarda do momento introduzir esta meditação em seus estudos. Além disso, a meditação aprimora a capacidade e a eficiência no trabalho, enriquecendo diretamente o campo da economia no plano material, com o qual a economia atual mais se preocupa. Vemos assim que a Meditação Transcendental é requisito essencial para a economia em seu presente estado.

Sugerimos aos estudiosos da pesquisa no campo da economia que este é um objeto de estudo e desenvolvimento bastante adequado. Esta simples observação, a meditação relacionada com a economia, levaria o âmbito da economia para muito além dos limites das atuais teorias, fazendo-a chegar a seus verdadeiros limites. Se a economia limitar-se meramente à criação de abundância material, estará se mostrando em conflito com seu próprio objetivo.

Humanidades

As humanidades – filosofia, teologia, literatura, história – preocupam-se com o registro do que os homens consideraram de valor e daquilo que deveria ser de valor nas diversas esferas da vida humana.

A base de todos os valores relativos da vida é o Absoluto, que é a fonte e o fim de tudo. Portanto, sem um conhecimento adequado do Absoluto, o progresso no campo das humanidades está incompleto.

O alcance das humanidades deveria estender-se para além do âmbito atual do currículo, incluindo a experiência direta do Absoluto. Parece ser uma necessidade a introdução do estudo do Absoluto como parte do estudo de humanidades.

A filosofia realmente visa o estudo do Absoluto. Mas nada altera o fato de que, sem a experiência direta da natureza do Absoluto, este continua algo inconcebível no campo da lógica e da discriminação. Já é tempo de a prática da Meditação Transcendental ser introduzida no estudo das humanidades e de todas as ciências afins, para que juntamente com o conhecimento da relatividade o homem possa adquirir a experiência do Absoluto. Desta forma se poderá cobrir o âmbito total das humanidades.

Sem a meditação a mente jamais experimentará as esferas mais sutis da existência relativa e nunca conhecerá a natureza do Absoluto, e desta forma o estudo das humanidades nunca estará completo. Da forma como são ensinadas hoje as humanidades, não se ajuda o indivíduo a ter fortes convicções de vida e seus altos propósitos. Isto enerva o indivíduo, fazendo-o sentir que não vale a pena lutar pelas coisas, já que tudo é relativo. Em vez disso o estudo deveria fortalecê-lo em sua busca de uma compreensão total de seu objeto de estudo.

O estudo das humanidades só estará completo com a prática da Meditação Transcendental. Este sistema pode satisfazer aquela premente necessidade, expandindo assim o âmbito das humanidades para além de seus limites atuais e fazendo com que seja possível realizar-se seu propósito.

Ciências Políticas

O propósito do estudo das ciências políticas é aprender como melhor organizar os seres humanos para que haja mais paz e felicidade em suas vidas. Desde o tempo de Confúcio esta tem sido a visão aceita para o papel das ciências políticas.

Para aprimorar o mundo é preciso aprimorar a nação; para aprimorar a nação é preciso aprimorar a comunidade; para aprimorar a comunidade é preciso aprimorar o indivíduo. Quando o indivíduo se aperfeiçoa, a família tende à perfeição; da família o efeito passa à comunidade; da comunidade o efeito passa à nação e ao mundo.

O mero estudo comparativo das constituições dos diversos países, dos diversos partidos políticos e dos costumes não ajuda em nada o homem a aprimorar-se *enquanto homem* e, portanto, se o alcance das ciências políticas restringe-se apenas a este tipo de estudo, o próprio propósito das ciências políticas terá sido anulado. A Meditação Transcendental revela as faculdades latentes e aprimora as habilidades humanas em todas as camadas sociais. Portanto, parece inevitável que a prática da meditação seja incluída no estudo das ciências políticas.

Conhecendo as organizações, e somando-se a este conhecimento um desenvolvimento de suas faculdades latentes, o homem cresce em qualidades e habilidades. Isto realizará o propósito do estudo das ciências políticas, completará e preencherá seu âmbito mais amplo. Assim, sugerimos que sejam introduzidos no estudo das ciências políticas alguns minutos diários de Meditação Transcendental.

Sociologia

A sociologia tem como área de estudo o comportamento dos grupos e das comunidades. Ela visa melhorar a humanidade pelo aperfeiçoamento de suas instituições sociais. As relações mútuas dos membros da comunidade formam o padrão da sociedade. O comportamento social destes membros depende basicamente do estado em que se encontram suas mentes individuais. Quando o indivíduo tem um descontentamento interno, ele se comporta e se relaciona com os outros impelido por motivações secretas para atingir seus objetivos. Isto traz artificialidade ao seu relacionamento com os outros, que em longo prazo resulta na corrupção destes relacionamentos. Isto quebra a harmonia da vida comunitária.

A menos que a sociologia tenha como objetivo aumentar o contentamento interno do indivíduo, fazendo crescer seu amor pelos outros, seu propósito permanecerá irrealizado. A Meditação Transcendental viabiliza a realização desse propósito. Portanto ela deveria fazer parte do estudo da sociologia.

O cientista social que não integrou adequadamente sua própria personalidade não pode fazer um estudo satisfatório das relações humanas e aplicar o conhecimento das ciências sociais para o aprimoramento das relações humanas. A Meditação Transcendental leva a mente à felicidade interior trazendo satisfação interior, que resulta em pensamentos corretos e valores adequados na vida. Satisfação interior resulta naturalmente em maior tolerância e na capacidade de harmonizar os dois polos opostos do comportamento. Amar espontaneamente aos outros traz harmonia mútua.

A melhoria das relações sociais depende da boa vontade e da habilidade de ajustar-se às diferentes naturezas e variadas circunstâncias em sociedade. As relações sociais melhoram pelo desenvolvimento da qualidade da mente e do coração das pessoas. O amor espontâneo irá despertar o espírito de perdão e criar a capacidade de amar os outros.

Um indivíduo que não possui boa harmonia entre corpo e mente não conseguirá ter uma visão completa da vida, de seu ambiente ou do relacionamento entre as pessoas. O intelecto do cientista social deve ser muito aguçado, preciso e abrangente, combinando a inocência de uma criança e a sabedoria de um pai idoso a um só tempo. Só então ele poderá compreender a plenitude e totalidade do relacionamento entre pai e filho. Além disso, o cientista social deveria ser capaz de compreender e aprimorar o relacionamento existente entre um tirano cruel e o homem inocente, indefeso e oprimido.

Psicologia

A psicologia tem como área de estudo a esfera da mente humana. A psicologia fisiológica estuda como o funcionamento da mente é afetado pela natureza do corpo, enquanto a psicologia da personalidade se concentra nas diferenças individuais dentro do campo do pensamento. O propósito de ambos estes ramos da psicologia é compreender tanto o comportamento humano normal quanto o anormal e utilizar este conhecimento auxiliando os indivíduos a integrar suas personalidades. O processo de integração promove em primeiro lugar a normalidade da mente consciente e depois visa à revelação da mente subconsciente.

O objetivo é estabelecer uma correlação entre os estados consciente e subconsciente da mente. Este é um propósito glorioso e, no tocante a sua realização prática, o método adotado para levar as mentes anormais a um estado normal pode ser amplamente justificado; mas a análise dos dias de hoje, em suas tentativas de correlacionar consciente e subconsciente, é bastante decepcionante.

Suas tentativas de trazer memórias reprimidas de experiências traumáticas alcançam somente os níveis mais profundos da mente consciente, que podem ser considerados os níveis superficiais do subconsciente, chamados por Freud de pré--consciente. Nas camadas mais profundas do subconsciente a mente tem a habilidade de experimentar os campos mais sutis da criação, que repousam além das percepções sensoriais comuns.

O descontentamento interior da grande maioria das pessoas que não são neuróticas nem psicóticas indica a necessidade de uma cura através da felicidade interior. Se a psicologia moderna pudesse satisfazer esta necessidade que a mente de todos sente, o estudo da mente nos padrões modernos poderia ser considerado útil e válido. De que vale um estudo da mente que não consegue revelar as faculdades mentais latentes nem saciar a sede de felicidade?

O sistema da Meditação Transcendental é um método para afiar a mente até seu último grau de refinamento.

Este é um processo que efetivamente ativa os níveis latentes da mente subconsciente, que desenvolve as faculdades latentes e leva para a vida a felicidade interior da alma, aprimorando assim o indivíduo, seus pensamentos, palavras e ações, e promovendo todo o bem na vida, tanto individual como social.

Somente se a Meditação Transcendental for parte integrante do estudo da psicologia e passar a ser adotada por psicanalistas e psiquiatras é que o estudo da psicologia estará completo e valerá a pena. É verdade que muitos psiquiatras adiantados, que conseguem enxergar a validade de sua ciência, realmente entendem que "falta algo" no campo da moderna psicologia, pois eles descobriram no campo da prática que são incapazes de produzir efeitos tão intensos quanto desejariam.

Os efeitos da Meditação Transcendental vão além dos limites postos pela psicanálise, que luta para trazer para o estado consciente apenas o material reprimido na área pré-consciente da psique, mas deixa de estabelecer uma correlação da mente consciente com os níveis mais profundos do subconsciente, deixando assim de trazer à tona as faculdades latentes – e muito menos alcançar o estado de consciência pura que está além do subconsciente, ou estados relativos da mente que extrapolam todos os limites da mente subconsciente.

Apelamos a todos os estudiosos pesquisadores do campo da psicologia que experimentem por si mesmos a validade do sistema e desenvolvam teorias avançadas que extrapolem o âmbito das atuais teorias psicológicas.

Ciências Naturais

As ciências naturais – física, química, biologia, geologia, astronomia – estudam o cosmos em seus vários aspectos de organização nos níveis subatômico, atômico, molecular, celular e orgânico da criação objetiva. Elas se preocupam com o modo pelo qual a matéria e a energia operam para fazer surgir os diferentes aspectos da criação. Seu propósito é dar ao homem algum domínio sobre estas forças a fim de aumentar seu próprio bem-estar material. Procurando chegar aos aspectos mais sutis da criação e finalmente descobrir a causa fundamental da criação, as ciências naturais aspiram por usar este conhecimento da causa fundamental da criação para controlar os diversos fenômenos e assim tornar o homem senhor do cosmos.

Tudo isto é próprio da esfera da mente. Se a mente do indivíduo, enquanto cientista, está livre de preocupações e dos desgostos da vida, se está tranquila, feliz e satisfeita, se o intelecto é agudo e a capacidade de discriminação refinada, se o indivíduo desenvolveu a intuição e o senso de previsão, então certamente será capaz de descobrir muito mais do que foi descoberto nos vários séculos de pesquisa científica.

Todas estas qualidades mentais são facilmente desenvolvidas através do sistema da Meditação Transcendental, e na ausência delas os achados da ciência moderna revelam-se como sendo mais produtos do acaso ou de acidentes, muito embora pertençam ao chamado método sistemático de pesquisa. Tais achados fortuitos dentro do campo das forças naturais, feitos por mentes imaturas, criaram o meio para a destruição da humanidade. Como uma criança que brinca com tudo, até mesmo com um galho em chamas ou com uma brasa, as mentes imaturas dos atuais cientistas de todo o mundo estão brincando com o que quer que descubram ao acaso durante suas experiências com forças atômicas e nucleares.

Uma reflexão mais profunda nesse sentido mostrará que, se o estudo do Absoluto não suplementar o campo do ensino, o próprio significado da educação ficará eternamente incompleto. Esperemos que os educadores desta geração façam jus à ocasião e abram caminho para uma educação completa da geração atual e das gerações futuras.

UMA VIA DIRETA PARA A REABILITAÇÃO

A necessidade de reabilitar os transgressores e criminosos na sociedade é um problema antiquíssimo que castigou muitas civilizações. Até agora não se encontrou uma solução eficaz para o problema de fazer delinquentes e criminosos tornarem-se pessoas úteis.

O crime é evidentemente um atalho para a satisfação do desejo – um atalho que extrapola os meios legais e normais. O crime, a delinquência e os diversos padrões de comportamento antissocial surgem de uma profunda insatisfação mental; surgem de uma mente fraca e de emoções desequilibradas. Uma mente fraca é aquela carente de equilíbrio e senso de proporção.

Nenhuma abordagem do problema da delinquência e do crime pode ser realmente eficaz a não ser que se repare a fraqueza básica da mente.

No trecho sobre a Meditação Transcendental[69] ficou claro que a mente consciente pode ser ampliada até sua capacidade máxima e fortalecida ao máximo pela prática da Meditação Transcendental.

Muitos indivíduos com um potencial latente estão trancados atrás das grades por seu comportamento desencaminhado. Em vez de serem um peso para a sociedade eles poderiam tornar-se cidadãos úteis, contribuindo genuinamente para o progresso da sociedade, caso fossem adequadamente reabilitados.

Observou-se que todo tipo de tensões são dissolvidas e que a natureza dura e cruel de um homem transforma-se em tolerante e compassiva com a prática da Meditação Transcendental.

Portanto, é necessário introduzir este sistema de Meditação Transcendental como meio de reabilitar rápida e eficazmente delinquentes e criminosos.

RECREAÇÃO E REJUVENESCIMENTO RÁPIDO

A atividade contínua leva ao desgaste do mecanismo corporal. O descanso é um meio de conter este processo de desgaste.

O indivíduo trabalha durante todo o dia, e ao chegar a noite está cansado. Ele descansa durante a noite e está bem-disposto de manhã. Mas se ele estiver envolvido numa atividade que proporciona cada vez mais encantamento à medida que é praticada, então não se produz fadiga. Uma atividade desse tipo revitaliza e abastece de energia vital o corpo e a mente. O grau de revitalização e abastecimento dependerá do grau de felicidade experimentado. Se houvesse uma maneira de experimentar-se grande felicidade, o grau de abastecimento de energia e revitalização do corpo e da mente seria igualmente grande.

O verdadeiro propósito da recreação não é apenas desviar a mente levando-a de um tipo de atividade a outra. Não é apenas proporcionar diversão e entretenimento nos níveis mental ou físico, mas deveria realmente "re-criar". "Re-criação" é o único propósito da recreação. Seu verdadeiro propósito é a "re-criação" do corpo e da mente, a "re-criação" de corpo e mente descansados, a "re-criação" de corpo e mente saudáveis. Deveria servir para "re-criar" uma sadia coordenação entre corpo e mente e para "re-criar" ambiente e circunstâncias saudáveis, bem como um relacionamento sadio com tudo a nossa volta.

---

69 Veja na pág. 62

O único propósito da recreação é um rápido e eficaz rejuvenescimento de nosso corpo e de nossa personalidade, juntamente com a rápida revitalização do ambiente, das circunstâncias e dos relacionamentos.

Vimos anteriormente que o estado do Ser absoluto é o campo da consciência de bem-aventurança absoluta. Portanto, o propósito da recreação realiza-se melhor no estado do Ser transcendental, que provoca a experiência direta da bem-aventurança absoluta.

Vimos também[70] que o corpo, a mente e o meio ambiente e circunstâncias estão todos sujeitos à influência direta do estado do Ser. Assim, o propósito da recreação e rápido rejuvenescimento estará mais bem servido adquirindo-se a experiência direta da Bem-Aventurança do Ser através da prática regular da Meditação Transcendental.

Agora que o sistema da Meditação Transcendental encontra-se disponível a todas as pessoas, depende delas introduzi-la em suas vidas para sua própria "re-criação" e rápido rejuvenescimento.

As formas de recreação utilizadas até os dias de hoje – jogos, esportes, atividades manuais etc. – em sua maioria servem apenas para consumir energia vital, em vez de conservá-la para a regeneração do corpo e da mente. Os métodos de rejuvenescimento normalmente usados não passam de atividades nos campos da manipulação física e do uso de cosméticos. A experiência mostra que nenhuma destas medidas produz resultados profundos. Por outro lado, a experiência já mostrou que resultados maravilhosos e altamente gratificantes para a recreação e rejuvenescimento do corpo, da mente e do ambiente são conseguidos através da prática regular da Meditação Transcendental.

CERTO E ERRADO

Todas as coisas estão tão intimamente ligadas a todas as outras dentro da criação que é impossível distinguir completamente a existência de uma da existência da outra. E a influência de uma coisa sobre todas as outras é tão universal que nada poderia ser considerado isoladamente. Já mencionamos o fato de que o Universo reage à ação individual. Portanto, a questão do certo e do errado é um problema altamente complexo. Somente uma pessoa que soubesse tudo sobre todas as coisas da criação e pudesse determinar a influência de qualquer ação individual em qualquer camada da existência poderia dizer com certeza se a ação é certa ou errada.

Certo é o que produz uma boa influência em toda parte. Evidentemente certo e errado são termos relativos, e nada no campo da existência relativa poderia ser classificado de absolutamente certo ou absolutamente errado, mas, mesmo assim,

---

70 Veja na pág. 186.

o certo e o errado poderiam ser julgados somente pela sua influência boa ou má. Se algo produz uma influência relativamente boa em toda parte, então isto pode ser chamado de certo.

O intelecto humano não parece ser um juiz adequado para o certo e o errado, pois a razão tem suas limitações, e porque o âmbito de visão da mente humana se mostra restrito quando comparado ao campo vasto e ilimitado da influência produzida por uma ação sobre a totalidade do cosmos.

No estado de consciência cósmica, entretanto, quando a mente individual ganha o status da mente cósmica, evidentemente o intelecto poderia ser considerado um critério adequado para o certo e o errado. Este critério, no entanto, está fundado no nível do Ser e não no da compreensão intelectual, do pensamento, da discriminação ou da razão. Aqueles cujas consciências alcançaram o nível da consciência cósmica e que funcionam em níveis corretos de vida naturalmente não absorvem coisa alguma que possa estar errada. Portanto, neste caso, a questão do critério adequado para julgar o certo e o errado não chega a surgir.

Precisamos encontrar um critério adequado de certo e errado para as pessoas cujas consciências não chegaram ainda ao nível da consciência cósmica.

A autoridade das escrituras é o critério supremo do certo e do errado no campo relativo da vida. Tudo que as escrituras dizem, bem compreendido, serve como critério de certo e errado para todas as pessoas em todos os lugares.

Uma vez que existem escrituras de religiões diversas, poder-se-á perguntar: qual delas deveria ter a autoridade de determinar o certo e o errado? Em resposta a esta questão veremos que, embora a linguagem das escrituras varie e os autores das escrituras tenham sido diferentes e pertencido a épocas diferentes na longa história do mundo, a verdade básica de todas elas é a mesma. Não é necessário examinar pormenorizadamente a história das escrituras, mas tem-se conhecimento de que os Vedas são as escrituras mais antigas. É fácil localizar a verdade básica essencial exposta pelos Vedas em outras escrituras que foram aparecendo de tempos em tempos nas diversas culturas para guiar o destino do homem e oferecer uma medida autêntica de certo e errado, visando o bem-estar dos povos. O foco central de interesse é o fato de que a verdade básica da vida está contida em todas as religiões e, portanto, é suficiente comentar aqui que os seguidores de qualquer religião poderão encontrar um critério de certo e errado seguindo uma correta compreensão das escrituras de sua própria religião.

Um homem que leva uma vida de acordo com a veracidade das escrituras de sua própria religião certamente encontrará a verdade da vida sem confusão alguma, sem criar confusão pelo estudo comparado de diversas religiões.

Talvez isto seja extrapolar o âmbito da questão com a qual lidamos, mas cabe notar que as pessoas, sem estarem baseadas nas verdades de sua própria religião, por vezes tentam compreender as verdades de outras religiões, e, assim fazendo, tornam-

-se ainda mais confusas. Se um homem se coloca sobre uma plataforma e mede os diversos níveis das montanhas, ele consegue registrar com precisão as diversas alturas das montanhas e a diferença entre elas. Se, no entanto, ele não encontrar para si uma plataforma fixa antes de medir as diferentes alturas, certamente ficará confuso pois não conta com um nível de referência fixo.

Se não se está vivendo a verdade de uma determinada religião, então fica impossível compreender ou sondar as profundidades de sabedoria das outras religiões, pois a religião é uma coisa a ser *vivida*, e não uma hipótese para ser compreendida intelectualmente. Não é a esfera da metafísica, que examina o status da verdade e chega a certas conclusões a serem compreendidas intelectualmente. A religião é algo prático a ser seguido, vivido, e sua verdade realizada pela vivência dos princípios lançados nas escrituras. As verdades da metafísica, intelectualmente compreendidas, são realizadas na vida pela vivência dos preceitos de nossa religião na rotina da vida diária. É preciso viver nossa religião e conhecer sua verdade pela experiência. Quando a verdade da religião tiver sido realizada através da vivência dela, não há mal em ler os textos de outras religiões. Descobriremos então que basicamente a verdade de nossa própria religião é a verdade básica da religião dos outros. Estas verdades são o critério adequado do certo e do errado.

O campo do *karma* – ação – é tão vasto, ilimitado e complexo, que é intelectualmente impossível compreender o critério adequado do certo e do errado. No entanto, é desnecessário dizer, as escrituras são o mais importante critério de certo e errado. Muitos falam de sentimentos íntimos. Eles dizem "Eu sinto vontade de fazer isto e então faço".

Mas o "meu" sentimento e a "minha" ação só podem estar certas ou erradas segundo o padrão da "minha" consciência, e quem sabe se a "minha" consciência é absolutamente pura ou não?

Somente o estado de consciência pura poderia ser livre de tendências preconcebidas e totalmente correto em suas inspirações, e esta consciência pertence exclusivamente ao campo da consciência cósmica. A consciência normal do homem é motivada por muitos fins egoísticos. Assim, a consciência nublada por motivos egoístas não poderá de maneira alguma produzir um sentimento, ou pensamento, ou palavras, ou ação que poderiam ser justificados como certos ou errados. Mas, se nosso julgamento baseia-se na autoridade das escrituras, temos todo o direito de sentirmos intimamente se dada coisa é realmente certa ou não.

É verdade que sempre se tem de sentir intimamente o acerto ou o erro da natureza da situação, mas é sempre mais seguro testar isto à luz da verdade das escrituras. Contudo, nosso sentimento íntimo não pode ser adotado como critério de certo e errado. Novamente devemos enfatizar que o critério fundamental de certo e errado no campo da existência e comportamento relativos deveria ter sua base nas escrituras.

Se alguém que não conhece as escrituras é incapaz de decidir sozinho se o assunto em questão é certo ou errado, o problema deveria ser decidido pelas pessoas mais velhas da sociedade. As pessoas mais velhas têm a experiência de vida, eles passaram pelas coisas boas e ruins da existência humana, lidaram com todos os tipos de pessoas e viveram todas as fases da vida humana. Elas sabem e compreendem por experiência o jogo da natureza e a influência e o efeito de ações certas e erradas muito mais do que os jovens. Em suas vidas elas viram pessoas florescendo e sendo úteis a si mesmas e aos outros através de ações corretas, e viram centenas de pessoas da sociedade que tomaram o caminho errado do mau comportamento – mostrando astúcia e crueldade, truques e manipulação. Elas viram que estas pessoas tiveram repercussão má de seus próprios maus feitos e que os herdeiros delas não puderam desfrutar a vida. Os mais velhos viram e viveram todas estas coisas, seja em suas próprias vidas, seja na vida de muitos outros. Eles estão em condições de dar conselhos à geração mais nova com base em sua própria experiência de vida. Assim, o veredicto dos mais velhos é outro aspecto válido para encontrar o certo e o errado dentro de qualquer problema.

Outro critério de certo e errado pode ser tirado da história dos grandes homens. A História registra tanto o sucesso como o fracasso, todas as ações dos grandes homens, bons e maus, de diferentes épocas e diferentes nações. Os caminhos trilhados por eles, o modo de vida prático que viveram e as consequências que colheram daquele modo de vida em especial é ainda um outro critério através do qual determinar se dado modo de vida é certo ou errado.

Deixando de lado estes diferentes níveis de critério de certo e errado, é do conhecimento de todos que não fazer mal a ninguém é certo e que fazer mal a alguém é errado. É certo ver o bem nos outros, é errado ver o mal em alguém. É certo amar as pessoas, é errado odiá-las. É certo admirar as pessoas pelo bem que elas possuem, é errado rejeitá-las por suas falhas e mau comportamento. É certo aconselhar um indivíduo se ele está falando algo errado e é errado deixar de aconselhá-lo a fazer o bem. É certo fazer coisas que auxiliem o agente e os outros e é errado fazer coisas que prejudiquem os outros. É certo dizer a verdade, mas é errado proferir palavras que prejudicarão os outros, mesmo que elas sejam verdade. É certo ser bondoso com os outros e errado ser desagradável com alguém. Esta distinção entre certo e errado serve para ajudar o indivíduo e toda a criação, pois, como vimos no capítulo sobre "Vida Individual e Vida Cósmica"[71], todo o Universo reage a uma ação individual. Portanto, a grande responsabilidade pelo certo e pelo errado está nas mãos do próprio indivíduo, no nível de sua consciência.

---

71 Veja na pág. 82.

Será bom examinar o valor dos tópicos mencionados no parágrafo anterior. Dissemos que é certo não prejudicar ninguém e errado prejudicar os outros. Vimos antes que ação e reação são iguais. Se batermos com raiva em uma criança, o que fizemos foi bater ou dar tapas na totalidade do Universo, produzindo uma atmosfera de choro e ódio, sofrimento e discórdia – não só na criança, mas em tudo que a cerca e em todo o Universo. Talvez a influência de crueldade, ódio, discórdia e sofrimento seja muito mais intensa na criança e muito diluída no ambiente; no entanto, a influência existe. Se a cada dia a maioria das pessoas do mundo desse um tapa em alguém e criasse a mesma atmosfera, com certeza a intensidade da influência de discórdia, sofrimento, pesar e ódio seria suficiente para começar a mostrar seu efeito no mundo.

Portanto, é de suma importância que não se faça mal a ninguém. Isto é o mínimo que o homem pode fazer. O melhor que ele pode fazer é produzir uma influência de harmonia, bondade, bem e solidariedade.

Vimos no capítulo sobre "*Karma* e Ser"[72] que os atos de um indivíduo voltam a ele de todos os campos da criação e que, portanto, se ele fez mal a alguém, o mal voltará a ele de todas as inúmeras camadas da natureza e durante incontáveis períodos de tempo, e portanto a melhor política é não fazer nenhum mal a ninguém, é fazer tanto bem aos outros quanto for possível, para que o máximo bem possa retomar a nós de todo o campo da criação.

Diz-se que deveríamos amar os outros pelo bem que neles existe, e que não deveríamos rejeitar alguém por uma fraqueza que ele possa ter ou por seu mau comportamento. É de extrema importância ver o bem nos outros. Na verdade nenhum homem pode ser inteiramente bom ou inteiramente mau, pois a vida humana é resultado da mistura de bem e mau. Fosse tudo somente bem, viveríamos no mundo dos anjos, onde não há sofrimento e onde reinam somente felicidade e alegria. Contudo, na vida do homem encontramos felicidade e tristeza combinados. Isto mostra que a existência humana é fruto de ações boas e más. Todos têm algum bem e algum mal dentro de si e, se admiramos um homem pelo bem que ele tem, é sinal de que vimos primeiramente o bem que ele possui. Quando vemos o bem nele, recebemos o reflexo desse bem. Se, pelo contrário, tentamos ver o mal em alguém, recebemos o reflexo do mal que polui nossa própria mente e nosso coração. Se vemos coisas boas em alguém, então naturalmente algum bem se reflete em nós. A própria ação de ver o bem em alguém reflete este bem sobre a mente e o coração de quem viu, e portanto aquele que viu ganha um bem daquele bem que havia visto na outra pessoa. Esta é uma grande habilidade na vida, ver o bem nos outros. Todos têm algo de bom.

Há uma história na Índia sobre um homem de muito saber que vivia em Banaras, a sede do conhecimento no norte da Índia. O sábio sempre admirava os outros,

---

[72] Veja na pág. 57.

e ninguém jamais o vira falar mal de alguém. Todos ficavam admirados como este homem conseguia ver apenas o bem em todos e em todos os campos da vida e da criação. Ele somente admirava as coisas, sem permitir que sua mente e seu coração se tornassem impuros pela visão de qualquer coisa ruim em alguém. Certo dia um homem perverso pensou em encontrar algo que fosse totalmente mau e apresentar isto ao sábio para ver o que este encontraria de bom naquilo. Encontrou um cão morto que apodrecia na rua e convidou o sábio para jantar (na Índia as pessoas costumam levar estes sábios e santos para casa, para festividades e oferecer a eles uma refeição). Ele conduziu o sábio até a rua onde vira o cão em decomposição. Um cheiro terrível emanava dele e era algo pavoroso de se ver. Quando chegaram bem perto do animal, o homem perverso apontou para o cão e disse: "Que horror encontrar uma coisa assim no meio do caminho!" E então o sábio disse subitamente: "Mas veja que dentes limpos e brancos este cão tem!" Depois desta exclamação sobre a faiscante brancura dos dentes do cão, o outro homem caiu a seus pés, e o sábio disse: "Se não quisermos ignorá-lo, encontraremos algo de bom em tudo no reino de Deus". Este mundo é o jardim de Deus todo-poderoso e ele fez vários tipos de flor. Pode-se colher a que mais nos agrada, mas não se tem o direito de dizer que as outras são más. Mesmo que você não goste daquelas flores, Deus as criou para alguém que tem este gosto e que ficará feliz em possuí-las. Não se guie somente pelo seu próprio gosto, mas admire a grande variedade do jardim de Deus.

 Diz-se que é certo aconselhar um homem a fazer o bem e o certo, o que o ajudará e ajudará os outros. Diz-se também que seria errado não aconselhar um homem sobre o certo e o errado, se nós mesmos o sabemos. Este é um tópico de grande importância no mundo de hoje.

 A sociedade civilizada foi tomada por um entendimento generalizado de que os sentimentos, gostos e desgostos de alguém não deveriam ser impostos aos outros. Isto chegou a tal ponto que se criou uma crença generalizada no sentido de que mesmo as crianças não deveriam ouvir dos adultos o que fazer e deixar de fazer. Diz-se que não se deveria dizer a elas o que é certo e o que é errado, não se deveria orientá-las a fazer o bem e desviar-se do mal. Isto provavelmente vem do campo da psicologia, que propaga o princípio do crescimento em liberdade. Mas é fundamentalmente desastroso permitir que este critério de liberdade obscureça todos os princípios fundamentais de progresso da vida. Se não sabemos que o que estamos fazendo nos fará mal, agora ou mais tarde, então alguém que possua este conhecimento deve dizer-nos, num espírito de amor, gentileza, simpatia e solidariedade, que aquela ação não está certa.

 Se uma criança está prestes a pegar numa brasa, pensando que é uma linda pedrinha brilhante, guardada ali para que ela brinque com ela, o certo é que os pais impeçam que ela o faça, mesmo que a criança se ressinta de não poder pular no fogo. Uma liberdade desse tipo é ridícula e perigosa para o desenvolvimento humano, para o desenvolvimento da nova geração e para o desenvolvimento das pessoas inocentes, ignorantes, que não dispõem desta sabedoria e da experiência da vida. É responsabilidade dos mais velhos aconselhar os mais jovens. Mesmo que os jovens se ressintam de sua orientação e não obedeçam, é bom informá-los. Eles descobrirão por si mesmos as consequências de não obedecer aos mais velhos, mas, se estes não falam nunca e deixam a criança descobrir por si mesma o que é o errado, então terá sido desperdiçado o tempo da criança e eles terão sido cruéis para com ela. Sabendo que algo é errado para a criança e prejudicial à sua vida, eles não a impedem de seguir aquele caminho. É uma tendência muito errada dos pais a de acreditar que, seja o que for que digam à criança, isto deverá ser seguido por ela. E se eles sentem que a criança se ressentirá do conselho dado, ficam quietos e se omitem. Isto não é bondade, não é amor, e não é certo os pais tomarem esta atitude. A criança é jovem e inexperiente e não tem aquela visão ampla e experiência da vida. Em favor de toda a liberdade da criança, os pais deveriam dizer a ela, com amor e bondade, que isto é certo e aquilo é errado. Se a criança se ressente, os pais não devem insistir demais, pois, se ela desobedece e faz o que não deve, ela naturalmente será confrontada com uma experiência que lhe mostrará que seu pai ou sua mãe estavam certos. Esta é a maneira de cultivar na criança a tendência a obedecer e agir de acordo com os desejos e a vontade de seus pais. Se a criança é teimosa e desobedece, os pais ao menos cumpriram sua obrigação informando o filho. Igualmente, também é sua obrigação fazer com que a criança seja informada do que é certo por seus amigos, professores e vizinhos – por alguém que a criança realmente ame e obedeça. É dever dos pais fazer com que a criança seja educada em todos os níveis da sabedoria e do bem na vida. A responsabilidade por não haver transmitido à criança o que é certo e o que é errado, e por não tentar mudar seus modos se ela se encaminha mal, é inteiramente dos pais. As crianças são as flores no jardim de Deus e elas devem ser cultivadas. Elas mesmas não sabem o melhor caminho a seguir. Cabe aos pais abrir para elas um caminho livre de sofrimento. Também faz parte do papel dos pais punir a criança se ela desobedece e faz o mal, mas ela deve ser punida com todo amor.

É dever precípuo dos pais fazer com que seus filhos sejam criados dentro de uma escala construtiva de sabedoria e de ação correta dentro da sociedade. A tendência moderna de colocar o destino das crianças totalmente em suas próprias mãos é altamente prejudicial, levando apenas a um crescimento selvagem da nova geração.

Há escolas em alguns países advogando liberdade total para as crianças, mas estas escolas são basicamente resultado de políticas patrocinadas por aqueles cujo único propósito é enfraquecer a nação, e que portanto querem que a nova geração cresça sem as tradições e sem nenhum cultivo das bases na vida, carentes da força do caráter. É cruel e imensamente danoso aos interesses da sociedade humana deixar de guiar e moldar o modo de comportamento, de pensamento e de ação da nova geração por via de uma simultaneidade de amor e disciplina. A mesma ideia infiltrou-se até mesmo nas escolas para crianças muito pequenas, onde as professoras são proibidas de punir as crianças. O resultado disso é visto no aumento da delinquência infantil, que leva à delinquência juvenil e a uma enorme incerteza dentro das mentes dos jovens no tocante ao certo e errado numa ação, pensamento ou forma de comportamento. A juventude de hoje não entende e não possui nenhuma compreensão dos padrões de comportamento tradicional, decente, de seu país. Isto é somente o crescimento selvagem de mentes não desenvolvidas, que não têm uma perspectiva de nenhuma cultura tradicional.

É uma vergonha que o ensino de muitos países tenha sido influenciado nesse sentido, em nome do crescimento em liberdade. Consequências desastrosas advieram do não direcionamento e da não formação das maneiras de comportamento e pensamento nas vidas da nova geração.

Cabe aos estadistas, aos patriotas e às pessoas inteligentes das várias nações observar e examinar os resultados desastrosos deste tipo de educação, perpetrada em nome da psicologia infantil, e corrigir a educação e a forma de criação das crianças. As crianças devem ser amadas e devem ser punidas. Elas devem ser amadas para o crescimento em suas vidas e punidas quando estiverem erradas. Isto é apenas para ajudá-las a ter sucesso na vida em todos os níveis. Cada nação tem uma tradição própria e seu povo tem sua religião e crença. As crianças deveriam receber o conhecimento de sua tradição, sua religião e sua fé.

É um grande erro da parte dos educadores atuais procurar uma desculpa em nome da democracia para deixar de oferecer às crianças qualquer conhecimento tradicional. Tais ideias originam-se necessariamente daqueles cujo objetivo é enfraquecer a nação e roubar às pessoas sua dignidade e tradições nacionais. E arrancar as tradições sociais é o maior dano que se pode fazer ao bem-estar da nação. Uma sociedade sem tradição não tem nenhuma estabilidade básica ou força próprias. É como uma folha ao vento, vagando em todas as direções sem nenhuma estabilidade ou base próprias.

Em nome da educação moderna, as sociedades de muitos países estão distanciando-se das velhas tradições. O resultado é um crescimento selvagem de pessoas sem fé, sem tradição, cuja sociedade existe apenas no nível superficial e grosseiro da vida.

Sem o benefício de uma cultura estabelecida, é de importância vital que exista a troca de sabedoria entre os jovens e a geração mais madura. E é apenas o certo dizer às pessoas algo que é bom e não dizer a elas que façam algo errado. É preciso dizer as coisas certas e expressar os sentimentos certos num nível digno e de uma forma moderada. E se um homem que é capaz de distinguir o certo do errado não dá expressão ao seu conhecimento, ele é culpado de não partilhá-lo com os outros.

Afirma-se que é certo dizer a verdade, mas errado dizer palavras de tal natureza ou de tal maneira que causem dano aos outros. Quaisquer palavras nocivas proferidas por um indivíduo certamente terão repercussão sobre ele. O mal contido nessas palavras espalha-se por todo o Universo e voltará ao agente de todos os lados. Deveríamos falar sempre num alto nível de amor, admiração e perdão pelos outros.

Se a expressão da verdade causa dano ao ambiente e à atmosfera, ela não deveria ser dita. A verdade serve à glorificação da criação de Deus e, portanto, sua expressão deve ser necessariamente naquele alto nível que é o nível da verdade. Não é bom ser desagradável, mesmo ao expressar a verdade, pois a verdade é a luz de Deus, é algo extremamente precioso e puro e não deveria ser rebaixado até o nível do mal e do ódio na vida. Ela deveria ser preservada no alto nível da pureza da consciência, na grande altura de pureza de amor e divindade.

Todo o campo da vida do indivíduo é um campo do dar e receber. É sempre o comportamento mútuo o que ajuda a manter a vida das pessoas e auxiliar sua evolução. Portanto, o comportamento é sempre certo para aqueles que conhecem a verdade. Não há maior ato de caridade do que oferecer a alguém algo que irá elevá-la diretamente e auxiliar sua evolução. Isto é do interesse de ambos.

Não haveria virtude maior do que criar um meio para que as pessoas ascendessem naturalmente a um estado de vida no qual o fluxo de suas vidas fluísse somente pelo canal certo. Todas as virtudes devem ser embebidas na própria natureza da mente para que possam ser adequadamente vividas, e para que o máximo bem possa ser vivido naturalmente. Para tanto, como vimos em "A Arte do Comportamento"[73], o único caminho direto é fazer com que a técnica da Meditação Transcendental esteja disponível a todos.

As pessoas responsáveis em toda parte deveriam fazer um grande esforço para que a técnica da Meditação Transcendental fosse ensinada a todos os jovens, para que a consciência dos povos seja elevada. Todos podem dispor de maior energia, clareza e pureza mentais e do desenvolvimento das faculdades mentais. Se a Meditação Transcendental for ensinada a todos os estudantes, eles crescerão com um correto senso de valores e serão cidadãos dotados de uma visão ampla da vida e um verdadeiro e correto sentido do que é certo e do que é errado.

A VIDA EM LIBERDADE

A vida é vivida em liberdade quando todos os diferentes componentes da vida funcionam plenamente coordenados uns com os outros, preenchendo seu propósito fundamental de ganhar um estado de liberdade eterna e absoluta na consciência de bem-aventurança divina.

---

73 Veja na pág. 179.

Liberdade na vida significa que a vida, em todos os planos da existência física, mental e espiritual, deveria ser plena, irrestrita, ilimitada e completa em todos os valores. A plenitude da vida no plano físico significa que o ambiente deveria ser propício à realização da vida.

O corpo deveria ser perfeitamente sadio, com todos os seus componentes funcionando em perfeita coordenação uns com os outros, para que ele não escape ao propósito da vida e não obstrua o fluxo da vida individual. Toda a onda de vida individual poderá desfrutar então seu estado de liberdade eterna, permanecendo na plenitude de seus valores em todos os níveis, se o indivíduo estiver livre no plano do corpo físico[74]. Vimos antes que o estado de liberdade da escravidão é alcançado pela mente, corpo e ambiente através da prática regular da Meditação Transcendental.

Quando produzimos uma influência errada no ambiente, o suave funcionamento das leis naturais que sustentam o natural processo evolutivo é perturbado. Esta resistência ao processo evolutivo natural restringe o crescimento das coisas e as mantêm como que presas num estado menos evoluído. Esta é a influência escravizante da ação errada no ambiente. Aquele que pratica o mal se prende e prende o ambiente aos estados inferiores da evolução.

Evidentemente a liberdade ao nível da mente deveria significar que a mente individual seria capaz de fazer o que quisesse e de materializar seus desejos sem encontrar obstáculos ou dificuldades. Isto daria à mente o status de liberdade, ou daria liberdade à vida no nível da mente.

Enquanto a mente não funcionar com seu pleno potencial e não puder utilizar todas as suas faculdades, latentes e conscientes, a liberdade da mente será restrita. Portanto, o primeiro fator importante que poderia colocar a mente no plano da liberdade seria o estado mental em que todas as suas potencialidades são desenvolvidas. Um estado de desenvolvimento pleno das potencialidades latentes da mente é o primeiro passo na direção de alcançar-se o status de liberdade para a mente. Vimos em "A Ciência do Ser" que a habilidade mental de funcionar com uma capacidade consciente plenamente desenvolvida é alcançada praticando regularmente a Meditação Transcendental.

Outro ponto importante com respeito à liberdade da mente é a liberdade da escravidão da experiência. Este é o ponto crucial de toda a filosofia da escravidão e libertação da vida.

Esta questão da libertação da escravidão da experiência tem sido amplamente mal entendida durante muitos séculos, e este mal-entendido é responsável pela perda de um caminho direto para a liberdade. O fenômeno da experiência é o principal campo de estudo da metafísica, e é o correto entendimento desse fenômeno da ex-

---

74 Veja na pág. 272 "A Abordagem Fisiológica para a Realização de Deus".

periência o que fornece um caminho direto para a libertação eterna da vida. Uma pequena má compreensão nesse campo resulta no fortalecimento da escravidão da vida, em nome da procura da liberdade. Esta errônea e duradoura concepção levou ao fracasso os estudiosos da metafísica que buscavam localizar a natureza essencial do Ser divino, libertando-se assim do forte jugo da escravidão.

Trataremos detalhadamente deste fenômeno da experiência e veremos onde repousa a chave para a libertação da vida. Será também interessante descobrir qual foi o ponto-chave perdido pelas diversas escolas metafísicas dos séculos passados, motivo pelo qual o caminho direto para a libertação não ficou claro para os estudiosos de filosofia.

Analisemos o fenômeno da experiência de uma flor. O processo de experiência começa ao abrirmos nossos olhos e vermos a flor. Este processo de experimentar a flor faz com que a imagem da flor passe pela retina do olho e alcance a mente. A imagem da flor entrando na mente dá a experiência da flor. O resultado, além da visão da flor, é que a mente, ao receber a impressão da flor, fica ensombrecida por esta impressão. É como se a natureza essencial da mente tivesse sido perdida e, portanto, apenas a imagem da flor fica impressa na mente. Aquele que vê, ou a mente, fica como que perdido em sua visão.

Perde-se a natureza essencial do sujeito, ou daquele que experimenta internamente, quando acontece a experiência do objeto, exatamente como se o objeto aniquilasse o sujeito, e o sujeito deixa de experimentar sua própria natureza essencial enquanto está envolvido na experiência do objeto. Somente o objeto permanece na consciência. Esta é a experiência comum das pessoas.

Quando a experiência estabelece assim a predominância do objeto, e o sujeito como que se perde no objeto, diz-se que o sujeito está escravizado pelo objeto. Os valores do objeto escravizaram ou ensombreceram a natureza do sujeito e tornaram-se predominantes, sem deixar traços da natureza essencial do sujeito. Esta é a escravidão do sujeito. No campo metafísico ela é chamada de identificação do sujeito com o objeto.

Do ponto de vista da lógica oferecida, parece bem acertado concluir intelectualmente que a identificação é a natureza da escravidão. Mas esta conclusão é incorreta e altamente danosa. Levados por esta conclusão errada, os pensadores e filósofos que guiaram o destino do pensamento metafísico durante muitos séculos recomendaram práticas para atingir a liberdade que provaram ser danosas às vidas dos que buscam a verdade. A conclusão dos metafísicos e grandes pensadores do passado tem sido a de que a identificação é a natureza da escravidão. Esta conclusão é incorreta, mas para investigar o mal causado por ela iremos, como hipótese, tomar como verdadeira a afirmação a fim de analisá-la mais pormenorizadamente.

Ao se pensar que a identificação era escravidão, naturalmente se pensou a liberdade em termos de não identificação. Pensou-se que, se não nos identificamos com o objeto da experiência, estaremos então no estado de liberdade. Este entendimento metafísico (que é na realidade um mal-entendido) faz surgir várias práticas de aquisição de liberdade. Advogou-se a manutenção da autoconsciência, ou consciência do ser, como técnica que impedia que se caísse na escravidão da identificação. Os que procuravam ganhar liberdade tentando manter a autoconsciência iniciaram práticas que envolviam a lembrança de Deus enquanto se estivesse envolvido no processo de experimentar as coisas do mundo ou durante a atividade da vida diária.

Um outro método era tentar permanecer consciente do próprio ser enquanto se estivesse envolvido no campo da experiência e da atividade. Ao tentar manter a consciência do seu ser enquanto olhava para a flor, o aspirante começava a pensar que "eu estou olhando para a flor", sendo que a ênfase de seu pensamento era sobre as palavras "eu estou". Aqueles que procuravam manter a consciência de Deus mantinham em suas mentes a ideia de Deus, lembrando-se de Deus enquanto envolvidos na atividade. Pensou-se que, se alguém se identificasse com a ideia de Deus, sua mente, ocupada com Deus, estaria livre da identificação.

Tais práticas de tentar manter a consciência do ser, ou de tentar manter a lembrança de Deus ou consciência de Deus, como era chamada, foram adotadas com toda sinceridade pelos que aspiravam à verdade. O resultado global, contudo, foi fatal. Tentar manter a consciência do ser ou a consciência de Deus ao nível do pensamento e, ao mesmo tempo, envolver-se na atividade apenas dividiam a mente. Enquanto metade da mente se ocupava em manter a autoconsciência ou a lembrança de Deus, a outra metade ocupava-se da atividade externa. As práticas de divisão da mente conseguiam apenas enfraquecê-la. O trabalho ficava prejudicado, pois não era executado com total concentração da mente. E a consciência do ser ou consciência de Deus permaneciam um mero gesto no nível grosseiro do pensamento consciente da mente. O aspirante via-se nem totalmente no campo da atividade nem totalmente no estado de consciência de Deus.

A prática continuada de dividir a mente desta forma resultava num enfraquecimento da personalidade. Os praticantes não cultivavam autoconsciência nem consciência de Deus, tampouco conseguiam ter sucesso no mundo. A explicação para isto é óbvia. Quando as pessoas práticas dentro da sociedade viram que a vida daquelas pessoas devotadas a Deus ou à metafísica estavam metade fora e metade dentro do mundo, criou-se uma situação social peculiar. As pessoas práticas começaram a ter medo de iniciar tais práticas de desenvolvimento espiritual, uma vez que os que se dedicavam a elas pareciam pouco práticos na vida, fracos e menos dinâmicos.

O pensamento de liberdade, embora pareça bom, é apenas um pensamento e não um estado. Um pensamento de liberdade é tão escravizante como qualquer outro pensamento. O pensamento, por sua própria natureza, encontra-se fora do próprio ser. Quando a mente começa a entreter um pensamento, ela entra no campo da dualidade, e o pensamento obscurece a natureza essencial da mente. Portanto, qualquer pensamento provoca identificação. Este problema da identificação ficou, portanto, muito longe de ser resolvido com o pensamento do Ser ou do divino ou de Deus. Por isso aquelas práticas não conseguiram trazer liberdade às pessoas e a busca da liberdade continuou, tornando-se confusa em virtude de tais práticas de acalentar a ideia do Ser divino ou de Deus ao nível do pensamento.

O erro fundamental destas práticas foi considerar que a identificação em si era escravidão. Na realidade, a identificação não é escravidão. O que é escravidão é a inabilidade de manter o Ser juntamente com a identificação. O que é escravidão é a inabilidade de manter o Ser enquanto envolvido no campo da experiência e atividade.

Se a identificação fosse escravidão, a liberdade só seria possível no estado após a morte, no qual se deixa de experimentar e agir. Enquanto se está vivo, continua-se a experimentar e agir, sendo portanto impossível evitar a identificação enquanto dura a vida.

A identificação não é escravidão, pois a liberdade tem de ser vivida no mundo, e viver no mundo significa identificar-se com tudo a fim de experimentar e agir.

A identificação não deveria ser encarada com horror pelos que buscam a verdade e aspiram à realidade. Trata-se apenas de cultivar um estado mental em que a ocupação da mente com coisas externas não obscureça o puro estado de Ser.

A manutenção do Ser jamais poderá ser alcançada pela prática de pensar sobre o Ser. O Ser só pode ser espontaneamente vivido ao nível do pensamento quando a própria natureza da mente transformar-se na natureza do Ser. Então, todas as experiências serão ao nível do Ser. Somente então é possível que a experiência não seja capaz de obscurecer ou preterir a validade do Ser. O Ser será vivido juntamente com a identificação.

Se pensamos sobre o Ser, isto é somente um pensamento sobre o Ser, não é o estado do Ser. Para que o Ser se estabeleça na própria natureza da mente, de modo que durante os estados de vigília, sono profundo e sonho, e ao longo de toda a experiência de atividade e inatividade da vida, o Ser não fique obstruído e continue a ser, é necessário que a mente se transforme na natureza do Ser.

Para tanto, é necessário que a mente se familiarize com o estado de Ser a tal ponto que ela passe a viver o Ser sob todas as condições e em todas as situações da vida. Isto se consegue conduzindo a mente consciente através dos estados sutis da experiência de pensar, até finalmente transcender o pensamento mais sutil e chegar ao estado transcendental do Ser. Ao sair para o campo da existência relativa, a mente emerge familiarizada com o estado do Ser puro. Através da prática regular da Meditação Transcendental a natureza do Ser torna-se firme dentro da própria natureza da mente, e a um tal ponto que ela não é jamais obscurecida por nenhuma coisa de ordem relativa.

Esta infusão permanente da consciência de bem-aventurança absoluta estabelece a mente no estado de liberdade eterna, e quando a mente se identifica com os objetos da experiência ou com a atividade, o Ser e a liberdade continuam a existir juntamente com as experiências e a atividade. Este é o estado de liberdade eterna que não pode ser obstruído ou nublado por nenhum estado de experiência, atividade ou passividade da existência relativa.

Assim, a liberdade na vida pertence ao campo do Ser. Ele só pode ser estabelecido através da prática da Meditação Transcendental, que estabelece o Ser puro na própria natureza da mente ao levá-la ao campo do transcendente.

Esse estado de liberdade eterna jamais poderá ser estabelecido pela prática de manter um pensamento de Ser ou um pensamento de Deus.

O Ser, ou o Divino, ou Deus, é algo a ser vivido; um mero pensamento fantasioso sobre Eles não ajuda muito na vida prática. O pensamento de Deus pode ser acalentado pela mente, mas, salvo pela satisfação psicológica, ele não fornece as vantagens do contato com o Deus todo-poderoso. O pensamento é somente uma imaginação abstrata, não é um estado concreto. Esta é a diferença fundamental entre realmente conseguir estabelecer liberdade eterna na vida e permanecer remoendo o pensamento da liberdade.

Este mal-entendido dos últimos séculos no campo da metafísica apenas contribuiu para a desorientação dos sinceros buscadores da Verdade, criando um enorme abismo entre os aspectos espiritual e material da vida.

Toda a concepção de liberdade, bem como o meio para estabelecê-la em nossa vida, é tão sutil e refinada que facilmente se perde com o passar do tempo. Perdido o fio da meada, tudo fica confuso no que concerne à realidade.

A liberdade na consciência de Deus é alcançada levando-se a mente ao campo da consciência de bem-aventurança, e não se pensando sobre a consciência de bem-aventurança e tornando-a um estado de espírito. Infelizmente, a realização de Deus ou da liberdade eterna sobre a Terra vem perpetuando-se apenas no nível comum do pensar. Por isso as práticas místicas, em nome da iluminação e da realização de Deus, deixam os aspirantes apenas num estado de suspensão, no mero pensamento do divino.

Com o pensamento de Deus a mente se atira fundo no abstrato. O pensamento envolve a mente e o aspirante perde uma concepção clara do ambiente externo, e pensa estar experimentando o estado de consciência cósmica. Isto é pura ilusão. Fixando-nos na ideia de ser rei, jamais conseguiremos chegar ao estado de realeza. Pensando constantemente que se é rei, ninguém consegue realmente tornar-se rei. Para ser rei é preciso ser entronizado e de fato desfrutar do status de rei. Para atingir-se a consciência de Deus e viver a consciência de Deus na vida é preciso que nos coloquemos no estado do divino.

Deus é onipresente – o divino está presente em toda parte. Isto é aceito por todos. Então, a não ser que a mente seja levada ao nível do Ser onipresente, a onipresença de Deus não pode ser vivida. Este pensar em Deus e no divino criou uma grande barreira nos campos da metafísica e da religião, colaborando apenas para que as pessoas ficassem como que suspensas no ar em nome de Deus.

A realização de Deus é uma experiência concreta e positiva ao nível da existência pura. Ela é mais real, mais substancial e mais sublime que a existência de qualquer coisa sobre a Terra. A existência do Ser divino é absoluta e pode muito bem ser vivida se a mente for levada do campo da relatividade até a consciência de Deus no campo transcendental, que é onipresente, onisciente e onipotente. Através da Meditação Transcendental a mente é de fato trazida até este nível e, conforme vimos no capítulo "Como Contatar o Ser"[75], o processo é simples. É preciso apenas colocar a mente no processo, transcender e, então, voltar para o campo relativo. Isto acontece vez após vez, de manhã e à tarde. Dentro de pouco tempo alcança-se um estado mental em que não se perde contato com o Ser, mesmo quando a mente está envolvida no campo da experiência e da atividade. Este é o verdadeiro estado de liberdade na vida.

Vimos também que com o processo da transcendência expande-se a capacidade consciente da mente e, quando saímos da meditação e nos envolvemos no campo da experiência e atividade no mundo, a experiência dos objetos torna-se mais profunda, mais plena e mais substancial. Envolvemo-nos na atividade com maior energia, inteligência e eficiência. Esta é a glória da realização divina: o fato de que, por um lado, cultiva-se o estado do Ser para que ele permaneça eternamente infundido em nossa natureza, e, por outro, o campo da atividade torna-se mais substancial e mais gratificante em todos os níveis. Isto leva harmonia às glórias interior – espiritual –, e exterior – material da vida.

Este estado tem sido o objeto da grande busca do homem desde tempos imemoriais, pois ele glorifica todos os aspectos da vida. A vida material do homem é abrilhantada pela luz do ser interior. A isto se deve toda a ênfase que as escrituras religiosas e todo o campo da metafísica dão à autorrealização ou realização de Deus como sendo a meta do homem. Porque no caminho para alcançar este objetivo melhora-se o mundo, aumenta-se a eficiência, e o homem torna-se mais capaz dentro do mundo. Ele desfruta mais do mundo em todos os níveis enquanto desfruta o divino. O indivíduo desfruta do mundo ao máximo, pois agora a natureza da sua mente é consciência de bem-aventurança e a consciência de bem-aventurança é a base de toda experiência e atividade. Este é o estado de um homem realizado em Deus. Este é o estado de um homem que obteve sucesso no mundo. Estes estados andam de mãos dadas. O sucesso na busca do divino traz o cume do sucesso no mundo de uma forma

---

75 Veja na pág. 60.

muito natural, tornando plena a vida individual. Então, sob todas as circunstâncias, ele virtualmente vive a vida em eterna liberdade.

Vimos em todos os capítulos de "A Arte de Viver" como esta liberdade eterna na vida glorifica todos os campos: do pensar, falar, agir e comportar-se, juntamente com todo o campo do *karma* – o passado e o presente. O caminho para a liberdade eterna é também o caminho para o sucesso no mundo, e a chave para tudo isto é a prática regular da Meditação Transcendental.

O Problema da Paz Mundial

O problema da paz só estará total e finalmente resolvido no estado de consciência divina ou consciência de Deus em liberdade eterna. O caminho para a paz tornou-se um grande problema no mundo de hoje, em todos os níveis: a paz do indivíduo, a paz da família, a paz social e a paz mundial.

A base da paz é a bem-aventurança. A não ser que se esteja feliz não se pode estar em paz. Paz sem uma verdadeira e duradoura felicidade é meramente passividade. Quando dormimos durante a noite sentimos ausência de atividade. Isto é chamado paz. Quando o indivíduo acorda pela manhã e vem para o campo do pensamento, da fala e da atividade, ele começa a sentir-se tenso outra vez. A paz sentida pela ausência de atividade não é duradoura.

A paz alcançada esvaziando-se a mente de pensamento, mantendo-se a mente em suspenso, é apenas devido à falta de pressão do pensamento. Quando uma mente assim retoma o campo do pensar e agir, ela de novo passa a sentir a pressão do pensamento e da ação. O indivíduo começa a ficar inquieto. Todas estas práticas de silenciar a mente estão erradas, e quando praticadas por muito tempo tornam a mente apática.

Há muitos grupos no mundo todo se reunindo para sentar em silêncio e tentar ouvir a voz interior ou a voz de Deus, como eles dizem. Todas estas práticas tornam a mente passiva e apática. Os que praticam o silenciar da mente começam a perder o brilho. Seus rostos mostram embotamento. Eles não são energéticos no campo da ação. Eles mostram um aspecto tranquilo, mas são passivos na vida. Pagar a paz com a atividade é pagar com a vida.

Esta experiência de paz é feita à custa da eficiência na vida e à custa da própria vida. Tentar silenciar a mente na esperança de experimentar a consciência pura é ir atrás de uma miragem. Quando afastamos os pensamentos da mente ela se torna passiva, pois, embora permaneça no nível consciente do pensamento, está sem pensamentos. Esta prática embota a mente. O que se precisa não é tentar esvaziar a mente, mas levar a mente consciente aos estados sutis do pensamento, para finalmente transcender o estado mais sutil e chegar ao verdadeiro estado do Ser. Manter a mente no nível consciente é somente tirá-la do campo da atividade, permitindo que ela fique passiva ou inativa. Isto apenas contribui para diminuir o brilho da mente, trazendo-lhe embotamento e passividade.

As pessoas que praticam este método realmente sentem paz na vida, pois estão praticando a supressão ou negação dos pensamentos. Quando uma mente que adquiriu a qualidade da indolência e do embotamento através dessas práticas deixa de entreter pensamentos de forma muito enérgica e não se envolve energeticamente no campo da experiência e da atividade, a paz é sentida em virtude da apatia mental. Mas basta surgir algum problema sério na vida e a mente sofre, pois foi treinada a permanecer embotada e passiva. Quando o indivíduo tem necessidade de entrar em atividade para realizar algum trabalho de modo muito preciso e energético, a mente sofre com o esforço.

Estas práticas também prejudicaram muito o progresso do indivíduo e da sociedade.

Vemos assim que tais práticas de silenciar a mente provocam, em primeiro lugar, o embotamento da mente, e, em segundo, uma paz não duradoura. Como dissemos, a paz só pode ser duradoura quando a mente puder sentir felicidade duradoura. Somente se a própria natureza da mente for transformada em consciência de bem-aventurança é que haverá paz eterna. A busca da paz deveria ser direcionada à condução da mente ao campo do transcendente, a fonte de toda felicidade, através da prática da Meditação Transcendental.

Quando não se está em paz, surgem na vida o medo, a falta de autoconfiança e toda mediocridade, e a consciência do homem torna-se tão abjeta e miserável que ele não consegue pensar ou conquistar algo que valha a pena. O medo não passa de falta de confiança, e a base da confiança é o contentamento, que só pode advir da experiência de bem-aventurança. Não há nada no mundo que possa realmente trazer contentamento duradouro à mente, pois todas as coisas do mundo, embora ofereçam alguma alegria à mente, não são suficientemente intensas a ponto de satisfazer a enorme sede de felicidade que a mente tem. O único campo de real contentamento é o campo transcendental da consciência de bem-aventurança. A não ser que se chegue a esse estado, nossa paz estará sempre ameaçada por todas as coisas do mundo em virtude da falta de contentamento.

A única chave de ouro para a paz na vida é a experiência da consciência transcendental de bem-aventurança, e esta grande glória da vida é alcançada facilmente por qualquer um para ser vivida por toda a vida.

Vimos no capítulo "Vida Individual e Vida Cósmica"[76] que a vida do indivíduo, em todos os seus pensamentos, palavras e ações, influencia todo o campo

---

76 Veja na pág. 82.

do cosmos. Portanto, alguém que traga paz no coração naturalmente irradia paz e harmonia que influenciarão todo o Universo. Os que estão inquietos, preocupados e atribulados na vida, e que não têm nenhuma experiência de consciência de bem-aventurança, estão constantemente produzindo uma influência de natureza adversa no meio ambiente. As tensões e preocupações no indivíduo produzem uma influência tensa a sua volta e contaminam a atmosfera. Todas as atividades incorretas, imorais e pecaminosas produzem uma influência degeneradora e má na atmosfera. Quando grandes grupos de pessoas estão deprimidas e tensas no mundo, a atmosfera mundial também adquire esta qualidade. Quando as tensões na atmosfera elevam-se além de dado limite, a atmosfera faz eclodir calamidades coletivas.

Charak e Sushrut, os grandes expoentes da ciência médica da antiga Índia, mostraram que, enquanto as pessoas comportam-se corretamente, a atmosfera permanece repleta de vibrações harmoniosas. As colheitas são fartas, o sol brilha, chove na estação adequada, e toda a vida da criação se beneficia de tudo na atmosfera. Mas, quando as pessoas perdem a retidão e agem contra os códigos éticos da vida, o equilíbrio da natureza é perturbado e a atmosfera faz eclodir calamidades coletivas como fome, enchentes, acidentes e tudo que é prejudicial à vida no mundo. Este é o diagnóstico com relação à saúde mundial.

Vimos assim, sob todos os ângulos, que, para produzir uma atmosfera boa, harmoniosa e saudável para o bem de todas as criaturas do mundo, é preciso que o homem viva em felicidade, paz e abundância. Todo homem tem a oportunidade de viver assim.

O problema da paz mundial só pode ser resolvido resolvendo-se o problema da paz individual, e o problema da paz individual só pode ser resolvido criando-se um estado de felicidade no indivíduo. Portanto, o problema da paz individual, familiar, social, nacional e mundial como um todo se resolve pela prática da Meditação Transcendental, que é um caminho direto para estabelecer-se a consciência de bem-aventurança na vida das pessoas.

Onde há desacordo e dissensão em famílias e círculos de amigos, a desarmonia parece estar ocorrendo em círculos reduzidos. Os indivíduos mal percebem que estão contribuindo com uma influência que corrompe e destrói a paz mundial através dos maus sentimentos, malícia, mau comportamento, palavras ásperas e sofrimento que estão gerando.

Todos os conflitos internacionais são causados pelo acúmulo de grandes tensões na atmosfera, que foram liberadas por indivíduos. E o indivíduo mal percebe que, através de seus pensamentos, palavras e ações, ele está constantemente contribuindo para a influência de ódio e tensões na atmosfera, que em algum momento explodirão trazendo de volta a ele os resultados daquilo que ele mesmo armazenou a sua volta.

No capítulo sobre a "Vida Individual e Vida Cósmica"[77] vimos como a vida individual é responsável pela vida cósmica. Vimos no capítulo sobre "*Karma* e Ser"[78] como, através de sua própria ação, o homem é responsável pelo mundo todo.

Já chegou a hora de os interessados na paz mundial começarem seu trabalho pelas unidades individuais da vida universal. Tentar resolver os conflitos internacionais ignorando o nível dos problemas individuais não constitui uma tentativa adequada para estabelecer a paz mundial.

Se hoje surgir uma crise em Berlim, as mentes de todos os estadistas correrão para Berlim. Se algo acontecer no Congo, todas as suas atenções se voltarão para o Congo. Se houver luta nos Himalaias, todas as atenções vão para lá. Tentar resolver estes problemas isoladamente é como tentar curar uma folha regando-a, em vez de regar a raiz. A esta altura o homem deveria ser suficientemente sábio para saber que somente regando-se a raiz é possível ajudar a folha. A esta altura os estadistas do mundo deveriam ser suficientemente sábios para adotar meios e modos de trazer felicidade e paz criativa para a vida dos indivíduos como parte de sua tentativa de criar paz mundial.

Todos os louváveis objetivos das Nações Unidas não chegam a arranhar a superfície do problema da paz mundial. Se as mentes e os recursos dos estadistas pudessem ser empregados para popularizar e efetivamente levar a prática da Meditação Transcendental aos indivíduos, a face da Terra e a situação mundial mudariam da noite para o dia.

É uma vergonha que, com toda a inteligência e sinceridade nas tentativas de auxílio às pessoas, muito pouco se tem feito para melhorar a vida do indivíduo. Enquanto os estadistas que estão no poder continuarem desconhecendo a possibilidade de melhorar a vida dos indivíduos e trazer abundância de paz, felicidade e inteligência criativa a eles através do sistema simples da Meditação Transcendental, o problema da paz mundial será sempre tratado superficialmente e o mundo continuará presenciando guerras, frias e quentes.

A História registra as tentativas feitas por estadistas de todos os tempos de criar um estado de paz mundial duradoura, mas porque todas as tentativas foram feitas na superfície da vida internacional, e não em relação ao aprimoramento da vida individual, o problema da paz mundial tem passado de geração a geração.

A UNESCO[79] procura a melhoria individual, mas também as suas tentativas ocorrem no nível do valor superficial da vida. As tentativas no sentido de desenvolver o relacionamento cultural entre as nações e alfabetizar as áreas menos desenvolvidas do mundo são, igualmente, apenas arranhar a superfície do problema da paz mundial.

---

77 Veja na pág. 82.
78 Veja na pág. 57.
79 Organização das Nações Unidas para Cultura, Ciência e Educação.

Aqui se oferece uma oportunidade a todas as grandes inteligências envolvidas no trabalho da UNESCO para que assumam, com seus vastos recursos, a tarefa de levar este sistema simples de Meditação Transcendental a todos os indivíduos, em todo lugar. Se isto for feito, estabelecer-se-á um estado natural de paz mundial duradoura. Haverá amor, bondade, compreensão, gratidão e admiração mútua em todos os níveis da vida internacional. Aqui oferecemos algo de valor prático, que pode realmente mudar a face da Terra de um estado de sofrimento, miséria, dúvida, ódio e medo para um estado de felicidade, paz, criatividade, bondade e amor.

Qualquer geração cujos líderes começarem sinceramente a aplicar amplamente o sistema da Meditação Transcendental à vida das pessoas conseguirá criar um estado de paz mundial duradoura. Se os estadistas e líderes influentes da vida pública desta geração fizerem isto, será deles o crédito por esta paz e eles terão a satisfação de deixar um mundo melhor para as gerações vindouras.

Uma base sólida de paz e felicidade permanentes no mundo pode ser criada na atual geração. O sucesso depende daqueles que têm a habilidade e os recursos para fazer algo de valor prático. Se as pessoas afortunadas da geração atual construírem uma base sólida, e se os afortunados líderes das gerações futuras mantiverem a prática regular da Meditação Transcendental na vida de seus povos, toda a glória da vida será desfrutada em todos os níveis por todas as gerações.

Que assim seja, é a oração sincera que todas as pessoas de boa vontade, de todas as partes, dirigem ao Todo-Poderoso.

Parte IV

A REALIZAÇÃO

A REALIZAÇÃO DA VIDA

A realização da vida está em ganhar-se o status da vida divina e viver uma vida de liberdade eterna na plenitude de todos os valores da existência humana.

A realização da consciência humana está em alcançar-se a consciência divina, a consciência de Deus, que traz consigo os valores absolutos e relativos da vida.

A consciência de bem-aventurança do Ser absoluto e as alegrias de natureza relativa da multiplicidade da criação deveriam ser vividas conjuntamente. Este é o significado de realização da vida em consciência cósmica.

Para maior clareza, consideremos agora o que é a consciência cósmica.

Vimos que durante a Meditação Transcendental[1] a mente consciente chega ao campo transcendental do Ser absoluto de natureza imanifesta. Estando nesse campo, a mente transcende toda a relatividade, encontrando-se no estado do Ser absoluto. A mente transcendeu todos os limites da experiência do pensamento e é deixada em si mesma, no estado de consciência pura. Este estado de consciência pura, ou estado do Ser puro e absoluto, é chamado consciência do Ser.

Quando não se perde mais esta consciência do Ser, mesmo quando a mente retorna do transcendente, e se envolve de novo no campo da atividade, então esta consciência do Ser ganha o status de consciência cósmica. A consciência do Ser estabelece-se então eternamente na natureza da mente. Mesmo quando a mente está desperta, dormindo profundamente ou sonhando, a consciência do Ser é mantida naturalmente e é chamada consciência cósmica.

Consciência cósmica é a denominação para aquela consciência que inclui a experiência do campo relativo juntamente com o estado do Ser puro transcendental. Este estado de consciência cósmica é um estado no qual a mente vive em liberdade eterna e não se deixa limitar pelas coisas que experimenta durante toda a atividade do mundo relativo externo. Este estado de liberdade da escravidão da experiência dá à mente o status de consciência cósmica, o estado de liberdade eterna em qualquer dos estados relativos da vida: vigília, sonho ou sono.

Uma perfeita saúde física e mental é a chave para a realização da vida. Quando a inteligência divina se expressa em todas as fases da vida, quando a consciência de Deus permeia todas as experiências e atividades da vida diária, e, quando o amor universal flui e transborda no coração, a inteligência divina enche a mente e uma harmonia perfeita chega ao comportamento. Neste estado de vida integrada, em que

---

1 Veja na pág. 62.

todos os planos da vida estão infundidos com a consciência divina, e quando o transbordante amor universal por todas as coisas concentra-se em devoção a Deus, então a vida encontra realização no oceano ilimitado de sabedoria divina.

O mundo é o divino ativo; tudo se ergue como ondas no eterno oceano de consciência de bem-aventurança. Toda percepção, o ouvir de cada palavra, o toque de cada pequena partícula ou cheiro de qualquer coisa, levanta uma onda do oceano de eterna bem-aventurança – a elevação de cada pensamento, palavra ou ação é a elevação da maré de bem-aventurança.

Em todos os estados dinâmicos e estáticos da vida encontramos a glória divina do imanifesto bailando no campo manifesto da vida. O absoluto baila no relativo. A eternidade permeia cada momento da existência transitória. A vida é então plenamente realizada quando a consciência cósmica está centrada na devoção a Deus. Esta é a condição de perfeição da vida, quando o indivíduo cosmicamente evoluído ascende ao círculo da devoção.

Afortunados os indivíduos evoluídos, cosmicamente conscientes, que têm acesso a uma devoção que leva o valor da consciência de bem-aventurança infinita a um estado concentrado. Em comparação com este estado da vida de devoção, a vida da consciência cósmica é considerada como "mera consciência cósmica". É como se atingir a consciência cósmica não fosse atingir realmente a realização total da vida, mas meramente adquirir a habilidade de ganhar realização verdadeira e total.

A não ser que se esteja cosmicamente evoluído, a não ser que se viva a eternidade na atividade transitória do dia a dia, é impossível transbordar no nível do amor universal. E, a não ser que se transborde no nível do amor universal, como será possível ter esse amor universal numa forma concentrada?

O amor pessoal por mãe e pai, esposo ou esposa é apenas um símbolo do estado concentrado de amor universal que uma alma cosmicamente evoluída atinge no estado de devoção a Deus. O nível de amor que a criança tem em seu coração por seus brinquedos, jogos e estudos está espelhado entre estes objetos, mas seu amor concentrado é por sua mãe. Esta é uma analogia para tornar claro o grau de amor sentido quando se é devotado a Deus, depois de atingir o estado de consciência cósmica. A inocente fantasia infantil contém um certo grau de amor, e este amor está concentrado no amor pela mãe. O estudante tem em seu coração um certo amor pelos vários ramos do conhecimento, mas todo este amor se concentra no amor por seu professor. Analogamente, o marido tem em seu coração certo fluxo de amor por todo o campo da vida, mas ele encontra o estado concentrado de todo esse amor no amor por sua mulher.

Da mesma forma, o indivíduo em consciência cósmica tem uma quantidade ilimitada, irrestrita de amor fluindo em todas as direções e por tudo. Quando este amor universal transbordante cósmico ilimitado e irrestrito se torna concentrado na devoção a Deus, então este estado concentrado de amor universal é de tal grau que traz a realização suprema da vida.

O estado de consciência cósmica devotada a Deus é muito mais concentrado que qualquer amor que possa existir em qualquer esfera da vida. Viver este estado de amor universal concentrado é a realização total da vida. Aqui está o fluxo ilimitado do amor – na visão de qualquer coisa, na audição de qualquer coisa, no olfato de qualquer coisa, no paladar de qualquer coisa, e no tato de qualquer coisa. Toda a vida em sua diversidade multifacetada não é senão plenitude de amor, bem-aventurança e contentamento, eternos e absolutos.

A capacidade de realização vem com a prática constante da Meditação Transcendental, para que se possa adquirir consciência cósmica e voltar-se então para a devoção a Deus. A não ser que se chegue à consciência cósmica, a devoção, no verdadeiro sentido da palavra, não tem início, não tem muito significado. O indivíduo cujo coração não transborda com amor universal não ganha muito com a devoção, pois a devoção resulta em entrega, e entrega significa perda de nossa própria identidade e aquisição da identidade daquele que é adorado. O caminho do amor, da devoção, só pode ser trilhado com sucesso pelas almas cosmicamente evoluídas.

Um indivíduo que não ascendeu à consciência cósmica, que se encontra tolhido pela individualidade egoísta e que só está desperto à identidade de seu próprio ser individual não pode ter uma noção clara e significativa do que é o amor ou a devoção. Embora todas as pessoas em todos os níveis de consciência sintam amor em seus corações e sintam devoção por Deus, o encanto da devoção no estado de consciência cósmica é um encanto que ultrapassa os limites da imaginação.

Amor e devoção, nos seus valores plenos, pertencem exclusivamente à vida em consciência cósmica. Abaixo desse padrão de consciência cósmica, a devoção e o amor não têm grande significado ou valor no nível humano comum. A devoção de um indivíduo irrealizado é somente uma tentativa, um esforço, algo fatigante. Na melhor das hipóteses leva a uma imaginação dos estados maiores e mais intensos do amor. Mas o amor e a devoção do homem cosmicamente evoluído têm valores substanciais e significativos de amor e devoção que alcançam a eternidade, e este amor e devoção prendem a eternidade dentro de uma individualidade. Este é o poder do amor, este é o poder da devoção.

Abaixo do nível da consciência cósmica o poder do amor e da devoção são limitados e insignificantes, e portanto todos aqueles que querem seguir o caminho da devoção estão convidados a iniciar a prática da Meditação Transcendental, que permite ao indivíduo ascender ao estado de consciência cósmica sem grande luta ou sacrifício.

O indivíduo então entra em sintonia com a vida cósmica, os movimentos do indivíduo estão de acordo com os movimentos de todo o cosmos, o propósito do indivíduo se encontra no propósito de todo o cosmos e a vida do indivíduo vê-se estabelecida na vida cósmica. Tal estado do indivíduo é parte do estado cósmico da vida. A vontade do homem torna-se então a vontade de Deus; a atividade do homem é o desejo de Deus, e assim o homem realiza o propósito de Deus. Quando o homem realiza o propósito de Deus, quando ele emana o desejo de Deus, então o filho de Deus é a palavra de Deus. Então o Pai no céu e o homem na Terra estão unidos no mesmo propósito de bem eterno. O homem, por todos os seus pensamentos, palavras e ações, produz uma influência que serve ao propósito da criação, e em todos os níveis de sua vida individual ele ganha realização no propósito da vida cósmica.

O egoísmo humano torna-se então o fim egoísta de Deus; a mente individual humana, a mente cósmica de Deus; a respiração individual humana, a respiração cósmica de Deus; a fala individual humana, expressão do silêncio cósmico.

O Senhor fala através dele, a vida cósmica onipresente ganha expressão em sua atividade, o onisciente se expressa nas limitações da personalidade individual do homem, a inteligência cósmica encontra expressão em sua mente individual, o pensamento da vida cósmica materializa-se em seu processo de pensamento, o silêncio imutável do Ser eterno encontra expressão nos pensamentos, palavras e ações do homem. Os olhos do homem contemplam o propósito de Deus, seus ouvidos ouvem a música da vida cósmica, suas mãos se prendem às intenções cósmicas, seus pés colocam em movimento a vida cósmica; ele anda na Terra e no entanto caminha no destino do céu; ele vê e no entanto enxerga a glória de Deus; ele escuta e no entanto ouve o silêncio; ele fala e no entanto diz a palavra de Deus, profere as intenções de Deus, expõe o propósito da vida cósmica, dá expressão ao propósito cósmico, e suas palavras falam do Ser eterno. O homem é a expressão viva da existência cósmica onipresente e onisciente.

Ele é o que pode falar por Deus, o que pode falar pela lei cósmica, o que age por Deus, o que é a imagem de Deus na Terra. Sua vida é o fluxo do Ser cósmico. Seu fluxo vital individual é uma onda do eterno oceano do Ser cósmico, uma onda que contém em si todo o oceano da vida cósmica. Ele é expressão do Ser eterno inexprimível. Ele se move dentro do status eternamente imóvel do Absoluto; sua atividade na existência relativa expressa o silêncio eterno do Absoluto. Na radiância de sua vida relativa, o Absoluto vê nele uma expressão de seu Ser. Os anjos e os deuses desfrutam de sua existência na Terra, e céus e Terra desfrutam da bem-aventurança do Ser eterno corporificado em forma de homem.

O sem-forma toma forma, o silêncio torna-se vibrante, o inexprimível se expressa numa personalidade e a vida cósmica é emanada pelo indivíduo.

É assim que, quando a respiração do indivíduo torna-se o impulso da vida eterna, a individualidade exala existência universal, e se ganha a realização da vida.

A REALIZAÇÃO DA RELIGIÃO

A realização da religião está em conquistar-se para o homem uma via direta para a realização de Deus e tudo que for necessário a fim de torná-lo um homem completo, de vida plenamente integrada, de grande inteligência, criatividade, sabedoria, paz e felicidade.

A realização da religião está em conquistar-se para o homem aquilo que a palavra religião representa. Religião vem da raiz latina *religare*, que significa *re* (de volta) e *ligare* (ligar) ou aquilo que nos religa. O propósito da religião é religar o homem à sua fonte, sua origem.

Se a religião consegue trazer o homem de volta a sua fonte, trazer a mente de volta a sua fonte, e trazer o corpo e a atividade mental de volta à fonte de toda atividade, a religião conseguiu realizar seu propósito. A mente é o pivô da vida. Se a mente pudesse ser levada de volta a sua origem, a totalidade da vida seria levada assim a sua fonte e o propósito da religião seria realizado.

A religião é um meio, ou pelo menos deveria ser um meio para elevar a consciência humana até o nível da consciência de Deus, para elevar a mente humana até o nível da inteligência divina ou mente cósmica universal.

O propósito da religião é o de colocar a vida individual em sintonia com as leis da natureza e colocá-la de tal modo que naturalmente flua na corrente da evolução. A religião deveria coordenar a vida individual com a vida cósmica e melhorar todos os valores da vida humana. A religião oferece um caminho prático para a realização da realidade suprema trazida à luz pela filosofia. A filosofia é descritiva, enquanto a religião tem valor prático ao oferecer um caminho direto para a realização de Deus. Ela é um meio direto que possibilita aos seres humanos evoluir até o nível do Divino. A religião dita o que fazer e não fazer na vida a fim de canalizar as atividades do indivíduo para alcançar o alto propósito da existência humana. Todas estas regras da religião visam fornecer um caminho direto para a realização da realidade fundamental, ou a liberdade na consciência de Deus. A religião serve a um propósito prático.

Sem enumerar os detalhes do estado deplorável das religiões do mundo de hoje, será suficiente dizer que elas contam somente com um corpo, estando privadas de espírito. Só restam rituais e dogmas, o espírito partiu. Por esta razão os seguidores das religiões não encontram realização.

Isto não significa que os rituais religiosos não têm valor. E os aspectos dogmáticos da religião são certamente necessários, pois para que exista uma alma é preciso haver um corpo. Eles têm o valor de constituírem o corpo da religião com vistas ao propósito principal de oferecer um campo adequado para que o espírito da religião guie o destino das pessoas.

Todos os rituais das várias religiões são como o corpo, e a prática da Meditação Transcendental é como o espírito. Ambos são necessários, e eles deveriam caminhar juntos. Um não sobreviverá sem o outro.

Quando o espírito deixa o corpo, o corpo começa a desintegrar-se. Isto é o que ocorre com as religiões hoje. Elas parecem estar num estado de desintegração, pois carecem de espírito. A religião hoje é como o cadáver de um homem sem o homem. Os ritos e rituais permanecem, mas sem elevarem a consciência das pessoas.

Não parece existir um espírito interior da religião. Se é que ele existe, ele não consegue chegar às pessoas. Devido a essa ineficácia ele praticamente deixou de captar o interesse do homem moderno. Não há praticamente nenhuma religião no mundo hoje que tenha no nível consciente de suas escrituras a descrição da prática da Meditação Transcendental. Por isso, no mundo todo, a religião perdeu sua eficiência e deixou de realizar seu propósito.

O propósito da religião não deveria ser apenas o de indicar o certo e o errado; seu propósito imediato deveria ser o de elevar o homem até um estado de vida no qual ele procurará apenas o que é certo e naturalmente evitará o que é errado. O verdadeiro espírito da religião está ausente quando ela apenas diz o que é certo e o que é errado e cria o medo do castigo, do inferno, e medo de Deus na mente do homem. O propósito da religião deveria ser o de eliminar todo o medo do homem. Ela não deveria procurar alcançar seu objetivo infundindo na mente temor ao Todo-Poderoso.

A religião deveria propiciar um modo de vida no qual a vida está estabelecida naturalmente numa sintonia com o propósito cósmico de evolução, e no qual cada pensamento, palavra e ação individual poderá ser guiado por um propósito mais alto de uma forma natural. Não que o homem deva fazer um esforço para fazer o certo e aspirar por valores mais elevados de vida, mas, por natureza, todos os seus pensamentos, palavras e ações deveriam colocar-se não só no nível do mais alto propósito da vida, mas no nível da meta do mais alto propósito da vida. A religião deveria ser suficientemente forte a ponto de trazer até o indivíduo aquele estado de realização na vida de forma natural, sem práticas extenuantes ou longos anos de treinamento. Quando plenamente integrada em si mesma, a religião deveria possibilitar ao homem viver a realização de forma natural.

Uma religião realmente viva e integrada deveria ser capaz de induzir no homem um espírito de realização. Quando o homem sai das limitações da vida de um menor de idade e alcança a maioridade, seu sistema nervoso já é o sistema nervoso plenamente desenvolvido de um adulto. A esta altura ele já deveria, em virtude de seguir sua fé, ter adquirido o status de realização da vida. O restante de sua vida deveria ser vivido nesta plenitude.

Uma religião realmente viva e integrada será aquela na qual todo homem é um homem realizado em consciência de Deus, um homem pleno dos valores da vida, um homem de Deus – o divino em forma de homem sobre a Terra.

As pessoas de todas as religiões dispõem agora da oportunidade de iniciar a prática da Meditação Transcendental e adquirir dentro de si mesmas um estado de vida integrada pela experiência direta da consciência absoluta do Ser divino. Uma religião que leva às pessoas uma mensagem no sentido de fazer-se o bem, mas que deixa de desenvolver suas consciências e elevá-las até uma vida de todo o bem de uma maneira natural é apenas uma religião de palavras. Uma religião digna desse nome deveria ter um valor prático real. Deveria colocar o homem diretamente dentro de um modo de vida pleno de todo o bem e livre do mal.

É responsabilidade da religião que todo o bem resplandeça nos rostos de seus seguidores. Se os ensinamentos religiosos não conseguem inspirar as pessoas a viver uma vida de bem na consciência de Deus, os pregadores das religiões deveriam rever suas forças e fazer jus a seus ensinamentos. A luz interior das religiões está faltando nos ensinamentos religiosos, e isto é assim no mundo inteiro. O resultado disso é a ausência de paz e felicidade nas vidas das pessoas e tensões cada vez maiores em toda parte. Aquelas pessoas religiosas que parecem ter paz em suas vidas são frequentemente indivíduos com uma atitude passiva e que carecem de dinamismo na vida – que não é o perfil da verdadeira vida religiosa. Essa passividade surge da aplicação desorientada do idealismo religioso.

A vida de um homem religioso deveria conter toda a atividade correta e dinâmica da superfície da vida e, no nível profundo, ter a paz eterna imperturbável que repousa nas profundezas do oceano.

A vida deveria ser tal que a religião fosse vivida naturalmente e seu propósito realizado. Ela não deveria ser uma luta para se viver ou se realizar. A vida deveria ser vivida na plenitude de todos os seus valores. O homem sobre a Terra, um homem de uma religião verdadeira, viva, integrada, vivendo sobre a Terra, deveria ser um Deus que se move, o divino que fala – não um homem sofredor com fé em Deus, mas ainda buscando o significado do divino. A substância de Deus, o status de Deus, a existência de Deus, a experiência da consciência de Deus, a vida em consciência de Deus – tudo isto deveria ser a vida natural do homem. A fé em Deus e a fé na religião supostamente têm um propósito na vida. Qualquer fé pela fé representa apenas um gasto de energia das pessoas.

"A fé move montanhas" é um ditado comum, mas, se a fé é incapaz de aliviar o sofrimento do indivíduo e lhe trazer algum bem, então a fé precisa de algo mais que a faça produtiva. As pessoas pertencentes às diferentes religiões têm fé em suas religiões, e é admirável como eles persistem em sua fé em todas as situações difíceis de suas vidas. Portanto, cabe aos pregadores das religiões oferecer-lhes algo de valor prático, através do qual a sua fé os conduzirá ao objetivo da vida.

Os ministros são ministros de Deus, servindo de intermediários entre o homem e Deus. Sua responsabilidade é a de ser um elo entre a humanidade e a divindade. Da mesma forma, os sacerdotes nos templos representam mediadores entre o homem e Deus e, como tal, é grande sua responsabilidade. Suas vidas devem ser vidas integradas na consciência de Deus e, se eles deixam de viver a vida em consciência de Deus, deixam de ser um elo entre Deus e o homem.

Já é tempo de os guardiões das religiões serem despertados. Aqui é oferecido algo a eles, com todo amor a Deus, e com todo amor por aquilo que eles representam. Já é tempo de a Meditação Transcendental ser adotada nas igrejas, templos, mesquitas e pagodes. Que todas as pessoas orgulhosas de suas religiões, que vivem segundo seus próprios modos de vida e suas próprias fés, desfrutem da realização da vida – a vida divina na vida do homem.

A realização de todas as religiões está na prática simples da Meditação Transcendental. Isto pertence ao espírito de todas as religiões: existiu nos primeiros estágios de todas as fés, é algo que foi perdido. Foi perdido na prática. Certamente não é possível responsabilizar alguém por isso. A responsabilidade pela perda do espírito das religiões repousa na eternidade do tempo. Mas agora estamos num tempo de renovação.

Felizmente esta técnica veio à luz na geração atual. Que ela seja adotada pelos povos de todas as religiões, e que eles a desfrutem enquanto orgulhosos de sua própria religião. Que as mentes inteligentes de todas as religiões e os guardiões das várias fés penetrem a essência mais profunda de suas escrituras, encontrem a Meditação Transcendental nos textos de sua própria fé, aprendam a prática e adotem-na à luz dos ensinamentos de suas próprias religiões.

A premissa básica de toda religião deveria ser a de que o homem não precisa sofrer na vida. Não deveria haver lugar para sofrimento, tensão, imoralidade, vícios, pensamentos, palavras e ações pecaminosos na vida de qualquer homem pertencente a qualquer religião. Todos esses aspectos negativos da vida não deveriam existir para o homem que segue a religião.

Não é necessário fazer um relatório da condição deplorável em que se encontram os seguidores das religiões hoje: tensões cada vez maiores na vida, sofrimento, doença e inoperância de valores humanos estão presentes em todas as fés. Estas falhas por parte das religiões são os motivos por que a vida moderna afastou-se das religiões. Mesmo que as pessoas as tenham nominalmente, não vivem os valores de uma vida religiosa.

A vida religiosa deveria ser uma vida em bem-aventurança, alegria, paz, harmonia, criatividade e inteligência. O fluxo da vida religiosa deveria fluir no nível do bom senso, no mínimo. Deveria ser uma vida de amor, bondade, tolerância em relação aos outros e de um desejo inato de ajudar nossos semelhantes. Todas estas qualidades deveriam formar o estado natural da mente do homem religioso. Se estas qualidades – estas virtudes, valores morais e o estado de consciência de Deus – não são naturalmente encontradas num homem religioso, então ele carrega apenas o peso do nome de uma religião.

A religião deveria não só oferecer uma base sólida, mas também ser capaz de erigir o alto edifício da vida divina na vida do homem, e isto só pode ser conseguido transformando-se a natureza humana na natureza divina. Dificilmente o ritual religioso das igrejas ou dos lares poderá transformar as tendências interiores dos indivíduos nas qualidades essenciais da natureza divina. Entretanto, a não ser que isto seja feito, a vida na Terra jamais será virtuosa, moral e dignificada em todos os seus níveis.

Ensinamentos sugestivos na superfície da mente consciente não têm muita relação com a transformação da mente interior. Ao ensinar a verdade, a bondade, o amor pelos outros e o temor a Deus, as religiões virtualmente não conseguiram promover nenhum grau significativo de evolução na vida humana, pois não foi usada uma técnica prática de levar a mente humana ao valor divino.

A não ser que a mente cresça muito em seus valores e atinja um grau razoável de inteligência divina, o homem continuará a errar. Errar é humano, estar livre de erros é divino. Assim, enquanto o homem permanecer no campo da humanidade, estará sujeito a errar. Portanto, é necessário levá-lo para além do campo do erro, trazer a inteligência divina ao alcance da mente consciente e assim infundir a natureza divina na natureza humana. Elevar a humanidade à divindade – e então não importa que rituais sejam seguidos e que rituais ignorados no nível grosseiro da religião e da vida.

Enquanto o espírito da religião dominar a vida das pessoas, não importará o nome que as pessoas dão a suas religiões, ou que rituais obedecem em suas igrejas, templos, mesquitas ou pagodes. Enquanto estiverem estabelecidos no espírito da religião e tendo alcançado o estado de consciência de Deus, enquanto viverem o divino em suas vidas diárias, enquanto a corrente de vida estiver em sintonia com a corrente cósmica de evolução, não importa se eles intitulam-se cristãos, maometanos, hindus ou budistas – qualquer nome será significativo. No nível grosseiro da vida estes nomes carregam um significado, mas ao nível do Ser todos têm o mesmo valor.

O que realmente importa é que o homem deveria viver a vida em consciência de Deus em liberdade, numa vida integrada de plenitude. A chave para a realização de todas as religiões está na prática regular da Meditação Transcendental.

Este é um convite aos guardiões de todas as religiões, aos mestres das filosofias, aos líderes dos movimentos metafísicos de todo o mundo para que testem, eles mesmos, a validade da Meditação Transcendental e levem a seus seguidores a realização da vida.

Esta meditação não deveria constituir ameaça à autoridade dos sacerdotes nos templos, dos *maulvies* nas mesquitas, dos ministros nas igrejas ou dos monges nos pagodes. Que todos eles saibam que a meditação é algo que pertence realmente a suas religiões, embora tenha sido esquecida por muitos séculos. Isto é algo que devolverá a eles seus seguidores. Que eles saibam que isto é algo que devolverá à sociedade o valor dos templos e igrejas, mesquitas e pagodes, e que trará ao padre e ao *maulvi*, ao monge e ao ministro o status que deveria ser deles.

A Meditação Transcendental é uma prática para viver tudo o que as religiões vêm ensinando através dos tempos. É através dela que os indivíduos ascendem rapidamente ao nível do Ser divino e é isto o que traz realização a todas as religiões.

A REALIZAÇÃO DA PSICOLOGIA

A realização da psicologia está em:

1. Fortalecer a mente;
2. Ampliar a capacidade consciente da mente;
3. Possibilitar ao homem usar seu pleno potencial mental;
4. Apresentar técnicas através das quais todas as faculdades mentais latentes possam ser ativadas;
5. Trazer maior contentamento, paz e felicidade interior, com maior eficiência e criatividade, a todos os indivíduos;
6. Trazer poder de concentração, maior força de vontade e a habilidade de manter o equilíbrio e a paz interiores, mesmo enquanto envolvido numa agitada atividade externa;
7. Desenvolver a autoconfiança, o poder de tolerância, pensamento claro e maior força de pensamento;
8. Estabelecer a mente em paz e liberdade eternas na consciência de Deus sob todas as circunstâncias, em meio a toda a atividade e silêncio da vida relativa.

A realização total da psicologia está em possibilitar à mente individual sintonizar-se e permanecer em sintonia com a mente cósmica, em promover uma rápida coordenação da mente individual com a mente cósmica, de modo que toda a atividade da mente individual esteja em conformidade com a evolução cósmica e com o propósito da vida cósmica.

A psicologia deveria permitir ao homem não só vencer o estresse e a tensão produzidos pelos fracassos ou pressões do trabalho de sua vida diária, mas também dar tal força à mente que ela nunca seja subjugada pelo estresse e tensões e pelas doenças chamadas de psicossomáticas.

O propósito do estudo da psicologia deveria ser possibilitar ao homem sobrepujar os obstáculos da vida e viver sem sofrimento algum. Ele deveria proporcionar aquela força de pensamento, poder e clareza de pensamento que farão com que seus desejos sejam realizados para que ele viva uma vida de plenitude.

O objetivo da psicologia, o estudo da mente, deveria ser possibilitar ao homem viver todos os valores da vida, desfrutar todas as fases da existência, criar mais, compreender mais, viver o máximo da vida e viver a vida na liberdade eterna da consciência de Deus.

Quando consideramos as grandes possibilidades do campo da psicologia e revemos as conquistas feitas até o presente momento por esta ciência, é desencorajador.

Não deveria ser o papel da psicologia lembrar ao homem que seu passado foi triste, ou que seu ambiente e circunstâncias foram desfavoráveis, ou que suas associações foram depressivas e desalentadoras, ou que houve falta de amor e harmonia com as pessoas queridas e próximas. Tal informação, quando dada a alguém, resulta na supressão da consciência.

Deveria ser considerado um crime dizer a alguém que sua vida individual está baseada na influência ineficiente e degenerada do ambiente de seu passado. A influência psicológica de uma tal informação deprimente é desmoralizadora. O cerne de nosso coração deforma-se diante de tal informação. Por outro lado, informação relativa à grandeza de nossas tradições familiares e à glória de nossos pais, amigos e ambiente ajuda a elevar nossa consciência e incentiva-nos de forma direta a sobrepujar e elevar-se acima de nossas próprias fraquezas.

Analisar o modo individual de pensar e trazer para o nível consciente toda a tristeza enterrada do passado, mesmo que para permitir ao indivíduo ver a causa de sua tensão e sofrimento, é algo realmente deplorável, pois ajuda a fortalecer diretamente as impressões do passado de tristeza, servindo à supressão da consciência do indivíduo no presente.

É uma bênção de Deus o fato de que normalmente esqueçamos o passado. É verdade que o presente nasce do passado, mas é também verdade que o passado deu-se num estado de consciência menos evoluído e que o presente pertence a um estado de vida mais desenvolvido. Portanto, é uma perda obscurecer o presente mais evoluído com as memórias ou lembranças do passado menos evoluído.

Todo o nosso passado é menos amadurecido e tende em direção à vida dos animais, e o resultado obtido desenterrando-se as impressões de estados menos evoluídos é que os estados menos evoluídos da vida animal obscurecem a clareza e o brilho da consciência humana desenvolvida no presente.

Olhando para o passado temos uma visão mais ampla, mas, mesmo sendo mais ampla, esta ampliação se dá para trazer ao nível consciente estados menos desenvolvidos de vida. Isto amplia nossa visão, mas, ao mesmo tempo, obscurece nosso gênio e o brilho de nossa inteligência.

Se houvesse um modo de expandir a consciência em direção a estados de consciência mais evoluídos, e se houvesse um modo de ampliar o atual estágio de consciência até chegar ao estado universal e ilimitado da consciência cósmica, os pacientes da psicanálise certamente seriam salvos da desafortunada influência de obscurecimentos de suas consciências, operada pelo escavar na lama do passado de tristezas, prática que suprime sua consciência.

Cabe aos estadistas das várias nações do mundo perceber a influência degradante da moderna psicanálise e tentar substituí-la pela prática da Meditação Transcendental. Ela eleva diretamente a consciência das pessoas e assim não só fortalece a mente do indivíduo, mas também permite a ele empregar seu pleno potencial, tornando-o decididamente melhor e mais poderoso, tranquilo, feliz e criativo.

Mas não consideremos o fracasso da moderna psicologia em relação a seu objetivo. Não tratemos do progresso lento do desenvolvimento da ciência da psicologia e não comentemos o fato de que ela está ainda num estágio infantil de desenvolvimento. Sejamos mais construtivos e ofereçamos à moderna psicologia a chave para seu objetivo há muito acalentado de glorificar a vida humana em todos os campos da existência.

Será interessante observar aqui que o Príncipe Alliata de Montereale, membro do Parlamento italiano, ao transmitir suas experiências de Meditação Transcendental a colegas membros de parlamentos de vários países num encontro parlamentar internacional em Paris, afirmou o seguinte:

"O estudo da psicologia demonstrou que tudo quanto o homem for capaz de expressar de si mesmo é apenas uma parte de seu todo.

A maior parte do homem não encontra expressão em seu comportamento e atividade dentro da vida, pois sua mente consciente é apenas uma parte da mente total que o homem possui. Portanto, o que precisamos é oferecer a todos os cidadãos de nosso país uma técnica de ampliação de sua mente consciente, uma técnica que lhe permita usar sua mente integral.

Por exemplo, se um homem usa somente uma parcela de sua mente, e se se possibilitar a ele o uso da totalidade de sua mente, ele se tornará infinitamente maior como homem. Pensará com muito maior profundidade e mais plenamente do que pensa agora.

Suponhamos que a mente consciente do homem ocupa apenas um quarto de sua mente total; nesse caso o que quer que ele pense ou faça representa apenas um quarto de seu verdadeiro potencial. Se queremos que ele empregue seu pleno potencial, toda a sua mente deveria tornar-se consciente. Somente então sua força de pensamento será quatro vezes mais potente, ele será quatro vezes mais forte e quatro vezes mais sensato e feliz do que antes.

Seu amor por seus semelhantes e a harmonia em seu lar e seu ambiente aumentarão quatro vezes. No campo da ciência, nos campos da indústria e do comércio e ao nível da civilização como um todo haverá um grande aprimoramento.

Visando esse objetivo propomos a adoção de um só método simples que ampliará a mente consciente e por este meio simultaneamente aprimorará o homem em todos os níveis – físico, mental e espiritual –, aumentando também sua inteligência criativa e melhorando suas relações com seus semelhantes.

Este único método simples para o aprimoramento de todos os homens já existe hoje no mundo..."[2]

A técnica[3] para ganhar consciência transcendental leva ao nível consciente os níveis sutis do pensamento. É assim que todo o processo de pensar entra no âmbito da mente consciente. A capacidade consciente da mente aumenta até abranger o âmbito total da mente. Desta forma se possibilita ao homem que ascenda a seu pleno potencial mental em pensamento e ação.

Quando a mente se familiariza com os níveis mais profundos do processo de pensamento, ela se apercebe dos níveis sutis da criação. E quando a mente se familiariza com as regiões sutis da criação ganha-se a habilidade de estimular estas regiões para o melhor proveito. Isto significa ativar as faculdades mentais latentes. Ganhar consciência transcendental através da prática da Meditação Transcendental é uma via direta para familiarizar a mente com todos os níveis da criação, sutis e grosseiros. Dá-se assim à mente a capacidade de operar nas regiões sutis de forma a trazer benefícios de todo o campo da criação para a vida diária.

Este desenvolver de faculdades latentes da mente pela Meditação Transcendental pode ser esclarecido através de um exemplo.

Quando um homem mergulha num lago, ele passa dos níveis superficiais da água para os níveis mais profundos, chega ao fundo e sobe. Um segundo e um terceiro mergulho o levarão através de todos os níveis de água da mesma forma. A prática do mergulho faz com que o homem familiarize-se com todos os níveis da água e, à medida que cresce a familiaridade com os níveis profundos, o mergulhador consegue permanecer mais tempo no fundo do lago. Quando ele já é capaz de permanecer no fundo por algum tempo, com cada vez mais prática ele torna-se capaz de mover-se em qualquer nível do lago à vontade.

Este é o resultado de ganhar-se familiaridade com os níveis profundos da água. Com um pouco mais de prática ele conseguiria sentir-se confortável em qualquer nível e produzir ali uma atividade visando provocar o movimento que desejasse na superfície do lago. Finalmente será possível para ele ficar à vontade em qualquer nível de profundidade da água e dali produzir uma atividade desejada em qualquer nível da lagoa que ele queira. Quando esta habilidade é conquistada, o mergulhador torna-se senhor do lago. Esse domínio sobre todo o campo do lago deve-se apenas ao fato de ele ter-se familiarizado com os níveis profundos do lago através de prática constante.

---

2 Veja na pág. 331 o Anexo H para ter o texto integral do discurso.
3 Veja na pág. 62 "Meditação Transcendental".

Quando pela prática da Meditação Transcendental a mente se familiariza com os níveis mais profundos da consciência, ou quando a mente se familiariza com a consciência pura transcendental, ou quando a consciência pura transcendental encontra-se dentro da capacidade consciente da mente, então a mente adquire a habilidade de trabalhar a partir de qualquer nível sutil ou grosseiro da consciência. Então a mente assume seu poder de estimular qualquer camada da criação para obtenção de qualquer benefício.

Isto abre para o homem a porta do domínio da criação. Por isto entendemos que a Meditação Transcendental é mais do que o suficiente para aumentar a capacidade consciente da mente até o limite máximo possível. Ela revela o subconsciente e traz até a capacidade consciente todo o campo do oceano da mente. Ao mesmo tempo dá a todo homem a oportunidade de ativar suas faculdades latentes e chegar à maestria da natureza.

Agora veremos se esta Meditação Transcendental consegue sintonizar a mente consciente do indivíduo com a mente cósmica e também se ela consegue colocar a mente individual num estado em que pode funcionar naturalmente de acordo com a mente cósmica e em harmonia com o propósito cósmico de evolução.

A prática da Meditação Transcendental leva a mente consciente direto ao estado transcendental de consciência. O campo absoluto do Ser transcendental entra então no âmbito da mente consciente. Quando este campo do Ser é alcançado, a mente consciente individual toma a forma de consciência pura. Em virtude de a consciência pura ser em si uma experiência, podemos nos expressar dizendo que no estado transcendental de consciência pura o Ser absoluto entra no âmbito da mente consciente.

Quando o Ser absoluto, que é o plano da lei cósmica[4], entra no âmbito da capacidade consciente da mente, a mente está naturalmente em sintonia com a lei cósmica. Todas as leis da natureza estão baseadas na lei cósmica, e quando a mente individual entra em sintonia com ela e mantém-se nesta sintonia, ela está em sintonia com todas as leis da natureza responsáveis pela corrente progressiva da evolução. Então o fluxo da mente está de acordo com a corrente natural de evolução, totalmente em harmonia com o propósito cósmico da vida. É assim que a prática da Meditação Transcendental consegue estabelecer a mente no estado de mente cósmica.

Consciência transcendental é consciência de bem-aventurança. Quando a consciência de bem-aventurança entra no âmbito da mente consciente, a mente goza de contentamento. Sobre a plataforma do contentamento, baseada na experiência concreta de bem-aventurança, todas as virtudes florescem. Amor, bondade, compaixão, tolerância, apreciação pelos outros, tudo isto toma a mente naturalmente e o indivíduo torna-se o centro da inteligência divina. O campo do Ser absoluto, o campo da consciência pura, é a fonte de toda inteligência, toda criatividade, toda paz e felicidade. Quando este campo vem para o âmbito consciente da mente, esta se torna naturalmen-

---

4   Veja na pág. 46 "Ser, O Plano da Lei Cósmica".

te muito criativa, extremamente inteligente, cheia de paz e contentamento. Estas são as faculdades que fazem o homem conquistar tudo a que ele possa aspirar na vida.

Para a informação dos estudiosos da filosofia e da psicologia podemos mencionar que a prática da Meditação Transcendental é a chave para abrir os portões da mais avançada ciência psicológica desenvolvida na antiga Índia e encontrada nos ensinamentos da *Bhagavad-Gītā*[5].

A psicologia, tal como vista na *Bhagavad-Gītā*, apresenta o estudo do desenvolvimento da mente partindo de um estado lastimável de ansiedade e depressão e chegando àquele estado mais altamente desenvolvido no qual a inteligência está estabelecida na consciência do Ser eterno, o estado mais desenvolvido de evolução humana.

A *Bhagavad-Gītā* descreve as psicologias das mentes individual e cósmica e logra maravilhosamente estabelecer sua correlação, de modo a que o status da vida eterna possa ser infundido na fase temporal da existência fenomenal humana. Se isto não acontece, o indivíduo permanece eternamente sujeito ao aspecto fenomenal de sua natureza e, em consequência disso, o sofrimento o domina.

O modo pelo qual o meio ambiente e as circunstâncias influenciam a mente individual é demonstrado logo no início do texto, quando o homem mais altamente evoluído, o maior arqueiro de seu tempo, Arjuna, o herói do *Mahabharata*, embora possuindo o mais completo conhecimento do certo e do errado no mundo, é incapaz de colocar-se à altura da situação que enfrenta, caindo num estado de total desânimo. O ambiente tem uma influência tão forte sobre sua mente que toda a persuasão e sugestão não conseguem ajudá-lo.

A *Bhagavad-Gītā* ensina que o efeito que o ambiente e as circunstâncias têm sobre a mente depende da força desta. Que a intensidade do efeito de uma impressão se dá na razão inversa da força da mente. Em dado momento Arjuna encontra-se num estado perigoso de indecisão, mas, após colocar em prática o ensinamento psicológico da *Gītā*, não demora muito para que ele adquira pleno poder de decisão e confiança, muito embora as circunstâncias sejam ainda as mesmas. Um exame acurado do discurso do Senhor Krishna revela uma grande profundidade de entendimento psicológico; mostra que a mente individual, não importando quão inteligente possa ser no nível consciente superficial, pode ser vítima de sua incapacidade de compreender e abarcar uma situação que obviamente escapa a seu controle, a não ser que esteja em sintonia com a mente cósmica ilimitada. O estabelecimento de uma coordenação consciente entre a mente individual e a mente cósmica é o único meio de assegurar que o indivíduo liberte-se totalmente da possibilidade de não compreender uma situação ameaçadora, sempre conseguindo superar seus efeitos adversos.

---

5   A *Bhagavad-Gītā* é a acalentada escritura de natureza universal que apresenta em essência a sabedoria da vida integrada tal como revelada pelas *Upanishads* da antiga sabedoria Védica (Veja na pág. 321 o Anexo E).

Um lago pode secar no calor do verão, mas para o oceano isto está fora de questão. A psicologia da *Bhagavad-Gītā* apresenta uma técnica-mestra única para conseguir-se esta coordenação da mente individual com a mente cósmica: a atenção deve ser trazida ao campo da existência transcendental absoluta. Isto serve para transformar a fraqueza e limitação da mente individual na força ilimitada da inteligência cósmica. Esta grande conquista é tão simples de alcançar que todo e qualquer indivíduo na Terra pode facilmente fazê-lo, e desta forma tornar desnecessárias todas as míseras complexidades e os inumeráveis sofrimentos na vida.

Vemos assim que a técnica da Meditação Transcendental é a chave de ouro para a sabedoria da psicologia, o estudo da mente. A chave é algo que tem valor prático. Ela tem uma base científica que poderia satisfazer a qualquer intelecto. Nisto temos a realização da psicologia moderna, nesta técnica que rapidamente abre as portas da sabedoria absoluta que complementa todos os campos da existência relativa e não só liberta o homem como o transforma no mestre do Universo, cuja mente, sendo uma mente individual, age em conformidade com a mente cósmica. Esta é uma bênção para a humanidade no campo da mente. Esta é a realização da psicologia, que poderá trazer ao homem todos os itens mencionados no começo do capítulo.

A REALIZAÇÃO DA FILOSOFIA

A realização da filosofia está em:

1. Desvendar o mistério da natureza;
2. Revelar ao homem a realidade da vida;
3. Realizar a busca da mente humana;
4. Oferecer a experiência direta da realidade fundamental da vida e assim trazer para o nível da experiência direta todos os vários níveis da vida e da criação.

A realização da filosofia está em fazer o homem perceber que os valores transitórios da vida do dia a dia coexistem com os valores permanentes e imperecíveis da vida eterna.

O estudante de filosofia deveria ser o conhecedor da realidade da verdade estabelecida da vida, livre de quaisquer dúvidas em relação a qualquer coisa no campo da criação. Ele não só deveria ser o conhecedor da realidade, mas acima de tudo deveria viver a realidade na vida com valores plenamente integrados da vida. Ele deveria ser um homem eternamente satisfeito na consciência divina, vivendo a plenitude da vida. O estudante de filosofia deveria ser o mestre da arte de viver, o conhecedor da Ciência do Ser.

A Realização

É lamentável o que o moderno estudo da filosofia faz aos estudantes de filosofia. Novamente iremos nos abster dos detalhes acerca do fracasso da filosofia em revelar a verdade aos povos do mundo. Em vez de lidar com o estado ineficiente e lamentável do estudo da filosofia nos séculos passados, passaremos ao campo da realização da filosofia, explorando e levando ao nível da inteligência comum os grandes valores do estudo da filosofia na vida prática do dia a dia.

Felizmente para a atual geração da humanidade, a realização da filosofia pode ser encontrada numa técnica de exploração das regiões ocultas e da realidade fundamental da vida. Ela coloca ao alcance de todas as pessoas a natureza do Ser transcendental absoluto ao nível da experiência concreta. Vimos no capítulo "A Realização da Psicologia"[6] como o campo do Ser transcendental absoluto entra no âmbito da mente consciente pela prática da Meditação Transcendental.

Este Ser absoluto é a base da criação, a realidade fundamental, a Verdade da vida. Por Verdade queremos dizer aquilo que nunca muda. O Ser transcendental absoluto é eterno em sua natureza, ele permanece sempre o mesmo. É o constituinte fundamental da criação, nunca muda, pois a mudança pertence ao campo relativo.

Todas as diferentes camadas da criação são feitas desta substância chamada Ser absoluto. Nós a chamamos de substância para que se entenda mais claramente que toda esta criação saiu desta consciência pura do Ser absoluto. É como se o Ser absoluto fosse o material do qual toda a criação é feita, que em si nunca muda, mas que no entanto dá origem à sempre mutável diversidade e multiplicidade de formas e fenômenos da criação. No capítulo sobre "Ser, o Plano da Lei Cósmica"[7] tratamos desse princípio e mostramos claramente como ele é verdadeiro.

A experiência do Ser absoluto não deixa dúvidas acerca do constituinte essencial de toda a estrutura da criação, pois, ao mergulhar profundamente em si mesma, a mente passa por todas as camadas sutis de consciência, que são diferentes camadas da criação. Por isso, na prática da Meditação Transcendental, não só desabrocha o campo interno da consciência, mas todo o campo da criação sutil é também atravessado. Entre a camada grosseira da consciência, no nível da mente consciente comum, e a consciência transcendental do Ser puro estão todas as diferentes camadas da criação. Quando a mente experimenta e ativa os níveis mais profundos de consciência, ela transcende todas estas camadas da criação. E assim a mente ganha cada vez mais habilidade de cognição da totalidade do Universo.

Todos esses mecanismos internos de toda a criação chegam à experiência consciente da mente apenas pela prática da Meditação Transcendental. Esta prática desvenda os mistérios da natureza e revela ao homem a verdade da criação e todo o

---

6 Veja na pág. 246.
7 Veja na pág. 46.

campo da vida. Nada resta de oculto, tudo se torna claro à mente no caminho do estado transcendental de consciência pura.

Aqui está a satisfação da milenar busca da experiência da realidade, a busca milenar dos que procuram a verdade. A filosofia encontra sua realização nesse sistema simples, pois hoje está ao alcance de todos os homens esta técnica simples de descoberta dos domínios interiores da vida e cognição da natureza essencial da realidade fundamental. Todo homem é portanto capaz de conhecer por si mesmo a verdade da criação, através de uma experiência pessoal direta e de uma compreensão sistemática dessa verdade. A experiência e a compreensão da realidade externa libertam o homem do jugo e da autoridade de seus próprios pensamentos e desejos interiores e da influência de ideias, ambientes e circunstâncias exteriores.

A realização da filosofia está em tornar esta verdade clara ao entendimento no nível intelectual e também em trazer a realidade até a experiência pessoal, direta e concreta.

Todas as grandes expressões da sabedoria Védica indiana encontradas nas *Upanishads* declarando a unidade fundamental da vida pela expressão "Eu sou Aquilo, Tu és Aquilo e Tudo isto é Aquilo" permanecem apenas uma imaginação fantasiosa ou, na melhor das hipóteses, uma disposição intelectual, na ausência de uma real cognição do Ser absoluto e fundamental. O estudo da filosofia deixa o homem na incerteza sobre a natureza da suprema realidade na ausência da experiência direta do Ser transcendental. Na verdade é a experiência o que consegue eliminar a confusão causada pelo estudo das diversas escolas filosóficas.

Damos graças pela imensa glória de Sua Divindade Brahmānanda Saraswatī, Jagadguru Bhagwān Shankarāchārya, devoção ao qual revelou a chave da realização da filosofia e tornou fácil o caminho dos buscadores da Verdade. O caminho dos que buscam a Verdade foi reduzido a praticamente nenhum caminho: reduziu-se à consecução do objetivo. O caminho agora está em aprender a técnica da Meditação Transcendental, praticando-a todos os dias e chegando ao objetivo muitas vezes durante a prática diária. Esta é a realização da filosofia.

OS CAMINHOS PARA A REALIZAÇÃO[8] DE DEUS

A concepção da palavra caminho indica uma distância começando num ponto e terminando noutro. Os caminhos para a realização de Deus significam os métodos ou práticas adotadas pelo homem a fim de chegar a Deus. Para compreender claramente

---

8   Nota do Tradutor: Na parte "Os Caminhos para a Realização de Deus" considerar a palavra "realização" com o sentido de "fazer com que tenha existência concreta" e a palavra "realizar" com o sentido de "perceber como Realidade" ou "ter consciência plena de".

o caminho é preciso antes esclarecer o que queremos dizer por Deus e quão longe Ele está do homem.

Deus

Deus é a palavra mais altamente acalentada por centenas de milhões de pessoas em todo o mundo. A ideia de Deus é a ideia mais altamente prezada na vida humana por aqueles que a compreendem. A concepção de Deus é uma realidade maior do que a realidade de qualquer concepção criada pela mente humana em qualquer tempo. A ideia de Deus não é um pensamento fantasioso, um pensamento a ser escondido ou um pensamento que sirva de abrigo ou refúgio. Deus é uma realidade mais concreta do que qualquer das realidades de todo o cosmos. A existência de Deus é uma existência mais permanente e mais substancial que a existência temporária, eternamente mutável, das formas e dos fenômenos da criação.

Deus é encontrado em duas fases da realidade: como um Ser supremo de natureza absoluta e eterna e como um Deus pessoal, no topo da criação fenomenal. Assim, Deus tem dois aspectos, o pessoal e o impessoal. Eles são as duas realidades da palavra Deus.

O Aspecto Impessoal de Deus

O aspecto impessoal de Deus é sem-forma, supremo; é Ser eterno e absoluto. Ele é sem atributos, qualidades ou características, pois todos os atributos, qualidades e características pertencem ao campo relativo da vida, ao passo que o Deus impessoal é de natureza absoluta. É absoluto, impessoal e sem atributos, mas é a fonte de toda a existência relativa. É a nascente de todas as diferentes formas e fenômenos da criação. Todos os atributos da existência relativa têm sua origem no Ser absoluto, sem atributos de natureza impessoal. Este Absoluto é de natureza imanifesta. Ele se manifesta em diferentes graus e formas nas várias camadas da criação. Tudo na criação é manifestação do Ser impessoal, absoluto e imanifesto, o Deus onipresente.

O Deus absoluto, onipresente, impessoal é progressivo[9] por sua própria natureza. Ele se manifesta nos diferentes aspectos da criação, mas, mesmo quando encontrado nas variadas formas e fenômenos da criação manifestada, Ele mantém Seu status de absoluto imanifesto. Portanto, o Deus impessoal e onipresente, permanecendo

---
9 Ver "*Prāna* e Ser", "Mente e Ser" e "*Karma* e Ser" nas pág. 52, 53 e 57, respectivamente.

sempre impessoal e onipresente, aparece no campo relativo sob a forma da criação, guiado por sua própria natureza.

Para compreender como o impessoal imanifesto assume o aspecto das formas e fenômenos manifestos da criação, tomemos novamente o exemplo do hidrogênio e do oxigênio. Permanecendo hidrogênio e oxigênio, estas substâncias assumem diferentes qualidades e aparecem como vapor, água e gelo. Analogamente, o Ser onipotente, onipresente e impessoal, enquanto permanece sempre absoluto, manifesta-se em diferentes qualidades de formas e fenômenos na criação. Esta é a realidade fundamental da vida. É a vida eterna; ela não conhece mutações em sua natureza. É o fundamento da criação, a fonte, o começo e o fim de toda a criação. É em virtude do poder do Deus impessoal que o mundo foi, é e será. Assim como há um só componente essencial (H_2O) no vapor, na água e no gelo, o componente fundamental de toda a criação, Deus impessoal e absoluto, é também um só. No entanto, Ele aparece como muitos. A aparência de um como muitos é somente fenomenal. A realidade do único Deus impessoal continua eterna e absoluta.

Todas as formas e fenômenos eternamente mutáveis estão fundados no imutável Ser eterno e absoluto. Ele é o criador, mantenedor e sustentador do mundo. Ele é chamado criador por ser a base de toda criação – toda criação emana Dele. Criar é Sua natureza, ser é Sua natureza, expandir-se é Sua natureza. Portanto, criar, ser e expandir-se são os diferentes aspectos da natureza do Deus impessoal todo-poderoso.

Ele é mantenedor da criação no sentido de ser o componente essencial da criação. Sendo a própria base de toda a criação, todos os seres naturalmente habitam Nele; sua existência eternamente mutável tem base no Ser eterno que não muda e que não pode ser mudado. Vemos assim que o mundo é obra do Deus absoluto e impessoal. É sustentado por Ele, e finalmente dissolve-se Nele. Para compreender como o mundo dissolve-se em sua fonte, considere novamente o exemplo do hidrogênio e do oxigênio assumindo as formas distintas de água e gelo. As qualidades da água dissolvem-se em hidrogênio e oxigênio, as qualidades do gelo dissolvem-se em hidrogênio e oxigênio e as qualidades do vapor dissolvem-se em hidrogênio e oxigênio. Assim também todas as formas e fenômenos da existência relativa dissolvem-se em seu componente fundamental, que é o Ser do Deus absoluto, eterno e impessoal, o Todo-Poderoso.

Dizemos que o Absoluto é todo-poderoso, mas não no sentido de que Ele é capaz de fazer tudo. Isto porque, sendo tudo, Ele não pode fazer nada ou conhecer nada. Ele está além do fazer e do saber. Ele é todo-poderoso no sentido de que sem Ele nada seria. Tudo que existe está contido em Seu status absoluto de Ser. Neste sentido, o Deus impessoal é criador, mantenedor e sustentador do mundo, permanecendo eternamente em Seu estado imanifesto, e somente nesse sentido Ele é todo-poderoso.

Vimos nas partes sobre "A Respiração e a Arte de Ser"[10] e "Meditação Transcendental"[11] como o Ser absoluto, impessoal e transcendental vibra entrando nas fases relativas da existência como o pensamento, como aquele que pensa e como *prāṇa*. Vimos que, à medida que se desenrola o processo de pensar, o estado sutil do pensamento torna-se um estado grosseiro, depois sendo transformado em palavra e ação. Portanto, é o Ser, consciência pura, o Deus impessoal e todo-poderoso quem aparece como ambos, sujeito e objeto.

O indivíduo em todos os vários aspectos de sua vida é a luz de Deus, Ser absoluto e impessoal. Por este motivo, na parte "A Vida", definiu-se a vida como a luz de Deus, radiação do eterno Ser absoluto.

Este Ser absoluto e impessoal, ou Deus, enquanto componente essencial da criação, permeia todos os campos da existência. Ele é onipresente, Ele é de natureza transcendental, transcendendo todas as coisas da existência relativa. Ele está além da crença, do pensamento, da fé, do dogma, dos rituais. Ele repousa além do campo da compreensão, além da mente e do intelecto. Sendo transcendental, Ele não pode ser entendido através do pensamento, está além da contemplação e discriminação e discernimento intelectuais. É o estado de Ser. O Ser de todas as coisas é o Deus onipresente e impessoal.

Ele está além do conhecer, Ele é o conhecimento em si mesmo. Por Ele ser o Ser de todas as coisas, conhecê-Lo significa apenas ser o que se é. Ser é realização do Deus impessoal e onipresente. Para que qualquer um seja, é preciso apenas ser. Não se poderia falar na existência de um caminho até o nosso próprio Ser, não se poderia mostrar um caminho para a realização do Deus impessoal, do Ser onipresente, pois a própria concepção de "caminho" leva nosso ser para fora de nosso próprio Ser. A própria ideia de um caminho introduz a noção de algo distante, enquanto o Ser é *nosso próprio ser* essencial. Um caminho é uma ligação entre dois pontos, mas no Ser cósmico onipresente não pode haver dois pontos ou estados diferentes. Onipresente significa "presente em todo lugar": Ele permeia tudo e, portanto, não se pode de modo algum falar em caminho. É só uma questão de Ser e, mesmo quando se está estabelecido nos diferentes estados da criação manifesta, está-se no estado de Ser, só que numa forma diferente. Portanto, o Ser não pode ser algo diferente daquilo que já somos, e isto nos leva a concluir que a questão de um caminho para a realização do Absoluto simplesmente não poderá surgir.

Portanto, a realização do Deus onipresente, todo-poderoso e impessoal é o estado natural de nosso Ser. Se se pudesse expressar um caminho para realizar o impessoal onipresente, este só poderia ser descrito como um caminho para fora do que não

---

10 Veja na pág. 114.
11 Veja na pág. 62.

se é. Existir ou ser é de natureza impessoal; portanto, para ser nosso Ser, é preciso apenas sair da natureza pessoal, sair do campo do fazer e pensar e estabelecer-se no campo do Ser. Ser é a realização do Impessoal. Ficou claro no capítulo "Meditação Transcendental" que é necessário apenas adquirir o hábito de contatar o Ser, saindo-se dos níveis grosseiros para os níveis sutis do pensar, e finalmente transcender.

Portanto, fica claro que a realização do Impessoal é meramente chegar ao nosso próprio Ser. E isto mostra que não existe "caminho" entre o experimentador e o Impessoal. O que existe é a existência eterna do Impessoal onipresente. O Impessoal permeia todo o campo da criação, assim como a manteiga permeia o leite ou o óleo permeia a semente. A maneira prática de se alcançar o nível de óleo na semente é entrar no estado sutil da semente chegando-se ao campo do óleo. Da mesma forma, se queremos atingir o nível da manteiga no leite, é preciso entrar na camada sutil de uma partícula de leite.

A única maneira de realizar Deus todo-poderoso impessoal é entrar na camada sutil das coisas e transcender a experiência mais sutil. Ali se encontrará o campo do Impessoal, o campo do Ser puro, o estado de consciência pura. Ele está no campo transcendental de todas as coisas. A Meditação Transcendental é um meio de chegar-se conscientemente ao estado do Impessoal, do Ser absoluto e transcendental, de Deus todo-poderoso e transcendental.

O mundo de hoje tem uma concepção muito vaga de Deus. Há os que gostam de acreditar em Deus, aqueles que amam a Deus e aqueles que querem realizar Deus. Mas mesmo estes não possuem uma concepção clara do que Deus é. A palavra Deus tem significado normalmente um pensamento agradável e fantasioso e um refúgio durante os sofrimentos e as tristezas da vida. E, para os guardiões de muitas estranhas religiões, a palavra Deus é uma palavra mágica, usada para controlar o entendimento e o destino religioso de muitas almas inocentes. Deus, a essência onipresente da vida, é apresentado como algo a se temer.

Deus não é o poder do temor, não é algo do qual possa emanar o medo. Deus é a existência da consciência de bem-aventurança da vida absoluta e eterna. Nenhum temor pelo nome de Deus deveria ter sido infligido na vida das pessoas, nenhuma religião deveria sobreviver à custa do temor a Deus.

Infelizmente há hoje no mundo religiões cuja plataforma principal é o temor a Deus, e esse temor é instilado nos filhos de Deus. É cruel e prejudicial à vida espalhar o medo em nome de Deus. Deus é vida eterna, pureza e bem-aventurança. O reino de Deus é o campo de todo o bem para o homem. Deus deve ser conhecido como realidade e não temido.

O Deus impessoal é aquele Ser que mora no coração de todas as pessoas. Todo indivíduo, em sua verdadeira natureza, é Deus impessoal. Por isso a filosofia Védica das *Upanishads* declara: "Eu sou Aquilo, Tu és Aquilo e tudo isso é Aquilo".

Ninguém precisa ter medo de seu próprio Ser, ninguém precisa temer o resultado da bem-aventurança, ninguém precisa ter medo do reino dos céus, onde moram toda a bem-aventurança e plenitude.

Deus todo-poderoso, o Ser impessoal imanifesto, é a eterna realidade da vida. Ele é imperecível, Ele é abundância, Ele é vida, Ele é realização. Está ao alcance de todos realizá-Lo. É preciso apenas ser, e a técnica para ser está na Meditação Transcendental.

O Aspecto Pessoal de Deus

Deus em sua forma pessoal é o Ser supremo de natureza todo-poderosa. Ele não é "Algo", só pode ser Ele ou Ela. Deus, Ele ou Ela, tem uma forma, uma natureza específica e determinadas qualidades e atributos. Para alguns o Deus pessoal é Ele, para outros é Ela. Alguns dizem que é tanto Ele como Ela, mas certamente não é "Algo", em virtude do caráter pessoal. Este "Algo", como vimos, pertence aos aspectos impessoais de Deus.

O aspecto pessoal de Deus tem necessariamente forma, qualidades, características, preferências e a habilidade de comandar toda a existência do cosmos, o processo evolutivo e tudo que há na criação.

Deus, o Ser supremo todo-poderoso, em cuja pessoa o processo evolutivo tem sua realização, está no nível mais elevado da criação. Para compreender como o processo evolutivo e de criação encontram realização no Deus pessoal, devemos rever todo alcance da criação.

Vemos que há diferentes graus dentro da criação. Algumas formas, alguns seres são menos poderosos, menos inteligentes, menos criativos, menos alegres; outros têm graus mais elevados dessas qualidades. Toda a criação é composta de diferentes camadas de inteligência, paz e energia.

No nível mais baixo da evolução temos os estados inertes da criação. Dali principia a vida das espécies e a criação cresce em inteligência, poder e alegria. A escala progressiva da evolução continua passando pelas diferentes espécies de vegetais, aves, peixes e animais até chegar ao mundo dos anjos. Por fim, no mais alto nível evolutivo, está Ele, cujo poder é ilimitado, cuja alegria é ilimitada, cuja inteligência e energia são ilimitadas. Todo-conhecedor é Ele, todo-poderoso é Ele, todo-bem--aventurança é Ele, onipotente é Ele quem ocupa o mais alto nível de evolução.

O que queremos dizer quando afirmamos que Ele tem uma natureza todo-poderosa? Todo-poderoso significa ter poder para fazer tudo, ser tudo e compreender tudo. Este Ser único, supremo e pessoal teria um sistema nervoso tão altamente desenvolvido que Sua habilidade em qualquer nível da vida seria ilimitada. Seus sentidos seriam os sentidos mais poderosos. Sua mente seria a mente mais poderosa. Seu intelecto seria o intelecto mais poderoso. Seu ego seria o ego mais poderoso.

Quando vemos diferentes níveis de evolução nos campos de vida abaixo das espécies do homem, contemplando até o mais baixo da criação inerte, podemos conceber intelectualmente uma camada evolutiva no nível mais alto da criação, no qual a vida será perfeita. Perfeição de vida significaria que os sentidos são perfeitos, a mente é perfeita, o intelecto, o ego e a personalidade são perfeitos. Entre este estado mais alto de evolução, em que a vida é perfeita, e o estado evolutivo mais baixo, onde a vida principia, estende-se todo o alcance da criação.

Portanto, é como este Deus supremo e todo-poderoso controla toda a criação. Todas as leis da natureza são controladas por Sua vontade. Ele, sendo todo-poderoso, organiza toda a criação e todo o campo da evolução de maneira automática; ou poderíamos dizer que Ele está em total harmonia e conformidade com todas as leis da criação. Com a dissolução da criação, o Deus todo-poderoso e pessoal lá no alto também se funde no estado impessoal e absoluto do Supremo; e, com a criação, volta a ocupar novamente o nível mais alto da criação. É assim que o Deus pessoal, juntamente com a totalidade da criação, continua a manter eternamente o ciclo de criação, evolução e dissolução.

Todo o campo da existência relativa é governado pelas leis da natureza que funcionam automaticamente num perfeito ritmo de vida. Este ritmo, esta harmonia da vida é mantida pela vontade onipotente do Deus todo-poderoso no nível mais alto da criação, controlando e comandando todo o processo da vida. Ele é Deus, Ela é Deus, Ele todo-poderoso e Ela todo-poderosa. Ao menos intelectualmente podemos afirmar que Ele ou Ela são o Ser supremo, Deus. Vemos assim que podemos compreender intelectualmente a possibilidade da existência de algum Ser supremo na forma de um Deus pessoal todo-poderoso.

Para que tenhamos uma concepção nítida da natureza todo-poderosa do Deus pessoal, deixemos claro que a natureza todo-poderosa está na perfeição dos sentidos, da mente, do intelecto e do ego. Quando dizemos perfeição dos sentidos, queremos dizer que, se Ele tem olhos, Seus olhos devem ser perfeitos no sentido de poderem ver todas as coisas a um só tempo. Se Ele tem nariz, o nariz onipotente deve ser capaz de sentir todos os tipos de odor a um só tempo. Se Ele tem ouvidos, os ouvidos onipotentes do Deus pessoal devem ser capazes de ouvir todos os sons da totalidade do cosmos a um só tempo. Sua mente onipotente estaria naturalmente ciente de tudo, em todos os níveis, a todo tempo. Seu intelecto onipotente seria capaz de decidir tudo a todo tempo. Todas as incontáveis decisões que são aparentemente resultado de leis naturais no processo evolutivo são as inumeráveis decisões do Deus todo-poderoso, pessoal e supremo que está no comando da criação. Ele governa e mantém todo o campo da evolução e as diferentes vidas dos incontáveis seres de todo o cosmos.

Podemos compreender intelectualmente tudo isto sobre o Deus pessoal e podemos ver a possibilidade da existência de um Ser supremo todo-poderoso como senhor da criação. Se somos capazes de conceber isto, deveríamos ser também capazes de compreender intelectualmente que, se houvesse uma forma de comunhão com esta força suprema todo-poderosa, então a vida individual poderia ser enormemente beneficiada pelas bênçãos de uma tal comunhão. Podemos compreender intelectualmente que se Ele ou Ela são um Ser pessoal, certamente Ele ou Ela terão uma natureza especial própria Deles, e que o meio para alcançar Suas bênçãos será sintonizando a vida individual com a natureza Dele ou Dela. Isto aprimoraria a vida em qualquer nível da criação, aceleraria o curso da evolução e permitiria à vida individual chegar tão rápido quanto possível ao topo da evolução. Se o indivíduo conseguir, moldando seu pensamento, fala e ação segundo a natureza do Deus supremo, sintonizar-se com Ele ou com Ela, então certamente a vida insignificante e não evoluída do indivíduo será abençoada com a natureza todo-poderosa e benevolente do Deus supremo e todo-poderoso. Assim, qualquer homem poderia chegar ao topo da evolução.

Pareceria resultado de um parco entendimento se a existência do Deus pessoal, todo-poderoso e supremo não pudesse ser intelectualmente concebida. Qualquer um que possa ver a criação inerte ou menos evoluída num extremo da existência e reconhecer os diferentes graus dentro da criação deveria ser intelectualmente capaz de conceber o Ser supremo e todo-poderoso no nível mais alto da evolução da existência relativa e, fazendo-o, poderia aspirar à grande realização.

A inabilidade de apreciar a concepção do Deus pessoal e a inabilidade de realizar o Deus pessoal são compreensíveis. Mas refutar a existência do Deus pessoal só pode ser resultado de um estado mental pouco desenvolvido.

"Deus" é a mais sagrada das palavras sagradas, pois ela traz à consciência o estado de existência supremo, o status todo-poderoso do Ser supremo. Dissemos que o propósito da vida é a realização de Deus. Pode-se afirmar que o indivíduo, em qualquer nível de evolução dentro da existência humana, pode ter a realização de Deus como seu objetivo último, pois, se e quando ele estiver em sintonia com o Ser supremo e todo-poderoso, este será um estado de realização, abundância, energia, criatividade, inteligência e bem-aventurança ilimitados.

Veremos agora a possibilidade de realização de Deus e analisaremos as diferentes maneiras de realizar o Deus pessoal e o impessoal.

Em nossas considerações sobre os dois aspectos de Deus – Ser absoluto, onipresente e impessoal e Ser supremo pessoal – vimos que a realização de Deus poderia significar realização do Deus impessoal ou do Deus pessoal. Discutiremos a realização dos aspectos pessoal e impessoal de Deus separadamente, pois a realização do Deus impessoal dar-se-á, naturalmente, no nível transcendental da consciência. Nada no mundo relativo pode ser onipresente. Relativo significa preso ao tempo, espaço e causação, enquanto o plano do onipresente não é limitado ao tempo, ao espaço ou à causação.

A realização do Deus pessoal será então, necessariamente, no nível da percepção humana, no nível da experiência sensorial. Realização do Deus pessoal significa que os olhos deveriam ser capazes de ver a Pessoa suprema e o coração capaz de sentir as qualidades dessa Pessoa suprema. A realização do Deus pessoal deve ocorrer no campo relativo da vida. Portanto, a realização do Deus impessoal é na consciência transcendental e a realização do Deus pessoal é no nível da consciência do estado de vigília.

Ao tratarmos da natureza do Deus impessoal vimos que Ele é consciência de bem-aventurança absoluta de natureza transcendental. Para percebê-Lo, nossa mente consciente deve transcender todos os limites da experiência do campo relativo e entrar num campo além da existência relativa, onde a mente consciente seria deixada só, consciente apenas de si mesma. Para tanto é necessário perceber como realidade o campo transcendental. É preciso que a mente consciente seja levada do atual nível de experiência até os níveis mais sutis de experiência e finalmente transcenda o nível mais sutil da experiência relativa para chegar conscientemente ao campo transcendental de existência. Vejamos de quantas maneiras se poderia levar a mente consciente ao campo do Ser transcendental.

Obviamente o maquinário, o corpo ou sistema nervoso, é o mecanismo físico responsável pelo fato da mente abstrata ter uma experiência. Para que qualquer experiência aconteça, o sistema nervoso deve adaptar-se a dadas condições específicas. O estudo do sistema nervoso revelou que quando um homem enxerga, uma dada região de seu cérebro funciona de determinada maneira. Da mesma forma, quando ele ouve, pensa ou sente um odor, diferentes partes do cérebro funcionam para cada uma dessas atividades. Assim, de acordo com a atividade da mente, uma atividade correspondente se estabelece no sistema nervoso. Portanto, para produzir uma dada experiência na mente, o sistema nervoso deve ser levado a um estado específico de atividade.

Digamos que um homem esteja pensando no sol. O pensamento do sol só pode ser experimentado quando uma dada parte do cérebro funcionar de determinada maneira. Isto nos leva a concluir que o pensamento do sol poderia ser experimentado pela mente de dois modos. Ou a mente inicia o processo de pensar e estimula a parte correspondente do sistema nervoso para que a continuação do processo de pensar continue estimulando o sistema nervoso até que uma dada parte do cérebro entre naquele nível de atividade que faz a mente experimentar o pensamento do sol. Ou, então, se tal atividade fosse produzida fisiologicamente no cérebro, a mente com certeza experimentaria o pensamento do sol.

Já que um pensamento pode ser experimentado de duas maneiras, isto mostra que se pode ter uma experiência de duas maneiras. Ou a mente inicia o processo, estimulando o sistema nervoso para que ele produza a experiência desejada, ou o sistema nervoso é estimulado de um modo especial que crie a atividade que naturalmente permitiria à mente experimentar o objeto desejado.

A realização [percepção como realidade] do Ser transcendental é uma experiência, e portanto a realização de Deus impessoal significa uma experiência concreta da realidade transcendental da vida. Realização significa experiência. A experiência da realidade transcendental estabeleceria o sistema nervoso num estado específico, pois para qualquer experiência é preciso que o sistema nervoso seja levado a um tipo específico de atividade. Para a experiência de Deus impessoal transcendental é preciso uma condição especial do sistema nervoso. Se esta atividade do sistema nervoso pudesse ser produzida por meios fisiológicos, esta seria a abordagem fisiológica à realização de Deus impessoal. Examinaremos em detalhe esta possibilidade.

Tendo estabelecido o caminho para a realização de Deus do ponto de vista fisiológico, vemos a possibilidade de realização de Deus: (1) através do processo de compreensão; (2) através do processo de sentimento; e (3) através do processo de ação ou percepção.

A percepção é também uma ação mental, poderíamos dizer, um processo mecânico. Vemos algo e, para ver aquilo, apenas abrimos os olhos e enxergamos. A percepção é apenas um processo mecânico. Para enxergar não precisamos estimular o intelecto nem excitar as emoções. Assim, o processo da percepção é somente um processo mecânico que não contém em seu âmbito nenhuma qualidade da emoção ou do intelecto. Vemos assim que o caminho para a realização do Deus impessoal poderia ser dividido basicamente em cinco grupos distintos:

1. Abordagem psicológica ou intelectual
2. Abordagem emocional
3. Abordagem fisiológica
4. Abordagem mecânica
5. Abordagem psicofisiológica

Considerando estes cinco caminhos para a realização de Deus, constatamos que qualquer das abordagens bastaria a qualquer indivíduo. Certamente a abordagem intelectual à realização de Deus servirá apenas aos que possuem um intelecto cultivado, àqueles cuja capacidade intelectual é grande. A abordagem emocional à realização de Deus certamente estará bem adaptada àqueles com qualidades de coração altamente desenvolvidas. Aqueles que não possuem cultivo emocional nem intelectual dispõem de duas abordagens para a realização: fisiológica e mecânica. A abordagem fisiológica à realização de Deus requer que se traga o corpo e o sistema nervoso a um estado que estabelecerá a mente num nível de cognição da natureza transcendental da existência. O caminho fisiológico servirá aos que são fisiologicamente normais, que possuam um sistema nervoso funcionando o mais perto da normalidade possível. Independentemente de seu cultivo intelectual ou emocional, se seu sistema nervoso for normal, a abordagem fisiológica elevará o nível de sua consciência.

Produzir um estado peculiar no sistema nervoso sem o treinamento da mente ou do coração exigiria uma grande quantidade de treinamento físico ou fisiológico continuado.

A abordagem psicofisiológica é um caminho adequado àqueles que preferem abordar o problema da realização de Deus a partir dos dois extremos, físico e mental – treinando a mente e o corpo simultaneamente. Mas o caminho mecânico servirá a qualquer indivíduo, não importa quão fracos sua mente, seu coração ou seu sistema nervoso possam ser.

O Caminho Intelectual[12] Para a Realização de Deus

A discriminação, ou o poder do intelecto, é o veículo que permite ao homem avançar pelo caminho do conhecimento. A abordagem intelectual à realização de Deus é a do conhecimento. Neste caminho somente o intelecto funciona. As qualidades do coração, o caminho da percepção mecânica, os meios fisiológicos de percepção não têm lugar. Neste caminho tudo precisa ser examinado e compreendido através da discriminação baseada na lógica. Tudo precisa ser exato e preciso neste caminho intelectual para a iluminação: o intelecto precisa estar plenamente desperto. Este é um caminho muito delicado para a realização.

A pessoa ouve sobre a natureza do mundo e da realidade através de um mestre que chegou à cognição da natureza divina por meio do caminho do intelecto, por meio do caminho da discriminação. Três passos são necessários neste caminho.

Primeiro é necessário que se ouça de um homem realizado sobre a natureza das coisas que encontramos na vida. Deve-se mergulhar profundamente na natureza das

---

12 Ao tratarmos do estado onipresente do Deus impessoal, afirmamos que o Divino onipresente transcendental, em virtude de sua onipresença, é o Ser essencial de todos. Ele forma a vida básica de cada um e de todos; não é nada que se distinga de nosso próprio Eu ou Ser. Portanto, não se poderia conceber um caminho para percebê-Lo. Certamente parece injustificado falarmos em termos de "caminho" para a realização de nosso próprio Ser, mas porque durante todo o tempo da vida nossa atenção é deixada lá fora, no campo grosseiro e relativo da experiência, estamos como que barrados para experimentar diretamente a natureza essencial de nosso próprio Eu, ou Ser transcendental. Por isso é necessário trazer a atenção para o nível transcendental de nosso Ser. Este trazer a atenção é considerado um caminho para perceber como realidade. Assim, embora consideremos absurda a ideia de um caminho do ponto de vista metafísico, ela é altamente significativa no nível prático.

experiências do mundo. E o que se ouve da alma realizada é a conclusão natural de que a natureza é perecível, de que tudo está mudando; que a criação manifesta de formas e fenômenos, ligada à causação e ao tempo-espaço, forma o aspecto perecível da vida. Tendo ouvido isto, requer-se que se distinga um estado do outro e, finalmente, se assimile o fato de que a criação é fútil e transitória.

A discriminação entre os diferentes aspectos da vida, levando à conclusão de que todo o campo da vida é um campo de natureza perecível, é a primeira lição do caminho intelectual para a iluminação. Deve-se primeiro saber que o mundo não é real, mesmo que pareça ser. A mente conclui que estas coisas estão sempre em mutação e que aquilo que muda constantemente não tem nenhum status duradouro próprio.

No nível sensorial, contudo, o mundo parece real. Através do intelecto decidimos que em virtude da constante mutação do mundo ele não pode ser real. O real é descrito como aquilo que será sempre igual. Mas o mundo não pode ser dispensado como irreal, porque nós *de fato* o experimentamos.

Experimentamos a presença da parede, a presença da árvore. Não podemos dizer que a árvore não está ali. Se dissermos que a árvore é irreal, teremos de dizer que ela não existe, e não estamos em posição de poder fazer esta afirmação. Reconhecemos que a árvore está ali, mas devemos dizer também que ela está sempre mudando. Por estar sempre mudando ela não é real, mas, por estar ali presente, para todos os fins práticos, devemos creditar à árvore o status de existência.

Qual é o status entre o real e o irreal? Nós o chamamos de "existência fenomenal". O fenômeno da árvore está ali, mesmo que ela não seja real. Portanto, a árvore tem uma realidade "fenomenal". Em sânscrito isto se chama *mithya*. A palavra é "mithya", fenomenal, que não existe realmente. A conclusão é, portanto, que o mundo não é real nem irreal.

A mente forte e cultivada analisa sua vida no mundo com discernimento e finalmente chega à conclusão de que o mundo é *mithya*, ou seja, apenas um fenômeno.

Para o aspirante, discriminar entre os valores temporários do mundo em busca de encontrar algo permanente é algo que finalmente lhe revela a natureza perecível de toda a criação. A contemplação da natureza perecível da criação começa a levar sua mente a alguma realidade mais profunda subjacente ao aspecto constantemente mutável da existência.

Quando ele adquire alguma percepção da realidade da vida interior, ele é capaz de contemplar a realidade abstrata e metafísica da natureza imperecível e descobre segredos escondidos da existência que se encontram além do aspecto fenomenal sempre mutável da vida.

Na árvore ele encontra suas diferentes facetas: tronco, galhos, flores e frutos. A árvore muda todos os dias. Folhas novas brotam, folhas velhas secam, galhos caem e novos crescem. Toda a existência da árvore parece estar arranjada dentro de um padrão sempre mutável. Mas por trás desses aspectos fenomenais constantemente mutáveis da árvore há um que não muda – a nutrição ou seiva vinda da raiz é sempre a mesma. É a seiva o que aparece como galhos, folhas, flores e frutos. Os diferentes aspectos da árvore mudam, mas a seiva permanece imutável em seu valor. A transformação da seiva nos diferentes aspectos da árvore revela o mistério oculto da natureza.

Por trás das facetas sempre mutáveis da existência fenomenal parece haver alguma realidade de caráter imutável, um aspecto da existência que não muda e que dá origem a todos os aspectos mutáveis da criação fenomenal. Quando seu poder de discriminação revela ao aspirante a possibilidade da existência de alguma realidade imutável na base de toda a criação fenomenal, ele entra numa segunda fase do caminho do conhecimento. Ele se aplica à contemplação da faceta imutável e permanente da vida, o aspecto imutável da existência, que é a realidade da vida. Quando ele assimilou totalmente a ideia de transitoriedade da criação e da natureza fenomenal do mundo, quando seu intelecto estabeleceu-se firmemente na ideia de que o mundo é perecível, sempre mutável e fenomenal, então ele começa a lidar com a esfera permanente e imutável da vida. Como o exemplo da seiva da árvore, analogias no mundo material da criação ajudam o aspirante a descobrir a verdade metafísica por trás da faceta fenomenal da existência.

A física nos diz que atrás da existência fenomenal da água há a realidade do oxigênio e do hidrogênio. A água muda de forma transformando-se em vapor, neve ou gelo, mas o componente essencial dela não sofre nenhuma mudança. A verdade do valor permanente do elemento dá origem a vários tipos de valor perecível – os valores de água, neve e gelo –, valores constantemente mutáveis de diferentes formas e fenômenos. As descobertas sutis da física já foram muito além do âmbito dos elementos, mas nosso exemplo é apenas para indicar que subjacente aos diversos níveis da criação está a substância que permanece integrada em seu valor, mesmo quando, na superfície, continua a originar qualidades de natureza sempre mutável.

A contemplação do valor interior da vida finalmente revela ao aspirante que o mundo mutável baseia-se num elemento imutável sem forma e sem fenômeno. Todas as formas e fenômenos pertencem ao campo relativo da existência, ao passo que aquilo que está além de todas as formas e fenômenos pertence necessariamente a um campo fora da relatividade.

Para o aspirante o valor do mundo em termos de existência fenomenal foi estabelecido no nível intelectual da discriminação, como o foi também o valor do elemento permanente subjacente ao aspecto fenomenal da vida. Desta forma, aquele que busca Deus, trilhando o caminho intelectual para a iluminação, encontra sua mente firmemente estabelecida na transitoriedade da criação e na permanência da natureza transcendental da vida. O intelecto é certamente capaz de chegar a um ponto onde mantenha a ideia de que a natureza essencial da realidade transcendental é permanente, de natureza imutável e eterna, e de valor absoluto. Agora o que resta é ter consciência disto como realidade.

Quando o aspirante conseguiu contemplar a realidade do Ser absoluto transcendental como subjacente a todos os aspectos sempre mutáveis da vida relativa, resta a ele então experimentar diretamente a natureza do Ser transcendental. Por estar no caminho intelectual para a realização, ele tenta ver a realidade da absoluta natureza transcendental, subjacente à existência fenomenal da criação.

À medida que avança sua prática de contemplação, sua mente começa a estabelecer-se cada vez mais no Ser eterno como seu próprio ser. Ele contempla em termos de "Eu sou Aquilo", "Tu és Aquilo", "Tudo isto é Aquilo". As ideias de Eu sou Aquilo, Tu és Aquilo e Tudo isto é Aquilo se tornaram tão profundamente arraigadas em sua consciência que com a prática prolongada da contemplação ele começa a viver esta compreensão em todas as situações da vida diária.

Tendo alcançado a unidade da vida, sua mente começa a ver-se ligada à unidade da existência em meio a todas as experiências relativas e fenomenais, e ações de sua vida diária. Cria-se nele um tal estado mental que é como se ele tivesse sido profundamente hipnotizado pela noção de "Eu sou Aquilo, Tu és Aquilo e Tudo isto é Aquilo". Sua consciência é capturada pela ideia da unidade da vida, e a diversidade evidente da existência e da criação fenomenal começa a perder sua influência. Este é o início da experiência da realidade transcendental no nível da compreensão intelectual.

Vemos assim que o primeiro passo no caminho intelectual para a realização de Deus é discriminar entre real e irreal, e contemplar a natureza transitória, fútil, sempre mutável e perecível do mundo.

O segundo passo é contemplar a unidade e o aspecto eterno da existência imutável que se encontra na base de todos os aspectos constantemente mutáveis da vida.

O terceiro passo é ponderar sobre e assimilar a unidade da vida em termos de nosso próprio Ser através da prática de estabelecer no fundo da consciência a unidade da vida eterna em termos da primeira pessoa, segunda pessoa e terceira pessoa: Eu sou Aquilo, Tu és Aquilo e Tudo isto é Aquilo.

Este caminho de iluminação é, poderíamos dizer, um caminho de auto-hipnose. Discernir a existência fenomenal sempre mutável e tentar localizar um aspecto imutável subjacente àquela é uma coisa, enquanto procurar unir nosso Ser com o Ser de toda a criação é outra. Mas este é o caminho intelectual da iluminação no qual somente o intelecto funciona. A não ser que a compreensão da unidade da vida desça fundo na consciência e comece a ser vivida em meio às múltiplas e variadas experiências e atividades da vida, ela não será um estado de realização. Portanto, o aspirante do caminho intelectual para a realização compreende, assimila e procura viver a unidade imutável e imperecível do Ser absoluto em termos do seu próprio Ser.

A ideia da unidade da vida desce tão fundo na consciência do aspirante que a associação da sua mente com o estado de vigília, de sonho e de sono profundo não enfraquece a convicção de que ele é Ser absoluto, eterno, imutável e imperecível. Quando isto se torna firme na consciência ele passa a viver aquela unidade da vida em meio a toda a diversidade dos estados de vigília, sonho e sono. Quando ele chega ao estado de Ser eterno enquanto ainda permanecendo no campo da experiência relativa, então sua consciência está completa, sua vida realizou-se plenamente. Esta é a realização do Deus onipresente e impessoal através do caminho intelectual para a realização divina.

A natureza deste caminho de iluminação é tal que cultiva a mente para que ela gradualmente perca o interesse pela vida prática e pelas experiências da vida diária. Isto porque a mente tem uma natureza contemplativa. A mente ocupa-se de início em pensar em termos da negação da criação, da futilidade e do evanescente, da natureza perecível da existência fenomenal no mundo. Depois pensa em termos da contemplação da natureza imperecível por trás da faceta óbvia da vida. A mente está sempre pensando, contemplando, tentando assimilar a realidade transcendental em contraste com o mundo externo perecível e, ao procurar vivê-la, perde-se o encanto do mundo exterior. Uma mente assim com certeza torna-se inútil e inaproveitável para todos os fins práticos da vida, e portanto o caminho intelectual para a realização de Deus através da contemplação certamente não é um caminho para os homens práticos. Não é o caminho para o chefe de família. Nenhum homem que permaneça ativo no mundo, que tenha responsabilidades familiares e sociais e que sofra a pressão dos negócios conseguirá infundir a natureza divina em sua mente através deste método contemplativo.

Este caminho intelectual de revelação divina adequa-se àqueles que não têm nenhuma relação com a vida prática, àqueles que se guardaram das responsabilidades da vida, que evitaram as atividades de negócios em suas vidas e escolheram a vida reclusa. O silêncio de que goza o recluso é tal que o afasta do trabalho. Ele está em silêncio a maior parte do tempo, contemplando, discriminando e assimilando a natureza divina como sendo sua própria natureza. O aspirante que leva este tipo de vida contemplativa conseguirá realização apenas através do caminho da contemplação.

Tomemos o exemplo de um homem que repete sem cessar: "Eu sou um rei, eu sou um rei". Concentrando-se em ser rei ele poderia finalmente produzir dentro de si mesmo um estado mental no qual mesmo andando na rua continuaria a sentir-se rei. Poder-se-ia criar um estado tão firme e eficaz que, mesmo se tiver de mendigar na rua, sentir-se-á intimamente um rei. Portanto, independentemente de quaisquer circunstâncias ou ambiente, ele poderia criar um estado mental que o faria sentir-se rei.

Esta é a missão do contemplativo buscando a verdade na trilha intelectual da realização. Um ponto a ser observado aqui é que o sucesso deste tipo de contemplação depende de uma longa devoção a um só caminho. Se um indivíduo tem bastante tempo disponível para lidar com a ideia de ser rei, então obviamente ser-lhe-á possível estabelecer bem fundo em sua consciência a noção de que é rei. Mas, se ele não dispõe da oportunidade de contemplar longamente a ideia de ser rei, esta ideia não se tornará firmemente enraizada em sua mente.

Para estabelecer-se na unidade da vida através da contemplação é preciso ficar em contemplação durante a maior parte da vida. É necessário muito tempo para que o aspirante seja dominado pela ideia da unidade e permanência da vida. Este certamente não é o caminho do chefe de família, pois ele tem muitas responsabilidades em muitos níveis da vida. Este tipo de contemplação ou fará com que o chefe de família abdique das responsabilidades de seu modo de vida, ou fará dele um irresponsável no mundo. Assumir responsabilidades exige atenção e devoção ao trabalho, ao passo que este tipo de contemplação exige negação e abstinência do trabalho.

A prática de Raja Yoga[13] também pertence a este tipo de abordagem intelectual à realização de Deus e, igualmente, concretiza-se através da contemplação. Este com certeza não é um caminho para o chefe de família. Para a realização de Deus o chefe de família precisa de um caminho através da ação, não da contemplação. Para um homem do mundo, com responsabilidades familiares e obrigações sociais, é pouco prático pensar em tudo em termos de sua evanescência, futilidade e transitoriedade. O método intelectual de discriminação, concomitante com o comportamento no mundo, perturba a coordenação entre mente e corpo e impede que se desenvolva uma consciência mais elevada.

Infelizmente muitos buscadores da iluminação, durante muitos séculos, caíram vítimas desse estado que resulta em fracasso no mundo e fracasso também na busca do divino. Verdadeira iluminação através do caminho intelectual significa elevar-se intelectualmente acima do campo do intelecto, chegando ao campo da consciência transcendental divina. Certamente isto significará trazer a mente consciente até a realidade transcendental do Ser. Nenhum tipo de criação de estados de espírito através do intelecto consegue trazer a pessoa a este estado de realização.

O Caminho Emocional Para a Realização de Deus:
O Caminho da Devoção

O caminho da devoção passa pelas qualidades do coração. Todos os caminhos de devoção são caminhos emocionais para a realização de Deus. As qualidades do coração são aquelas que permitem ao homem sentir. Elas diferem das qualidades da mente, que permitem ao homem conhecer e compreender.

---

13 Raja Yoga é um caminho para a realização de Deus através da contemplação.

No caminho intelectual para a realização de Deus o fator predominante é conhecer e compreender. Aqui, no caminho da devoção, o fator principal é sentir. O sentimento de amor é o veículo que permite ao homem avançar nesse caminho. A crescente capacidade de amor, emoção, felicidade, bondade, devoção e entrega são as qualidades do coração que sustentam a trilha da devoção. O amor aumenta e, à medida que progride, vai deixando para trás campos de menor felicidade e conquistando terreno em campos mais estáveis, mais importantes e mais valiosos de felicidade. O caminho da devoção é um caminho de felicidade, um caminho de amor, um caminho trilhado pelas qualidades do coração.

O amor a Deus é a maior virtude que o homem pode cultivar, e através dele desenvolve-se o amor pela criação de Deus, pelos filhos de Deus. Bondade, compaixão, tolerância e cooperação em relação aos outros emanam quando o amor a Deus cresce no coração. Afortunados aqueles cujos corações se desmancham em amor a Deus, que sentem abundância de amor e devoção a Deus, cujos corações transbordam mediante a lembrança de Deus, mediante o pensamento de amor a Deus e com o nome de Deus. Afortunados aqueles cuja vida é dedicada ao Deus todo-poderoso e a fazer o bem a Sua criação. Crescente devoção significa crescente amor, e isto se resume em crescente felicidade, contentamento, glória e graça.

Aquele que trilha o caminho da devoção certamente se vê cada vez mais consciente de maiores graus de felicidade. O caminho do amor é como o relacionamento de uma criança com o coração pleno de bem-aventurança de sua mãe. À medida que a criança progride, o coração de sua mãe cresce. A felicidade dela irradia-se e reflete-se sobre a criança de modo que a cada passo o filho desfruta de um maior grau de felicidade, felicidade que igualmente se reflete no coração da mãe. A alegria da mãe aumenta e chega ao auge quando o filho encontra-se unido ao coração dela.

Com o aumento do amor no coração do devoto, ele conquista maior grau de felicidade. Seu coração chega a seu objetivo quando seu amor descansa na eterna existência de Deus. O devoto e Deus tornam-se um só. A gota d'água se encontra na plenitude do oceano e os dois se unem. A unidade é plena, e somente aquilo é; aqui está o "um", não deixando traços do outro. Os dois não mais se encontram ali, o caminho da união desapareceu, resta apenas a união.

O que ama a Deus afoga-se no oceano do amor de Deus, e Deus afoga-se, também, no oceano de Seu amor. Esta é a grande união em toda a simplicidade. Não há discriminação, não há nenhuma eliminação, não há negação, não há compreensão. O caminho do amor é o caminho da bem-aventurança. O caminho do amor é uma marcha de mão única indo do campo de menor felicidade para o de maior felicidade. O amor aumenta. A corrente de amor começa a fluir e, à medida que avança, deixa para trás campos de menor felicidade ganhando terreno em campos de felicidade mais estáveis, importantes e maiores. Aquele que trilha o caminho da devoção certamente vai se apercebendo de graus cada vez maiores de felicidade.

O rio do amor flui num só sentido no íngreme declive da consciência de Deus. Ele corre rápido e ligeiro, perde-se e, em se perdendo, ganha o status ilimitado do oceano de amor. A perda é uma vitória no caminho do amor. É uma perda abençoada aquela que marca a conquista da realização da vida, e são abençoados aqueles que se perdem nesse caminho de amor, sendo ainda mais abençoados os que perdem também o caminho ganhando sua meta e vivendo-a.

A beleza está em que no caminho do amor incorre-se na perda do ser por causa do amor. O que ama só sabe perder-se, e essa perda, o processo de perder, não visa ganho. Ele conhece apenas o não ter objetivo. O amor começa e ele o acolhe da forma como vem e, à medida que vem, torna-se maior. Ele prossegue perdendo-se e nem sequer sabe quando se perdeu completamente. Pois quando se perdeu, ele é Deus; ele nem mesmo é Deus, mas Deus é Deus. A Unidade da consciência de Deus, uma única existência eterna, unidade de vida eterna, unidade de Ser absoluto; só resta o Uno. E então a variedade da vida é como a variedade das ondas no eterno oceano de amor de Deus.

A multiplicidade da vida encontra-se na unidade da consciência de Deus. As muitas formas e fenômenos do mundo todo são como ondulações e vagas, uma miragem que tem aparência de existência dentro da ilimitada existência de Deus. As ondas de amor surgem na superfície da vida apenas para que a vida seja sentida, conhecida e vivida em sua variedade. Isto é assim para que o caminho do amor possa continuar a ser encontrado na superfície da vida, e para que o amor continue a existir para todos que vêm à vida. É assim para que os amantes da vida possam encontrar a vida perdendo-a e possam encontrar a Deus perdendo-se na consciência de Deus.

O propósito de tudo isto é que os devotos continuem sempre sentindo a necessidade de encontrar Deus e que Deus continue tomando-os, para que Deus possa repousar nos devotos e os devotos possam repousar e viver em Deus. O caminho até Deus só tem uma direção, uma mão única de amor, indo de graus inferiores de felicidade para graus mais elevados de bem-aventurança, para a eterna bem-aventurança – de graus inferiores de inteligência até a inteligência absoluta e eterna.

Parece uma incoerência falar-se em aumento da inteligência no caminho do amor, pois o amor é uma qualidade do coração, tendo pouca relação com a inteligência. Não parece certo dizer que a inteligência cresce à medida que cresce o amor. Com o aumento do amor aumenta a luz de Deus e o resultado é a luz do amor. A luz de Deus aumenta, e através dela alimenta-se a inteligência e tudo que nela repousa. Entretanto, não sobra lugar para a inteligência nesse influxo de amor. Não que ela seja aniquilada, mas é como se a luz da inteligência apenas se fundisse com a luz da vida. Assim como as diversas cores da luz fundem-se para formar um poderoso facho de luz branca, também as luzes da inteligência, felicidade, criatividade, todas se unem para produzir um poderoso fluxo de amor.

A luz do amor é tão-somente a luz ofuscante do amor, e toda a grandeza da inteligência, do poder e de tudo o mais está presente ali, mas em forma latente. Todos eles perdem-se na luz do amor – não, não se perdem realmente –, esquecem suas identidades no amor de Deus. O amor e a inteligência, o poder e a inteligência e tudo que existe na variedade e vaidade da vida funde-se na unidade de Deus, deixando Deus em amor pelo devoto e o devoto imerso no oceano do amor de Deus. Todas as qualidades da vida e toda a multiplicidade das formas da existência fenomenal submergem para sorver as frescas águas da vida eterna, para permanecerem plenas no oceano da consciência de Deus.

No caminho do amor, a variedade do Universo alcança realização na unidade de Deus. No amor, encontra-se Deus no mundo, e o mundo encontra-se em Deus. E, para que a glória de Deus seja experimentada, a felicidade precisa crescer. O que existe na superfície da vida que consiga aumentar a felicidade? A atenção deve ir aos campos mais refinados da vida, aos níveis mais sutis da criação, aos níveis mais profundos da consciência. Trazer a atenção para os níveis mais profundos de consciência é a chave para a experiência de maior felicidade; é o método da Meditação Transcendental. Isto é o que impulsiona o barco do amor e traz realização ao caminho do amor. O caminho da devoção sem a prática da Meditação Transcendental, sem maiores experiências de maior felicidade, não é um caminho prático.

A Meditação Transcendental preenche o coração do homem com grande felicidade, felicidade certamente maior que aquela experimentada anteriormente, mas certamente não tão vasta que possa ser chamada de ilimitada e eterna em si. Porém, o coração talvez se sinta completamente tomado. Isto significa que o reservatório sente-se cheio mesmo quando ainda não está. A prática da Meditação Transcendental amplia constantemente a habilidade que o coração do devoto tem de experimentar maior felicidade, e isto permite que ele prossiga enquanto sente a plenitude da bem-aventurança eterna, e prossiga até que o oceano de amor esteja prestes a transbordar de glória absoluta na graça. Isto torna o amor absoluto uma experiência pessoal, verdadeira e significativa na consciência eterna e impessoal de Deus.

Abordagem Fisiológica para a Realização de Deus

Pode parecer estranho falar-se numa abordagem fisiológica à realização de Deus, mas pertencemos a uma era científica, e para explorar completamente os caminhos para a realização de Deus devemos explorá-los sob todos os aspectos. Temos diante de nós o universo físico de múltiplas experiências.

Existiria um meio físico de realizar Deus? Haveria um meio de ascender à consciência cósmica a partir do plano físico? Haveria um meio de chegar à plenitude da vida a partir do plano físico? Como se poderá produzir um estado de tranquilidade total em meio à atividade total? Como alcançar aquele auge de desenvolvimento humano partindo do lado físico da vida?

Para compreender isto deveríamos saber que o estado de existência divina, ou vida divina, ou realização de Deus, é um estado de experiência concreta; é uma experiência e não um pensamento fantasioso, ou um estado de espírito passageiro, ou algo no nível do pensamento. É o estado da vida, é Ser.

Para que algo seja uma experiência, é preciso haver uma atividade específica criada no sistema nervoso. O sistema nervoso deve ser colocado numa ordem específica. A maquinaria do sistema nervoso deve chegar a um status específico para dar origem a um estado específico de experiência.

Para que qualquer experiência ocorra é preciso haver uma atividade específica no sistema nervoso. Se ouvimos uma palavra, a audição é resultado de muita atividade no sistema nervoso, e esta atividade é responsável por fornecer-nos a experiência da palavra. Se vemos uma flor e a sua imagem cai na mente através da retina, houve uma atividade altamente complexa no sistema nervoso que deu origem à percepção da flor. Se sentimos o cheiro de algo, dá-se uma grande atividade numa parte específica do sistema nervoso que produz a experiência específica do olfato. Se tocamos algo, a experiência do toque produz uma atividade específica numa determinada porção do sistema nervoso para dar-nos a experiência do tato. Assim, qualquer que seja a experiência, ela baseia-se numa atividade específica do sistema nervoso.

Aqueles que meditam sabem que durante a meditação eles experimentam os estados sutis do pensamento. Para poder experimentar um estado muito sutil de pensamento é preciso haver uma atividade igualmente sutil na parte sutil do sistema nervoso. Quando o pensamento é transcendido e o meditante chega ao transcendental – aquele estado de suspensão, silêncio e percepção total, de consciência pura, no qual aquele que experimenta fica inteiramente só –, este estado também é uma experiência concreta. Embora não seja a experiência de um objeto externo, é uma experiência de seu próprio gênero, na qual aquele que experimenta fica totalmente só consigo mesmo. Este é o estado de consciência pura, a experiência do Ser puro. A experiência do Ser puro e o estado de Ser significam a mesma coisa.

Para que esta experiência se faça possível é preciso haver um determinado tipo de arranjo do sistema nervoso no qual ele se coloca num estado especial de alerta em repouso, onde o sistema nervoso não está passivo. Ele está ativo, mas sem atividade, pois não há experiência alguma das coisas externas. O sistema nervoso certamente não está tão completamente passivo como no sono profundo. No estado do transcendental a mente não se torna passiva.

Quando o cérebro deixa de funcionar durante o sono profundo, este estado de não funcionamento priva a mente da habilidade de perceber. Mas durante a meditação, quando alguma palavra é falada, quando a palavra, ou *mantra*, é repetida, cria-se no mecanismo cerebral um estado específico distinto. A cada nível de experiência sutil da palavra o cérebro funciona em diferentes níveis de atividade. No estado de transcendência há um estado específico do mecanismo cerebral que dá origem à experiência da consciência pura transcendental. Assim como com qualquer outra experiência, o cérebro deve chegar a um estado específico para ter a experiência do transcendental. Ele chega a um estado de suspensão, de atividade e não atividade. Contudo, este não é o estado usual do cérebro.

Ou o cérebro está funcionando durante o estado de vigília, ou não funcionando durante o sono profundo, ou então funcionando de maneira imaginária durante o sonho. Mas, porque o estado do Ser transcendental não é a experiência comum, o arranjo cerebral que dá origem a esta experiência transcendental não é um arranjo usual. Ele não acontece durante o estado de vigília, de sonho ou de sono profundo.

Um modo de induzir este arranjo do cérebro é experimentando os estados sutis de um pensamento, reduzindo o pensamento até seu estado mais sutil ser experimentado e chegar-se à experiência do transcendental. Através deste processo o arranjo cerebral responsável por originar a experiência da consciência transcendental é criado, passo a passo, pelo processo da experiência. Ele é criado pela atuação da mente.

Esta é a abordagem mental à realização de Deus. A mente é trazida de experiência em experiência, da experiência da natureza grosseira à experiência da natureza sutil, para ter a experiência específica da consciência transcendental.

Quando o corpo funciona por longo tempo, o sistema nervoso fica fatigado e segue-se a isto o sono. Ele quer descansar e deixa de funcionar em virtude de tensões e fadiga. Esta fadiga é um estado físico do sistema nervoso criado pelo funcionamento constante, sem descanso, chegando a um estado que não origina experiências.

Deveria ser possível de algum modo criar fisicamente um estado específico dentro do sistema nervoso que corresponda ao estado do sistema nervoso quando ele produz a experiência da consciência transcendental. Assim como quando o sistema nervoso está fatigado, cria-se um estado no qual o cérebro não experimenta nada, da mesma forma, estimulando fisiologicamente o sistema nervoso, deveria ser possível criar um estado específico no sistema nervoso que daria ao mecanismo cerebral aquele arranjo específico que possibilita à mente experimentar o transcendental.

Se isto for fisiologicamente possível, representará a abordagem fisiológica à realização de Deus.

Ao examinarmos o Hatha Yoga[14] vemos que existiu na Índia desde a Antiguidade uma abordagem fisiológica à realização de Deus. Por este método o sistema nervoso é trazido a um estado que dá origem a um determinado arranjo do funcionamento cerebral. Assim colocado, o cérebro possibilita à mente experimentar a consciência transcendental.

O corpo está sempre funcionando porque a respiração é contínua. Sonho, sono e vigília – durante todas as experiências a respiração persiste. Esta atividade precisa continuar, pois a atividade do corpo depende da atividade do cérebro. Vimos que para ter a experiência da consciência transcendental a atividade do cérebro deve cessar. Mas não se deve permitir que o cérebro fique estático. O cérebro é mantido num estado de não atividade, porém não está passivo. Ele está desperto e alerta dentro de si mesmo. Se o cérebro precisa ser mantido num estado de suspensão, então todo o sistema nervoso precisa ser mantido num determinado estado – presumivelmente um estado nem de atividade nem de inatividade. Para que isto ocorra a respiração precisa ser mantida num estado nem de inspiração nem de expiração. A respiração precisa ficar entre o fluir e o não fluir, mas precisa estar presente.

Para levar o corpo a esse estado de suspensão ele precisa receber um treinamento, pois o hábito do corpo foi sempre o de movimentar-se em todas as direções na atividade do estado de vigília, ou então o de ficar estático no estado do sono. Esta é a condição comum do corpo. Ele precisa portanto ser treinado a ficar imóvel, no entanto sem entrar num estado de passividade.

Se o corpo estiver funcionando normalmente, a experiência geral é a de estar ou acordado ou dormindo. Num certo grau, percebemos quando o sono chega por causa da sonolência gradual que vai nos tomando. A capacidade de experimentar vai diminuindo a cada vez e não percebemos exatamente quando o sono começa. Sentimos de fato que estamos prestes a dormir, e de fato percebemos que nossa consciência vai se tornando cada vez mais vaga, mas depois não sentimos mais nada. A consciência se reduz a zero, mas não experimentamos todos os graus da redução da consciência. Isto mostra que o corpo ou a mente não estão puramente normais. Se todo o sistema nervoso estivesse num estado de perfeita normalidade, então deveríamos poder experimentar o estado mais sutil de percepção, o estado de percepção que é quase o mesmo que o sono profundo e quase o mesmo que o estado mais sutil da vigília.

Por estarmos constantemente sujeitos a experiências externas, este hábito como que contaminou o sistema. Normalmente deveríamos experimentar o início do pensamento. Esta deveria ser nossa experiência normal se o corpo possuísse perfeita pureza, ou seja, se o cérebro fosse física e perfeitamente puro.

---

14   Hatha Yoga é um caminho de iluminação que emprega procedimentos de controle do corpo e da respiração a fim de controlar a mente, levando-a ao cultivo da consciência de Deus.

Ser fisicamente puro significa estar livre de sonolência e tensão. O componente da matéria cerebral deveria ter características tais que permitisse ao cérebro ser normal no nível de sua natureza física e no nível de seu funcionamento.

No estado mental comum, quando surge um pensamento, ele nubla a mente. A mente então se envolve com este pensamento. Após ser traduzido em ação, ser alcançado o propósito do pensamento, obtém-se a satisfação do desejo. Se queremos cheirar uma flor surge o pensamento e, mais tarde, chegando ao nível consciente, nossa mente ordena à mão que pegue a flor, a leve até o nariz e que este a cheire. Agora se satisfez o desejo de cheirar a flor, ou seja, terminou o desejo.

Se o cérebro está funcionando normalmente, uma vez que o desejo foi satisfeito, e antes que outro desejo surja, a mente experimentará o estado de Ser puro ou consciência pura. Isto é o que se passa com um homem realizado quando ele tem um desejo. Sua mente está funcionando, mas quando o desejo é satisfeito, e antes que outro surja, ele desfruta do estado natural do Ser. Isto porque não há atividade cerebral. Estando sem atividade o cérebro não entra no estado de passividade. Ele goza do estado do Ser ou consciência pura.

Entre dois pensamentos encontra-se o estado do Ser puro. Todos os pensamentos surgem do estado do Ser puro, e entre dois pensamentos há um intervalo. Este intervalo não deveria ser um intervalo de ausência de experiência. Se o cérebro estiver funcionando normalmente, se a mente é pura, e o sistema nervoso puro, então entre cada dois pensamentos será experimentado o estado do Ser. Entretanto isto não é o que ocorre em geral.

Quando nos cansamos a mente torna-se apática e deixa de funcionar. Impureza significaria então a incapacidade de funcionar do cérebro. Isto pode dever-se a razões físicas. Por exemplo, a ingestão de álcool afeta o cérebro e provoca apatia da mente. O efeito da atividade também promove cansaço e apatia na mente, exaure o sistema nervoso e faz com que a mente seja incapaz de experimentar até mesmo o grosseiro – para não mencionar o sutil.

A capacidade do sistema nervoso de cognição de estados muito sutis de experiência fica comprometida quando a substância cerebral está contaminada por substâncias físicas impuras, por fadiga ou pelo pensar errado, coisas que exaurem a energia mental. A fadiga é o fator principal. Ela impede que a mente experimente sutilezas. Um outro fator é a qualidade de substâncias que tornam a mente apática, nos dão sono ou trazem-nos irritação. Todas estas tendências na mente são produzidas por substâncias físicas impuras. Nós comemos e bebemos, e tudo que ingerimos pode conter algum elemento impuro que afeta a mente e a leva a um estado de não funcionamento.

Se um fator material pode induzir a mente a tornar-se apática, então um fator material também poderá induzir a mente a tornar-se perspicaz e penetrante. Se a exaustão pode tornar a mente sonolenta e produzir o sono, então frescor e energia podem reavivar a mente e torná-la alerta.

A abordagem fisiológica pretende que a condição física do sistema nervoso seja aliviada do estado de apatia. Portanto, ela deveria atacar a impureza do corpo e as causas da fadiga. Trata-se de uma abordagem física. Quer-se purificar o sistema nervoso a um tal grau que finalmente se crie a condição exata do sistema nervoso capaz de originar a experiência da consciência transcendental. Está-se criando uma tal condição física do sistema nervoso que ela levará o corpo ao estado mais normal.

O aparato do sistema nervoso humano é tal que o torna perfeito. Ele tem a capacidade de experimentar a consciência transcendental. Mas a ingestão de alimentos errados, o consumo de líquidos errados e a respiração do ar errado fazem com que o sistema torne-se fisicamente incapaz de suscitar a experiência natural do estado de transcendência. Vemos assim que a abordagem fisiológica à consciência divina consiste em: (1) selecionar a qualidade adequada de alimento; (2) selecionar o tipo adequado de atividade; (3) eliminar do sistema a influência de alimento e atividade errôneos.

Todos estes itens evidentemente exigem muita disciplina em todos os níveis da vida. Por isso tal abordagem só é adequada ao modo de vida do eremita. Eles podem passar todo o tempo que quiserem sob a supervisão pessoal de um mestre. Este certamente não é o caminho do chefe de família cujo padrão de vida é tal que o impede de aplicar-se a práticas trabalhosas e demoradas. Contudo, isto não deve provocar desapontamento, pois há outros caminhos disponíveis, mais adequados ao chefe de família ativo dos tempos modernos, e que também levam à iluminação.

O Caminho Mecânico para a Realização de Deus

É pouco usual considerar-se o caminho para a realização de Deus como se desenvolvendo e alcançando o sucesso de uma maneira mecânica. Mas um exame acurado do processo de percepção revelará que a realização de Deus é possível por via mecânica.

A percepção é resultado da radiação natural da consciência partindo do centro do Ser puro no homem e chegando ao objeto a ser percebido. Um exemplo ilustrará isto de maneira bem clara.

A corrente saída de uma bateria chega à lâmpada e, através do processo de propagação, sai como facho de luz. À medida que a luz caminha, a quantidade de luz diminui, até finalmente chegar a um limite onde se pode dizer que a luz é nula. Da mesma forma, partindo da inexaurível bateria do Ser, a radiação da consciência passa pelo sistema nervoso, chega aos sentidos da percepção e passa ao objeto da experiência. Esta capacidade consciente, à medida que se vai irradiando para fora, diminui. Diminui o grau de bem-aventurança. Todo este processo é automático e mecânico.

O sistema nervoso é o meio através do qual a consciência manifesta-se e projeta-se no mundo exterior, resultando no fenômeno da percepção.

O processo da percepção é automático e mecânico. Se temos de ver um objeto, abrimos os olhos e a visão do objeto acontece automaticamente sem o uso do intelecto ou das emoções. Para ver um objeto, para que aconteça a percepção, não é preciso envolver o intelecto ou as emoções. Este é o significado da afirmação de que a percepção é um processo mecânico.

A irradiação da consciência começa do estado puro, absoluto e abstrato de bem-aventurança e carrega uma quantidade de bem-aventurança cada vez menor à medida que se afasta de sua fonte. A unidade do Ser que aparece em sua infinita variedade é uma projeção automática da consciência.

A percepção no mundo exterior, como vimos, ocorre mecanicamente pelo processo divergente da consciência. O grau de bem-aventurança diminui à medida que avançamos em direção aos níveis grosseiros, externos da experiência, e aumenta ao dirigirmo-nos para os níveis mais sutis que estão próximos da fonte, o Ser. Portanto, quer experimentemos nos níveis de consciência que se projetam para fora, quer experimentemos nos diferentes níveis de consciência que se projetam para dentro, o processo de percepção continua mecânico e automático. A percepção continua automática, quer seja dirigida para fora ou para dentro – quer seja percepção dos campos grosseiros ou sutis da vida, ou mesmo sendo a percepção do estado transcendental do Ser. Assim se alcança a realização do Ser no plano mecânico da percepção. Isto justifica o processo mecânico da percepção como caminho para a realização de Deus.

Analisaremos agora o processo de percepção que leva a esta realização.

O processo de percepção do mundo exterior começa do campo imanifesto da consciência pura e é levado através da instrumentalidade da mente e do sistema nervoso até o campo manifesto da criação grosseira. Isto significa que o processo de percepção resulta de a consciência interior projetar-se para fora. Se, contudo, procurar-se a percepção da consciência pura, será preciso que o processo acima mencionado seja invertido. A consciência precisará então ser recolhida do campo grosseiro externo e dirigida para dentro. A percepção do Ser puro, portanto, requer a cessação da atividade no grosseiro e a apreciação de cada vez menor atividade até que se possa apreciar o menor grau de atividade e transcendê-lo. Isto cria o estado de consciência pura ou a percepção do Ser transcendental.

A apreciação de campos mais sutis de atividade, partindo do grosseiro, é obviamente o caminho em direção ao interior. Quer a percepção seja para o exterior ou para o interior, ela é automática e mecânica. A percepção dirigida para fora é resultado de um progressivo aumento de atividade do sistema nervoso. E a percepção dirigida para dentro é resultado da diminuição da atividade da existência eterna e única, unidade da vida eterna, unidade do sistema nervoso, até que todo o sistema nervoso pare de funcionar e chegue a um estado de quietude, um estado de alerta em repouso. Isto traz a realização de "Aquiete-se e saiba que eu sou Deus".

Esta quietude é atingida idealmente quando a atividade do sistema nervoso é levada àquele estado de alerta em repouso, no qual mesmo a atividade da mente é reduzida a zero, no qual o processo de pensar foi reduzido a um ponto na fonte do pensamento. Neste ponto a percepção repousa num estado de consciência absoluta, alcança-se o estado de iluminação, o Ser absoluto de natureza transcendental aflora no nível consciente da vida, ou o nível consciente da mente chega ao nível transcendental do Ser.

Portanto, o movimento para dentro da mente leva-a mecanicamente ao estado de iluminação plena. Este processo mecânico de percepção dirigido para dentro, fazendo com que o sistema nervoso chegue naturalmente ao estado de alerta em repouso, é o caminho mecânico para a realização de Deus. Em sua forma prática é conhecido como Meditação Transcendental. Ele é chamado um caminho "mecânico" para indicar que o processo de percepção dirigido para dentro é muito inocente e não requer nenhum auxílio intelectual ou emocional. Ele não se processa através de discriminação ou sentimento. Este caminho mecânico de percepção alcança o sucesso de modo independente, sem interferência intelectual ou emocional.

A atividade da mente dirigida para dentro leva-a ao campo do absoluto transcendental tornando-a repleta do poder do Ser eterno. Depois, no movimento para fora, a atividade da mente leva a luz do Ser transcendental absoluto para o mundo externo, aumentando assim a intensidade de bem-aventurança na percepção dos campos grosseiros manifestos da criação.

Assim é que o inocente caminho da percepção mecânica silenciosamente leva a mente ao Ser absoluto transcendental, ou leva o homem ao campo de Deus e de lá o traz de volta com a glória de Deus para iluminar todos os campos da vida no mundo.

Isto explica o significado da ação e justifica seu status como caminho para a iluminação. Este processo inocente, natural e simples de percepção e experiência – do externo e grosseiro para o interno, sutil e transcendente e, dali, novamente voltando ao externo e grosseiro – consiste no caminho da ação[15] para a iluminação.

É assim que o caminho mecânico da percepção consegue harmonizar os valores do Ser eterno com o campo transitório da atividade no mundo. Pela realização do Ser implicar a percepção voltada para dentro, e pela infusão do Ser na atividade externa implicar a percepção voltada para fora, concluímos que é a glória da percepção mecânica o que preenche todo o campo da vida com a glória do Ser divino, levando a vida individual ao estado de consciência cósmica. Vemos assim que o caminho mecânico para a realização de Deus está no simples processo da percepção.

---

15 A *Bhagavad-Gītā* o chama de Caminho da Ação, ou Karma Yoga.

Portanto, qualquer homem é capaz de realizar Deus através desse caminho, não importando seu estado de desenvolvimento intelectual ou emocional. Resta apenas saber como usar nossa habilidade de experimentar ou a mecânica da percepção. O conhecimento de como utilizar nossa capacidade de percepção abre a estrada que leva à realização de Deus.

O caminho mecânico à realização de Deus, da forma como encontrado na Meditação Transcendental, é tão simples e tão abrangente em seus resultados que permanece uma tentação para todos os amantes de Deus e buscadores da verdade trilhando qualquer dos caminhos de realização de Deus – intelectual, emocional, fisiológico ou psicofisiológico. É tão encantador que qualquer um trilhando qualquer caminho na vida o considerará confortante e sublime. Ele suplementa e reforça qualquer caminho para a realização.

A Abordagem Psicofisiológica para a Realização de Deus

A abordagem psicofisiológica à realização de Deus, como fica claro pelo próprio nome, envolve o uso simultâneo de corpo e mente.

Vimos nos capítulos precedentes como o corpo e a mente estão intimamente relacionados[16]. O estado mental afeta diretamente o corpo e o estado físico influencia a mente.

Na Abordagem Fisiológica para a Realização de Deus[17] vimos que, cultivando o corpo e a respiração, seria possível criar o estado de alerta em repouso no sistema nervoso para que o indivíduo pudesse ter a experiência do Ser. Isto traz a esperança de poder acelerar o ritmo de progresso em qualquer caminho à realização de Deus, intelectual ou emocional, suplementando-o com as características da abordagem fisiológica.

Esta combinação dos aspectos dos caminhos fisiológico, intelectual ou emocional consiste no caminho psicofisiológico para a realização de Deus.

Pode-se dizer que cultivar o corpo e a mente simultaneamente para produzir o estado de consciência transcendental, em relação à mente, e o estado de alerta em repouso, em relação ao corpo, é a principal característica do caminho psicofisiológico. O objetivo é fornecer ajuda do plano físico para o cultivo da mente, e ajuda do plano mental para o cultivo do corpo. O único objetivo é chegar à meta mais fácil e confortavelmente no menor espaço de tempo.

Vista sob este ângulo a abordagem psicofisiológica parece fascinante, pois não há amante de Deus ou buscador da Verdade que não ficaria tentado a seguir o caminho de maior facilidade e conforto para uma realização mais rápida. Mas, como já ficou claro, a abordagem fisiológica, por exigir práticas rigorosas de controle físico

---

16 Veja na pág. 184 "A Chave para a Boa Saúde".
17 Veja a pág. 272.

e controle da respiração, não se presta ao modo de vida do chefe de família. Isto restringe o âmbito do caminho psicofisiológico, pois ele não pode ser universal.

Como vimos, o cultivo do corpo e da respiração requer supervisão pessoal constante de um professor para que a saúde do iniciante fique salvaguardada. Há, contudo, alguns exercícios leves adequados, para o corpo e para a respiração, que podem ser praticados simultaneamente com os caminhos intelectual e emocional, e que não exigem supervisão pessoal rigorosa. Aqueles exercícios certamente ajudariam a acelerar o progresso em direção à realização de Deus através desses caminhos.

Contudo, o caminho psicofisiológico para a realização de Deus tem sua plenitude alcançada na prática da Meditação Transcendental, que, como ficou esclarecido anteriormente, influencia ao mesmo tempo o corpo e a mente. Sem nenhum tipo de controle em nenhum nível ela coloca a mente de forma automática no estado de consciência transcendental e leva o corpo e o sistema nervoso àquele estado de alerta em repouso, que é o mais adequado ao estado de iluminação.

Os aspectos mentais e físicos do caminho psicofisiológico são realizados simultaneamente pela prática da Meditação Transcendental.

GERAÇÃO APÓS GERAÇÃO

O homem se renova geração após geração. Todo homem em toda geração nasce renovado com uma nova busca a realizar, uma nova aspiração na vida, um novo padrão de realização da vida. Talvez suas aspirações sejam partilhadas com os que se encontram a sua volta, mas para ele elas são novas e próprias dele, visando trazer realização à sua própria vida.

Dever-se-ia estabelecer um sólido fundamento para todos os homens em todas as gerações atingirem a realização da vida em todos os níveis. A responsabilidade recai sobre os ombros dos grandes homens da atual geração.

Somente os grandes corações e as grandes mentes de nossa atual geração estão à altura de poderem estabelecer um fundamento sólido para que todos os indivíduos de todas as gerações encontrem um caminho para a realização na vida, e isto será uma bênção para a humanidade, geração após geração.

Todo homem precisa de boa saúde física e mental, maior habilidade de ação e maior capacidade de pensar claramente, maior eficiência no trabalho e relacionamentos mais amorosos e gratificantes com os outros, maiores conquistas na vida em todos os níveis, e ausência de sofrimento e infortúnio na vida de todos os dias. Ele precisa de vitalidade e inteligência suficientes para satisfazer os desejos da mente e também de contentamento na vida. Com tudo isto se visa a uma vida de permanente liberdade na consciência de Deus.

Vimos em todas as partes deste livro que tudo isto é alcançado pela prática regular da Meditação Transcendental e levando-se a vida tranquilamente na rotina do dia a dia. Simplicidade e inocência no comportamento natural com outras pessoas e regularidade na prática desta meditação alcançam tudo aquilo na vida individual, para o presente e para o futuro. Portanto, devem ser adotadas medidas e criado um sistema sólido para que cada homem no mundo receba naturalmente este sistema de Meditação Transcendental, para que realize a missão de sua vida e crie uma atmosfera que conduza à realização da vida dos outros.

Para formularmos um plano adequado à emancipação de toda a raça humana, geração após geração, devemos considerar em primeiro lugar o fator da pureza. Pureza é vida. Pureza absoluta é vida eterna. A sobrevivência depende da pureza. A base do plano deveria ser a pureza.

Ao tratarmos do fator pureza, deve ficar claro que no estado de evolução máxima, no campo da consciência cósmica, quando a mente é levada ao grau mais pleno de infusão de Ser absoluto, a mente funciona por natureza num plano de pureza consoante com as leis naturais envolvidas na execução do eterno processo evolutivo de todas as coisas da criação. Isto foi examinado no capítulo sobre "Ser, o Plano da Lei Cósmica"[18].

Verificamos que qualquer sistema ou princípio de vida baseado no nível da evolução natural da criação certamente sobreviverá a todas as eras vindouras, pois é o processo evolutivo que conduz a marcha do tempo por todas as situações da vida.

O único propósito do plano é manter a continuidade do ensinamento da Meditação Transcendental, geração após geração. Para tanto é preciso desenvolver um sistema baseado nas leis evolutivas naturais.

Em vista das considerações acima, o plano para a emancipação de todos os seres humanos, geração após geração, deve conter os seguintes pontos:

1. Para que o ensinamento da Meditação Transcendental seja ministrado ao nível das leis da natureza que governam o processo de evolução é necessário que os instrutores que transmitem este conhecimento estejam estabelecidos no plano da lei cósmica, ou pelo menos sinceramente dedicados a alcançar esta meta em suas próprias vidas.

Para tanto é preciso que se crie uma estrutura ideal a fim de que os instrutores de meditação possam receber uma formação completa no que diz respeito à prática e ao entendimento teórico da Meditação Transcendental.

Para este fim planejou-se uma academia de meditação a ser construída no sopé dos Himalaias, às margens do rio sagrado Ganges, onde as pessoas do mundo todo serão treinadas sob condições ideais para a meditação. Mas seria ainda melhor se academias semelhantes fossem construídas em cada continente.

---

18 Veja na pág. 46.

2. Para que o ensinamento seja transmitido ao nível do processo natural de evolução do indivíduo é necessário que o ensinamento seja transmitido segundo a tendência natural dos indivíduos. Quaisquer que sejam as inclinações naturais dos indivíduos, elas não devem ser perturbadas, pois este é o caminho de sua evolução. Deve-se permitir que eles sejam o que são, façam o que gostam, e permitir que não façam o que não gostam. Se o ensinamento fosse de tal forma que trouxesse a cada indivíduo a satisfação de seus desejos, tendências, inclinações e modos de vida através da Meditação Transcendental, então ela não só será rapidamente aceita pelas pessoas como também promoverá nelas uma melhora, certamente trazendo-lhes um grande impulso no caminho de sua evolução. A técnica de ensinar a Meditação Transcendental às pessoas é descobrir a que elas aspiram na vida, descobrir o que elas querem conquistar, quais são seus desejos, e então falar-lhes dos benefícios da Meditação Transcendental em termos de seus desejos, necessidades e aspirações na vida.

Se a Meditação Transcendental é ensinada às pessoas em termos de suas aspirações na vida, então certamente estará de acordo com seu nível de evolução e regulará suas vidas segundo as leis naturais. Desta forma, a Meditação Transcendental colocará todo o fluxo de suas vidas em sintonia com a natureza e, sem grande demora, a harmonia da vida se tornará a harmonia de toda a natureza, do Universo.

3. A pureza do sistema deve ser mantida, a qualquer custo, geração após geração, pois a eficácia está na pureza do ensinamento. Além de ser necessário dar aos instrutores uma formação completa sobre as práticas e a teoria da Meditação Transcendental, é também necessário que ela seja transmitida às pessoas em seu estado puro. Para manter a pureza desse sistema parece ser preciso encontrar professores em todas as partes do mundo e que tenham um local onde trabalhar. Centros de meditação, templos da evolução humana deveriam ser construídos em toda parte do mundo para que os professores dedicados à difusão da Meditação Transcendental continuem a atuar, geração após geração, com facilidade e conforto.

4. Para manter o ensinamento, geração após geração, por todos os tempos, parece ser necessário que a prática desta meditação passe a ser parte integrante da rotina diária das pessoas. Ela deve entrar no esquema de vida, deve tornar-se um modo de vida. Para tanto parece necessário que se construam santuários de silêncio em meio aos ruidosos centros comerciais das grandes cidades para que as pessoas, antes de chegarem ao trabalho e depois de completarem as tarefas do dia, possam entrar em salas silenciosas de meditação, mergulhar fundo em si mesmas e ser beneficiadas por meditações profundas, regulares e sem interrupções. Além dos centros de meditação silenciosos em meio às áreas ruidosas das cidades, parece ser também necessário construir tais centros de meditação silenciosos nos locais de veraneio para onde as pessoas se deslocam nos fins de semana a fim de descansar um ou dois dias. Ali poderiam ter longas horas de meditação profunda, voltando para casa com espírito, inteligência e energia renovados.

Na realidade o aspecto prático do plano de emancipação da humanidade, geração após geração, está na construção de um centro mundial para treinamento de líderes espirituais e na construção de salas silenciosas de meditação em meio a centros comerciais em cidades e capitais do mundo todo, bem como nos locais de veraneio.

Esperamos que os amantes da vida e os que querem bem à humanidade coloquem-se à altura da ocasião de iniciar um programa de construção destes locais silenciosos para trazer uma mensagem prática de paz e harmonia na vida ao mundo inteiro.

Para manter a pureza do sistema é extremamente necessário que as organizações tenham locais próprios. A história das diversas religiões mostra que são os templos, igrejas, mesquitas e pagodes que conservaram a voz de sabedoria dos mestres das várias religiões. Se não fosse por estes grandes edifícios, a mensagem teria se perdido há muito tempo. Certamente as estruturas em si mesmas não têm nenhum significado na manutenção da pureza da tradição, mas elas são uma forte salvaguarda. Não são os prédios que perpetuarão a mensagem, mas eles serão locais fixos de onde a mensagem será transmitida às pessoas, geração após geração. Em tempo de necessidade, especialmente se alguns dos professores começarem a ficar fracos em seu entendimento e o ensinamento começar a se perder e a se tornar incapaz de manter os grandes efeitos do método, então estes edifícios permanentes ficarão como símbolo da mensagem. E, embora os edifícios em si não possam transmitir a mensagem eficientemente de geração a geração, eles na verdade falam silenciosamente da existência de um método útil para a libertação da humanidade.

É como se os edifícios servissem de casa para a ideologia. São necessários corpo e mente para ter-se uma personalidade eficaz. Sem o corpo não se localizará o espírito e, sem o espírito, o corpo não pode funcionar. Portanto, o espírito da mensagem será o estado de realização ou evolução dos instrutores e a pureza do sistema. O corpo da mensagem serão estes edifícios e os livros que serão preservados e ajudarão a preservar o espírito da mensagem.

5. Se a mensagem pretende ser transmitida de geração em geração, ela deve calcar-se na tendência de massa de cada geração. Verifica-se que a opinião geral e as tendências das pessoas vão sempre mudando de tempos em tempos. Houve uma época em que as religiões guiavam o destino das pessoas, mas, quando a mensagem da religião deixou de trazer paz e harmonia interior e uma via direta para a realização de Deus, então as pessoas perderam a fé. Quando a religião se reduz a ritual e dogma somente, a mente humana, em sua busca de encontrar um verdadeiro entendimento da vida, volta-se para a filosofia, a busca da verdade sobre uma base intelectual, e as religiões dogmáticas perdem importância e naturalmente são relegadas ao segundo plano da consciência de massa.

Até cinquenta ou cem anos atrás as religiões tinham poder sobre as pessoas, sobre a consciência de massa. Quando as religiões perderam seu domínio, os movimentos metafísicos, ou o estudo comparado das várias religiões, passaram a predominar e a consciência de massa apoiou-se nos estudos metafísicos. Quando a metafísica, apesar de todos os seus esforços para descrever a realidade, não pôde oferecer nenhuma fórmula prática para a realização da verdade metafísica abstrata, a mente humana quis voltar-se para outra coisa.

O estudo da filosofia continuou a interessar muitos integrantes da sociedade, mas a consciência de massa acordou para a política. Com o advento da ideologia democrática, a consciência de massa embrenhou-se nos eventos diários das questões políticas de seus respectivos países. Numa democracia pretende-se que cada homem se governe e, à medida que os governos democráticos foram se tornando cada vez mais predominantes, a consciência política passou a dominar a vida das pessoas. As pessoas começaram a procurar a realização da vida na plataforma política. A política não é um campo que oferece uma fórmula adequada para a realização da vida individual. No entanto, hoje é uma época em que parece predominar a política na consciência de massa. Tudo o que acontece no campo político recebe ampla publicidade, as pessoas falam a respeito, isto atrai a atenção de todas as nações. Certamente os tempos estão mudando num ritmo acelerado, e não está longe o dia em que a consciência política será substituída pela consciência econômica.

A economia já começou a influenciar o destino da política em muitos países. Isto mostra que o ensino da Meditação Transcendental deveria basear-se na consciência de massa de qualquer época em particular. E, vista destas fases mutáveis da consciência de massa nas diversas épocas, parece lógico que o nível do ensino da Meditação Transcendental não deveria ser rígido e restrito a algum nível específico por todos os tempos. A estratégia de sua propagação deverá aceitar a mudança no nível da consciência de massa a qualquer tempo para que ela possa ser facilmente ensinada a todas as pessoas em todas as gerações.

Em qualquer tempo e lugar em que a religião domina a consciência de massa, a Meditação Transcendental deve ser ensinada em termos da religião. Em qualquer tempo e lugar em que domine o pensamento metafísico na consciência da sociedade, a Meditação Transcendental deverá ser ensinada em termos metafísicos, abertamente dirigida para a realização do pensamento metafísico vigente. Em qualquer tempo e lugar em que a política dominar a consciência de massa, a Meditação Transcendental deverá ser ensinada em termos da política e a partir da plataforma da política, visando trazer realização às aspirações políticas daquela geração. Em qualquer tempo e lugar em que a economia domine a consciência de massa, a Meditação Transcendental deverá ser ensinada do nível da economia, visando trazer realização às aspirações e objetivos econômicos daquela época.

Hoje, quando a política guia o destino da humanidade, o ensinamento deve ser baseado fundamentalmente no campo da política e complementarmente no plano da economia. Desta forma, será muito mais fácil espalhá-lo em todos os países e fazê-

-lo não só popular como acessível a todas as pessoas em todo lugar. Quando, após alguns anos, a economia preponderar, a principal plataforma para o ensino deverá ser o campo da economia, e a política deverá servir então como plataforma secundária, e os campos da metafísica e da religião, como uma terceira plataforma.

Portanto, basicamente, o ensino da meditação deveria basear-se naquele aspecto da vida que num dado momento guia o destino da consciência de massa.

Qual a forma adequada para a atual geração?

Ao que parece, no momento, a Meditação Transcendental deveria ser oferecida às pessoas através de agências governamentais. Esta não é uma época em que qualquer esforço para perpetuar uma ideologia nova e útil pode ter sucesso sem a ajuda dos governos. Os governos dos países democráticos são os detentores da fé e da boa vontade de seu povo. Os líderes dos governos são os representantes do povo dos diversos países e todo líder deseja naturalmente fazer algo de bom para aqueles a quem representa. Portanto, esta meditação, que é um meio de trazer o máximo bem para todo indivíduo, certamente será aceita por sua verdade e seu valor por todos os líderes dos diferentes governos e, através deles, será fácil e eficazmente propagada no mundo inteiro.

Em vista dos grandes benefícios da Meditação Transcendental nos campos da saúde, educação, bem-estar social, e também para as vidas dos prisioneiros em casas de detenção e dos delinquentes desorientados, é de extrema utilidade que a Meditação Transcendental seja ensinada às pessoas através dos órgãos governamentais da saúde, educação, bem-estar social e justiça. Ela deveria ser uma prática adotada pela profissão médica, por professores e catedráticos nas escolas e faculdades, por assistentes sociais trabalhando para melhorar o comportamento das pessoas em sociedade e por todos aqueles que querem bem à vida em todos os campos.

Portanto, o plano adequado à emancipação de toda a humanidade, geração após geração, está no treinamento de professores evoluídos de Meditação Transcendental, construindo-se santuários silenciosos, próprios para a meditação, levando-a a cada indivíduo com base em suas necessidades e sua natureza, encontrando vários meios e modos de propagá-la de acordo com a consciência dos tempos.

A manutenção da pureza do ensinamento ajudará as pessoas de todos os tempos a reduzir sofrimentos, faltas e ignorância e introduzirá uma nova era para uma nova humanidade desenvolvida em todos os valores da vida – físico, mental, material e espiritual –, possibilitando ao homem viver uma vida de plenitude estabelecido na eterna liberdade da consciência de Deus. A paz e a prosperidade de todos os povos estará assegurada por sua consciência desenvolvida e seu status em valores mais elevados de vida. Nos planos familiar, social, nacional e internacional as realizações serão máximas e o homem viverá naturalmente realizado, geração após geração.

ANEXO A

Realizações de Maharishi

Uma Visão de 44 Anos Por Todo o Mundo – 1957 a 2001

SUA SANTIDADE MAHARISHI MAHESH YOGI, fundador do programa da Meditação Transcendental e do Movimento de Regeneração Espiritual mundial (**1957**); introduziu a pesquisa no campo da consciência e trouxe à luz sete estados de consciência (**1957-67**); criou uma nova ciência – a Ciência da Consciência, a Ciência da Inteligência Criativa® – e treinou dois mil professores desta nova ciência (**1972**) [agora são quarenta mil]; descobriu a Constituição do Universo – o potencial avivado do Ṛk Veda em toda a Literatura Védica (**1975**); celebrou o Alvorecer da Era da Iluminação com base na descoberta do *Efeito Maharishi* (**1975**).

Maharishi criou um Governo Mundial da Era da Iluminação com sua soberania no domínio da consciência e autoridade no poder invencível da Lei Natural (**1976**); introduziu o programa MT-Sidhis e a experiência de bem-aventurança borbulhante no Voo Yôguico para criar suprema coordenação mente-corpo no indivíduo e coerência na consciência mundial (**1976**); formulou a Teoria Absoluta Maharishi de Governo, Teoria Absoluta Maharishi de Educação, Teoria Absoluta Maharishi de Saúde, Teoria Absoluta Maharishi de Defesa, Teoria Absoluta Maharishi de Economia, Teoria Absoluta Maharishi de Administração, e Teoria Absoluta Maharishi de Lei e Ordem para elevar cada área da vida à perfeição (**1977**); trouxe à luz o comentário do Ṛk Veda, *Apaurusheya Bhāshya*, como a estrutura autogeradora e autoperpetuadora da consciência (**1980**); organizou a Literatura Védica, por séculos dispersa, como a literatura de uma ciência perfeita – Ciência e Tecnologia Védica de Maharishi (**1981**).

Maharishi trouxe à luz o pleno potencial do Āyur-Veda, Gandharva Veda, Dhanur-Veda, Sthāpatya Veda e Jyotish para criar uma família de nações livre de doenças e de problemas (**1985**); formulou seu Plano Mestre para Criar o Céu na Terra para a reconstrução de todo o mundo, interior e exterior (**1988**); revelou a Ciência Política Suprema para introduzir "Automação na Administração" e criar políticas livres de conflito e um governo livre de problemas em todos os países; inspirou a formação de um novo partido político, o Partido da Lei Natural, em um número sempre crescente[1] de

---

1 Agora, em 2001, o Partido da Lei Natural está ativo em 85 países.

países por todo o mundo para enriquecer e apoiar a lei nacional com a Lei Natural, e desta forma promoveu um procedimento prático para realizar sua Teoria Absoluta de Governo (**1992**); inaugurou Rām Rāj Global – Administração através da Lei Natural (**1993**).

Maharishi descobriu o Veda e a Literatura Védica na fisiologia humana, estabelecendo a grande unidade de toda a diversidade material da criação – de todas as ciências e de todas as religiões (último trimestre de **1993**). Isto anunciou solenemente o Alvorecer da Civilização Védica, civilização baseada no conhecimento puro e no infinito poder organizador da Lei Natural – vida de acordo com a Lei Natural – onde ninguém sofre; todos desfrutarão a glória eterna de Deus – Céu na Terra.

Maharishi estabeleceu e continua a estabelecer Universidades Védicas Maharishi, Universidades de Maharishi Āyur-Veda e Faculdades de Medicina Védica Maharishi por todo o mundo para oferecer maestria sobre a Lei Natural em todos os níveis da educação – do jardim de infância ao Ph.D. – para todas as pessoas e para perpetuar a vida de acordo com a Lei Natural – perfeição em cada profissão – e criar um governo baseado na Lei Natural e livre de problemas em todos os países – governos com a habilidade de prevenir problemas (**1993-94**).

Maharishi introduziu programas para prevenção nos campos da saúde e segurança, para criar uma vida nacional saudável e um escudo invencível de defesa para o país, ao introduzir programas orientados para a prevenção do Maharishi Āyur-Veda[SM] – Medicina Védica Maharishi[SM] – para saúde perfeita, e ao introduzir o programa para uma ALA PREVENTIVA nas forças armadas de cada país para impedir o nascimento de um inimigo simplesmente ao treinar uma pequena percentagem dos militares na Tecnologia Védica de Defesa – programas da Meditação Transcendental e MT-Sidhis, incluindo o Voo Yôguico (**1994**).

Em **1995**, Maharishi estabeleceu a Maharishi University of Management nos EUA, Japão, Holanda e Rússia para eliminar os problemas de administração e melhorar a saúde, criatividade e boa fortuna da administração em toda a parte.

Introdução do conhecimento da Lei Natural em todos os campos da administração trará realização na direção evolucionária para cada área de interesse humano.

O Programa Maharishi de Revitalização Empresarial[SM] está agora sendo introduzido em empresas dos EUA, Europa, Índia e Austrália para restaurar lucratividade e vitalidade a indústrias em dificuldades, e para melhorar o desempenho de organizações bem-sucedidas.

A Maharishi University of Management oferece programas práticos para prevenir e eliminar problemas da administração pública, ao trazer o apoio da Lei Natural à lei nacional.

Em agosto de **1995**, Maharishi anunciou um Curso de Treinamento de Liderança Política para apresentar a líderes de todos os partidos políticos os princípios e programas cientificamente comprovados de administração perfeita através da Lei Natural para atingir o ideal de uma política livre de conflitos e um governo livre de problemas.

Apenas três semanas após, a Assembleia Estadual de Madhya Pradesh, Índia, aprovou com unanimidade um Projeto de Lei estabelecendo a MAHARISHI MAHESH YOGI VEDIC VISHWA-VIDYĀLAYA (Universidade Védica Maharishi) no Estado de Madhya Pradesh.

Maharishi Mahesh Yogi Vedic Vishwa-Vidyālaya oferecerá a cada cidadão de Madhya Pradesh o conhecimento total da Lei Natural como disponível no Veda e na Literatura Védica. Maharishi declarou que esta Universidade Védica ensinará uma única matéria – Ātmā, o Ser –, e assim esta Universidade oferecerá o "FRUTO DE TODO CONHECIMENTO" para todas as pessoas.

"Fruto de todo conhecimento" significa que a inteligência criativa total do Ser está plenamente desperta em todos os níveis da vida – intelecto, mente, sentidos, comportamento e meio ambiente. Significa que os relacionamentos da pessoa com os outros e também com toda a Vida Cósmica – Sol, Lua, planetas e estrelas, que foram identificados como os Correspondentes Cósmicos da fisiologia humana – estão equilibrados e harmoniosos, e que o infinito poder organizador da Lei Natural está espontaneamente disponível para todo o campo do pensamento, fala e ação da pessoa.

O "fruto de todo conhecimento" pode ser colocado à disposição de todas as pessoas porque:

1. A natureza básica de Ātmā, o Ser, é pleno despertar puro – Consciência Transcendental – conhecimento puro, poder e bem-aventurança; e todas as correntes da criação não são nada além de expressões de Ātmā – o oceano ilimitado do campo imanifesto da consciência –, o Ser de todas as pessoas.
2. Os *insights* de Maharishi na natureza do Ser, ou Ātmā, de todas as pessoas; a emergência e evolução da Lei Natural dentro do oceano de conhecimento puro, poder e bem-aventurança; as estruturas holísticas e específicas da Lei Natural disponíveis nos sons da Literatura Védica; o comentário de Maharishi sobre o Ṛk Veda, *Apaurusheya Bhāshya*; e a belamente estruturada Ciência Védica, "Ciência Védica de Maharishi^{SM}" – a Ciência e Tecnologia da Consciência – a ciência mais completa, plenamente desenvolvida e perfeita, que inclui as duas abordagens, a abordagem objetiva da ciência moderna e a abordagem subjetiva da Ciência Védica, a abordagem da consciência – todas estas belas dádivas do conhecimento para toda a humanidade estão emergindo como os raios nascentes do Alvorecer da Era da Iluminação, que Maharishi inaugurou em 1975.

Em outubro de **1995**, médicos de muitos países adotaram uma resolução para estabelecer Faculdades Médicas Maharishi em seus países para tornar completa a educação médica, eliminar os perigos da medicina moderna e solucionar a crise atual na atenção à saúde.

Estas faculdades médicas oferecerão os mais altos padrões de treinamento médico moderno, suplementados pela mais recente compreensão da fisiologia humana em termos das estruturas de inteligência holísticas e específicas disponíveis nos 40 valores da Literatura Védica.

Para atualizar o conhecimento de médicos praticantes, Institutos Maharishi de Educação Médica de Pós-Graduação estão sendo estabelecidos em conjunto com Faculdades Médicas Maharishi em países por todo o mundo, incluindo os EUA, Índia, Japão, Reino Unido e Austrália.

Em dezembro de **1995**, em uma celebração internacional de dois dias na Universidade Védica Maharishi, Holanda, com o renomado visitante Dr. Mukesh Nayak, Ministro de Educação Superior, Governo de Madhya Pradesh, Maharishi indicou Ṛk Veda Salaxan-Ghan-Vidwān Samba Dixit Agni Hotri para ser o Vice-Reitor da Maharishi Mahesh Yogi Vedic Vishwa-Vidyālaya em Madhya Pradesh.

No primeiro trimestre de **1996**, Maharishi iniciou as ações para estabelecer Escolas, Faculdades e Universidades Védicas Maharishi em Madhya Pradesh ao:

1. Treinar professores da Ciência Védica de Maharishi, que são aqueles que têm a habilidade de oferecer o Conhecimento Total: experiência de Ātmā, o Ser, e compreensão desta experiência através do Veda – avivando esta experiência de Conhecimento Total e seu infinito poder organizador na consciência de todas as pessoas e dentro da fisiologia de todas as pessoas.
2. Adquirir instalações de ensino em todas as partes de cada cidade e em cada grande *panchayat* de cada distrito.

Em julho de **1996**, no Dia de Lua Cheia (Guru Pūrnimā), Maharishi inaugurou um programa para estabelecer uma Administração Global através da Lei Natural. E em 12 de janeiro de **1997**, inaugurou o "Ano da Administração Global", estabelecendo uma Administração Global com 12 Capitais de Fuso Horário à volta do mundo, para aproveitar plenamente a administração da Lei Natural centrada no Sol, fonte da vida, cuja influência na Terra muda de mês a mês, criando as diferentes estações, e constantemente mantendo a natureza evolucionária da Lei Natural para toda a vida em toda parte.

Isto forneceu uma nova filosofia de administração, oferecendo novos princípios e programas para enriquecer a lei nacional em todos os países com a influência nutridora da Lei Natural.

A Administração Global Maharishi através da Lei Natural focaliza em todas as áreas da administração, mas tem foco principal na aplicação da Lei Natural nos campos da educação e saúde – Conhecimento Total, "fruto de todo conhecimento" – iluminação – e saúde perfeita para todos. Isto tornará espontaneamente a administração livre de problemas, pois todos os problemas têm sua base na falta de educação apropriada e na má saúde.

Com o estabelecimento da Administração Global Maharishi através da Lei Natural, a administração através da lei nacional em cada país começará a experimentar uma diminuição de problemas na administração, e os governos adotando os programas da Administração através da Lei Natural começarão a experimentar apoio da Lei Natural – elevação da dignidade de sua soberania, autossuficiência e invencibilidade.

O treinamento de Administradores Globais nas Universidades Maharishi de Administração e Universidades Védicas Maharishi está a caminho para elevar a administração governamental através da lei nacional ao mesmo nível da administração perfeita do Governo da Natureza através da Lei Natural, para que cada país se eleve acima dos problemas, e cada governo adquira a habilidade de realizar seu papel paternal para toda a população.

O despertar mundial no campo da atenção à saúde acontece por um lado por causa da consciência da grande inadequação da atenção à saúde e dos perigos da medicina moderna, e por outro lado pelo surgimento de um novo sistema de atenção à saúde – a Abordagem Védica de Maharishi à Saúde – o sistema completo e perfeito de prevenção e cura de doenças, que lida com a saúde a partir do campo da inteligência interior do corpo, de onde a Lei Natural cria a fisiologia e a administra.

A Abordagem Védica de Maharishi à Saúde está sendo apreciada por médicos em todo o mundo, e está crescendo a esperança de que algum dia teremos um mundo livre de doenças e sofrimento através da Abordagem Védica de Maharishi à Saúde e da Ciência Védica de Maharishi, que é o conhecimento oferecido pela Universidade Védica Maharishi para todas as pessoas e todos os países para viver uma vida digna de ser vivida – vida em iluminação.

Como uma realização do primeiro trimestre de **1997**, é uma alegria mencionar o estabelecimento do Conselho Médico Védico Maharishi na Índia, e a Associação Médica Védica Maharishi em outros países, com a participação de centenas de eminentes médicos em cada país. A Associação Médica Védica Maharishi está oferecendo os princípios e programas de saúde perfeita através da Abordagem Védica de Maharishi à Saúde.

A Abordagem Védica de Maharishi à Saúde tem estado disponível para todo o mundo através da Telemedicina Védica Maharishi na Internet (www.vedic-health.com). Isto lançou a campanha global de Maharishi para eliminar a doença crônica como primeiro passo para criar um mundo iluminado e livre de doença.

Maharishi também introduziu um novo aspecto de sua Abordagem Védica à Saúde, o Programa de Alívio Instantâneo para Doenças Crônicas – Tecnologia de Vibração Védica Maharishi^SM – uma abordagem não-médica para avivar a inteligência interior do corpo e restabelecer um estado equilibrado de saúde.

A Tecnologia de Vibração Védica Maharishi, usando o antigo conhecimento e tecnologia do Som Védico – os valores de som fundamentais da Lei Natural que estruturam a fisiologia humana – provou quão rápido e sem esforço é possível transformar um estado de desordem fisiológica em um estado de funcionamento ordenado da fisiologia.

Outra realização deste primeiro trimestre de **1997** foi o estabelecimento da Empresa de Construção Global Maharishi em muitos países para reconstruir o mundo à luz dos "Princípios Védicos de Construção" – construção de acordo com a Lei Natural (Maharishi Sthāpatya Veda^SM – Vāstu Vidyā^SM), que dá importância à orientação e direção para alinhar qualquer construção (ou qualquer cidade média ou grande, ou país) e a atividade dentro dela em harmonia com a harmonia cósmica eterna do universo galáctico.

Assim, a aplicação de todas as 40 áreas da Lei Natural foi projetada e programada, e uma bela fundação para um mundo saudável e iluminado foi alcançada no primeiro trimestre de **1997**.

O Fundo Maharishi de Desenvolvimento Global foi inaugurado no Dia de Lua Cheia de 20 de julho de **1997**, em Vlodrop, Holanda, na presença de Sua Santidade Maharishi Mahesh Yogi.

O propósito do Fundo Maharishi de Desenvolvimento Global é de recriar o mundo como o Céu na Terra nesta geração através do avivamento da inteligência total da Lei Natural – Veda e Literatura Védica – na consciência e fisiologia de cada indivíduo e na consciência coletiva de cada país, para que todos sintam, "Eu estou vivendo no Céu", e o mundo será perpetuamente unido em uma Aliança Global para a Paz Mundial. Para atingir esta grande meta, o Fundo apoiará:

- A reconstrução de todo o mundo de acordo com os princípios da Arquitetura Védica em harmonia com a Lei Natural, para criar *Vāstus* ideais: construções ideais que promovem a boa fortuna, saúde e felicidade de todas as pessoas.
- A construção na Índia, a Terra do Veda, de muitos *Vāstus – campi* perfeitos para 8.000 Maharishi Vedic Vishwa Prashāsaks – Pandits Védicos Voadores Yóguicos – para criar coerência na consciência mundial e paz na Terra.

Como o Fundo será inexaurível, ele apoiará a economia mundial para o enriquecimento contínuo da vida, geração após geração.

Pode-se apenas maravilhar-se com as realizações do terceiro trimestre de 1997, que iniciou a ação para realizar os programas de reconstrução global no quarto trimestre.

Em 11 de outubro de **1997**, Dia de *Vijaya Dashami* – Dia da Vitória – em meio à maior comunidade financeira no mundo, na cidade de Nova York, EUA, o Fundo

Maharishi de Desenvolvimento Global celebrou a primeira fase de sua influência global para reconstruir o mundo com base num orçamento projetado de 100 bilhões de dólares.

Durante o primeiro trimestre de **1998**, para criar uma Índia ideal e invencível, Maharishi introduziu os princípios e programas de administração perfeita para o povo da Índia ao introduzir um novo partido político, o Partido Ajeya Bharat, seguindo as linhas do Partido da Lei Natural, o partido político de mais rápido crescimento na família das nações.

O Partido Ajeya Bharat, baseado na administração perfeita do Governo da Natureza, promove a Abordagem Védica à Administração, que utiliza a inteligência total da Lei Natural para elevar cada área da vida nacional indiana acima de problemas e sofrimento para criar uma Índia Ideal e Invencível.

Em 6 de fevereiro de 1998, Maharishi homenageou o Professor Tony Nader, médico e Ph.D., por sua pesquisa sobre o Veda na fisiologia humana, que revelou que a consciência é a inteligência estruturadora e o conteúdo básico de todas as estruturas fisiológicas na criação. Como recompensa por sua pesquisa, o Professor Tony Nader recebeu seu peso em ouro.

Esta descoberta da correspondência um-a-um entre a estrutura do Veda eterno e a estrutura e função da fisiologia humana declarou ao mundo que é praticamente possível efetivar todas as possibilidades na vida diária através da Educação Védica; Saúde Védica; Administração Pública Védica; Indústria Védica; Economia Védica; Administração de Empresas Védica; Defesa Védica; Lei, Justiça e Reabilitação Védica; Arquitetura Védica; e Agricultura Védica. Ela provou que o "indivíduo é Cósmico", e que a saúde perfeita pode ser alcançada através da Abordagem Védica à Saúde – a abordagem da consciência à saúde; que a saúde perfeita é realizável, o sofrimento pode ser eliminado, e cada nação pode elevar-se para ser saudável, rica e sábia; e que a família das nações pode junta desfrutar paz perpétua na Terra.

Em 10 de junho de **1998**, Maharishi inaugurou Maharishi Veda Vision – o Canal Maharishi – como a expressão do desejo natural dos sábios através das eras em criar perfeição na vida e eliminar totalmente o sofrimento – para trazer a alegria do "Céu na Terra" para todas as pessoas e todas as nações no mundo.

O Canal Maharishi é um fluxo moderno da antiga Sabedoria Védica para a perfeição na vida, e transformação de um mundo guiado pelo estresse e sofrimento para um cada vez mais brilhante mundo de saúde, riqueza e felicidade.

O Canal Maharishi está trazendo o conhecimento eterno da Lei Natural para todos os lares[2], e está avivando a realidade de que a vida humana é a expressão do

---

2   Em julho de 1998, um curso sobre a Educação Baseada na Consciência de Maharishi foi oferecido pela primeira vez em sua totalidade na Internet (www.ideal-ed.org/). O curso de estudo à distância

conhecimento total da Lei Natural; que cada pessoa pode tornar-se "Cósmica" através da Educação Baseada na Consciência, Educação Védica; que cada pessoa pode adquirir a habilidade de usar seu pleno potencial criativo e ser apoiada por todas as Leis da Natureza; e que cada pessoa pode viver sua criatividade ilimitada para sucesso e realização infinitos na vida diária.

Este Canal Maharishi único expandiu-se rapidamente em uma rede global de oito satélites de transmissão, e a Universidade Aberta Maharishi foi inaugurada em 12 de agosto de **1998**, levando o conhecimento total da Lei Natural a todos os países, transmitindo em 20 línguas diferentes a partir da Universidade Védica Maharishi na terra da TOTALIDADE, Holanda[3].

A Universidade Aberta Maharishi apresentou o campo total da Sabedoria Védica em seu primeiro "Curso de Conhecimento Total". Agora, nos cursos que se seguem, a aplicação deste Conhecimento Total será usada para elevar cada profissão no mundo hoje a um nível mais alto de perfeição. O Conhecimento Total será revelado em cursos sobre Administração de Empresas, Administração Pública, Ciência Política Suprema, Defesa Védica, Relações Internacionais Védicas, Direito Védico (Lei Natural ou *Kanune Kudrat*), Administração Védica de Saúde, Arquitetura Védica, Agricultura Védica e programa Maharishi Jyotish[SM].

A colocação da pedra fundamental do Centro Mundial para o Ensinamento Védico e da Maharishi Vedic Vishwa Prashāsan Rājadhān – a Capital Mundial da Administração Global Maharishi através da Lei Natural – ocorreu no Brahma-Sthān (ponto central da Lei Natural) da Índia a 6 de novembro de **1998**.

Este edifício mais alto do mundo elevará a Sabedoria Védica a sua mais alta dignidade, irradiará paz perpétua na Terra e será o centro nutridor de Sabedoria Védica para oferecer o conhecimento supremo para a perfeição na vida para todas as 12 Capitais de Fuso Horário da Administração Global Maharishi através da Lei Natural – Maharishi Vedic Vishwa Prashāsan – para rapidamente trazer o benefício da Sabedoria Védica para todos os povos do mundo.

Este Centro Mundial de Sabedoria Védica treinará Eruditos Védicos que irradiarão uma influência de paz, harmonia e felicidade, trazendo o apoio da Lei Natural igualmente para todos na Terra para sempre.

---

    pela Internet "Vivendo em Sintonia com a Lei Natural" foi desenhado para jovens e suas famílias e apresentou aos estudantes os princípios básicos da Abordagem Védica de Maharishi à Saúde. Este e outros cursos na Internet sobre a Ciência Védica de Maharishi foram desenvolvidos em resposta a demandas dos pais que desejavam ter em seus lares o conhecimento usado de forma bem-sucedida nas escolas Baseadas na Consciência de Maharishi em todo o mundo.

3   Nota do tradutor: Maharishi criou um jogo de palavras, associando a palavra "Wholeness", totalidade em inglês, com "Holland", Holanda, que em inglês soa de forma semelhante a "Whole".

Durante o primeiro trimestre de **1999**, Maharishi restabeleceu por toda a Índia, em pequenos vilarejos e cidades, o "sistema de um Guruji", de acordo com a tradição de Educação Védica, dando a oportunidade a milhares de estudantes de adquirir Conhecimento Total e perpetuar a vida de acordo com a Lei Natural em suas famílias, sociedade e nação.

Por meio do sistema "um Guruji", o mesmo professor leva os mesmos estudantes através das séries superiores ano após ano. Tanto o professor quanto os estudantes crescem em estados superiores de consciência, e o Guruji também recebe graduações superiores em educação da universidade, com o resultante crescimento em status profissional, econômico e social.

Para estender a influência nutridora da Índia a todos os países, grandes grupos de Pandits Védicos estão sendo estabelecidos em todas as partes da Índia. A tarefa da Índia Védica é anular as forças destrutivas das políticas britânicas e americanas da OTAN, ao elevar a influência nutridora Védica na Índia e na consciência mundial.

A inspiração de Maharishi em tornar cada país um "País da Paz Mundial", e seu convite a cada governo para declarar seu país um "País da Paz Mundial", levou à inauguração, em 20 de março de **1999**, do "País Maharishi[4] da Paz Mundial".

No País Maharishi da Paz Mundial, a primeira sessão da Corte Internacional de Justiça será celebrada no Parlamento da Paz Mundial no Dia de *Vijaya Dashami* – o "Dia da Invencibilidade para Todas as Nações".

O "Dia da Vitória" da Índia, Dia de *Vijaya Dashami*, 19 de outubro de **1999**, também será celebrado como o "Dia da Invencibilidade para Todas as Nações" em todos os países onde Palácios da Paz começarão a ser construídos a partir deste dia.

Acima de todas as coisas, as realizações de Maharishi de **1999** são a realização suprema dos sábios através das eras – uma fórmula científica objetivamente derivada para trazer perfeição a todos os homens com base na Lei Natural – *Veda Vani, Guru Vani, Kanune Kudrat* – a herança comum de toda a humanidade – a eterna Constituição do Universo, o Veda e a Literatura Védica.

É este potencial total da Lei Natural, a herança comum de toda a humanidade, que é a base da estrutura e função da fisiologia humana; e por causa deste campo inerente de todas as possibilidades dentro do ADN de cada célula da fisiologia humana, e por causa da Tecnologia Maharishi da Lei Natural, que sendo uma Tecnologia de Consciência pode estimular todo o campo da criatividade humana dentro do cérebro humano, cada pessoa pode adquirir a habilidade de conhecer tudo, fazer tudo de forma espontaneamente correta, e alcançar tudo através do apoio da Lei Natural.

---

4   Uma ilha de 600 acres localizada na Baía de Todos os Santos, na costa do Brasil, perto da cidade de Salvador, Bahia.

Esta visão de um futuro homem plenamente desenvolvido e plenamente iluminado, e um mundo em paz é a realização de **1999** – o Terceiro Ano da Administração Global de Maharishi Através da Lei Natural – Ano de Maharishi da Invencibilidade para Todas as Nações.

O próprio início do Movimento Mundial de Meditação Transcendental de Maharishi teve um único verso do Ṛk Veda como base – uma única palavra, "*Parame Vyoman*", uma única *Ṛichā*, "*Ṛicho Ak-kshare parame vyoman yasmin Devā adhi vishwe nisheduḥ*".

Este verso único e eterno do Ṛk Veda foi descoberto como a fonte, ou nascente, da inteligência. O campo mais básico de inteligência, Consciência Transcendental, de onde emergem todos os campos de conhecimento, todas as teorias da ciência moderna – Física, Química, Matemática, Fisiologia, Agricultura, Arte, Astronomia, Administração de Empresas, Informática, Economia, Educação, Engenharia Elétrica, Justiça, Literatura, Música, Ciência Política, Psicologia e Estatística.

Isto apresentou a possibilidade de criar-se um homem perfeito, uma sociedade perfeita e um mundo perfeito caracterizados por autossuficiência e invencibilidade.

Maharishi inaugurou o Quarto Ano de Sua Administração Global através da Lei Natural: Ano da Sociedade Afluente Perfeitamente Saudável em 12 de janeiro de **2000**, para levar o conhecimento da perfeição na vida humana a cada lar e para eliminar a pobreza na vida de cada pessoa, para que todos possam desfrutar o potencial criativo cósmico total da vida.

Em 16 de julho de **2000**, Maharishi celebrou o *Swarṇ-Jayantī* (Jubileu de Ouro Cósmico) de seu Mestre, Guru Dev, Sua Divindade Brahmānanda Saraswatī – 50 anos desde que recebeu de Guru Dev a inspiração para restaurar a civilização Védica no mundo. Maharishi inaugurou uma celebração por todo o mundo de balançar nas ondas de bem-aventurança para desfrutar a grande bênção de Guru Dev – um mundo Védico onde cada pessoa se eleve a seu status Cósmico em consciência superior, experimente o desabrochar de nobres qualidades e bem-aventurança, e receba o pleno apoio da Lei Natural para cada aspiração que tenha. No nível coletivo, a civilização Védica significa administração através da Lei Natural, criando um mundo livre de doença e pobreza, um mundo desfrutando paz perpétua e vida celestial.

Em 7 de outubro, *Vijaya Dashami*, Dia da Vitória, Maharishi inaugurou o País Global da Paz Mundial – *Vishwashanti Rastra* – e convidou todos os benfeitores da humanidade a se tornarem seus cidadãos e coletivamente realizarem as aspirações dos fundadores de cada nação por paz permanente, um mundo iluminado e o estabelecimento do Céu na Terra.

A iminente chegada desta era dourada Védica foi vista por Maharishi na coroação, em **12 de outubro**, de Sua Majestade Rei Nader Raam como *Vishwa Prashāsak*, o Primeiro Regente Soberano do País Global da Paz Mundial. Esta coroação, junto com o *Rājyābhishek* (cerimônia de posse) desempenhado pelos Pandits Védicos durante os cinco dias seguintes, trouxe ao mais alto nível de realização a celebração de Maharishi do Jubileu de Ouro de Guru Dev.

No sexto dia de coroação, **17 de outubro**, Rei Nader Raam anunciou o estabelecimento de seu Gabinete de 40 Ministros, cada um apoiado dela total Constituição do Universo, e por um valor específico dos 40 aspectos do Veda e da Literatura Védica.

Em 12 de janeiro de **2001**, enquanto inaugurava o Ano do País Global da Paz Mundial, Maharishi alegremente proclamou sua satisfação de que o propósito de seu Movimento Mundial fora realizado – uma nova ordem mundial de afluência e paz para toda a raça humana.

Em 14 de janeiro, Rei Nader Raam instalou os Ministros-Chefes de seu Gabinete – aqueles cientistas, artistas e administradores que têm a visão clara da sua própria identidade autorreferente como *Ātmā* – seu próprio Ser cósmico.

Em 24 de janeiro de **2001**, Sua Majestade Rei Nader Raam e seu Gabinete do País Global da Paz Mundial mergulharam nas águas do *Sangam* – a confluência dos rios sagrados Ganges, Yamuna e Saraswati em Prayag (Allahabad), Índia. Sua Santidade Maharishi Mahesh Yogi inspirou Rei Nader Raam a levar seu Gabinete para um mergulho, explicando que o mergulho no Sangam significa o mergulho de Kā (o valor de ponto) em Ā (ilimitação). Seu significado é o mergulho vertical dentro de *Parame Vyoman* – o campo transcendental – criando ondas horizontais em expansão de *Ānand* (Bem-Aventurança) na superfície da vida.

ANEXO B

Maharishi no Mundo Hoje

Sua Santidade Maharishi Mahesh Yogi é amplamente reconhecido como o cientista mais avançado no campo da consciência e é considerado como o maior mestre no mundo hoje.

Sua Ciência e Tecnologia Védica, que revela o pleno potencial da Lei Natural na consciência humana como a base para melhorar todas as áreas da vida, é considerada como o programa mais eficaz de desenvolvimento humano.

Sua técnica da Meditação Transcendental é o programa mais amplamente praticado e extensivamente pesquisado de autodesenvolvimento no mundo.

Mais de 600 estudos científicos conduzidos durante os últimos 44 anos em mais de 200 universidades e instituições de pesquisa independentes em 28 países validaram os profundos benefícios do programa da Meditação Transcendental de Maharishi para o indivíduo e para a sociedade, incluindo saúde, educação, negócios[1], indústria, reabilitação, defesa, agricultura e governo.

Mais de 5 milhões de pessoas em todas as partes do mundo e de todos os estilos de vida praticam o programa da Meditação Transcendental de Maharishi. Quarenta mil professores do programa da Meditação Transcendental foram treinados até agora, e mais estão continuamente sendo treinados.

Além disso, mais de 100.000 pessoas aprenderam o programa MT-Sidhis[SM] e estão diariamente praticando o "Voo Yôguico", um programa avançado da Meditação Transcendental que amplia enormemente todos os benefícios trazidos pela Meditação Transcendental, e cria uma influência altamente purificadora na consciência mundial.

Maharishi realizou centenas de Assembleias da Paz Mundial em todos os continentes durante os últimos 44 anos, com muitos milhares de pessoas reunindo-se para criar coerência na consciência mundial através da prática em grupo dos programas da Meditação Transcendental e MT-Sidhis, incluindo o Voo Yôguico.

---

1 O Programa de Desenvolvimento Empresarial de Maharishi[SM] é o mais eficaz programa disponível para criar administração e indústria livres de estresse; para criar executivos e empregados livres de estresse; e para promover criatividade, produtividade, saúde e bem-estar na indústria. Centenas de corporações e empresas por todo o mundo têm aumentado sua produtividade e lucros, e têm melhorado a saúde, criatividade e bem-estar de seus executivos e empregados através do Programa de Desenvolvimento Empresarial de Maharishi.

Em 1986, com base no crescimento do *Efeito Maharishi* – coerência na consciência mundial resultante de suas Assembleias da Paz Mundial – Maharishi inaugurou seu programa para criar paz mundial ao estabelecer um grupo permanente de 7.000 Cientistas Védicos na Maharishi Ved Vigyān Vishwa Vidyā Peeth, em Maharishi Nagar, Índia, para criar coerência na consciência coletiva numa base permanente através da prática em grupo dos programas da Meditação Transcendental e MT-Sidhis.

Como um resultado do crescente *Efeito Maharishi* na consciência mundial produzido por milhões de pessoas praticando o programa da Meditação Transcendental por todo o mundo, e através das Assembleias da Paz Mundial de Maharishi em todas as partes do mundo, a paz mundial está crescendo para ser uma realidade permanente.

Durante os últimos 44 anos, Maharishi estabeleceu uma organização com mais de 1.200 centros em 108 países.

Centenas de livros foram publicados sobre os ensinamentos de Maharishi. Eles foram traduzidos em muitas línguas e distribuídos globalmente.

Maharishi é uma das personalidades mais registradas em imagens de vídeo na história. Há mais de 14.000 horas de gravações de palestras de Maharishi em fitas de vídeo e áudio na biblioteca internacional de fitas e filmes de Maharishi.

Maharishi restaurou completamente a Literatura Védica, dispersa por milhares de anos, no significado total de sua teoria e prática, e organizou-a na forma de uma ciência completa da consciência.

O programa da Meditação Transcendental é a tecnologia subjetiva da Ciência Védica da Consciência de Maharishi.

A Ciência e Tecnologia Védica de Maharishi é uma ciência e tecnologia completa da consciência; é a ciência e tecnologia completa da vida, capaz de elevar todos os aspectos da vida à perfeição.

A possibilidade prática de criar-se a qualidade suprema da vida na Terra – Céu na Terra – através da Ciência e Tecnologia Védica de Maharishi tem sido amplamente verificada durante os últimos 44 anos pela pesquisa científica, que documenta os benefícios em cada aspecto da vida – fisiologia, psicologia, sociologia e ecologia. Também foi substancialmente verificada pela experiência pessoal, e pela autenticidade da antiga e tradicional Literatura Védica.

As realizações globais destes 44 anos, com base no conhecimento testado, inspiraram Maharishi a lançar um programa global para criar o Céu na Terra de acordo com a Lei Natural.

O Projeto Céu na Terra clama pela reconstrução do mundo inteiro, interior e exterior. A Corporação de Desenvolvimento Maharishi Céu na Terra foi estabelecida como uma organização global para criar o Céu na Terra.

O conhecimento de Maharishi, Ciência e Tecnologia Védica de Maharishi, a eterna Constituição do Universo de Maharishi, que está presente em toda parte, e a abordagem simples de Maharishi para que todos desfrutem a vida de acordo com a Lei Natural são a fundação da ação global de Maharishi para criar o Céu na Terra e perpetuá-la para todas as gerações futuras.

O reviver da Sabedoria Védica através da Ciência e Tecnologia Védica de Maharishi e o estabelecimento da Universidade Védica Maharishi, Universidade de Āyur-Veda Maharishi, e a Universidade Maharishi de Administração em muitos países oferece o conhecimento perfeito da Lei Natural que continuará guiando para sempre a humanidade no caminho da perfeição – vida diária em plena sintonia com a Lei Natural.

Um resumo de toda a pesquisa científica sobre os programas da Meditação Transcendental e MT-Sidhis revela que o desdobrar sequencial do conhecimento puro e seu infinito poder organizador revelou a experiência da consciência pura, deu lugar a estados superiores de consciência e purificou a consciência mundial. E isto ficou evidenciado pelas crescentes ondas de realizações do Movimento de Maharishi por todo o mundo durante os últimos 44 anos.

O clamor de Maharishi aos governos e sua oferta de uma fórmula prática para todos os governos colocarem-se em aliança[2] com o Governo da Natureza, para adquirir o apoio[3] do Governo da Natureza e ganhar a habilidade de nutrir e satisfazer todas as pessoas, é tão único e sem precedentes em milhares de anos de histórias de lutas dos governos que provavelmente a liderança política do mundo, trabalhando sob estresse e tensão, não pode acreditar que o apoio da Natureza pudesse ser adquirido de maneira sistemática e científica por todos.

Tendo percebido que é possível libertar os governos de problemas e desenvolver neles a habilidade de prevenir problemas, Maharishi decidiu estabelecer[4] um Governo Global da Lei Natural, com sua sede em todos os países.

O efeito do Governo da Lei Natural será o de elevar a administração dos governos existentes através da lei nacional à dignidade da Administração Global através da Lei Natural.

No contexto da Teoria Absoluta de Governo, é suficiente mencionar o ideal[5] de governo disponível no Governo Global da Lei Natural. No entanto, é necessário mencionar que o relacionamento[6] do governo de cada país com o Governo Global

---

2 1990 – Ano de Maharishi da Aliança com o Governo da Natureza.
3 1991 – Ano de Maharishi do Apoio do Governo da Natureza.
4 Em 1976, Maharishi inaugurou o Governo Mundial da Era da Iluminação. A Administração de Maharishi através da Lei Natural – Rām Rāj Global – celebrada em 12 de janeiro de 1993, desenvolveu sua estrutura organizacional em 1996, no Dia de Guru Pūrnimā, quando Maharishi estabeleceu a Administração Global através da Lei Natural, materializando o conceito do Governo Mundial de Maharishi da Era da Iluminação.
5 Este é o ideal do Partido da Lei Natural em 85 países (sempre crescendo).
6 Cada bandeira nacional tremulará com a bandeira cósmica do Governo Global de Maharishi da Lei Natural.

de Maharishi da Lei Natural será tão elevador e nutridor para todos os governos no mundo, que todo Chefe de Estado desfrutará o pleno apoio da Lei Natural. E seu governo desfrutará a habilidade de prevenir problemas e dará substância à nova definição de governo oferecida pela Teoria Absoluta de Governo de Maharishi.

O programa prático de Maharishi é para silenciosamente[7] estabelecer a vida de acordo com a Lei Natural sem necessitar qualquer mudança em qualquer área da administração existente, que está baseada na constituição nacional do país.

Esta iniciativa global para mudar irrevogavelmente o curso do tempo em favor de paz e felicidade para toda a humanidade coloca Maharishi no mais supremamente elevado nível de administração, que supera a sabedoria ou habilidade administrativa de qualquer administrador soberano no mundo que a história já tenha registrado.

O estabelecimento da Administração Global[8] de Maharishi através da Lei Natural guiará a qualidade administrativa de todos os governos na direção da perfeição,

---

7   Maharishi percebeu a intensidade da ignorância prevalecente na liderança política do mundo. Em seu espírito desesperado para salvar o mundo do sofrimento, ele finalmente decidiu produzir o efeito independentemente dos governos.
    Ele decidiu que os governos, funcionando de acordo com as constituições feitas pelo homem, completamente ignorantes sobre a eterna Constituição da Lei Natural, não são capazes de entender as propostas, planos e programas para criar administração perfeita através do apoio da Lei Natural. Ele decidiu tomar um caminho autossuficiente que de nenhuma forma dependesse dos governos.
    Maharishi decidiu criar o Governo Global da Lei Natural para tornar todos os governos realmente governos soberanos em seus próprios países. E para silenciosamente elevar a eficiência de cada governo ao nível do Governo da Natureza, e assim concretizar o propósito do governo de cada país.
    Um despertar global sobre o fracasso dos governos em toda a parte, e uma demanda global da imprensa mundial por algo novo no campo da política, atraiu Maharishi ao campo da política.
    Maharishi foi movido pela lógica de que os sistemas democráticos prevalecentes no mundo convidam a todos a entrar no governo e servir a nação através de seu conhecimento e habilidade.
    A descoberta da Constituição do Universo dentro da fisiologia humana ofereceu uma fundação bem sólida e força ao programa político global de Maharishi para transformar o campo da política e estabelecer o reinado da Lei Natural em todas as partes do mundo.
    Cada político responsável em cada país deve agora se virar para o caminho real da Administração através da Lei Natural (que já está silenciosamente administrando a atividade de todos os sistemas e estruturas do corpo). E isto significará que o governo nacional silenciosamente receberá o pleno apoio da Lei Natural, e que a positividade e harmonia prevalecerão na consciência nacional.
    Haverá uma política livre de conflitos e um governo livre de problemas. A energia nacional não será desperdiçada em oposições de partidos políticos, e toda a inteligência nacional será usada para o progresso.
8   Maharishi estabeleceu formalmente a estrutura organizacional da "Administração Global de Maharishi através da Lei Natural" no Dia de Guru Pūrnimā, 30 de julho de 1996.
    "É um grande, grande deleite para mim que eu tenho a chance agora, após Pūjā a Guru Dev, de expressar a todos vocês, para o mundo de todos os tempos, o estabelecimento desta organização global, que foi estabelecida com as bênçãos de Guru Dev, como o Prasād de Guru Pūjā.

para que cada governo funcione em sintonia com a administração absoluta do universo, o Governo da Natureza, que é universalmente nutridora para toda a vida. O Ṛk Veda coloca esta habilidade suprema de liderança nas mãos de *Brahm*, a Realidade Suprema:

यतीनां ब्रह्मा भवति सारथिः

Yatīnām Brahmā bhavati sārathīh

(Ṛk Veda; 1.158.6)

Brahmā, o potencial total do conhecimento puro e seu infinito poder organizador – a Constituição do Universo avivada, Lei Natural – se torna o condutor de toda a atividade.

O Ṛk Veda indica suprema capacidade administrativa àquela qualidade autorreferente da consciência, o potencial total da Lei Natural – *Brahm*.

O potencial total da Lei Natural conduz a atividade daqueles que identificaram sua inteligência com o infinito poder organizador da inteligência pura no nível da consciência autorreferente.

Cada guardião da Teoria Absoluta de Governo de Maharishi terá acesso a esta enorme inteligência e poder em sua própria consciência autorreferente, em sua própria Consciência Transcendental, em sua própria fisiologia[9].

Esta organização global estabelecerá administração através do Conhecimento Védico para o governo e oferecer invencibilidade ao governo, paz e felicidade para o povo, e dará soberania nutridora a todas as nações soberanas.

Agora, através desta organização global, eu estou convidando todos os governos que estiveram vivendo sob a influência de outras nações, a desfrutar verdadeira liberdade – nenhum país livre em meu mundo deve ser dependente de nenhum outro país: 'Adquira este conhecimento da Lei Natural, avive a Lei Natural em seu povo, avive a Lei Natural na consciência coletiva de sua nação, e você será o guardião da Lei Natural'.

Eu estou dizendo isto a todos os governos: 'Você manterá o equilíbrio de poder no mundo, mesmo se você é um pequeno país. Enquanto você for um país livre, enquanto você tiver o poder de fazer leis, enquanto você tiver uma moeda, estabeleça este centro de Conhecimento Total – BrahmaSthān – no centro de seu país, e como o conhecimento tem poder organizador, com a bem-aventurança do Conhecimento Total – Brahmānanda – avivada em seu país, o infinito poder organizador da Lei Natural estará a seu comando – você manterá autoridade na família das nações – você manterá o equilíbrio de forças no mundo'.

Minha organização global que está sendo estabelecida hoje é para dar soberania, verdadeira invencibilidade – autoridade irrestrita de soberania – para todos os governos." – Maharishi

9 Ver Anexo D.

O Ṛk Veda, a Constituição do Universo, será avivada no coração de todas as pessoas, e através de um grupo de Voadores Yóguicos, uma influência invencível de harmonia e paz será gerada na consciência nacional, que influenciará toda a consciência coletiva do mundo. *Efeito Maharishi* invencível – positividade e harmonia – será mantido na consciência mundial, geração após geração.

Maharishi no mundo hoje é uma figura cósmica cuidando do bem-estar de toda a humanidade e estabelecendo um sistema para perpetuar a vida de acordo com a Lei Natural, o acalentado ideal de todo governo.

É de duvidar-se que possa haver uma inteligência administradora maior que esta disponível no mundo hoje na forma de Maharishi, tornando a vida na Terra celestial, e tornando o Céu na Terra uma realidade.

Maharishi atribui suas realizações a Shrī Guru Dev, Sua Divindade Brahmānanda Saraswatī Jagadguru Bhagwān Shankarāchārya de Jyotir Math, Himalaias – a mais ilustre personificação da Sabedoria Védica na tradição eterna dos Mestres Védicos.

Durante os últimos 44 anos, a pureza da consciência mundial tem crescido de forma estável; a vida de acordo com a Lei Natural tem crescido de forma estável.

Traz grande satisfação que, com o desabrochar desta Teoria Absoluta de Governo, o mundo está testemunhando os sinais de um novo despertar em todos os campos na direção de realização.

Agora é o tempo para o mundo testemunhar a plena glória da vida de acordo com a Lei Natural – para experimentar a plena dignidade da vida em paz, prosperidade e felicidade, com iluminação e realização na vida diária.

Isto é Maharishi no mundo hoje, um silencioso guardião de todas as nações. Através de seu brilho no campo do conhecimento e administração, todo governo tem agora a oportunidade de realizar o supremo propósito de governo.

ANEXO C

Visão Geral da Pesquisa Científica sobre os Programas da *Meditação Transcendental e MT-Sidhis de Maharishi*, Incluindo o Voo Yôguico

A pesquisa científica sobre os programas da Meditação Transcendental e MT-Sidhis de Maharishi documenta os resultados de sua prática, apresentando os benefícios para o indivíduo e para a sociedade.

Mudanças fisiológicas produzidas durante a prática da técnica da Meditação Transcendental incluem relaxamento profundo e um alto grau de ordenação no funcionamento cerebral. Como resultado da prática continuada da técnica, desenvolve-se o potencial mental, o comportamento social torna-se mais eficaz e recompensador, a saúde melhora e irradia-se uma influência harmoniosa e nutridora para toda a sociedade.

Quando aplicada em diferentes áreas da sociedade, a técnica da Meditação Transcendental desenvolve excelência acadêmica e uma alta qualidade de vida; melhora a produtividade, a saúde e a satisfação no trabalho; melhora o comportamento e reduz a reincidência entre prisioneiros; e aumenta as tendências positivas na sociedade.

Efeitos benéficos foram encontrados no nível nacional e global quando esta tecnologia é praticada por grande número de pessoas. Mesmo um por cento da população praticando a técnica da Meditação Transcendental, ou raiz quadrada de um por cento da população praticando o programa MT-Sidhis do Voo Yôguico juntos em um só local, produz uma influência de ordenação e coerência no ambiente, refletida pela melhor qualidade de vida e diminuição das tendências negativas na sociedade e no mundo.

Maharishi explica que sozinha esta tecnologia simples é capaz de produzir tal extraordinário alcance de benefícios, pois ela aviva o nível mais básico da existência, conhecido na antiga Ciência Védica desde tempos imemoriais como Samhitā – o campo supremo de unidade – que ao interagir consigo mesmo dá lugar às inúmeras correntes da Lei Natural na criação. Este campo foi recentemente vislumbrado pela Física moderna em suas Teorias do Campo Quântico Unificado. A partir deste nível, tudo no universo é apoiado e nutrido. Criar uma influência de coerência na consciência mundial a partir deste nível pode tornar cada nação autossuficiente e perpetuar a paz mundial, como o Efeito Maharishi na consciência mundial já alcançou a paz mundial (A rivalidade entre as superpotências terminou em 1988).

Mais de 600 estudos científicos sobre o programa da Meditação Transcendental foram conduzidos por pesquisadores em mais de 214 instituições de pesquisa independentes, incluindo Escola de Medicina de Harvard, Universidade de Princeton, Escola de Medicina de Stanford, Universidade de Chicago, Escola de Medicina da Universidade de Michigan, Universidade da Califórnia em Berkeley e Universidade da Califórnia em Los Angeles, EUA; Universidade de York, Canadá; Universidade de Edinburgh, Escócia; Universidade de Lund, Suécia; Universidade de Groningen, Holanda; Universidade de New South Wales, Austrália; e Instituto de la Rochefoucauld, França.

Estudos foram publicados em muitos dos principais periódicos científicos, incluindo *Science, Lancet, Scientific American, American Journal of Physiology, International Journal of Neuroscience, Experimental Neurology, Electro-encephalography and Clinical Neurophysiology, Psychosomatic Medicine, Journal of the Canadian Medical Association, American Psychologist, British Journal of Educational Psychology, Journal of Counseling Psychology, The Journal of Mind and Behavior, Academy of Management Journal, Journal of Conflict Resolution, Perceptual and Motor Skills, Criminal Justice and Behavior, Journal of Crime and Justice, Proceedings of the Endocrine Society, Journal of Clinical Psychiatry, e Social Indicators Research.*

Muitos estudos foram apresentados em conferências científicas profissionais, e outras fizeram parte de dissertações de doutorado preparadas sob orientação de comitês de teses em importantes universidades.

A maioria das pesquisas foi reunida em seis volumes (totalizando 4.000 páginas) de pesquisas científicas sobre os programas da Meditação Transcendental e MT-Sidhis, incluindo o Voo Yôguico.

Estes seis volumes[1] documentam os benefícios da Tecnologia Védica de Maharishi – a Tecnologia do Campo Unificado da Lei Natural, a Tecnologia da Consciência Transcendental –, ao apresentar os resultados nas principais áreas de interesse humano: educação, saúde, governo, defesa, reabilitação, agricultura e negócios.

No campo da educação: Extensa pesquisa científica e 40 anos de experiência em escolas e universidades por todo o mundo validam os benefícios da Tecnologia Védica de Maharishi – os programas da Meditação Transcendental e MT-Sidhis.

As descobertas incluem: maior inteligência e criatividade; melhor habilidade de aprendizagem, memória e realizações acadêmicas; melhor percepção e coordenação mente-corpo; maior autoconfiança e autoestima; compreensão mais abrangente e maior habilidade de focalização; níveis mais elevados de julgamento moral; melhora na saúde mental e física; etc.

---

1 MERU (Publicação da Maharishi European Research University Press: *Scientific Research on Maharishi's Transcendental Meditation and TM-Sidhi Program, Collected Papers.*)

No campo da saúde: A pesquisa científica comprovou repetidamente a eficácia da Tecnologia Védica de Maharishi – os programas da Meditação Transcendental e MT-Sidhis – para melhorar a saúde individual e coletiva.

As descobertas incluem: menor necessidade de tratamento médico; redução marcante de custos com atenção à saúde; redução dos fatores de risco para doenças, incluindo redução da pressão arterial alta, diminuição do colesterol sérico, redução do fumo e do uso de álcool e drogas; proteção contra efeitos tóxicos de radicais livres, que são associados com envelhecimento e com quase 80% de todas as doenças; redução eficaz do estresse; maior resistência ao estresse; prevenção do envelhecimento e aumento da longevidade; melhor saúde mental e bem-estar; melhor saúde coletiva para todo o país; redução do crime, acidentes e outros fatores negativos; e aumento das tendências positivas em todas as áreas da sociedade.

No campo do governo: Pesquisa científica com a Tecnologia Védica de Maharishi – os programas da Meditação Transcendental e MT-Sidhis – mostraram que esta tecnologia reduz rapidamente as tendências negativas na sociedade, incluindo o crime, doenças, acidentes, turbulência social e conflitos, e promove tendências positivas como melhor desempenho econômico e governamental.

Além disso, a pesquisa mostra que a Ciência Védica de Maharishi desenvolve todas as habilidades necessárias para uma administração pública eficiente.

Como todo governo é basicamente governado pela consciência coletiva da população, é vital para todo governo criar e manter uma influência invencível de coerência, positividade e harmonia na vida nacional.

Manter a consciência nacional integrada é a chave para uma administração bem-sucedida. Isto é praticamente possível ao manter-se um grupo equivalente à raiz quadrada de um por cento da população praticando os programas da Meditação Transcendental e MT-Sidhis no país.

Este grupo de Voadores Yóguicos, criando o Efeito Maharishi no país, permitirá espontaneamente que o governo previna problemas. Um governo com a habilidade de prevenir problemas será o nível supremo de governo, que promoverá automação na administração.

Junto com este grupo único criador de coerência na capital de cada país – Grupo de Maharishi para um Governo – é recomendável introduzir a Ciência e Tecnologia Védica de Maharishi, o conhecimento completo da Lei Natural, em todos os níveis da educação.

No campo da defesa: A pesquisa científica mostrou repetidamente que a Tecnologia Védica de Maharishi – os programas da Meditação Transcendental e MT-Sidhis – reduz os conflitos domésticos e internacionais, melhora as relações internacionais e pode elevar assim a defesa de qualquer país ao nível de invencibilidade.

No campo da reabilitação: A pesquisa científica mostrou repetidamente que a Tecnologia Védica de Maharishi – os programas da Meditação Transcendental e MT-Sidhis – reabilita eficazmente os prisioneiros, reduz a reincidência e é imediatamente eficaz em reduzir o crime nos níveis municipais, estaduais e nacionais. Esta abordagem é o único método verificado sistematicamente para consistentemente reduzir o crime em toda a sociedade.

No campo da agricultura: A pesquisa científica descobriu que a Tecnologia Védica de Maharishi – os programas da Meditação Transcendental e MT-Sidhis – aumenta a criatividade, produtividade, inteligência e energia; desenvolve progressivamente estados superiores de consciência; e traz mais apoio da Natureza para o indivíduo.

Descobertas adicionais de importância para agricultores incluem adaptabilidade fisiológica, melhor saúde cardiovascular, maior eficácia, maior satisfação no trabalho, redução de acidentes e doenças, e melhora na qualidade de vida na sociedade.

A pesquisa também mostrou que técnicas sustentáveis de agricultura resultam em alimento mais fresco e puro, produzem colheitas tão grandes ou maiores que as com os métodos atuais, reduzem o custo de produção, reduzem custos fiscais com a manutenção dos resultados da produção, reduzem custos ambientais, melhoram a lucratividade de longo-prazo, e reduzem a erosão. Além disso, reduzir os insumos químicos significa diminuir problemas de saúde.

Uma vez que agricultura significa concordar[2] com a inteligência cultivadora da Natureza, à medida que a inteligência dos agricultores meditantes torna-se mais e mais em sintonia com a Lei Natural, ele espontaneamente adquire o apoio da Natureza, e desfruta espontaneamente da síntese de tudo aquilo que tornará seu desempenho, a exploração agrícola, mais frutífero.

A Agricultura Védica Maharishi aviva o pleno potencial criativo da Lei Natural, as dinâmicas autointeragentes da Lei Natural, que é o campo eterno para "uma (semente) tornar-se muitas!"

No campo dos negócios e indústria: A pesquisa científica mostrou repetidamente que a Tecnologia Védica de Maharishi – os programas da Meditação Transcendental e MT-Sidhis – produz os seguintes benefícios: maior criatividade, levando a maior produtividade, eficiência e lucratividade; melhor desempenho no trabalho, e menor desemprego e inflação; melhor saúde de trabalhadores industriais; menor necessidade de cuidados médicos; redução do estresse, absenteísmo e custos com atenção à saúde; assim como melhora geral nas tendências econômicas nacionais e internacionais.

---

2   Nota do tradutor: Jogo de palavras de Maharishi: "*agri-culture*", agricultura em inglês. Maharishi considerando "*agri*" como "*agree*", concordar; "concordar" com a "cultura", com o "cultivo da Natureza".

Os programas da Meditação Transcendental e MT-Sidhis de Maharishi provaram ser enriquecedores e realizadores a todos os campos da vida.

Toda a pesquisa reunida estabelece cientificamente a confiabilidade da Ciência e Tecnologia Védica de Maharishi da Consciência. Ela é apoiada pelos princípios de todas as diferentes disciplinas da ciência moderna, validada por um grande corpo de pesquisa científica, apoiada pelo antigo Veda e Literatura Védica, e verificada pela experiência pessoal de milhões de pessoas por todo o mundo, e ainda pela crescente coerência na consciência coletiva e pela crescente positividade na consciência mundial.

Os resultados da aplicação da Tecnologia Védica da Consciência de Maharishi são tão convincentes que a emergência de uma melhor qualidade de vida em muitos países é agora reconhecida como resultado da prática coletiva dos programas da Meditação Transcendental e MT-Sidhis de Maharishi.

Um resumo de toda a pesquisa científica sobre os programas da Meditação Transcendental e MT-Sidhis de Maharishi revela como o desenvolvimento sequencial do conhecimento puro e seu infinito poder organizador, revelado pela experiência de consciência pura, dá lugar a estados superiores de consciência no indivíduo e purifica a consciência mundial. Isto foi evidenciado pelas crescentes ondas de realização durante os últimos 44 anos do Movimento de Maharishi em todo o mundo.

Efeito Maharishi

Em 1974 descobriu-se em quatro cidades nos Estados Unidos que quando o número de pessoas participando do programa da Meditação Transcendental alcançou um por cento da população da cidade, a tendência da crescente taxa de criminalidade foi revertida, indicando crescente ordem e harmonia na vida de toda a cidade.

Os cientistas da pesquisa nomearam este fenômeno de crescente coerência na consciência coletiva de toda a sociedade como *Efeito Maharishi*, em homenagem a Maharishi, que previu este efeito ainda em 1960[3], aproximadamente na época em que iniciou seu movimento mundial de Meditação Transcendental. Uma pesquisa envolvendo várias centenas de outras cidades subsequentemente replicou esta descoberta original.

O *Efeito Maharishi Ampliado*[4]: Em 1976, com a introdução do programa mais avançado da MT-Sidhis, um efeito mais poderoso era esperado. O primeiro grande teste

---

3   Agora, em 2001, o Efeito Maharishi é reconhecido como um requisito nacional para a administração bem-sucedida de qualquer governo.

4   Mais de 40 pesquisas científicas independentes nos níveis municipal, estadual, nacional e internacional confirmam que o *Efeito Maharishi*, o *Efeito Maharishi Ampliado* e o *Efeito Maharishi Global* melhoram a qualidade de vida na sociedade e as tendências da vida em todo o mundo.

da predição de Maharishi ocorreu em 1978, durante a Campanha Global de Maharishi da Sociedade Ideal em 108 países: a taxa de criminalidade reduziu-se em toda a parte. Esta pesquisa global demonstrou uma nova fórmula: a raiz quadrada de um por cento da população praticando os programas da Meditação Transcendental e MT-Sidhis pela manhã e à tarde juntos em um só local é suficiente para neutralizar tendências negativas e promover tendências positivas por toda a população. Este requisito mais reduzido – em muitos casos apenas algumas centenas de pessoas praticando a Tecnologia Védica de Maharishi dos programas da Meditação Transcendental e MT-Sidhis para colocar a vida de acordo com a Lei Natural para toda uma nação – permitiu que esta descoberta fosse repetidamente verificada nos níveis municipal, estadual e nacional.

O *Efeito Maharishi Global* foi criado quando Maharishi promoveu o Voo Yôguico em grandes grupos – aproximadamente a raiz quadrada de um por cento da população mundial.

Através do *Efeito Maharishi Global*, o "efeito de campo" foi testemunhado, fortalecendo tendências positivas e harmoniosas na consciência mundial.

A maior evidência deste efeito ocorreu quando a inimizade entre as duas superpotências (a União Soviética e os Estados Unidos) terminou em um amigável aperto de mãos em 1988.

O fenômeno do *Efeito Maharishi* (como o fenômeno do Efeito Meissner[5] na Física) descoberto por cientistas verificou repetidamente que a coerência na consciência coletiva, e positividade e harmonia na consciência nacional, são produzidas pela prática em grupo da técnica da Meditação Transcendental. Isto provou ser uma fórmula para criar paz mundial irreversível e o Céu na Terra – todo o bem para todos e o nenhum mal para ninguém – a base de uma sociedade coerente e integrada e um governo perfeito.

Com isto, o evangelho do sofrimento aceito por dois mil anos está assim chegando ao fim, e uma nova civilização está alvorecendo[6], a Civilização Védica de iluminação e realização.

Muitos experimentos cuidadosamente controlados sobre o *Efeito Maharishi* foram publicados em importantes periódicos científicos, como *Journal of Conflict Resolution, Journal of Crime and Justice, Social Indicators Research*, e *Journal of Mind and Behavior*.

---

5   Um princípio universal na Natureza é que sistemas coerentes internamente possuem a habilidade de repelir influências externas, enquanto sistemas incoerentes são facilmente penetrados pela desordem do exterior. Este princípio de invencibilidade é claramente ilustrado na física como o *Efeito Meissner*, e no funcionamento de uma nação como o *Efeito Maharishi*.
6   Maharishi inaugurou o Alvorecer da Era da Iluminação em 1975, com base na descoberta do *Efeito Maharishi*.

Estes estudos utilizaram os mais avançados e rigorosos projetos e metodologias estatísticas. Foram usados análise de impacto de avaliação de séries de tempo, um caso especial de análise de função de transferência Box-Jenkins, para avaliar de forma precisa o efeito de grandes grupos criadores de coerência sobre medidas sociais padronizadas da qualidade de vida em cidades, estados, países e no mundo.

Estes estudos demonstraram rigorosamente o poder do *Efeito Maharishi* a um grau de certeza sem paralelo nas ciências sociológicas, e mesmo nas ciências físicas. Assim, o *Efeito Maharishi* tem sido mais extensivamente documentado e completamente estabelecido do que qualquer outro fenômeno no campo da pesquisa científica. *O Efeito Maharishi em si mesmo prova a existência do Campo Unificado da Lei Natural e a habilidade do homem em operar a partir deste nível.*

O *Efeito Maharishi* está crescendo no mundo. A consciência mundial está sendo constantemente purificada. Já há um novo despertar de liberdade sendo testemunhado no mundo. A transformação dos valores políticos, sociais e econômicos está ocorrendo rapidamente em todo o mundo.

À medida que o *Efeito Maharishi* está purificando a consciência mundial, antigos princípios que estiveram guiando a vida na era da ignorância estão sendo substituídos por novos princípios que guiarão a vida na nascente Era da Iluminação.

Programa *MT-Sidhis* de Voo Yôguico

O Voo Yôguico é o fenômeno de um pensamento projetado a partir da Consciência Transcendental, o Campo Unificado da Lei Natural, o campo de todas as possibilidades. Este é o estado mais simples de consciência humana, consciência autorreferente, que é facilmente acessada através da Meditação Transcendental e avivada através do programa MT-Sidhis, que inclui o Voo Yôguico.

O Voo Yôguico demonstra a perfeita coordenação mente-corpo e está correlacionado com a coerência máxima no EEG, indicando máxima ordenação e integração do funcionamento cerebral. Mesmo no primeiro estágio do Voo Yôguico, quando o corpo se eleva em uma série de saltos, esta prática produz bem-aventurança borbulhante para a pessoa e gera coerência, positividade e harmonia para o ambiente.

A prática do Voo Yôguico coloca o indivíduo no controle do painel central de controle da Natureza, de onde a Lei Natural governa o universo inteiro. Daí, a pessoa pode comandar todos os canais da infinita criatividade da Natureza e o invencível poder organizador da Lei Natural. Uma ordem do primeiro-ministro comanda toda a autoridade e os recursos da nação para sua implementação. Da mesma forma, qualquer intenção projetada a partir do Campo Unificado da Lei Natural comanda o infinito poder organizador da Lei Natural para sua realização imediata.

Otimizando o Funcionamento do Cérebro através do Programa da *Meditação Transcendental* e *MT-Sidhis de Maharishi*

Criando o Efeito Maharishi – irradiando uma influência purificadora para neutralizar as tendências negativas na sociedade.

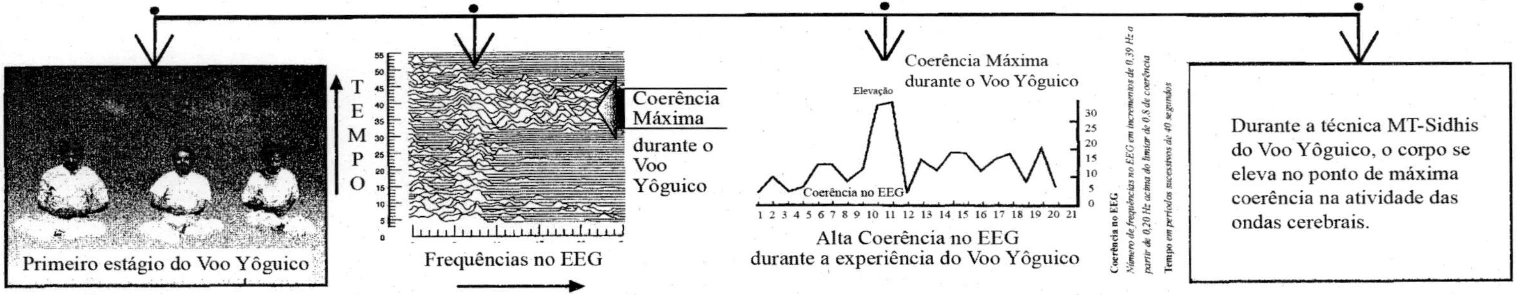

Primeiro estágio do Voo Yóguico

Frequências no EEG

Coerência Máxima durante o Voo Yóguico

Coerência Máxima durante o Voo Yóguico

Elevação

Coerência no EEG

Alta Coerência no EEG durante a experiência do Voo Yóguico

Número de frequências no EEG em incrementos de 1,39 Hz a partir de 0,20 Hz acima do limiar de 0,5 de coerência

Coerência no EEG.

Tempo em períodos sucessivos de 40 segundos

Durante a técnica MT-Sidhis do Voo Yóguico, o corpo se eleva no ponto de máxima coerência na atividade das ondas cerebrais.

O programa MT-Sidhis é uma nova fronteira no desenvolvimento do potencial humano. Avivar e ativar a Consciência Transcendental, e desenvolver o hábito de projetar espontaneamente o pensamento e ação a partir da forma mais simples da consciência, consciência pura, potencial total da inteligência, torna o pensamento e a ação mais naturais e, portanto, espontaneamente evolucionários. E assim abre o campo de todas as possibilidades para a realização de todo desejo. Aqui está a fórmula cientificamente comprovada para a iluminação – vida em realização.

Efeito Meissner

Um Exemplo de Invencibilidade na Física Quântica da Supercondutividade

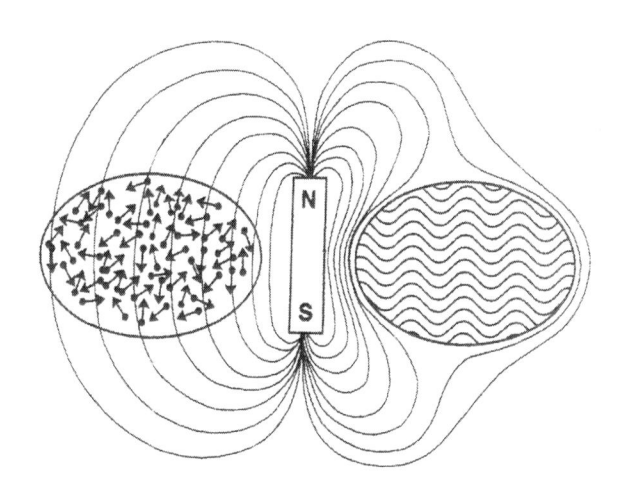

CONDUTOR COMUM
Em um condutor elétrico comum, elétrons incoerentes e desordenados permitem a penetração de um campo magnético externo.

SUPERCONDUTOR
Em um supercondutor, o funcionamento coletivo coerente dos elétrons exclui espontaneamente um campo magnético externo, e mantém sua condição impenetrável.

Este exemplo de invencibilidade não é único na natureza; fenômenos paralelos de invencibilidade podem ser encontrados em muitos aspectos das ciências físicas e biológicas. Em cada caso, percebe-se que a habilidade do sistema a resistir à desordem é sempre baseada no funcionamento coletivo coerente.

Efeito Maharishi

Criando uma Armadura Invencível para a Nação

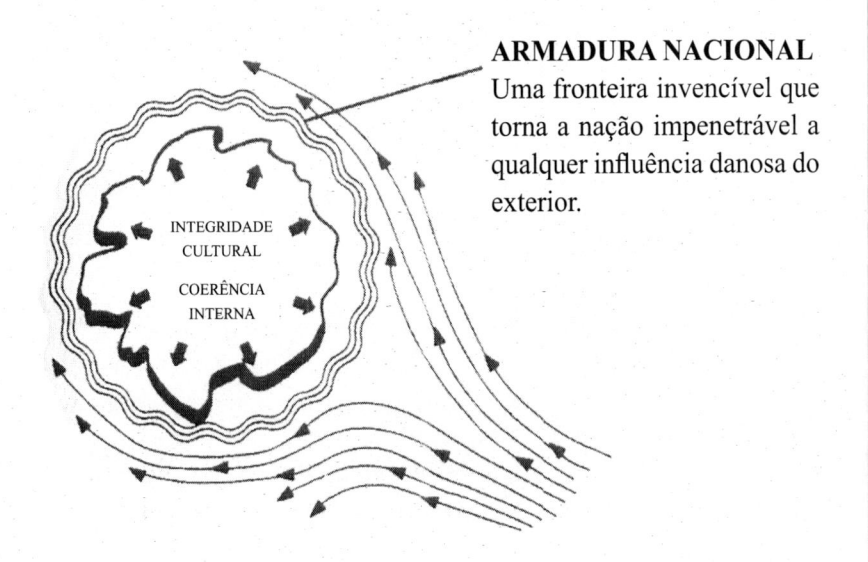

ARMADURA NACIONAL
Uma fronteira invencível que torna a nação impenetrável a qualquer influência danosa do exterior.

INTEGRIDADE CULTURAL

COERÊNCIA INTERNA

O *Efeito Maharishi* refere-se ao crescimento de harmonia na sociedade resultante da prática da Tecnologia Védica de Maharishi – a tecnologia da Lei Natural – por uma pequena fração da população. Quando a influência de coerência gerada por esta tecnologia atinge uma intensidade suficiente, uma consciência nacional integrada é criada. Isto por sua vez fortalece a integridade cultural da nação ao promover a vida de acordo com a Lei Natural. O resultado é o desenvolvimento de autossuficiência e uma armadura invencível para a nação, que automaticamente repele qualquer influência negativa vinda do exterior.

Assim, o estado integrado da consciência nacional criado pelo *Efeito Maharishi* produz um "Efeito Meissner" para a nação, tornando-a impenetrável à desordem externa.

O Voo Yôguico oferece uma demonstração prática da habilidade de projetar um pensamento a partir do Campo Unificado da Lei Natural, e desenvolve a habilidade de agir espontaneamente de acordo com a Lei Natural para a realização de qualquer desejo. O fenômeno do Voo Yôguico prova que através dos programas da Meditação Transcendental e MT-Sidhis, qualquer pessoa pode adquirir a habilidade de funcionar a partir da forma mais simples de sua própria consciência e pode desenvolver maestria sobre a Lei Natural.

ANEXO D

Descoberta do Veda e da Literatura Védica na Base da Fisiologia Humana: Aplicação do CONHECIMENTO TOTAL na SAÚDE

Mantendo uma Fisiologia Saudável Através da Atenção à Saúde Védica: Usando o Conhecimento Total da Lei Natural, o Veda, para Avivar a Inteligência Interior do Corpo e Produzir um Efeito Curador

do Professor Tony Nader, médico, Ph.D., recentemente coroado por Maharishi como Sua Majestade Rei Nader Raam, Primeiro Regente Soberano do País Global da Paz Mundial[1]

A inteligência interior do corpo está na base de cada aspecto da fisiologia humana. Com a descoberta das dinâmicas estruturadoras da Lei Natural – as vibrações de som do Veda e da Literatura Védica – na base das estruturas e funções da fisiologia, o avivamento da inteligência interior do corpo tornou-se agora prática.

A Literatura Védica oferece as dinâmicas estruturadoras da Lei Natural que criam as estruturas e funções de Leis da Natureza específicas a partir do campo holístico de inteligência. Estas Leis da Natureza específicas por sua vez criam as estruturas e funções específicas da fisiologia.

É afortunado que as dinâmicas estruturadoras da Lei Natural, como disponíveis nos 40 aspectos da Literatura Védica, foram identificadas como a inteligência criativa que estrutura cada aspecto da fisiologia[2].

Esta descoberta no campo da fisiologia, da conexão entre as estruturas da fisiologia e as estruturas da Literatura Védica (Sons Védicos), nos deu a oportunidade de manter uma fisiologia saudável ao se manter o despertar, ou alerta, da inteligência interior de cada aspecto da fisiologia. E isto é possível por meio da experiência do campo total de inteligência através da Meditação Transcendental, e da verificação das *experiências* através da Literatura Védica[3].

---

1 Ver Anexo A, "Realizações de Maharishi".
2 Esta descoberta é apresentada de forma completa no livro, *Fisiologia Humana – Expressão do Veda e da Literatura Védica: Ciência Moderna e Antiga Ciência Védica Descobrem a Estrutura da Imortalidade na Fisiologia Humana,* do Professor Tony Nader, médico, Ph.D.
3 esta descoberta é apresentada de forma completa no livro, *fisiologia humana – expressão do veda e da literatura védica: ciência moderna e antiga ciência Védica Descobrem a Estrutura da Imortalidade na Fisiologia Humana,* do Professor Tony Nader, médico, Ph.D.

A aplicação de qualquer aspecto da Literatura Védica avivará o valor correspondente da fisiologia. *Isto deu lugar a um programa prático, popularmente conhecido como "Tecnologia de Vibração Védica Maharishi"*[4]*, levando todas as pessoas a perceber seu Potencial Cósmico – o estado de saúde perfeita.*

O gráfico a seguir ilustra a correlação entre os 40 aspectos da fisiologia e os 40 aspectos da Literatura Védica[5].

---

4   Ver site na Internet: www.vedic-health.com/healing.
5   Esta descoberta é apresentada de forma completa no livro, *Fisiologia Humana – Expressão do Veda e da Literatura Védica: Ciência Moderna e Antiga Ciência Védica Descobrem a Estrutura da Imortalidade na Fisiologia Humana*, do Professor Tony Nader, médico, Ph.D.

Celebrando a Descoberta do Veda e da Literatura Védica na Base da Fisiologia Humana

Quarenta Qualidades de Inteligência na Base da Fisiologia Humana

Qualidades de Inteligência		Terminologia da Literatura Védica		Terminologia da Fisiologia Moderna
Qualidade HOLÍSTICA (SILÊNCIO DINÂMICO) de inteligência		Ṛk Veda		em **Toda a Fisiologia**
Qualidade de DESPERTAR FLUENTE de inteligência		Sāma Veda		nos **Sistemas Sensoriais – os "1.000 portões da percepção"**
Qualidade OFERENTE E CRIADORA de inteligência		Yajur-Veda		na fisiologia dos **Sistemas de Processamento**
Qualidade de TOTALIDADE REVERBERANTE em cada ponto de inteligência HOLÍSTICA		Atharva Veda		na fisiologia dos **Sistemas Motores**
Qualidade EXPRESSADORA de inteligência		Shikshā		na fisiologia dos **Gânglios Autônomos**
Qualidade TRANSFORMADORA de inteligência		Kalp		na fisiologia do **Sistema Límbico**
Qualidade EXPANDIDORA de inteligência		Vyākaraṇ		na fisiologia do **Hipotálamo**
Qualidade AUTORREFERENTE de inteligência		Nirukt		na fisiologia da **Glândula Pituitária**
Qualidade MEDIDORA e QUANTIFICADORA de inteligência	plenamente expressada no	Chhand	que por sua vez se expressa	na fisiologia dos **Neurotransmissores, Neuro-hormônios**
Qualidade TODO-CONHECEDORA de inteligência		Jyotish		na fisiologia dos **Gânglios Basais, Córtex Cerebral, Nervos Cranianos, Tronco Cerebral**
Qualidade DISTINGUIDORA e DECISÓRIA de inteligência		Nyāya		na fisiologia do **Tálamo**
Qualidade ESPECIFICADORA de inteligência		Vaisheshik		na fisiologia do **Cerebelo**
Qualidade ENUMERADORA de inteligência		Sāṁkhya		na fisiologia das **Células, Tecidos, Órgãos – Tipos e Categorias**
Qualidade UNIFICADORA de inteligência		Yoga		na fisiologia das **Fibras Associativas do Córtex Cerebral**
Qualidade ANALISADORA de inteligência		Karma Mīmānsā		na fisiologia do **Sistema Nervoso Central**
Qualidade de ABSOLUTO AVIVADO (TOTALIDADE VÍVIDA – SER) de inteligência		Vedānt		na fisiologia do **Funcionamento Integrado do Sistema Nervoso Central**
Qualidade INTEGRADORA e HARMONIZADORA de inteligência		Gandharva Veda		na fisiologia dos **Ciclos e Ritmos, Células Marca-Passo**
Qualidade INVENCÍVEL e PROGRESSIVA de inteligência		Dhanur-Veda		na fisiologia do **Sistema Imunológico, Bioquímica**
Qualidade ESTABELECEDORA de inteligência		Sthāpatya Veda		na fisiologia da **Anatomia**
Qualidade NUTRIDORA de inteligência		Hārīta Saṁhitā		na fisiologia dos **Sistemas Venoso e Biliar**

Celebrando a Descoberta do Veda e da Literatura Védica na Base da Fisiologia Humana
Quarenta Qualidades de Inteligência na Base da Fisiologia Humana

Qualidades de Inteligência		Terminologia da Literatura Védica		Terminologia da Fisiologia Moderna
Qualidade DIFERENCIADORA de inteligência		Bhel Samhitā		na fisiologia do Sistema Linfático e Células Gliais
Qualidade de EQUIVALÊNCIA de inteligência		Kāshyap Samhitā		na fisiologia do Sistema Arterial
Qualidade EQUILIBRADORA – que MANTÉM JUNTO e APOIADORA de inteligência		Charak Samhitā		na fisiologia do Núcleo Celular
Qualidade SEPARADORA de inteligência		Sushrut Samhitā		na fisiologia do Citoplasma e Organelas Celulares
Qualidade DE COMUNICAÇÃO e ELOQUÊNCIA de inteligência		Vāgbhatt Samhitā		na fisiologia do Citoesqueleto e Membrana Celular
Qualidade DIAGNOSTICADORA de inteligência		Mādhav Nidān Samhitā		na fisiologia das Células Mesodérmicas
Qualidade SINTETIZADORA de inteligência		Shārngadhar Samhitā		na fisiologia das Células Endodérmicas
Qualidade ILUMINADORA de inteligência		Bhāva-Prakāsh Samhitā		na fisiologia das Células Ectodérmicas
Qualidade de TRANSCENDER de inteligência		Upanishad		na fisiologia dos Tratos Ascendentes do Sistema Nervoso Central
Qualidade MOVEDORA de inteligência		Āranyak		na fisiologia do Fascículo Próprio
Qualidade ESTRUTURADORA de inteligência	plenamente expressada no	Brahmana	que por sua vez se expressa	na fisiologia dos Tratos Descendentes do Sistema Nervoso Central
Qualidade do DESABROCHAR DA TOTALIDADE de inteligência		Itihās		na fisiologia das Projeções Sensoriais e Motoras Voluntárias
Qualidade ANTIGA e ETERNA de inteligência		Puran		na fisiologia da Grande Rede Intermediadora
Qualidade de MEMÓRIA de inteligência		Smriti		na fisiologia dos Sistemas de Memória e Reflexos
Qualidade da TOTALIDADE TODO-PERMEANTE de inteligência		Rk Veda Prātishākhya		na fisiologia da Camada Plexiforme – Comunicação Horizontal *Córtex Cerebral Camada 1*
Qualidade SILENCIADORA, COMPARTILHADORA e ESPALHADORA de inteligência		Shukl-Yajur-Veda Prātishākhya		na fisiologia das Fibras Córtico-corticais *Córtex Cerebral Camada 2*
Qualidade DESDOBRADORA de inteligência		Atharva Veda Prātishākhya		na fisiologia das Fibras Córtico-estriais, -tectais, -espinhais *Córtex Cerebral Camada 5*
Qualidade DISSOLVEDORA de inteligência		Atharva Veda Prātishākhya *(Chaturadhyāyī)*		na fisiologia das Fibras Córtico-talâmicas e Córtico-claustrais *Córtex Cerebral Camada 6*
Qualidade ONIPRESENTE de inteligência		Krishn-Yajur-Veda Prātishākhya *(Taittirīya)*		na fisiologia das Fibras Comissurais e Córtico-corticais *Córtex Cerebral Camada 3*
Qualidade de IMANIFESTAR AS PARTES, MAS MANIFESTAR O TODO de inteligência		Sāma Veda Prātishākhya *(Pushpa Sūtram)*		na fisiologia das Fibras Tálamo-corticais *Córtex Cerebral Camada 4*

ANEXO E

Introdução à Bhagavad-Gītā[1]

A Bhagavad-Gītā é a Luz da Vida, acesa por Deus no altar do homem, para salvar a humanidade da escuridão da ignorância e sofrimento. É uma escritura que sobrevive ao tempo e pode ser reconhecida como indispensável à vida de qualquer homem em qualquer época. É a enciclopédia da vida, e este comentário oferece um índice a ela.

Sempre haverá confusão e caos nos campos relativos da vida, e a mente do homem sempre cairá em erro e indecisão. A Bhagavad-Gītā é um guia completo para a vida prática. Sempre estará lá para socorrer o homem em qualquer situação. É como uma âncora para o barco da vida navegando nas turbulentas ondas do tempo.

Ela traz realização à vida do indivíduo. Quando a sociedade a aceitar, o resultado será bem-estar social e segurança, e quando o mundo a ouvir, a paz mundial será permanente.

A Bhagavad-Gītā apresenta a ciência da vida e a arte de viver. Ela ensina como ser, como pensar e como agir. Sua técnica de glorificar todos os aspectos da vida, por meio do contato com o Ser interior, é como regar a raiz e tornar toda a árvore verde. Ela supera todas as sabedorias práticas de vida já acalentadas pela sociedade humana.

A Bhagavad-Gītā tem um número de comentários muito maior que qualquer outra escritura conhecida. A razão de acrescentar uma a mais, é que parece não haver nenhum comentário que realmente traga à luz o ponto essencial de todo o ensinamento.

Sábios comentadores, em suas tentativas de responder à necessidade de seu tempo, revelaram a verdade do ensinamento como eles a perceberam. Ao assim fazê-lo, asseguraram um lugar na história do pensamento humano. Eles se destacam como os portadores da tocha do conhecimento no longo corredor do tempo, eles sondaram grandes profundezas do oceano da sabedoria. No entanto, mesmo com suas gloriosas realizações, eles não trouxeram à luz o ponto central da Bhagavad-Gītā. É lamentável que a própria essência desta antiga sabedoria tenha sido perdida.

A Bhagavad-Gītā precisa de um comentário que restaure, em palavras simples, o ensinamento e a técnica essenciais dados pelo Senhor Krishna a Arjuna no campo de batalha. Há comentários para exaltar a sabedoria dos caminhos do conhecimento, da

---

[1] Da Introdução de *Sua Santidade Maharishi Mahesh Yogi Comenta a Bhagavad-Gītā: Nova Tradução e Comentário* (Capítulos 1 a 6), que traz à luz o mais profundo significado da *Ciência do Ser e Arte de Viver*.

devoção e da ação na Bhagavad-Gītā, mas nenhum para mostrar que ela oferece uma chave-mestra para, simultaneamente, abrir os portões de todos estes diferentes caminhos da evolução humana. Até agora, nenhum comentário mostrou que todo homem, por meio de uma única e simples técnica revelada na Bhagavad-Gītā, pode desfrutar das bênçãos de todos estes caminhos, sem ter que renunciar a seu modo de vida.

O comentário de Maharishi foi escrito para apresentar esta chave à humanidade, e para preservá-la para as gerações vindouras.

A Bhagavad-Gītā é a Escritura do Yoga, a Escritura da União Divina. Seu propósito é explicar, na teoria e na prática, tudo que é necessário para elevar a consciência do homem ao mais alto nível possível. A maravilha de sua linguagem e estilo é que cada expressão traz um ensinamento condizente com todos os níveis de evolução humana.

Será de interesse de o leitor saber que este comentário está sendo apresentado somente após a técnica ter sido verificada na vida de milhares de pessoas de diferentes nacionalidades em todo o mundo. Esta técnica tem sido divulgada sob os auspícios do Movimento de Regeneração Espiritual, fundado com o propósito único de regenerar espiritualmente as vidas de todos os homens, em todas as partes do mundo. Este comentário apresenta uma verdade que é atemporal e universal, uma verdade de vida que é igualmente aplicável a todos os homens, independente de diferenças de fé, cultura ou nacionalidade.

A concepção geral deste comentário é suplementar à incomparável visão e profunda sabedoria apresentada no Gītā-Bhāshya do grande Shankara. A sabedoria é uma dádiva de Guru Dev. Toda glória a Ele! O comentário apresenta a Luz da Vida, e coloca a corrente da vida para encontrar sua realização no oceano do Ser eterno, em devoção a Deus e na bem-aventurança da consciência de Deus.

Que cada homem possa fazer uso desta sabedoria prática dada no verso 45 do segundo capítulo e, desta forma, glorificar todos os aspectos de sua vida e adquirir liberdade eterna em consciência divina.

ANEXO F

PLANO MESTRE DE MAHARISHI PARA CRIAR O CÉU NA TERRA
RECONSTRUÇÃO DE TODO O MUNDO

INTERIOR

GLORIFICAÇÃO DA VIDA INTERIOR

- Desenvolvimento de estados superiores de consciência;
- Desabrochar de qualidades nobres e bem-aventurança;
- Aquisição do apoio da natureza a partir de dentro – felicidade, paz e progresso realizador através dos:

PROGRAMAS DE **MEDITAÇÃO TRANSCENDENTAL**
e **MT-SIDHIS de MAHARISHI**
Os aspectos práticos da
CIÊNCIA VÉDICA DE MAHARISHI

que desenvolvem todos os 7 estados de consciência no indivíduo e desenvolve um homem perfeito, com a habilidade de empregar a Lei Natural para trabalhar para ele e atingir qualquer coisa que queira.

Os 7 estados de consciência são:
- Vigília – *Jāgrat Chetanā*
- Sonho – *Swapn Chetanā*
- Sono – *Sushupti Chetanā*
- Consciência Transcendental – *Turīya Chetanā*
- Consciência Cósmica – *Turīyātīt Chetanā*
- Consciência de Deus – *Bhagavat Chetanā*
- Consciência de Unidade – *Brāhmī Chetanā* – despertar da natureza pura da consciência a sua própria realidade autorreferente – a realidade unificada do universo diversificado – que eleva a vida individual para ser um campo avivado de todas as possibilidades – infinito poder organizador da Lei Natural apoiando espontaneamente a vida individual.

Este é um resumo do livro de 1.500 páginas, *Plano Mestre de Maharishi para Criar o Céu na Terra*, 1989 – Décimo-Quinto Ano de Maharishi da Era da Iluminação

PLANO MESTRE DE MAHARISHI PARA CRIAR O CÉU NA TERRA
RECONSTRUÇÃO DE TODO O MUNDO

EXTERIOR

GLORIFICAÇÃO DA VIDA EXTERIOR

- **Construção de Cidades Pequenas, Médias e Grandes Ideais**, baseadas em projetos de **Maharishi Sthāpatya Veda** – a ciência de construir de acordo com a Lei Natural – para criar um ambiente bonito e saudável, livre de poluição, barulho e estresse, para que todos sintam "eu estou vivendo no Céu".
- **Criação de uma Revolução Verde Global** – cultivar todas as terras não-cultivadas no mundo usando os princípios científicos da **Agricultura Védica Maharishi** para produzir alimento naturalmente cultivado e saudável para atingir a **autossuficiência** de alimentos em todos os países.
- **Atingir a erradicação global da pobreza** e atingir a autossuficiência econômica em todas as nações através dos programas de Maharishi para desenvolver a agricultura, florestamento, mineração e indústria em todos os países.
- **Realização de Desenvolvimento Rural Global e Renovação Urbana** – oferecendo melhores condições de vida para uma vida integrada do rico e do pobre por todo o mundo.
- **Atingir o equilíbrio econômico** na família mundial através da **Maharishi Global Trading**.
- **Atingir educação ideal** através da **Ciência e Tecnologia Védica de Maharishi** que oferece o **fruto de todo conhecimento** para todas as pessoas – vida livre de erros e sofrimento.
- **Atingir saúde perfeita** para todas as pessoas e todos os países através da **Abordagem Védica de Maharishi à Saúde** orientada para a prevenção.
- **Atingir coerência, harmonia e equilíbrio na natureza** para todas as pessoas e todos os países através da música **Maharishi Gandharva Veda**.
- **Atingir defesa invencível** para todas as nações através do **Maharishi Dhanur-Veda**, que impedirá o nascimento de um inimigo.
- **Atingir governo perfeito** em todos os países modelando-os como o governo da natureza, que governa silenciosamente através da Lei Natural, a partir do nível unificado de todas as leis da natureza – a base comum de toda a criação, o motivador primordial invisível da vida eternamente, plenamente desperto dentro de si mesmo e disponível a todas as pessoas no nível de sua própria consciência autorreferente – Consciência Transcendental.
- **Atingir o surgimento de um poder supremamente nutridor no mundo**, que manterá sem restrições a força da evolução na natureza, eliminando todas as tendências destrutivas e negativas no mundo.

Como resultado, todas as nações adotarão amorosamente todas as outras nações, e todas as nações juntas nutrirão todas as demais – todas as pessoas e todas as nações desfrutarão o Céu na Terra.

ANEXO G

Livros de Maharishi

Iluminação para Todas as Pessoas e Todas as Nações

A Literatura sobre a Lei Natural Que Oferece Liberdade dos Problemas em Todo Campo da Vida – a Luz-Guia do Mundo de Hoje e do Mundo de Todo Amanhã por Todos os Tempos

Celebrando Perfeição na Educação
Alvorecer do Conhecimento Total (196 páginas)
[Nas próprias palavras de Maharishi]

Celebrando Perfeição na Administração
Criando Índia Invencível (418 páginas)
[Nas próprias palavras de Maharishi]

Teoria Absoluta de Maharishi de Economia
Faça Menos Realize Mais (em impressão)
[Nas próprias palavras de Maharishi]

Teoria Absoluta de Maharishi da Administração
Administração Suprema – Movimento da TOTALIDADE (em impressão)
[Nas próprias palavras de Maharishi]

Universidade Maharishi de Administração
Totalidade em Movimento (352 páginas)
[Nas próprias palavras de Maharishi]

Administração Mestre de Maharishi
Administração Perfeita através do Pleno Apoio da Lei Natural (Volumes I a IV; em impressão)
[Maharishi com professores da Universidade Maharishi de Administração]

Teoria Absoluta de Maharishi de Governo
Automação na Administração (565 páginas)
[Nas próprias palavras de Maharishi]

Teoria Absoluta de Maharishi de Defesa
Soberania em Invencibilidade (688 páginas)
[Nas próprias palavras de Maharishi]

Teoria Absoluta de Maharishi de Educação
Fruto de Todo Conhecimento para Todos (em impressão)
[Nas próprias palavras de Maharishi]

Maharishi sobre a Meditação Transcendental e o Programa MT-Sidhis (em impressão)
[Nas próprias palavras de Maharishi]

Teoria Absoluta de Maharishi de Saúde
Imortalidade em Equilíbrio e Harmonia (em impressão)
[Nas próprias palavras de Maharishi]

Teoria Absoluta de Maharishi de Justiça
Fonte da Criação e Sua Evolução Ordenada (em impressão)
[Nas próprias palavras de Maharishi]

Maharishi sobre Governo
Governo da Natureza para Apoiar o Governo Nacional (Volumes I a III; em impressão)
[Maharishi com professores da Universidade Védica Maharishi]

Comentário de Maharishi sobre o Ṛk Veda –
Apaurusheya Bhāshya – A Fundação Científica da Vida e Criação (em impressão)
[Nas próprias palavras de Maharishi]

Fórum Maharishi sobre Lei Natural e Lei Nacional para Médicos
Saúde Perfeita para Todos – Sociedade Livre de Doenças (480 páginas)
[Nas próprias palavras de Maharishi]

Fórum Maharishi para Professores
Educação, Iluminação, Realização (Volumes I a II; em impressão)
[Nas próprias palavras de Maharishi]

Fórum Maharishi para Advogados
Lei e Ordem Espontâneas Criando uma Sociedade Livre de Problemas (em impressão)
[Nas próprias palavras de Maharishi]

Constituição da Índia Realizada através da Meditação Transcendental de Maharishi: CONSTITUIÇÃO DO UNIVERSO de Maharishi, Ṛk Veda – Lei Natural Total Que Governa o Universo com Ordem Perfeita – Apoia Cada Artigo da Constituição da Índia através da Meditação Transcendental: Lei Natural Apoia a Lei Nacional através da Meditação Transcendental Documentada pela Pesquisa Científica (370 páginas)
[Nas próprias palavras de Maharishi]

Governo da Índia Eleva-se Acima dos Problemas (36 páginas)
[Nas próprias palavras de Maharishi]

A Índia Será o Poder Supremo no Mundo (70 páginas)
[Nas próprias palavras de Maharishi]

Consciência
Ciência e Tecnologia Védica de Maharishi: Fundação Unificada da Ciência e Tecnologia Moderna (em impressão)
[Nas próprias palavras de Maharishi]

Prachetanā – Avivamento da Consciência: Identificação de Impulsos Específicos da Consciência como Expressados no Primeiro Verso de cada Aspecto da Literatura Védica (Volumes I a V; em impressão)

Constituição do Universo Realizada pela Meditação Transcendental: Nono Mandala do Ṛk Veda Experimentado através da Meditação Transcendental de Maharishi e Verificado pela Pesquisa Científica (em impressão)

Constituição do Universo Realizada pela Meditação Transcendental: Īshāvāsyā Upanishad Experimentado através da Meditação Transcendental de Maharishi e Verificado pela Pesquisa Científica (em impressão)

Constituição do Universo Realizada pela Meditação Transcendental: Rāmāyan Experimentado através da Meditação Transcendental de Maharishi e Verificado pela Pesquisa Científica

Conhecimento Védico para Todos
Introdução à Universidade Védica Maharishi (362 páginas)
[Nas próprias palavras de Maharishi]

Universidade Védica Maharishi
Descrição de Cursos (em impressão)
[Nas próprias palavras de Maharishi]

Universidade Védica Maharishi – Exposição (214 páginas)
[Nas próprias palavras de Maharishi]

Maharishi Fala a Educadores
Maestria Sobre a Lei Natural (Volumes I a IV; 857 páginas)
[Maharishi com professores da Universidade Védica Maharishi]

Maharishi Fala a Estudantes
Maestria Sobre a Lei Natural (Volumes I a IV; 912 páginas)
[Maharishi com professores da Universidade Védica Maharishi]

Maharishi sobre Governo
Governo da Natureza para Apoiar o Governo Nacional
(Volumes I a III; em impressão)
[Maharishi com professores da Universidade Védica Maharishi]

Comentário de Maharishi sobre o Ṛk Veda – *Apaurusheya Bhāshya – A Fundação Científica da Vida e Criação* (em impressão)
[Nas próprias palavras de Maharishi]

Quarenta Volumes de "Imprensa Mundial Fala sobre o Movimento Mundial de Maharishi" [um volume para cada ano, de 1957 a 1996]

Filosofia de Maharishi da Ação
Estabelecido em Consciência Autorreferente, Aja com Pleno Apoio da Lei Natural para Máximo Sucesso, Energia, Liberdade e Realização (em impressão)
[Nas próprias palavras de Maharishi]

Maharishi Mahesh Yogi Comenta a Bhagavad-Gītā. (Capítulos 1 a 6): Aldbourne, Wiltshire, Inglaterra, 1965 (496 páginas)
[Nas próprias palavras de Maharishi]

Bhagavad-Gītā – Capítulos 1 a 6: Tecnologia Védica para Estabelecer Equilíbrio, Readquirir Saúde e Desenvolver o Pleno Potencial Criativo da Consciência como Verificado pela Pesquisa Científica sobre o Programa da Meditação Transcendental de Maharishi (720 páginas; em impressão)

Ciência do Ser e Arte de Viver (335 páginas)
[Nas próprias palavras de Maharishi]

Sua Santidade Maharishi Mahesh Yogi
Trinta Anos Ao Redor do Mundo
Alvorecer da Era da Iluminação – Volume Um, 1957 a 1964 (598 páginas)
[Seleção de palavras de Maharishi]

Administração Global de Maharishi através da Lei Natural
Modelo Autêntico de um Governo Perfeito (em impressão)

Fundo de Desenvolvimento Global de Maharishi
Criando uma Melhor Qualidade de Vida (139 páginas)

Construindo para a Saúde e Felicidade de Todos: Criando Habitação Ideal em Harmonia com a Lei Natural: Exposição (60 páginas)
[Nas próprias palavras de Maharishi]

Maharishi no Mundo Hoje (em impressão)

Há inúmeras outras publicações incluindo gráficos, exposições, cartazes, panfletos etc. Todas estas publicações são as ondas no oceano de conhecimento – o Ser de cada pessoa: *Ātmā* –, o Ser de todo o universo: *Brāhm,* Totalidade.

Todo este conhecimento oferece as portas à perfeição na vida. A mensagem é que o indivíduo é essencialmente Cósmico, e que tudo que é para ser conhecido em qualquer lugar no universo está codificado no ADN de cada célula na fisiologia humana.

Isto significa que todo o conhecimento, toda a inteligência, todo o poder organizador apresentado em toda a criação está disponível ao indivíduo dentro de sua própria mente e corpo.

A Ciência e Tecnologia Védica de Maharishi é o meio natural e sem esforço para todo indivíduo desenvolver seu Potencial Cósmico e desfrutar maior sucesso e realização na vida.

Os livros estão disponíveis (em inglês) em:

AMÉRICA do NORTE
Maharishi University of Management Press
Fairfield, Iowa 52557-1155, EUA
1 800 831-6523; Fax: 1 641 472-1122
mumpress@mum.edu;
www.mum.edu/press/welcome

ÁSIA
Maharishi Prakashan
A-14 Mohan Co-operative Industrial Estate,
Mathura Road, New Delhi-II 0 044, India
91 11 6959088; Fax: 91 11 6836682
mict@maharishLnet

EUROPA
MTC: Maharishi Technology Corporation
P.O. Box 8811
6063 ZG, Vlodrop, Holanda
31 4755 29111; Fax: 31 47540 4055
mtc@ayurveda.nl;
www.meditacaotranscendental.com.br

AUSTRÁLIA
Maharishi Health Education Centers of Australia
59 Queen's Parade
Clifton Hill VIC 3068, Austrália
61 9482 1866

ANEXO H

Associação do Parlamento Mundial, Paris, outubro de 1962.

Discurso proferido pelo Príncipe Giovanni Alliata de Montereale, Membro do Parlamento Italiano

Prezados Colegas,
    A partir do meu contato com parlamentares nos últimos quinze anos, desde o nascimento desta Associação do Parlamento Mundial, cheguei à conclusão de que devemos fazer algo para a melhoria dos povos de nossos países.
    Em escala internacional nossa meta é estabelecer a unidade entre as nações, e temos trabalhado em prol deste alto propósito, sendo que nossos esforços prosseguirão.
    Em escala nacional todos nós temos uma preocupação imediata com a integridade de nossas próprias nações. Queremos que nossa indústria e comércio cresçam, queremos que nossa tecnologia se desenvolva, desejamos a nossos cientistas grandes sucessos em seus empreendimentos, queremos que nossa agricultura melhore, queremos que nossa nação torne-se mais integrada e poderosa de todas as formas.
    A fim de alcançar todos estes objetivos deveríamos elaborar um plano para que nosso povo seja mais saudável, mais inteligente e mais criativo. Isto certamente poderia ser alcançado desenvolvendo o poder que repousa no íntimo de cada homem e desenvolvendo as faculdades latentes de sua mente.
    O estudo da psicologia já demonstrou que aquilo que o homem é capaz de expressar de si mesmo é apenas uma parte de sua totalidade.
    Uma grande parte do homem não tem expressão em seu comportamento e em sua vida ativa, pois a mente consciente é apenas uma parte da mente total que o homem possui. Portanto, o que precisamos é fazer com que esteja ao alcance de cada homem em nosso país uma técnica de ampliação da mente consciente, uma técnica que permita a ele utilizar a totalidade de sua mente.
    Por exemplo, se um homem utiliza apenas uma fração de sua mente, permitindo-lhe usar a totalidade de sua mente ele se tornará infinitamente maior como homem. Ele pensará com muito maior profundidade e abrangência do que pensa agora.
    Supondo que a mente consciente humana é somente um quarto da mente total, então qualquer coisa que o homem pense ou faça representa apenas um quarto de seu verdadeiro potencial. Se queremos que ele empregue seu pleno potencial, então toda

a sua mente deve tornar-se consciente, e somente assim sua força de pensamento será quatro vezes mais potente e ele será quatro vezes mais forte e quatro vezes mais sensato e feliz do que antes.

Seu amor ao próximo e a harmonia em seu lar e seu ambiente aumentarão quatro vezes. No campo da ciência, no campo da indústria e do comércio, ao nível da civilização como um todo, serão constatadas grandes melhoras.

Para tanto propomos a adoção de um método único e simples que ampliará a mente consciente e desta forma simultaneamente promoverá a melhoria do homem em todos os níveis – físico, mental e espiritual –, aumentando também sua inteligência criativa e melhorando suas relações com o próximo.

O mundo de hoje já dispõe deste método único e simples de aprimoramento do homem. Precisamos apenas incorporá-lo aos nossos sistemas educacionais, de saúde e de bem-estar social.

Para realizar isto proponho que nós, membros de parlamentos vindos de todas as partes e reunidos aqui hoje, nos unamos, apresentando aos nossos governos projetos de lei contendo estas ideias, cujos detalhes coloco à sua disposição para exame mais detalhado.

Proponho que apresentemos quatro projetos em nossos parlamentos cobrindo o âmbito dos ministérios da educação, bem-estar social, justiça e saúde.

Confio que os senhores realmente examinarão cuidadosamente esta questão e que serão um daqueles a introduzir isto em seu parlamento.

Conforme minha observação anterior, um método simples de aprimorar o homem como um todo está hoje ao alcance do mundo. Posso afirmar com confiança algumas coisas sobre este método em virtude de minha experiência pessoal. O método é conhecido como Meditação Transcendental. Sua prática tem sido apresentada às pessoas de todo o mundo por Maharishi Mahesh Yogi.

Eu mesmo pratiquei o sistema simples de Meditação Transcendental de Maharishi Mahesh Yogi para a ampliação da mente consciente.

Com base em minha própria experiência pessoal, e com base na observação de algumas centenas de pessoas da Inglaterra, Alemanha e Itália que hoje seguem esta prática, eu os incito seriamente a praticarem também.

Em nome da paz e da felicidade do indivíduo, em nome da solidariedade entre nossas nações e em nome da paz mundial, eu os incito, meus amigos, a introduzir este método testado e comprovado a todas as pessoas em seus países através de seus parlamentos, de uma forma sistemática e eficaz.

Os nossos povos serão mais sadios, mais felizes, mais inteligentes e criativos.

Melhorando nossos povos estaremos melhorando nossa civilização em todos os níveis. A atual geração será melhor e deixará um mundo melhor para as futuras gerações. Isto, estou certo, é um modo eficaz de criar-se uma situação natural de paz mundial duradoura.

Aproveito esta oportunidade para propor um tema para nossa próxima conferência. Como o objetivo de nossa Associação do Parlamento Mundial foi sempre a paz e o progresso da humanidade, e como em nossos encontros precedentes discutimos questões legislativas, econômicas e outros tópicos de importância nacional e internacional, para o próximo ano proponho que nos encontremos para discutir "O Desenvolvimento do Homem como Meio para Atingir a Harmonia Nacional e a Paz Mundial".

O PRINCÍPIO BÁSICO DA MEDITAÇÃO TRANSCENDENTAL, O MÉTODO SIMPLES DE MAHARISHI MAHESH YOGI PARA A EXPANSÃO DA MENTE CONSCIENTE[1]

Maharishi explica seu princípio de expansão da mente consciente através da analogia com uma onda do mar:

Quando a onda entra em contato com níveis d'água mais profundos, ela se torna mais poderosa. Da mesma forma, quando a mente consciente expande-se abraçando níveis mais profundos do subconsciente, ela se torna mais poderosa.

Para conseguir isto Maharishi usa uma técnica pela qual a região subconsciente da mente é tornada consciente. Isto é feito experimentando-se conscientemente o pensamento em seu estado inicial no subconsciente.

O acerto do processo é verificado diretamente pelos resultados: o homem começa a sentir alívio imediato das tensões e fadiga mentais. Aumento da compaixão, sensível aumento de energia, maior clareza de pensamento e aumento da autoconfiança são algumas das experiências óbvias que demonstram a expansão da mente consciente.

Para formar um quadro mais completo deste princípio examinemos o processo de pensamento.

O Processo de Pensamento

O pensamento se origina no nível mais profundo do subconsciente, de onde ele sobe passando por todos os níveis do subconsciente para chegar ao nível consciente da mente. É aqui, no nível consciente, que o pensamento é percebido como pensamento.

O pensamento começa no nível mais profundo do subconsciente assim como uma bolha começa no fundo do lago. À medida que a bolha sobe, ela vai crescendo. Somente ao chegar à superfície é que ela se torna grande o suficiente para ser percebida.

---

1   Queira consultar também na pág. 62 para ter um estudo detalhado do princípio.

A bolha de pensamento surgindo a partir do nível Z torna-se maior e maior (veja na ilustração). Ao chegar ao nível superficial A, ela desenvolveu-se suficientemente para ser percebida como pensamento. Este é o nível da mente consciente.

Os estados sutis da bolha de pensamento, abaixo do estado consciente, não são percebidos conscientemente. Se houvesse um modo de perceber conscientemente a bolha de pensamento em todos os níveis de seu desenvolvimento, e na sua fonte Z, então a pequena área da mente consciente representada por W1 se transformará numa área maior representada por W2.

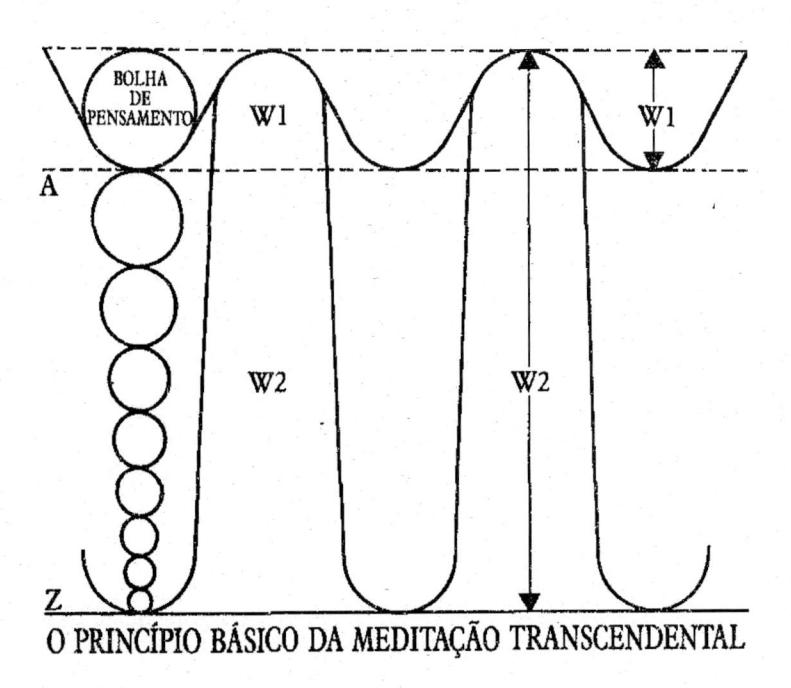

O PRINCÍPIO BÁSICO DA MEDITAÇÃO TRANSCENDENTAL

Se a bolha de pensamento pudesse ser percebida conscientemente no nível logo abaixo de A e em todos os níveis de sutileza de A a Z, então seria possível trazer o nível Z para dentro do âmbito da mente consciente. Desta maneira, a profundidade da mente consciente representada por W1 aumentaria, como representado por W2, e o poder da mente consciente aumentaria muitas vezes.

A Aplicação do Princípio

A Técnica: Bolhas de pensamento são produzidas em cadeia, uma atrás da outra, e a mente é treinada a experimentar a bolha que vem vindo num estágio cada vez mais precoce de seu desenvolvimento, de A a Z, em sequência (veja a ilustração).

Quando a atenção chegou ao nível Z, ela terá atravessado toda a profundidade da mente e chegado à fonte da inteligência criativa no homem.

A fonte do pensamento, a fonte da energia criativa, entra assim no âmbito da mente consciente e a preenche com uma força muito superior à força adquirida pela mente consciente ao sondar os níveis mais profundos do subconsciente. A profundidade da mente consciente representada no diagrama por W1 transforma-se assim na profundidade maior representada por W2. É assim que a mente consciente se amplia até sua capacidade máxima, abarcando em seu bojo a fonte da inteligência criativa e tornando-se infinitamente poderosa[2].

É digno de nota que esta técnica de ampliação da mente consciente é tão simples que pode ser praticada por qualquer um. Não é necessária nenhuma preparação para iniciar nem depende de capacidade de concentração por parte de quem pratica. Ela não depende do estado intelectual ou emocional de nossa mente.

Embora a técnica tenha se tornado famosa como Meditação Transcendental, ela tem caráter não-sectário. É um método puramente científico[3] de ampliação da mente consciente. Ela não entra em conflito com nenhuma religião ou crença. Já está sendo praticada por mais de cinquenta mil pessoas em vinte e cinco países.

Esta técnica simples de ampliação da mente consciente foi constatada como sendo benéfica nos campos da:

1. Educação
2. Delinquência e Crime
3. Bem-estar social
4. Saúde mental

Por este motivo pretende-se que esta técnica seja colocada ao alcance de todas as pessoas, de forma sistemática e eficaz, pelos departamentos governamentais que tratam da educação, bem-estar social, justiça e saúde.

---

2 Esta descoberta de Maharishi Mahesh Yogi é única e não tem paralelos nos achados da psicologia moderna.
3 Esta técnica é científica porque:
   1. Ela é sistemática.
   2. Ela não é oposta a qualquer método de investigação científica.
   3. Ela é de aplicação universal.
   4. Ela é aberta à verificação por experiência pessoal.
   5. Os resultados finais são os mesmos para todos.

EDUCAÇÃO

O Desenvolvimento da Mente Através da Meditação Transcendental

No ponto em que nos encontramos, nosso atual sistema de ensino carece de uma técnica para ampliar a mente consciente desenvolvendo as potencialidades subconscientes. O atual sistema tem a capacidade de exercitar a mente consciente, mas falha em desenvolver as potencialidades do subconsciente.

Deixamos claro ao tratarmos do Princípio Básico para a Expansão da Mente Consciente que a mente consciente é apenas uma pequena parcela da mente total que o homem possui, e que através do sistema de Meditação Transcendental de Maharishi Mahesh Yogi a mente inteira torna-se consciente e as potencialidades desenvolvem-se. Isto é de extrema importância para a carreira estudantil.

Por isso propomos introduzir este sistema no currículo de nossas escolas e universidades.

Este é um enfoque ímpar para melhorar nosso atual sistema de ensino. A introdução deste simples princípio de Meditação Transcendental vitalizará o ensino moderno e iniciará uma renascença educacional no mundo todo. Esta técnica desenvolverá as potencialidades das mentes dos estudantes até seu máximo limite e permitirá que mentes vagarosas se tornem brilhantes.

Desenvolverá equilíbrio na vida e compreensão dos valores corretos. Aprimorará a memória e o poder de retenção de conhecimento. Aumentará a autoconfiança e desenvolverá a inteligência criativa. De fato, ela fornecerá todo o necessário para tornar completa a moderna educação.

Propomos portanto que este sistema simples de Meditação Transcendental seja introduzido no currículo para que os estudantes possam começar a praticá-lo a partir dos quinze anos de idade (na Itália este é o último ano de ensino obrigatório). Propomos também sua introdução no currículo das universidades para que, antes de os alunos ingressarem nas responsabilidades completas da vida, desenvolvam a capacidade plena de suas mentes.

Segue um esboço da forma como este objetivo poderia ser alcançado.

Os professores poderiam receber um treinamento completo de como ensinar a técnica da Meditação Transcendental para o desenvolvimento da mente consciente dos alunos por quem eles são responsáveis. Isto pode ser conseguido de três maneiras:

1. Vários professores poderiam ser enviados à Academia de Meditação de Maharishi Mahesh Yogi na Índia por um período de três meses, para que pudessem voltar e treinar outros.

2. Alguns de nossos professores poderiam participar dos Cursos de Treinamento de Guias de Meditação, que Maharishi Mahesh Yogi promove anualmente em diversas regiões da Europa, América e Índia.
3. Poder-se-ia providenciar para que um grande número de nossos professores fossem treinados em nossos próprios países. Para tanto, seriam tomadas providências entrando em contato com qualquer um dos centros do Movimento de Regeneração Espiritual.

DELINQUÊNCIA E CRIME

Reabilitação de Delinquentes e Criminosos Através da Meditação Transcendental

A necessidade de reabilitar os transgressores da lei é um problema muito antigo da sociedade. Crime, delinquência e os diversos padrões de comportamento antissocial nascem da profunda insatisfação da mente. Uma mente fraca perde o equilíbrio e o senso de proporção.

O crime é evidentemente um atalho para satisfazer um desejo – um atalho que extrapola as vias normais e legais.

Nenhuma abordagem do problema pode esperar ser eficaz se não se remediar a fraqueza básica da mente. Enquanto tratávamos do Princípio Básico para a Expansão da Mente Consciente, ficou claro que a mente consciente é ampliada até sua capacidade máxima e fortalecida até seu maior limite pela prática do sistema simples de Meditação Transcendental de Maharishi Mahesh Yogi.

Portanto, é preciso introduzir este sistema de Meditação Transcendental para reabilitar rápida e eficazmente os delinquentes e criminosos.

Há homens com talentos potenciais entre aqueles que se encontram trancafiados atrás das grades por seu comportamento mal orientado. Em vez de representarem um fardo, eles poderiam tornar-se cidadãos úteis, contribuindo genuinamente para o progresso da sociedade, isto se pudessem ser verdadeiramente reabilitados.

Descobriu-se que são liberados todos os tipos de tensões, e a natureza dura e cruel do homem modifica-se, tornando o homem tolerante e compassivo, através da prática da Meditação Transcendental.

Segue-se um esboço da maneira como poderia ser alcançado este objetivo.

Os assistentes sociais, autoridades carcerárias e outros envolvidos na reabilitação de delinquentes e criminosos poderiam receber treinamento completo de como ensinar a técnica da Meditação Transcendental a fim de desenvolver a mente consciente dos transgressores com quem eles se ocupam.

Isto pode ser realizado lançando mão de guias de meditação treinados, integrantes do Movimento de Regeneração Espiritual, que mantêm centros de meditação em todo o país. Além disso, qualquer dos seguintes métodos poderia ser empregado:

1. Alguns de nossos assistentes sociais poderiam ser enviados à Academia de Meditação de Maharishi Mahesh Yogi na Índia por um período de três meses para que pudessem ser treinados a ensinar o método.
2. Alguns de nossos assistentes sociais poderiam participar dos Cursos de Treinamento de Instrutores de Meditação que Maharishi Mahesh Yogi promove em diversas regiões da Europa e da América.
3. Providências poderiam ser tomadas para promover cursos de treinamento neste país. Para tanto, poderiam ser tomadas providências contatando quaisquer dos centros.

BEM-ESTAR SOCIAL

Desenvolvimento da Mente Através da Meditação Transcendental

A necessidade de melhorar a qualidade dos relacionamentos humanos é sentida em todos os países do mundo. Dentro da família, dentro do círculo mais amplo da indústria e a nível internacional está presente esta necessidade.

Nenhuma melhoria em grande escala poderá se processar até ser estabelecida a harmonia nas escalas menores nela compreendidas. Em última análise, tudo depende da mente individual, pois a única realidade de qualquer grupo, não importa seu tamanho, é o indivíduo que o compõe.

A base de toda desarmonia é a inabilidade humana de satisfazer seus desejos. Isto pode dever-se à perda da energia ou falta de inteligência, pobreza de imaginação ou inabilidade de empregar da melhor forma a situação na qual se encontra.

Estas são as incapacidades humanas a serem superadas para que haja uma melhora do homem total, melhorando assim sua situação global e suas realizações em todos os níveis.

Para conquistar esta meta é necessário desenvolver e fortalecer a mente individual.

O trabalho de Maharishi Mahesh Yogi no mundo inteiro nestes últimos seis anos provou que é isto exatamente o que seu sistema simples de Meditação Transcendental consegue, e desta forma o homem como um todo melhora.

Está ao alcance de todo ser humano melhorar a qualidade de sua mente e de seu coração. Esta meditação amplia a capacidade mental consciente e aprimora sua capacidade de percepção e sua resposta à situação em que se encontra.

Em geral o homem não usa a totalidade de sua mente, e portanto percebe apenas uma parte da situação. Reagindo somente àquela parcela, seu comportamento não se adéqua à situação total em que se encontra.

A Meditação Transcendental coloca em atividade consciente áreas da mente que antes atuavam apenas abaixo do nível consciente. Portanto, aumenta a mente consciente, que se torna consequentemente mais alerta e poderosa. Uma mente plenamente desenvolvida consegue perceber a situação total e, portanto, está apta a responder plena e eficazmente a esta situação.

Maharishi ilustra isto descrevendo como uma onda de superfície torna-se poderosa quando incorpora a si os níveis mais profundos do oceano que repousam abaixo da superfície. Da mesma forma, quando a mente consciente engloba os níveis subconscientes mais profundos, ela se torna mais poderosa: são ativadas todas as faculdades latentes do subconsciente.

Com a expansão da mente consciente desenvolvem-se plenamente as potencialidades latentes. O contentamento crescente do coração gera compaixão e a crescente agudeza mental gera compreensão. Uma mente individual assim completa realiza mais na vida, permanecendo totalmente segura, estabelecida em paz interior, harmonia e felicidade. Uma mente assim tem valor para o indivíduo e para a sociedade.

Estas capacidades ampliadas melhoram o relacionamento do homem com os outros de forma natural e espontânea, ao passo que os métodos contemporâneos de melhoria dos relacionamentos individuais através de aconselhamento, e de relacionamentos sociais através de reuniões e discussões, somente ferem a superfície da situação.

Um jardineiro que vê uma folha definhar ao sol não dirige sua atenção diretamente à folha, mas apressa-se em regar a raiz, e, se ele houvesse sido mais habilidoso, tê-la-ia regado antes de a folha começar a secar. Hoje aqueles que se preocupam com os relacionamentos interpessoais parecem incapazes de fazer muito mais do que correr de uma folha seca a outra, proferindo afirmações vagas de consolo e boa vontade. Tentar trazer harmonia somente por este caminho é como correr atrás de uma miragem na esperança de encontrar água. Pois é óbvio que, à medida que as terapias de grupo multiplicam-se, os problemas também se multiplicam e as tensões não param de crescer. Os problemas de relacionamento e as tensões por eles geradas não podem ser resolvidos a nível grupal.

A raiz de toda situação, em qualquer escala, é o estado da mente individual, e é esta a raiz que precisa ser sadia e cheia de vida. Em vez de cuidar de consequências a nível grupal, é primordial atacar a causa. E esta se encontra sempre na mente individual.

A incapacidade do homem de lidar com seu meio ambiente, dominá-lo e utilizá-lo da melhor forma, obtendo dele o máximo e satisfazendo suas necessidades com seus recursos, leva à frustração e à tensão cada vez maior, pois ele se vê incapaz tanto de tolerar a situação quanto de modificá-la para melhor. Ele então se vê obrigado pela crescente tensão interna a explodir em revolta e agressão contra tudo o que o cerca e contra si mesmo. Desta forma ele piora cada vez mais a situação e cria confusão e infelicidade.

O homem dotado de uma mente forte, nas mesmas circunstâncias, interpreta a situação de forma bastante diversa. Ele se comporta de tal modo a tirar o melhor proveito das circunstâncias para si mesmo, simultaneamente promovendo a melhora da situação para todos os envolvidos. Desta forma ele implementa e enriquece todo o seu campo de influência.

Todo comportamento anti-social, inclusive o crime e a delinquência, nasce de insatisfação interior, que encontra um campo fértil na mente enfraquecida, incapaz de lidar adequadamente com o mundo que a cerca, atingindo um relacionamento estável e gratificante com ele. Nenhuma abordagem destes problemas pode esperar ser verdadeiramente eficaz a não ser que a incapacidade básica da mente, que é sua causa, seja fundamentalmente sanada.

Isto pode ser conseguido facilmente e sem nenhum esforço pela prática do sistema simples de Meditação Transcendental de Maharishi Mahesh Yogi, pois ele leva a mente a sua estrutura total, de modo que ela não só encontra contentamento interior, mas também, ao mesmo tempo, é capaz de agir com força e decisão no campo de sua escolha.

Propomos, portanto, que este sistema simples de Meditação Transcendental seja levado ao povo de nosso país através do Ministério ligado ao bem-estar social.

Segue-se um esboço da forma como este objetivo pode ser atingido.

Os funcionários do bem-estar social poderiam ser treinados a ensinar a técnica da Meditação Transcendental às pessoas a quem estão auxiliando. Isto pode ser realizado de quatro maneiras:

1. Instrutores de meditação já treinados e atuantes nos centros de meditação do Movimento de Regeneração Espiritual poderão ser utilizados pelo Departamento de Estado do Bem-Estar Social.
2. Vários de nossos funcionários do bem-estar social podem ser enviados à Academia de Meditação de Maharishi Mahesh Yogi na Índia por um período de três meses para poderem retomar e treinar outros assistentes sociais em nosso país.
3. Alguns de nossos assistentes sociais poderiam participar nos Cursos de Treinamento de Instrutores de Meditação que Maharishi Mahesh Yogi promove anualmente em várias regiões da Europa e da América.
4. Providências poderiam ser tomadas para que um grande número de nossos assistentes sociais fossem treinados em nosso país, para tanto bastando que se entrasse em contato com qualquer dos centros do Movimento de Regeneração Espiritual.

SAÚDE

Preservação e Melhora da Saúde Através da Meditação Transcendental

Construir mais hospitais a fim de eliminar o sofrimento quando as pessoas já estão doentes é certamente uma responsabilidade governamental, mas uma responsabilidade muito maior está em encontrar meios que evitem que as pessoas adoeçam. Nossa proposta é demonstrar como esse objetivo de boa saúde pode ser alcançado.

Verificamos que a medicina preventiva já é uma parte importante estabelecida nos programas de saúde governamentais. Os progressos nesse campo dependem da aplicação de descobertas novas de tempos em tempos.

Temos aqui algo novo que provou seu valor na preservação e melhora da saúde.

A saúde individual tem aspectos tanto mentais como físicos, aspectos que guardam uma relação muito estreita entre si. Somente para efeito de maior clareza consideraremos os dois separadamente, a fim de ver como a saúde é afetada pelo sistema de Meditação Transcendental de Maharishi Mahesh Yogi.

Saúde Mental

A mente funciona através do sistema nervoso, que serve de ligação entre a natureza subjetiva do homem e o mundo objetivo que o cerca.

A saúde mental depende da força da mente. Uma mente forte estabelece uma coordenação integral com o sistema nervoso e permite que ele funcione normalmente. Quando o sistema nervoso funciona normalmente, a totalidade da mente é levada a agir sobre o mundo exterior. O funcionamento normal do sistema nervoso resulta também na saúde física, e assim o corpo torna-se capaz de executar as diretrizes da mente e satisfazer seus desejos.

Enquanto se mantiver intacta a coordenação da mente com o sistema nervoso, será mantida a saúde mental. Quando esta coordenação se perde, o resultado é má saúde. Tal falta de coordenação deve-se principalmente à fraqueza mental ou falta de força de pensamento. Um pensamento fraco não consegue estimular o sistema nervoso a ponto de promover a execução bem-sucedida da atividade necessária à satisfação de seu desejo.

Para que haja uma coordenação total e um perfeito funcionamento são necessárias uma profunda força de pensamento por parte da mente e uma capacidade executiva igualmente eficaz do sistema nervoso. Uma melhora do estado mental traz imediatamente uma melhor coordenação entre a mente e o mundo que a cerca.

Desta forma, a totalidade da mente é levada a agir sobre o mundo exterior, e o sujeito ingressa numa relação mais perfeita e gratificante com o objeto. A felicidade é evidentemente resultado da satisfação dos desejos da mente, e a felicidade é expressão de boa saúde mental.

Se em virtude da não-satisfação das necessidades e desejos da mente o descontentamento começar a produzir tensões, então a maneira de remover estas tensões será fortalecendo a mente pelo aumento de seu poder de pensar – a força de pensamento. Isto se atinge ampliando a mente consciente através da prática da Meditação Transcendental, como já foi explicado ao tratarmos do Princípio Básico para a Expansão da Mente Consciente.

Quando se acumulam tensões na mente, elas são refletidas no corpo através do sistema nervoso. A mente ansiosa, em seu estado de insatisfação, debate-se constantemente com seus problemas, irrita e exaure o sistema nervoso e o corpo. Assim como um servidor a quem seu mestre dá ordens constantemente indecisas e confusas se torna cansado e irritável, finalmente não conseguindo fazer nada, da mesma forma o sistema nervoso e o corpo se tornam cansados e exaustos, finalmente deixando de funcionar eficientemente quando se estabeleceu um estado de tensão mental devido à confusão e indecisão.

Assim o estresse mental produz doenças e até mesmo alterações orgânicas no corpo. Obviamente a cura para todo este sofrimento é criar uma situação tal na mente que ela possa tornar-se decidida e firme e continuar assim. Isto se alcança expandindo a mente consciente, fortalecendo-a. Como resultado do fortalecimento da mente consciente estabelece-se uma melhor coordenação entre a mente e o sistema nervoso, resultando num funcionamento suave e eficiente do corpo. Uma perfeita saúde mental é mantida em virtude desta coordenação entre mente e sistema nervoso e seu órgão final, o corpo.

Em centenas de casos observados em muitos países tem sido visto que pessoas preocupadas e tensas perderam naturalmente suas tensões em pouco tempo após o início da prática da Meditação Transcendental. Vemos assim que esta prática da Meditação Transcendental é um benefício para a saúde mental. Ela é um meio para preservar a saúde mental, serve como tônico mental e ao mesmo tempo é uma cura natural e eficaz para os males mentais.

Saúde Física

As pesquisas na área da medicina demonstraram que uma grande parcela das disfunções físicas se origina basicamente em tensões mentais resultantes de ansiedades e fracassos na vida.

Ao tratarmos da saúde mental, vimos como o processo da Meditação Transcendental dissolve tensões, e por isso entendemos que todo sofrimento que poderia ser descrito como psicossomático tem alívio em sua origem através da Meditação Transcendental. Há, contudo, doenças puramente orgânicas nas quais não há evidência de uma causa mental, mas é de conhecimento geral que um homem doente assume uma atitude mental e emocional em relação à doença que, embora não seja causa da doença em si, pode ter uma profunda repercussão sobre o desenvolvimento do mal. A meditação certamente eliminará esta ansiedade secundária. Mas examinemos agora que efeitos pode ter a meditação sobre uma doença puramente orgânica. Para tanto precisamos considerar os efeitos fisiológicos da Meditação Transcendental.

Efeitos Fisiológicos da Meditação Transcendental

À medida que a atenção é levada a experimentar conscientemente o estado sutil do pensamento durante a Meditação Transcendental, verificou-se que a respiração tem sua amplitude bastante reduzida: a respiração torna-se suave e refinada.

Do ponto de vista fisiológico fica claro que para que isto ocorra é necessária uma queda no nível de dióxido de carbono no plasma. Isto ocorre tão-somente em consequência ou de uma hiperventilação forçada, que lava o dióxido de carbono através dos pulmões, ou de uma queda na produção de dióxido de carbono através do processo metabólico.

Por inexistir hiperventilação forçada durante a Meditação Transcendental, só podemos concluir que a suavização da respiração deve-se à queda na produção de dióxido de carbono pelo processo metabólico.

A produção da maior parte da energia para a atividade corporal envolve por fim a oxidação do carbono e sua eliminação na forma de dióxido de carbono.

Maior atividade requer maior energia, que é produzida por uma maior quantidade de oxidação do carbono e sua eliminação como dióxido de carbono. Menor quantidade de atividade exige menor quantidade de energia, que é produzida com menor quantidade de oxidação do carbono e sua eliminação como dióxido de carbono.

Isto mostra que, quando uma menor quantidade de dióxido de carbono é eliminada através da respiração suavizada da Meditação Transcendental, o processo de oxidação diminui e isto naturalmente leva à produção de menor quantidade de energia.

Por isso as atividades do corpo e do sistema nervoso diminuem durante a Meditação Transcendental. Isto explica por que durante a Meditação Transcendental, quando a mente vai experimentando estados mais refinados de pensamento, o corpo todo se acalma e se aquieta.

Este aquietamento corporal naturalmente promove um grau extraordinário de repouso, que em si armazena um grau extraordinário de energia. Neste estado a atividade da mente e do sistema nervoso é mínima e a mente torna-se calma e aquietada[4].

Neste estado aquietado a mente e o sistema nervoso estão alertas mas em repouso, como a flecha que descansa sobre o arco retesado: eles estão inativos, mas todo o sistema está alerta em sua imobilidade. Ao mesmo tempo todos os mecanismos corporais estão extremamente equilibrados e estáveis. Este estado de alerta em repouso do sistema nervoso é o estado mais saudável e a base de toda energia e ação.

A queda na produção de dióxido de carbono tem ainda outro efeito: o de tender a mudar a reação do sangue da acidez para a alcalinidade. Isto, por sua vez, tem efeitos generalizados sobre a química do sangue, todos benéficos à totalidade do sistema.

Estas considerações levam-nos à conclusão de que o sistema de Meditação Transcendental de Maharishi Mahesh Yogi beneficia o campo da saúde de dois modos. Ele é tanto preventivo como curativo:

1. É um meio de preservar a saúde física e mental.
2. É um meio de promover descanso e relaxamento totais ao corpo e à mente, que restaura as energias e auxilia substancialmente os tratamentos médicos visando uma rápida recuperação da saúde.

Segue-se um esboço de como este objetivo poderia ser atingido.

1. Instrutores de meditação treinados e que já atuam nos centros de meditação do Movimento de Regeneração Espiritual podem ser empregados pelo departamento de saúde.
2. Um professor de cada faculdade de medicina poderia ser treinado ou na Academia de Meditação de Maharishi na Índia ou nos cursos de treinamento que Maharishi promove na Europa ou na América. Este professor treinado poderá treinar estudantes de medicina para que os futuros médicos sejam competentes para ensinar a técnica da Meditação Transcendental a seus pacientes.
3. Funcionários do departamento de saúde, médicos e enfermeiras poderiam ser treinados a ensinar a técnica da Meditação Transcendental aos doentes e necessitados.

---

4 Se não produzimos este estado ao menos por alguns minutos diariamente, através da Meditação Transcendental, não temos chance alguma de fornecer algum descanso à maquinaria interna do corpo, que é mantida em funcionamento vinte e quatro horas ao dia durante toda a vida, enquanto persistir a respiração. Obviamente, a saúde e a longevidade serão beneficiadas se o mecanismo corporal de funcionamento ininterrupto puder repousar em silêncio durante alguns minutos todos os dias.

ANEXO I

Fontes de Informação: Programas e Organizações de Maharishi no Brasil e no Mundo

Programa de Meditação Transcendental no Brasil
Informações Introdutórias
www.meditacaotranscendental.com.br
www.meditacaotranscendental.org
E-mail: contatomt@meditacaotranscendental.com.br

PORTUGAL
Coop Cultural Maharishi
E-mail: profundacaomaharishi@gmail.com

AMÉRICAS
http://ag.tm.org/ – Antígua Barbuda
http://bermuda.tm.org/ – Bermuda
http://mx.meditacion.org/ – México
http://trinbago.tm.org/ – Trinidad e Tobago
http://www.meditacion.org/web/costa-rica/inicio – Costa Rica
http://www.meditacion.org/web/el-salvador/inicio – El Salvador
http://www.meditacion.org/web/nicaragua/inicio – Nicarágua
http://www.meditacion.org/web/republica-dominicana/inicio – República Dominicana
http://www.meditacion.org/web/aruba/inicio – Aruba
http://ca.tm.org/ – Canadá
http://curacao.tm.org/ – Curaçao
http://www.meditacion.org/web/guatemala/inicio – Guatemala
http://lc.tm.org/home – Sta Lucia
http://www.tm.org/ – EUA
http://belize.tm.org/ – Belize
http://www.meditacion.org/web/puerto-rico/inicio – Porto Rico
http://cl.meditacion.org/inicio – Chile
http://co.meditacion.org/inicio – Colômbia
http://www.meditacion.org/web/ecuador/inicio – Equador
http://www.meditacion.org/web/peru/inicio – Peru

http://ar.meditacion.org/inicio – Argentina
http://www.meditacion.org/web/bolivia/inicio – Bolívia
http://www.meditacion.org/web/venezuela/inicio – Venezuela
http://www.meditacion.org/web/uruguay/inicio – Uruguai
http://www.meditacion.org/web/suriname/inicio – Suriname
http://www.meditacion.org/web/guyana/inicio – Guiana
http://www.meditacion.org/web/paraguay/inicio – Paraguai

EUROPA
http://al.tm.org/ – Albânia
http://al.tm.org/ – República Tcheca
http://www.meditaatio.org/ – Finlândia
http://www.meditazionetrascendentale.org/ – Itália
http://md.tm.org/ – Moldova
http://ro.tm.org/ – Romênia
http://svizzera.tm.org/ – Suiça
http://tr.tm.org/ – Turquia
http://armenia.tm.org/ – Armênia
http://dk.tm.org/ – Dinamarca
http://www.meditation-transcendantale.com/ – França
http://al.tm.org/ – Kosovo
http://monaco.tm.org/home – Mônaco
http://www.maharishi-tm.ru/ – Rússia
http://www.meditaciontrascendental.es/ – Espanha
http://www.tm.org.ua/ru/index.html – Ucrânia
http://www.meditacija.hr/ – Croácia
http://www.meditacija.hr/ – Alemanha
http://yperbatikosdialogismos.tm.org/ – Grécia
http://mk.tm.org/ – Macedônia
http://nl.tm.org/ – Holanda
http://schweiz.tm.org/ – Suiça
http://switzerland.tm.org/ – Suiça
http://uk.tm.org/ – Reino Unido
http://intl.tm.org/web/cyprus/home – Chipre
http://ee.tm.org/ – Estônia
http://www.ihugun.is/ – Islândia
http://hu.tm.org/ – Hungria
http://no.tm.org/ – Noruega
http://suisse.tm.org/ – Suiça
http://transcendental-meditation.se/ – Suécia

ORIENTE MÉDIO E ÁFRICA

http://mt-afrique.tm.org/web/benin – Benin
http://mt-afrique.tm.org/web/Guinee – Guiné
http://maharishitm.net/tm/ – Líbano
http://mauritius.tm.org – Ilhas Maurício
http://za.tm.org/ – África do Sul
http://www.tm.ae/ – Emirados Árabes Unidos
http://mt-afrique.tm.org/web/burkina-faso – Burkina-Faso
http://arabictm.org/tm/ – Emirados Árabes Unidos
http://mt-afrique.tm.org/web/niger – Nigéria
http://mt-afrique.tm.org/web/togo – Togo
http://zambia.tm.org/ – Zâmbia
http://mt-afrique.tm.org/web/Cameroun – Camarões
http://meditation.org.il/ – Israel
http://mt-afrique.tm.org/web/Mauritanie – Mauritânia
http://nigeria.tm.org/home – Nigéria
http://algeria.tm.org/ – Tunísia
http://zimbabwe.tm.org/ – Zimbabue
http://mt-afrique.tm.org/web/Cote-d'Ivoire – Costa do Marfim
http://ke.tm.org/ – Quênia
http://mt-afrique.tm.org/web/mali – Mali
http://mt-afrique.tm.org/web/senegal – Senegal
http://uganda.tm.org/ – Uganda

ÁSIA E OCEANIA

http://tm.org.au – Austrália
http://www.meditationsydney.org.au – Austrália
http://in.tm.org/home – Índia
http://nepal.tm.org/ – Nepal
http://lk.tm.org/ – Sri Lanka
http://kh.tm.org/ – Camboja
http://tmjapan.org/ – Japão
http://www.tm.org.nz/ – Nova Zelândia
http://tw.tm.org/ – Taiwan
http://fiji.tm.org/home – Fiji
http://kg.tm.org/ – Quirguistão
http://intl.tm.org/web/republic-of-korea – Coreia do Sul
http://th.tm.org/ – Tailândia
http://hk.tm.org/ – Hong Kong
http://malaysia.tm.org/ – Malásia
http://sg.tm.org/ – Singapura
http://vietnam.tm.org/ – Vietnã

Este livro foi diagramado utilizando a fonte Times New Roman
e impresso pela Gráfica Edelbra, em papel off-set 75 g/m²
e a capa em papel cartão supremo 250 g/m².